DU CERVEAU
À
DIEU

Mario Beauregard
& Denyse O'Leary

DU CERVEAU À DIEU

Plaidoyer d'un neuroscientifique pour l'existence de l'âme

Guy Trédaniel Éditeur
19, rue Saint-Séverin
75005 Paris

Titre original : *The Spiritual Brain, A Neuroscientist's Case for the Existence of the Soul*

Traduit de l'anglais par Jocelin Morisson

Isbn : 978-2-84445-903-9

info@guytredaniel.fr
www.editions-tredaniel.com

Sommaire

Introduction

Lorsque mon étudiant de doctorat Vincent Paquette et moi-même avons commencé à étudier les expériences spirituelles de sœurs carmélites à l'université de Montréal, nous savions que nos motivations allaient très probablement être mal comprises.

D'abord nous avons dû convaincre les sœurs que nous n'allions pas chercher à prouver que leurs expériences religieuses ne sont pas réelles, qu'elles sont des illusions, ou qu'elles s'expliquent par un artéfact dans le cerveau. Ensuite nous avons dû calmer à la fois les espoirs des athées professionnels et les craintes du clergé quant à la possibilité que nous allions chercher à réduire ces expériences à une sorte « d'interrupteur de Dieu » dans le cerveau.

C'est précisément ce que veulent faire de nombreux neuroscientifiques. Mais Vincent et moi appartenons à une minorité – les neuroscientifiques non-matérialistes. La plupart des scientifiques aujourd'hui sont des matérialistes qui pensent que le monde physique est la seule réalité. Absolument tout le reste – y compris les pensées, les sentiments, l'esprit, et la volonté – peut être expliqué en termes de matière et de phénomènes physiques, ne laissant aucune place au fait que la religion et les expériences spirituelles puissent être autre chose que des illusions. Les matérialistes sont comme le personnage de Charles Dickens, Ebeneezer Scrooge, qui rejette son expérience du fantôme de Marley comme « une tranche de bœuf mal digérée, une demi-cuillerée de moutarde, un morceau de fromage, un fragment de pomme de terre mal cuite ».

Vincent et moi, au contraire, n'avons pas entamé nos recherches avec de tels présupposés matérialistes. Et puisque nous ne sommes pas des matérialistes, nous n'avons pas douté a priori qu'une personne contemplative puisse entrer en contact avec une réalité extérieure à elle-même au cours d'une expérience mystique. En fait, les neurosciences m'ont attiré en partie parce que je savais d'expérience que de telles choses peuvent réellement se produire. Vincent et moi voulions seulement savoir quels pouvaient être les corrélats neuraux – l'activité des neurones – au cours d'une telle expérience.

Compte tenu de l'immense domination du matérialisme dans les neurosciences contemporaines, nous avons eu de la chance que les sœurs aient cru à notre sincérité et aient accepté de nous aider, puis que la Fondation Templeton ait vu l'intérêt de soutenir nos recherches. Bien sûr, on peut nous demander si les études neuroscientifiques sur des nonnes contemplatives peuvent démontrer l'existence de Dieu. Non, mais elles peuvent démontrer – et elles l'ont fait –, que l'état de conscience mystique est une réalité. Dans cet état, le contemplatif fait semble-t-il l'expérience d'aspects de la réalité qui ne sont pas accessibles à partir d'autres états. Ces découvertes excluent plusieurs thèses matérialistes selon lesquelles le contemplatif simule ou enjolive l'expérience. Vincent et moi avons aussi montré que les expériences mystiques sont complexes – une découverte qui contredit la grande variété d'explications matérialistes simplistes, telles qu'un « gène de Dieu », un « point de Dieu », ou un « interrupteur de Dieu » dans nos cerveaux.

Denyse O'Leary, qui est journaliste, et moi-même avons écrit ce livre pour réfléchir au sens de ces études, et plus généralement pour proposer une approche neuroscientifique de la connaissance des expériences religieuses, spirituelles et mystiques. Aujourd'hui les neurosciences sont matérialistes. C'est-à-dire qu'elles supposent que l'esprit se réduit tout simplement au mécanisme physique du cerveau. Pour comprendre ce que cela veut dire, considérons cette simple phrase : « Cela m'est venu à l'*esprit.* » Personne ne dirait : « Cela m'est venu au *cerveau.* » Par contraste, on pourrait dire « il faut protéger le cerveau en cas de choc », et non « il faut protéger l'esprit en cas de choc ».

Mais les matérialistes pensent que la distinction que l'on fait entre son esprit, en tant qu'entité immatérielle, et son cerveau, en tant qu'organe corporel, n'a pas de véritable fondement. L'esprit est supposé être une simple illusion générée par les mécanismes du cerveau. Certains matérialistes pensent que nous ne devrions même pas utiliser une terminologie qui suggère que notre esprit existe. Dans ce livre, nous avons l'intention de montrer que votre esprit existe bel et bien, qu'il n'est pas identique à votre cerveau. Vos pensées et vos sentiments ne peuvent pas être écartés ou réduits à des décharges de synapses et d'autres phénomènes purement physiques. Dans un monde exclusivement matériel, le « pouvoir de la pensée » ou de « l'esprit sur la matière » sont des illusions, le but ou le sens n'existent pas, et il n'y a aucune place pour Dieu. Pourtant de nombreuses personnes vivent de telles expériences, et nous apportons des données suggérant que ces expériences sont réelles.

Par contraste, de nombreux matérialistes estiment désormais que des notions comme le sens ou le but ne correspondent pas à la réalité ; elles sont de simples adaptations favorables à la survie de l'être humain. En d'autres termes, elles n'ont pas d'existence au-delà de l'évolution de circuits neuronaux dans nos cerveaux. Ainsi que le co-découvreur du code génétique Francis Crick l'écrit dans *L'hypothèse stupéfiante* : « Après tout, nos cerveaux hautement développés n'ont pas évolué sous la pression de devoir découvrir des vérités scientifiques, mais seulement de nous permettre d'être assez intelligents pour survivre et laisser des descendants. » Mais les questions sur le sens et le but sont-elles de simples mécanismes de survie ? Si un tel dédain pour une vie intellectuelle qui couvre des milliers d'années semble si peu convaincant, c'est peut-être pour une bonne raison.

Supposons, par exemple, qu'un homme en bonne santé donne en échange de rien un de ses reins à un étranger mourant. Le matérialiste va rechercher chez les taupes, les rats ou les chimpanzés une analogie qui sera le meilleur moyen de comprendre les motivations du donneur. Il pense que l'état d'esprit du donneur peut être expliqué *en totalité* par l'hypothèse selon laquelle son cerveau a évolué lentement et avec difficultés à partir du cerveau de créatures comme celles-là. Par conséquent, son esprit n'est qu'une illusion créée par les mécanismes d'un cerveau surdéveloppé, et sa conscience de sa propre situation n'est finalement *pas significative* pour rendre compte de ses actions.

Ce livre prétend que même si le cerveau humain évolue, cela n'implique pas que l'on puisse écarter l'esprit humain de cette façon. Mais plutôt que le cerveau humain rend possible un esprit humain, là où le cerveau de la taupe ne le peut pas (avec mes excuses à l'espèce des taupes). Toutefois, le cerveau n'est pas l'esprit ; c'est un organe adapté pour connecter un esprit au reste de l'univers. Par analogie, l'épreuve de natation des Jeux olympiques requiert une piscine de niveau olympique. Mais la piscine ne crée pas l'événement olympique ; elle le rend possible en un endroit donné.

Selon la perspective matérialiste, notre conscience humaine et notre libre arbitre sont des problèmes qu'il faut « réduire ». Pour comprendre ce que cela veut dire, considérons ce commentaire sur la conscience par Steven Pinker, un chercheur en sciences cognitives d'Harvard, dans un article récent de *Time* magazine intitulé « Le mystère de la conscience » (19 janvier 2007). À propos des deux problèmes centraux auxquels les scientifiques sont confrontés, il écrit :

> Bien qu'aucun des deux problèmes n'ait été résolu, les neuroscientifiques s'accordent sur plusieurs de leurs caractéristiques, et celle qu'ils trouvent la moins sujette à controverse est aussi celle que la plupart des non-spécialistes trouvent la plus choquante. Francis Crick l'appelle « l'hypothèse stupéfiante » – l'idée que nos pensées, nos sensations, nos joies et nos peines sont uniquement des processus physiologiques dans les tissus du cerveau. La conscience ne réside pas dans une âme éthérée qui utiliserait le cerveau comme un assistant numérique personnel (PDA) ; la conscience est l'activité même du cerveau.

Puisque Pinker reconnaît qu'aucun des problèmes concernant la conscience n'est soit résolu, soit près de l'être, comment peut-il être si sûr que la conscience est simplement « l'activité du cerveau », impliquant qu'il n'y a pas d'âme ?

Un aspect pratique du matérialisme de Pinker est que le moindre doute peut être étiqueté « non scientifique » par principe, ce qui interdit par avance toute discussion sur la plausibilité du matérialisme. Le matérialisme est sans aucun doute une croyance que beaucoup d'intellectuels ne songeraient même pas à remettre en question. Mais la force de leur conviction n'implique pas qu'il s'agisse d'une description juste de la réalité, ni n'apporte de preuve en sa faveur. On peut donc argumenter en faveur de la conception opposée, ainsi que ce livre va le démontrer.

Oui, ce livre – qui s'écarte de la tendance générale des livres de neurosciences destinés au grand public – remet en question le matérialisme. Bien plus que cela, il présente des données suggérant que le matérialisme n'est pas vrai. Vous verrez par vous-même que les preuves en faveur du matérialisme ne sont pas aussi solides que Steven Pinker voudrait vous le faire croire. Votre croyance dans le matérialisme ne pourrait subsister qu'en supposant – sur la base de la foi – que toute preuve du contraire qui vous est fournie doit être fausse.

Par exemple, ainsi que nous le verrons, un matérialiste croit volontiers – sans aucune preuve fiable d'aucune sorte – que les grands leaders spirituels souffrent d'épilepsie du lobe temporal droit, et non qu'ils vivent des expériences spirituelles éclairantes pour les autres autant qu'eux-mêmes. Quand la spiritualité est concernée, ces données d'expériences sont gênantes pour un matérialisme étroit. Ceci car un système comme le matérialisme est gravement altéré par toute preuve apportée contre lui. En conséquence, les observations qui résistent au matérialisme sont simplement ignorées par de nombreux scientifiques. Par exemple, les matérialistes mènent depuis des décennies une guerre d'usure contre la recherche sur les phénomènes psi (connaissance ou action à distance, comme la perception extrasensorielle : télépathie, précognition ou télékinésie), car la *moindre* preuve en faveur de la validité du psi, même mineure, est fatale à leur système idéologique. Récemment par exemple, des sceptiques autoproclamés ont attaqué le chercheur athée Sam Harris pour avoir avancé, dans son livre intitulé *The End of Faith* (La Fin de la Foi, 2004), que la recherche psi a une certaine validité.

Harris ne fait que s'appuyer sur des données, comme nous le verrons. Mais en faisant cela il viole ostensiblement un tenant important du matérialisme : l'idéologie matérialiste va à l'encontre de certaines données.

Mais d'autres défis sont lancés au matérialisme. Les matérialistes sont tenus de penser que leurs esprits ne sont qu'une illusion créée par les mécanismes du cerveau, et par conséquent que le libre arbitre n'existe pas en réalité et ne peut donc exercer un contrôle sur le moindre trouble. Mais les approches non-matérialistes ont clairement démontré leur intérêt dans le domaine de la santé mentale. En voici quelques exemples qui sont présentés dans ce livre.

Jeffrey Schwartz, un neuropsychiatre non matérialiste de l'UCLA (université de Californie de Los Angeles), traite les troubles obsessionnels compulsifs (TOC) – une maladie neuropsychiatrique caractérisée par des pensées pénibles, intrusives et non sollicitées – en amenant les patients à reprogrammer leur cerveau. Leurs esprits remodèlent donc leurs cerveaux. De la même façon, certains de mes collègues neuroscientifiques de l'université de Montréal et moi-même avons démontré, grâce aux techniques d'imagerie cérébrale, les éléments suivants :

- Les femmes et les jeunes filles peuvent exercer un contrôle volontaire sur l'intensité de leur réaction à des pensées tristes, bien que les jeunes filles aient eu plus de mal à y parvenir.

- Les hommes qui regardent des films érotiques sont tout à fait capables de contrôler leurs réactions, lorsqu'on leur demande de le faire.

- Les gens qui souffrent de phobies comme l'arachnophobie (peur des araignées) peuvent réorganiser leurs cerveaux de telle sorte qu'ils surmontent la peur.

Les preuves d'un contrôle de l'esprit sur le cerveau sont bel et bien contenues dans ces études. Le contrôle de « l'esprit sur la matière » est une réalité. Nous possédons le pouvoir de la volonté, une conscience et des émotions, et en combinant cela à un sens de la finalité et de la signification, nous pouvons engendrer le changement.

Il fut un temps où les explications matérialistes de la religion et de la spiritualité valaient au moins la peine d'être prises en considération. Par exemple, Sigmund Freud disait que les souvenirs infantiles d'une figure paternelle amenaient les personnes religieuses à croire en Dieu. L'explication de Freud n'a pas tenu car le christianisme est la seule grande religion qui insiste sur la paternité de Dieu. Bien que fausse, son idée n'était pas pour autant ridicule. Les relations avec le père, heureuses ou non, sont des expériences humaines complexes, qui comportent des analogies avec la religion. De même, l'anthropologue J.G. Frazer pensait que les religions modernes sont nées de cultes primitifs voués à la fertilité, qui ont été ensuite « spiritualisés ».

En réalité, les indices désignent plus précisément les expériences spirituelles comme la source des croyances et des rituels religieux qui sont apparus ensuite. Toutefois, l'idée de Frazer était loin d'être triviale. Elle résultait d'une étude longue et approfondie d'anciens systèmes de croyance. Mais les explications matérialistes de la religion et de la spiritualité sont récemment devenues hors de contrôle. Influencés par le préjugé matérialiste, les médias populaires se jettent sur les histoires de gène de la violence, gène de l'obésité, gène de la monogamie, gène de l'infidélité, et même désormais un gène de Dieu !

L'argument se présente ainsi : les psychologues évolutionnistes tentent d'expliquer la spiritualité humaine et la croyance en Dieu en suggérant que ceux parmi les hommes des cavernes qui croyaient en une réalité surnaturelle avaient plus de chances de transmettre leurs gènes que les autres. Les progrès en génétique et en neurosciences ont encouragé certains à rechercher très sérieusement un tel gène de Dieu, ou bien un point de Dieu, un module, un facteur, ou un « interrupteur » de Dieu dans le cerveau humain.

À l'époque où l'incroyable « casque de Dieu » (un casque de motoneige équipé de solénoïdes qui peuvent soi-disant stimuler les sujets pour vivre une expérience spirituelle), à Sudbury au Canada, a aimanté les journalistes scientifiques dans les années 1990 (la décennie du cerveau), le matérialisme s'apprêtait à franchir les limites du ridicule. Pourtant, ils continuent à rechercher un « interrupteur » de Dieu. Ces quelques digressions farfelues mises à part, on ne peut échapper au non-matérialisme de l'esprit humain. Par essence, il n'y a pas « d'interrupteur » de Dieu.

Ainsi que les études avec les sœurs carmélites l'ont démontré et que ce livre va le détailler, les expériences spirituelles sont complexes, tout comme nos expériences des relations humaines. Elles laissent des signatures dans de nombreux emplacements du cerveau. Ce fait est cohérent (bien que non démonstratif par lui-même) avec l'idée que la personne vivant une expérience spirituelle entre en contact avec une réalité extérieure à elle-même.

Il se trouve que le matérialisme est périmé. Il n'apporte aucune hypothèse utile pour comprendre l'esprit humain ou les expériences spirituelles, et il en est même très loin. Un peu au-delà se trouve un vaste domaine dans lequel le matérialisme ne peut entrer, et qu'il peut encore moins explorer. Mais la bonne nouvelle est qu'en l'absence de matérialisme, il existe des signes montrant que la spiritualité peut tout à fait être étudiée et explorée à l'aide des neurosciences modernes.

Les neurosciences non-matérialistes ne sont pas contraintes de rejeter, nier, justifier, ou de traiter comme des problèmes toutes les données qui contrarient le matérialisme. Cela est prometteur car les recherches actuelles viennent alimenter un corpus croissant de telles preuves. Trois exemples abordés dans ce livre sont : l'effet psi, les expériences de mort imminente (EMI ou NDE pour *Near-Death Experiences*), et l'effet placebo.

L'effet psi, tel qu'il est observé dans des phénomènes comme la perception extrasensorielle et la psychokinèse, est un effet de faible intensité, certes, mais les tentatives pour l'infirmer ont échoué. Les EMI sont également un thème de recherche plus présent ces dernières années, probablement parce que le développement de techniques de réanimation efficaces a permis la survie d'un plus grand nombre de personnes qui peuvent rapporter ces expériences. Grâce aux travaux de chercheurs tels que Pim van Lommel, Sam Parnia, Peter Fenwick et Bruce Greyson, nous disposons désormais d'une base d'informations qui s'enrichit.

Les observations ne confirment pas une vision matérialiste de l'esprit et de la conscience, comme celle proposée par Pinker, qui a écrit dans *Time* : « Quand l'activité physiologique du cerveau cesse, tout ce que l'on peut dire est que la conscience de cette personne quitte l'existence. »

La plupart d'entre nous n'ont pas vécu d'expériences inhabituelles comme l'effet psi ou une EMI, mais nous avons certainement tous déjà fait l'expérience de l'effet placebo : Ne vous est-il jamais arrivé d'aller chez un médecin pour faire établir un certificat médical disant que vous ne pouvez pas vous rendre au travail, à cause d'un mauvais rhume – et soudain, assis là dans la salle d'attente et feuilletant des magazines, vous commencez à vous sentir mieux ?

C'est une situation embarrassante, mais facile à expliquer : votre esprit génère des messages qui enclenchent les processus analgésiques ou de guérison dès lors que vous avez accepté d'entamer un chemin de guérison. Les neurosciences matérialistes ont longtemps considéré l'effet placebo comme étant un problème, mais c'est l'un des phénomènes les mieux démontrés en médecine. Pour les neurosciences non matérialistes au contraire, c'est un effet normal qui peut être d'un grand intérêt thérapeutique lorsqu'il est correctement utilisé.

Le matérialisme est semble-t-il incapable de répondre aux questions clés sur la nature de l'être humain et ses perspectives d'y répondre un jour de façon intelligible sont réduites. Il a toutefois convaincu des millions de personnes qu'elles ne devraient pas chercher à développer leur nature spirituelle puisqu'elles n'en ont aucune.

Certains pensent que la solution est de continuer à soutenir le matérialisme un peu plus fermement que par le passé. Ces dernières années, d'importants porte-paroles du matérialisme ont lancé une croisade « anti-Dieu » largement médiatisée et quelque peu étrange.

Les travaux antithéistes tels que *Breaking the Spell : Religion as a Natural Phenomenon* (Briser le sort : la religion comme phénomène naturel, Daniel Dennett), *The God Delusion*, (L'Illusion de Dieu, Richard Dawkins), *The Failed Hypothesis – How Science Shows that God Does Not Exist*, (La Fausse Hypothèse – comment la science montre que Dieu n'existe pas, Victor J. Stenger), *God Is Not Great* (Dieu n'est pas Grand, Christopher Hitchens), et *Letters to a Christian Nation* (Lettres à une nation chrétienne, Sam Harris) – aucun de ces ouvrages n'est pour l'instant disponible en français –, s'accompagnent de conférences telles qu' « Au-delà de la croyance » du réseau Science Network, et de campagnes comme le « Youtube blasphemy challenge » (Le Défi du blasphème sur le site internet Youtube).

Il est remarquable de constater qu'il n'y a pas une seule idée nouvelle dans tout ce que ces gens ont à dire. Les philosophes du XVIIIe siècle l'avaient déjà dit avant eux avec autant, sinon moins, de succès. En outre, de récents travaux ont été assaisonnés de certaines propositions contestables de la psychologie évolutionniste – cette tentative de faire dériver la religion et la spiritualité de pratiques pouvant avoir permis à quelques-uns de nos ancêtres du pléistocène de transmettre leurs gènes.

Mais nos ancêtres du pléistocène sont morts depuis si longtemps que l'on ne peut apprendre grand-chose d'une discipline à laquelle il manque un sujet d'étude. On nous donne également de multiples garanties concernant la nature illusoire du cerveau, de la conscience, du libre arbitre, et l'inutilité voire le danger de la spiritualité.

Une poignée d'experts de la moitié du XXe siècle avaient prédit que la spiritualité allait disparaître lentement mais sûrement. Une fois équipés de biens matériels en abondance, les hommes allaient simplement arrêter de penser à Dieu. Mais ces experts avaient tort. La spiritualité est aujourd'hui plus diversifiée, mais elle croît partout dans le monde. Ainsi, sa vitalité constante provoque spéculations, craintes, et quelques estimations hasardeuses – mais surtout, une irrésistible curiosité, un désir de chercher.

Comment pouvons-nous étudier scientifiquement la spiritualité ? Pour commencer, nous pouvons redécouvrir notre héritage non-matérialiste. Il a toujours été là, bien que largement ignoré. Des neuroscientifiques aussi connus que Charles Sherrington, Wilder Penfield et John Eccles n'étaient pas des matérialistes réductionnistes et ils avaient de bonnes raisons pour défendre leurs positions. Aujourd'hui, les neurosciences non-matérialistes prospèrent, en dépit des limitations imposées par un malentendu largement répandu et, dans certains cas, une vraie hostilité.

Le lecteur est invité à aborder toutes les questions et les données qui sont présentées dans ce livre avec un esprit ouvert. Nous avons besoin d'explorer et non d'adhérer à un dogme.

Notre livre va établir trois propositions clés. L'approche non matérialiste de l'esprit humain est une tradition riche et vivace qui rend bien mieux compte des observations que l'approche matérialiste, qui fait aujourd'hui du sur-place. En second lieu, les approches non-matérialistes de l'esprit engendrent des bienfaits pratiques et des traitements, de même que d'autres approches de phénomènes qui ne sont même pas pris en considération par l'approche matérialiste.

Enfin – et c'est peut-être l'aspect le plus important pour beaucoup de lecteurs – notre livre montre que lorsque les expériences spirituelles transforment les vies, l'explication la plus raisonnable et celle qui rend le mieux compte de toutes les données d'observations, est que les personnes qui vivent de telles expériences ont effectivement contacté une réalité extérieure à elles-mêmes, une réalité qui les a rapprochées de la véritable nature de l'univers.

Mario Beauregard
Montréal, Canada
Le 4 mars 2007

Chapitre 1er

Les neurosciences spirituelles

En juin 2005, un Sommet mondial sur l'évolution s'est tenu sur l'île lointaine de San Cristobal dans l'archipel des Galápagos, au large de la côte de l'Équateur. Ce lieu improbable, Frigatebird Hill, avait été choisi car c'était l'endroit précis où Charles Darwin avait accosté en 1835 pour sonder le « mystère des mystères » – l'origine et la nature des espèces, y compris (et peut-être surtout) l'espèce humaine.

Ces îles du Pacifique isolées et étendues sur l'équateur sont par la suite devenues le rendez-vous de pirates, chasseurs de baleines et autres chasseurs de phoques qui ont conduit au bord de l'extinction les formes de vie uniques que Darwin avait étudiées. Encore plus tard, sous protection gouvernementale au XXe siècle, les îles sont devenues une sorte de sanctuaire du matérialisme – cette croyance que toute vie, y compris la vie humaine, est simplement le produit de forces aveugles de la nature.[1] Du point de vue matérialiste, nos « esprits » – conscience, âme, libre arbitre – ne sont qu'une illusion créée par les décharges électriques qui se produisent dans les neurones de nos cerveaux.

Ainsi que le zoologiste d'Oxford Richard Dawkins l'a écrit dans une formule célèbre, la nature est un « horloger aveugle ».[2] La rencontre des Galápagos fut rapidement saluée comme le Woodstock de l'évolution. Les scientifiques présents, un « who's who » de la théorie de l'évolution, étaient bien conscients de leur propre importance et du poids des comptes rendus.

« Nous sommes tout simplement stupéfaits d'être ici », écrivait un journaliste scientifique, rapportant que l'auditoire d'élite qui écoutait le conte familier de l'évolution était « captivé, comme des enfants qui réentendent leur histoire favorite. »

Ce conte favori nous explique que les êtres humains sont simplement « de petits vertébrés bizarres », selon les mots d'un participant. Et le prochain sommet s'est donné pour mission de raconter cette histoire au monde entier.[3] Cependant, à en juger par les dissensions croissantes autour de l'enseignement de l'évolution, il semble que le monde l'ait déjà entendue.

Une série d'événements sans conscience ?

L'une des personnalités majeures présentes à cette conférence était le philosophe américain Daniel Dennett. Dennett, qui affiche une ressemblance frappante avec Charles Darwin, est un philosophe de l'esprit connu dans le monde entier. Il est le philosophe préféré de ceux qui pensent que les ordinateurs peuvent simuler les processus mentaux humains. Bizarrement, c'est un philosophe de l'esprit qui espère convaincre le monde que rien de tel qu'un esprit n'existe au sens traditionnel.

Peut-être est-il plus connu pour avoir déclaré que « l'idée dangereuse de Darwin » est la meilleure idée que personne n'ait jamais eue, car elle enracine profondément la vie dans le matérialisme. À ses yeux, les êtres humains sont de « grands robots bien fichus » et, encore plus fort,

> Si vous disposez des bons processus et d'assez de temps, vous pouvez fabriquer de grandes choses bien fichues, y compris des choses avec des esprits, à partir de processus qui sont individuellement stupides, ignorants, simplistes. Une grande quantité de ces petits événements stupides se produisant pendant des milliards d'années peut engendrer non seulement l'ordre, mais l'agencement, non seulement l'agencement, mais les consciences, les yeux et les cerveaux.

Dennett insiste sur le fait qu'il n'y a ni âme ni esprit reliés au cerveau humain, ni aucun élément surnaturel ou encore de vie après la mort. Ainsi, l'essentiel de sa carrière a consisté à expliquer comment « le sens, la fonction et la finalité peuvent exister dans un monde qui est intrinsèquement dénué de sens et de fonction. » Il est venu aux Galápagos pour défendre cette opinion.

Bien sûr, de nombreuses personnes sont consternées par des idées comme celles de Dennett, et espèrent bien qu'elles sont erronées. D'autres les perçoivent comme un moyen de libérer l'espèce humaine des contraintes imposées par les religions et les philosophies traditionnelles. Progressons, disent-ils, vers un système plus humain qui attend moins des humains et les blâme moins pour leurs défaillances – défaillances auxquelles ils ne peuvent rien de toute façon.

La question posée dans ce livre n'est pas de savoir si le matérialisme est une bonne ou une mauvaise chose. La question est plutôt : Est-ce que les données des neurosciences vont dans son sens ? Ainsi que l'écrit le professeur de droit constitutionnel Phillip Johnson, ennemi de longue date du matérialisme, qu'il appelle « naturalisme » : « Si la thèse de l'horloger aveugle est vraie, alors le naturalisme mérite de régner, mais je m'adresse à ceux qui pensent que la thèse est fausse, ou qui sont au moins prêts à envisager la possibilité qu'elle puisse être fausse. »[4]

Vrai ou faux, le matérialisme a été le courant intellectuel dominant du XXe siècle et il a donné l'impulsion à la plupart des mouvements philosophiques et politiques contemporains. En effet, selon de nombreux penseurs, le principal objectif de la science aujourd'hui est d'apporter des preuves aux croyances matérialistes. Ils rejettent avec hostilité toute donnée scientifique qui remet en cause ces croyances, comme nous le verrons dans notre discussion sur l'effet psi au chapitre 6. Chaque année, des milliers de livres sont publiés dans des douzaines de disciplines et font la promotion des conceptions matérialistes.

Pas celui-ci. Ce livre va montrer que le professeur Dennett et les nombreux neuroscientifiques qui sont d'accord avec lui se trompent. Nous allons vous emmener faire un voyage différent du sien. Non pas aux îles Galápagos, mais dans le cerveau. Nous verrons pourquoi il se trompe. En premier lieu, la description matérialiste des êtres humains résiste mal à un examen attentif. En second lieu, il y a de bonnes raisons de penser que les êtres humains ont une nature spirituelle, et même que celle-ci survit après la mort.

Mais commençons par le commencement. Pourquoi entreprendre ce voyage si l'on ne voit pas l'intérêt d'une conception non-matérialiste de la nature humaine ? Une nouvelle conception est nécessaire car le modèle matérialiste est inadéquat. Il échoue dans plusieurs domaines, et nous commencerons donc par relever certaines de ces failles. Mais tout d'abord, une question : Que resterait-il de vous-même si vous acceptiez l'explication matérialiste ? Vous reconnaîtriez-vous ? Si non, pourquoi ? Que manque-t-il ?

L'ESPRIT, LA VOLONTÉ, LE SOI ET L'ÂME

> Le cerveau et ses glandes satellites ont été sondés au point qu'il ne reste aucun endroit qui pourrait raisonnablement abriter un esprit non physique.
>
> EDWARD O. WILSON, SOCIOBIOLOGISTE

> Pourquoi les gens pensent-ils qu'il y a de dangereuses implications à croire que l'esprit est un produit du cerveau, que le cerveau est en partie organisé par le génome, et que le génome a été façonné par la sélection naturelle ?
>
> STEVEN PINKER, SCIENTIFIQUE COGNITIVISTE

Qu'en est-il de l'esprit, de la volonté, du soi, de l'âme ? Ont-ils un futur dans le nouveau monde de la science ?

Dennett est loin d'être le seul penseur matérialiste à affirmer qu'il n'y pas du tout de *vous* en vous, que la conscience, l'âme, l'esprit, et le libre arbitre sont de simples illusions colportées par le folklore. Sa position représente au contraire le point de vue standard dans les neurosciences contemporaines. Dennett parle pour de nombreux neuroscientifiques quand il dit : « un cerveau a toujours fait ce que des circonstances temporelles, locales et mécaniques le conduisent à faire »[5]. Votre conscience, votre sens de vous-même, est « comme une bénigne "illusion-utilisateur" ».[6] Tout ce qui ressemble au libre arbitre est improbable ou, au mieux, impropre et douteux.[7]

Le célèbre et critique écrivain américain Tom Wolfe a résumé ceci dans un court et élégant essai qu'il a publié en 1996 : *Désolé, mais votre âme vient de mourir* (*Sorry, but your soul just died, non traduit*), qui expose « le point de vue neuroscientifique sur la vie ». Il traite des nouvelles techniques d'imagerie qui permettent aux neuroscientifiques de voir ce qui se passe dans le cerveau lorsque l'on pense ou ressent une émotion. Selon Wolfe, le résultat est le suivant :

> Puisque la conscience et la pensée sont entièrement des produits physiques de votre cerveau et de votre système nerveux – et puisque le cerveau est complètement imprimé à la naissance – qu'est-ce qui vous fait croire que vous avez un libre arbitre ? D'où viendrait-il ? Quel « fantôme », quel « esprit », quel « soi », quelle « âme », quel je-ne-sais-quoi qui ne se ferait pas immédiatement saisir par ces guillemets méprisants se mettrait-il à bouillonner dans votre tronc cérébral pour vous l'apporter ? J'ai entendu des neuroscientifiques théoriser qu'avec des ordinateurs suffisamment puissants et élaborés il serait possible de prédire le cours de la vie de n'importe quel être humain, instant après instant, y compris le fait que le pauvre bougre secouerait la tête à l'évocation même de cette idée.

Wolfe doute qu'aucun des calvinistes du XVIe siècle ne croyaient autant en la prédestination que ces jeunes scientifiques prometteurs. Tout le credo matérialiste mis en avant par Wolfe se raccroche à un petit mot, « puisque » – « *Puisque* la conscience et la pensée sont entièrement des produits physiques de votre cerveau et de votre système nerveux... » En d'autres termes, les neuroscientifiques n'ont pas découvert qu'il n'y avait pas de vous en vous ; ils commencent le travail par cette supposition. Tout ce qu'ils découvrent est interprété à travers le filtre de cette conception. La science ne réclame pas cela. C'est plutôt une obligation que les matérialistes s'imposent à eux-mêmes.

Et si les données scientifiques indiquaient une direction différente ? Comme nous le verrons, c'est le cas. Mais avant d'en venir aux neurosciences, il peut être utile de se pencher sur quelques autres raisons incitant à penser que le consensus matérialiste du XXe siècle n'est pas valide. Après tout, les neurosciences sont une discipline récente et il serait peut-être plus juste de reconnaître en premier lieu qu'il existe également de bonnes raisons de douter du matérialisme qui nous viennent de disciplines plus anciennes.

Ce que les gens croient

Si le matérialisme correspond à la réalité, pourquoi la majorité des gens n'y croient-ils pas? En avril 1966, *Time* magazine a annoncé que les Américains tournaient le dos à Dieu. La date du 8 avril (Vendredi saint) avait été choisie pour répandre la nouvelle, et la couverture interrogeait : « Dieu est-il mort ? », sous-entendant que la réponse était oui. La science était en passe de tuer la religion. Tout ce qui ne pouvait pas être appréhendé par des moyens scientifiques, tels qu'ils étaient compris à l'époque, était soit inintéressant soit inexistant.[8] La seule philosophie ou spiritualité valide serait désormais l'angoisse existentielle. Les éditeurs de *Time* étaient parfaitement convaincus de cela. Et ils ne pouvaient pas se tromper davantage.

Lors d'un sondage du réseau américain *Beliefnet* réalisé trente-neuf ans plus tard, en 2005, 1004 Américains ont été interrogés sur leurs croyances religieuses – il est apparu que 79 % se disaient « spirituels » et 64 % « religieux ». Comme le magazine *Newsweek* l'a observé dans son édition de septembre 2005, titrée « Spiritualité en Amérique » : « Personne n'écrirait un tel article aujourd'hui, dans une ère de télévangélisme permanent et de piété christique présidentielle officiellement affichée. » Le journaliste de *Newsweek* Jerry Adler faisait le commentaire suivant :

> L'Histoire se souvient que l'avant-garde des intellectuels angoissés de *Time*, luttant pour imaginer Dieu comme un nuage de gaz aux confins de la galaxie, n'a finalement jamais submergé la nation. Ce qui était en train de mourir en 1966 était une théologie sensée mais aride, née du rationalisme : un fragile appel pour un comportement éthique, une quête de sens dans un courrier des lecteurs en faveur des droits civiques. Ce qui allait naître à sa place, dans un cycle de renaissances maintes fois complété depuis le Temple de Salomon, était une passion pour l'expérience immédiate et transcendante de Dieu.

Comment *Time* a-t-il pu se tromper à ce point ? Adler suggère que les éditeurs de *Time* auraient confondu les valeurs et les modes de vie alors en vogue dans les quartiers d'affaires de Manhattan avec l'Amérique en général. De plus, *Time* s'est concentré sur les difficultés des prestigieuses confessions protestantes et a ignoré le renouveau massif des cultes pentecôtistes.

Ces « renouveaux », et autres phénomènes similaires tels que le Mouvement de Jésus, ont probablement attiré plus de membres de ces confessions que la laïcité. En 1966, les éditeurs de *Time* avaient l'idée préconçue que la religion était en train de mourir, et il semble qu'ils n'aient pas relevé ces tendances, ou saisi leur importance.

Certes, d'importants changements sont intervenus dans la religion en Amérique. Peut-être est-ce une conséquence du multiculturalisme, mais les voies empruntées aujourd'hui sont bien plus variées. L'hostilité de la plupart des Américains à l'encontre des autres croyances est bien plus faible qu'au cours de la génération précédente. Mais quelle que soit la façon dont ils conçoivent Dieu, les Américains forment toujours « une nation, sous (l'influence de) Dieu » (*One Nation, under God*, serment d'allégeance).

Athéisme

Peu de gens ont assez de « foi » pour être athées. Au niveau mondial, la proportion d'athées a décliné au cours des dernières années. Alors que l'on croit souvent l'Europe très laïque par rapport aux États-Unis, les mêmes tendances semblent s'observer. Ainsi, le nombre de véritables athées en Europe a décliné au point qu'ils ne sont plus assez nombreux pour constituer une catégorie utilisable en recherches statistiques. Il est intéressant de se souvenir qu'en 1960 la moitié de la population mondiale était athée au sens propre.[9] Il serait impossible d'atteindre un tel score aujourd'hui. En 2004, l'un des chantres de l'athéisme les plus connus au monde, le philosophe Antony Flew, annonça que la conception apparemment intelligente de l'univers et de ses formes de vie l'avait finalement convaincu qu'il y avait bien une sorte de déité. Il est important de noter que Flew n'a pas rejoint une religion au sens classique, mais il est devenu déiste – c'est-à-dire qu'il en est arrivé à croire en Dieu à partir de données extérieures, et non à la suite d'une expérience personnelle.

Dans la société américaine, le groupe aujourd'hui le mieux identifié dans lequel l'athéisme est répandu est celui des scientifiques de haut niveau. Par exemple, alors que 41 % des scientifiques américains titulaires d'un doctorat croient en un Dieu que l'on peut prier, le tableau change radicalement dans les établissements d'élite telles que l'Académie nationale des sciences (NAS). Lors d'un sondage réalisé par les historiens Edward Larson et Larry Witham en 1996, seulement 7 % des membres ont exprimé une croyance personnelle en Dieu, et plus de 72 % ont exprimé leur incroyance. Les autres ont fait valoir leur doute ou leur agnosticisme.

Ce fait est apparemment peu connu, même au sein de l'Académie en question. En 1998, Bruce Alberts, alors président de la NAS, encourageait l'enseignement de l'évolution darwinienne dans les écoles publiques, affirmant que « de nombreux membres prestigieux de cette académie sont des personnes très religieuses, qui croient en l'évolution ; la plupart sont même biologistes. » Larson et Witham firent ce commentaire croustillant : « Notre étude suggère que ce n'est pas le cas. »

Par contraste, la plupart des êtres humains n'ont jamais cru à l'athéisme ou au matérialisme. La religion pourrait bien avoir existé depuis qu'il existe des hommes. Il y a soixante-dix mille ans, les Néandertaliens, une espèce éteinte d'êtres humains, enterraient leurs morts avec leurs outils, semble-t-il pour qu'ils puissent être utilisés dans un autre monde. On a relevé également que beaucoup de Néandertaliens défunts étaient placés dans la position fœtale, comme s'ils s'attendaient à revivre après la mort.[10] L'archéologue britannique Paul Pettitt rapporte :

> À la Sima de los Huesos (« Le Sommet des Os »), à Atapuerca en Espagne, on a trouvé plus de 32 individus *Homo heidelbergensis* datant de plus de 200 000 ans au fond d'une profonde cavité. Il est possible que ces os… soient tous arrivés là par hasard – mais j'en doute. Les cavernes et les galeries sont des endroits sombres et mystérieux ; ils font écho aux bruits étranges causés par le vent et l'eau. Ils étaient autrefois considérés comme des passages vers « l'autre monde ». Il semble bien plus probable que les premiers Néandertaliens les percevaient également ainsi.

Pourquoi la plupart des gens ne croient-ils pas au matérialisme ? Au début du XXe siècle, les psychiatres ont proposé la théorie d'une spiritualité gouvernée par un désir de figure paternelle, ou un désir inconscient d'éviter la mort. Il s'agit là de tentatives convaincantes d'expliquer la spiritualité, même si par leur nature même elles étaient impossibles à tester.

Ces approches avaient aussi tendance à être Eurocentriques, partant du principe que les développements du christianisme ou du judaïsme en Europe étaient représentatifs de la religion dans le monde entier.[11] Loin d'éclairer la question, le progrès scientifique a malheureusement amené avec lui une foule d'explications moins convaincantes.

Les explications contemporaines ont dégénéré en notions parfois à la limite du frivole, comme la soi-disant adaptation évolutive des personnes religieuses, les théotoxines (des substances chimiques toxiques dans le cerveau), les atteintes cérébrales, les « mèmes », un gène de Dieu, ou un point de Dieu dans le cerveau. Nous examinerons plusieurs de ces explications récentes et montrerons pourquoi elles sont incapables de nous éclairer. On peut noter pour l'instant que toutes ces explications contradictoires ont une caractéristique en commun. À l'instar des théories psychiatriques du début du XXe siècle, il s'agit de tentatives pour *réduire* la spiritualité à quelque chose qui ne tend pas vers une réalité spirituelle.

Bien sûr, si les matérialistes ont raison, la spiritualité doit forcément être une illusion. Mais comme nous l'avons remarqué plus haut, les matérialistes ont simplement supposé qu'ils avaient raison ; ils ne l'ont pas démontré. La sagesse aurait voulu qu'ils soient plus précautionneux avant de rejeter comme une illusion les croyances les plus profondes que la majorité de l'humanité a toujours eu à propos d'*elle*-même. Il ne viendrait à personne l'idée de dévaloriser le point de vue du cheval sur la condition de cheval, ni le point de vue du chien sur la condition de chien. Mais les préconceptions matérialistes réclament que l'on oublie le point de vue de l'homme sur le fait d'être humain. Cela devrait suffire à nous rendre méfiants. Une façon à la mode « d'effacer » la spiritualité est de recourir à la psychologie évolutionniste ; cette tentative de comprendre le comportement humain s'appuie sur des théories portant sur le comportement ayant permis aux premiers hominidés de survivre.

Psychologie évolutionniste

Notre lointain passé nous a-t-il trompés en nous faisant douter du matérialisme ? Au cours des dernières décennies du XXe siècle, la psychologie évolutionniste a explosé alors que les scientifiques de nombreuses disciplines tentaient de résoudre les questions fondamentales concernant la nature humaine et l'esprit humain, en commençant par une proposition étonnamment simple : le cerveau du primate le plus évolué (c'est-à-dire le cerveau de l'homme et du singe)

> comprend de nombreux mécanismes fonctionnels que l'on appelle des adaptations psychologiques, ou des mécanismes psychologiques supérieurs, et qui ont évolué par sélection naturelle au bénéfice de la survie et de la reproduction de l'organisme. Ces mécanismes sont universels au sein de l'espèce, sauf ceux qui sont liés au sexe ou à l'âge.

Les articles se multiplient qui affirment que le comportement humain dans son ensemble, incluant l'altruisme, l'économie, la politique, le sexe, l'amour, la guerre, l'obésité, le viol, et la religion, est bien mieux compris à la lumière des qualités qui ont permis à nos lointains ancêtres de survivre. Mais qui sait exactement pourquoi l'un de nos lointains ancêtres a survécu ? Plus nous remontons loin dans le temps, plus ces destins individuels deviennent importants. Une théorie largement acceptée en génétique dit qu'une seule femme, « l'Ève mitochondriale » qui a vécu il y a entre 190 000 et 130 000 ans, est l'ancêtre de tous les êtres humains vivants. Était-elle particulièrement adaptée ? Particulièrement chanceuse ? Particulièrement choisie ? Nous n'en savons rien. Et nous savons encore moins comment elle pensait, car elle n'a rien laissé derrière elle, excepté des mitochondries.

Certains théoriciens estiment que notre incapacité à comprendre et accepter cette ligne de raisonnement est en soi une démonstration de son exactitude. Richard Dawkins écrit : « C'est presque comme si le cerveau humain était spécifiquement conçu pour comprendre le darwinisme de travers et le trouver difficile à croire. »[12] Mais la psychologie évolutionniste est-elle vraiment une voie d'investigation féconde ? Nous verrons cela plus en détail au chapitre 7, mais posons-nous à ce stade une question clé : Allons-nous trouver les réponses à la nature humaine dans les programmes génétiques exhumés des profondeurs de notre passé humain ou préhumain ?

> L'amitié n'est pas une chose nécessaire, tout comme la philosophie, l'art... elle n'a aucune valeur en termes de survie ; c'est plutôt une de ces choses qui donnent de la valeur à la survie.
>
> C. S. LEWIS (1898–1963) LES QUATRE AMOURS

Certaines caractéristiques du comportement humain sont sans aucun doute apparues dans un lointain passé. Prenons par exemple la jalousie. Elle n'est pas propre aux êtres humains, ni même aux primates. Les chiens et les chats ont des comportements manifestement jaloux. C'est pourquoi découvrir une origine à la jalousie serait sans intérêt. Pour expliquer véritablement la nature humaine, la psychologie évolutionniste doit expliquer des comportements spécifiquement humains comme l'altruisme, la capacité des êtres humains à se sacrifier pour d'autres, parfois même pour des étrangers.

L'altruisme : un mauvais câblage du cerveau ?

L'altruisme, ou le don de soi au profit de personnes autres que sa propre famille, est souvent lié à des croyances religieuses ; ainsi l'image de Mère Teresa est régulièrement utilisée dans les articles qui traitent d'altruisme. L'altruisme est plus facile à étudier directement que la spiritualité, précisément parce que c'est un comportement qui peut être observé en dehors d'un système de croyance. Comment de son côté la psychologie évolutionniste rend-elle compte de l'altruisme ? Un écrivain scientifique, Mark Buchanan, explique dans le *New Scientist* : « En termes d'évolution, c'est une énigme car tout organisme qui en aide un autre à ses propres dépens s'octroie un désavantage évolutif. Dès lors, si de nombreuses personnes sont réellement altruistes, comme il semble que ce soit le cas, comment se fait-il que des compétiteurs plus avides et plus égoïstes ne les aient pas balayées ? »

La psychologie évolutionniste n'a pas abandonné le défi d'expliquer l'altruisme. Le biologiste évolutionniste de l'université Rutgers,

Robert Trivers, pense qu'il a une réponse : l'évolution est en train d'éliminer les altruistes, mais elle n'a pas tout à fait terminé le travail. « Nos cerveaux se dérèglent quand ils sont confrontés à une situation à laquelle l'évolution n'a pas apporté de réponse », explique-t-il. En d'autres termes, nous devrions être égoïstes parce que l'évolution nous a « câblés » ainsi. Et si nous ne le sommes pas c'est que nos cerveaux sont mal configurés. Très bien. Si cela est vrai, on devrait essentiellement s'attendre à ce que les altruistes créent des problèmes pour eux-mêmes et les autres à travers leurs actions.

Le mardi 2 août 2005, sous une pluie torrentielle, un Airbus d'Air France transportant 309 personnes a franchi les limites de la piste de l'aéroport international Pearson de Toronto et a pris feu. Le ministre canadien du transport a été informé que 200 personnes avaient trouvé la mort. Le gouverneur général du Canada a adressé des condoléances touchantes aux familles éplorées. Finalement, à mesure que la pluie et la fumée se sont dissipées, il est apparu que personne n'était mort (bien que 43 personnes furent légèrement blessées). Que s'est-il passé ? En réalité l'avion s'est immobilisé près de l'autoroute 401, principale artère de l'Ontario. Le chroniqueur Mark Steyn raconte :

> Les témoignages oculaires varient : certaines personnes auraient paniqué, d'autres seraient restées calmes... Des automobilistes présents se sont précipités vers l'avion en flammes pour aider les survivants. Sur les huit issues de secours, deux ont été jugées inutilisables et les toboggans n'ont pas fonctionné pour la troisième et la quatrième. Pourtant, dans cette situation chaotique, des centaines de personnes se sont suffisamment bien organisées pour évacuer un espace réduit par quatre issues en quelques minutes, avant que l'Airbus ne soit dévoré par les flammes.

De nombreux passagers évacués ont ensuite été transportés sur la 401 puis emmenés par des étrangers vers le terminal d'Air France.

Ainsi... des centaines de personnes étrangères les unes aux autres, et qui ne se reverraient jamais, ont coopéré pour s'assurer que tous sortent bien à temps ? Des gens ont proposé de transporter des étrangers venant d'autres parties du monde, alors même que certains d'entre eux pouvaient aussi bien être des terroristes responsables des déboires de l'appareil ?

> L'altruisme est un élément nécessaire à la survie dans un groupe, bien qu'il reste le problème du « parasite ». Si les gènes « parasites » n'étaient pas détectés, tout le monde deviendrait un « parasite » et les groupes sociaux se désintègreraient. Le besoin de reconnaissance et de mémoire est ici important pour pouvoir identifier et récompenser les comportements altruistes (et punir les « parasites »). Des modules coûts/bénéfices évaluent la possibilité que mes actions altruistes soient récompensées par des actions altruistes en retour, ou si en faisant une bonne action je risque de souffrir à court ou long terme.
>
> D'APRÈS : INTRODUCTION EN LIGNE À LA PSYCHOLOGIE ÉVOLUTIONNISTE

> Le désir de votre cœur est donner, alors donnez de toutes les façons qui vous apportent la paix.
>
> TRENT FENWICK, QUI A DONNÉ UN REIN À UN ÉTRANGER MOURANT

Bien sûr, on peut toujours fabriquer une histoire plausible se déroulant à la préhistoire pour rendre compte de l'altruisme en tant que comportement intéressé, et de nombreux théoriciens l'ont fait. Mais il est certainement plus sensé de conclure que les étrangers de Toronto qui ont pris le risque d'aider les autres ne cherchaient à en tirer aucun bénéfice, ni pour eux-mêmes ni pour leurs descendants. L'évolution n'est pas engluée d'une façon ou d'une autre dans le processus d'élimination. Leurs cerveaux ne sont pas non plus mal câblés. Et ils n'en tirent pas un quelconque bénéfice secret par rapport aux automobilistes qui n'ont pas aidé. Pour tenter de comprendre leur comportement, les psychologues évolutionnistes cherchent simplement aux mauvais endroits.

En effet, si l'évolution éliminait les altruistes nous devrions nous attendre à voir moins d'altruistes aujourd'hui que par le passé. Mais ce n'est pas ce qu'on l'on observe. Au contraire, les religions comme le christianisme, qui encourage directement l'altruisme, et le bouddhisme qui décourage l'égoïsme et la recherche de biens matériels, ont largement remplacé les « cultes du cargo » d'antan. Ceci suggère indirectement que l'altruisme est plus répandu qu'auparavant, et non l'inverse.

La psychologie évolutionniste en tant que science

On a beaucoup reproché à la psychologie évolutionniste l'impossibilité de tester ou de réfuter ses hypothèses. Le biologiste évolutionniste Jerry Coyne le déplore :

> La psychologie évolutionniste souffre de l'équivalent scientifique à la mégalomanie. La plupart de ses tenants sont convaincus qu'absolument toute action ou sentiment humain, y compris la dépression, l'homosexualité, la religion et la conscience, ont été placés directement dans nos cerveaux par la sélection naturelle. Selon cette interprétation, l'évolution devient la clé – la seule clé – qui peut libérer notre humanité.[13]

La psychologie évolutionniste, que nous verrons plus en détail au chapitre 7, se débrouille plutôt mal quand il s'agit d'expliquer la religion ou la spiritualité, un fait reconnu voici presque un siècle par Evelyn Underhill, chercheur du mysticisme :

> Récéjac a bien dit que « Dès l'instant où l'homme ne se satisfait plus d'inventer des choses utiles à son existence sous la seule injonction du vouloir-vivre, le principe de l'évolution (physique) a été violé. » Il est certain que l'homme n'est pas très satisfait. Les philosophes utilitaristes l'ont baptisé « animal faiseur d'outil » – la plus haute louange qu'ils aient su accorder. Plus certainement, il est un « animal faiseur de vision » ; une créature aux idéaux pervers et irréalistes, dominé par ses rêves autant que par ses appétits – rêves qui ne se justifient que par la théorie voulant qu'il avance vers un autre but que la perfection physique ou la suprématie intellectuelle, et qu'il est contrôlé par une réalité à la fois supérieure et plus vivante que celle des déterminants. Nous sommes conduits à la conclusion que si la théorie de l'évolution doit inclure ou expliquer les faits issus de l'expérience artistique et spirituelle – et aucun chercheur sérieux ne peut l'accepter si ces vastes étendues de la conscience restent hors d'atteinte – il faut alors la reconstruire sur une base mentale plutôt que physique.[14]

Ernst Fehr et Suzanne-Viola Renninger arrivent à une conclusion semblable, quoique exprimée de manière moins noble :

> À un âge de progrès et de sécularisation, les scientifiques tels que Charles Darwin ont choqué leurs contemporains lorsqu'ils ont mis en cause le statut particulier des êtres humains et tenté de les classer dans un continuum avec toutes les autres espèces. Les humains ont été dépouillés de tout ce qui était semblable à Dieu. Aujourd'hui la biologie leur redonne quelque chose de cette ancienne position exaltée. Notre espèce est semble-t-il la seule dont le maquillage génétique encourage le désintéressement et le véritable comportement altruiste.

Qu'il n'y ait toutefois aucun malentendu, ce n'est pas le but de ce livre de prétendre que l'évolution ne s'est jamais produite. Après tout, il existe un enregistrement fossile.

Malgré ses nombreux défauts, l'enregistrement montre que l'évolution s'est produite. Mais la question est plutôt de savoir si l'évolution humaine est un processus pleinement naturel qui survient sans signification, ni but, ni direction ou intention, dans un univers pleinement matérialiste. Ce livre expose les données en provenance des neurosciences et d'autres disciplines scientifiques qui remettent en cause cette conception. Quelques chemins trop fréquentés à la poursuite de la compréhension de la nature humaine se révèlent simplement être des impasses. L'une de ces impasses est la tentative de démontrer que l'altruisme, ou la spiritualité, n'est qu'une sorte de mécanisme darwinien secret de survie. Nous pouvons en effet tirer certaines conclusions de faits concernant la psychologie de nos lointains ancêtres – par exemple, nous pouvons conclure des premières pratiques d'enterrement qu'ils avaient des croyances religieuses. Mais nous n'avons pas de véritables moyens de savoir si ces croyances ont amélioré leurs chances de survie. En général, la spiritualité est associée de façon positive à la santé et au bonheur dans la société d'aujourd'hui, mais nous ne pouvons supposer, sans preuves, qu'il en a toujours été ainsi. Était-il vraiment « adapté » pour les Néandertaliens d'enterrer des objets utiles avec leurs défunts ? Ou bien étaient-ils motivés par quelque chose qui allait bien au-delà de l'adaptation darwinienne ?

Mais qu'en est-il ne nos plus proches parents animaux, les chimpanzés et autres grands primates ? Des scientifiques ont passé leur vie à partager la leur et à les étudier en détails, en espérant éclairer un peu la nature de l'être humain.

Notre nature animale

La réponse à la nature humaine réside-t-elle dans notre nature animale ? Dans notre cousinage avec les chimpanzés ? Avec les mammifères en général ? Devrions-nous remonter au-delà du passé spécifiquement humain ?

Or, where old-eyed oxen chew
Speculation with the cud,
Read their pool of vision through,
Back to hours when mind was mud[15]

(Ou, quand les bœufs à l'œil las
Ruminent et spéculent,
Voir à travers leur vue,
De retour aux heures où l'esprit était boue)

Ainsi s'exprimait George Meredith, un fervent partisan du matérialisme. Bien sûr, il est facile pour un poète talentueux tel que Meredith, sondant l'immensité, l'œil vide tel un bœuf rassasié, de s'imaginer lui-même « de retour aux heures où l'esprit était boue. » Mais il est facile pour un poète talentueux d'imaginer n'importe quoi.

Comment savons-nous quelles sont, parmi ces fulgurances, les véritables incursions dans la nature du réel ? Pour être prosaïque, y a-t-il jamais eu, pourrait-il y avoir jamais eu, un temps où tout l'esprit – qu'il soit à l'intérieur de notre univers ou au-delà – était de la boue ? En d'autres termes, l'esprit peut-il évoluer à partir du non-esprit sans aucune aide, comme l'affirment les matérialistes avec insistance ? Cette question est au cœur du conflit entre le matérialisme et les autres conceptions philosophiques qui attribuent un sens et un but à l'univers.

Si pour l'heure on se concentre un peu plus sur l'esprit humain, deux axes de recherche importants au cours des dernières décennies ont été l'étude du comportement des singes dans la nature, et la tentative de leur apprendre le langage américain des signes. Les chercheurs des deux domaines espèrent mettre au jour les secrets de l'esprit humain. Bien entendu, l'hypothèse est que l'être humain est simplement « le troisième chimpanzé » et que l'esprit humain n'est qu'une version un peu « gonflée » de l'esprit du chimpanzé.

Deux espèces de chimpanzés sont actuellement distinguées, le chimpanzé commun (*Pan troglodytes*) et le bonobo, qui est plus petit (*Pan paniscus*) ; si les humains étaient classés avec les chimpanzés, nous serions la troisième. Selon une évaluation, nous partageons près de 98 % de notre ADN avec les chimpanzés, et donc, si l'on poursuit le raisonnement, on peut penser que les « chimpanzés à 100 % » renferment le secret.

Il y a même eu un projet pour reclassifier les chimpanzés dans le genre *Homo*, aux côtés de l'homme moderne et de Neandertal (éteint).[17] Plus ambitieux encore, de nombreux auteurs ont spéculé sur l'hybridation d'un humain et d'un chimpanzé, espérant que la naissance de l'être « en direct » créerait une confusion sociale, morale, juridique, et aiderait ainsi les hommes à comprendre qu'après tout nous sommes des animaux, sans destinée supérieure.

Les grands singes

> Il y a quelques années on aurait parlé de mauvaise science-fiction, mais il n'apparaît plus impossible désormais que dans une telle communauté « verbale » de chimpanzés, on pourrait finir par voir émerger après quelques années les Mémoires de l'Histoire Naturelle et de la Vie Mentale d'un Chimpanzé, publiées en anglais ou en japonais (avec peut-être la mention « tel que raconté à » sur la couverture).[18]
>
> Carl Sagan, *Les Dragons de l'Eden*

Peut-on croiser humains et chimpanzés ?

Selon la théorie actuelle de l'évolution, on pense qu'humains et chimpanzés ont divergé à partir d'un ancêtre commun il y a environ 5 à 7 millions d'années. Les chimpanzés étant l'espèce animale la plus proche des humains, on a spéculé sur la possibilité de produire un hybride, un « humanzé ». D'après des documents déterrés de l'ex-Union soviétique, le dictateur Joseph Staline comptait produire de tels super-guerriers, mi-hommes mi-singes, affirmant : « Je veux un nouvel être humain invincible, insensible à la douleur, résistant et indifférent à la qualité de la nourriture qu'il mange. » Le programme n'aboutit pas, et les scientifiques qui en avaient la responsabilité disparurent dans le vaste système des prisons soviétiques.

Mais le plus souvent, les motivations pour produire un hybride ont été plus philosophiques. Le zoologiste britannique Richard Dawkins a noté avec enthousiasme que si un tel hybride venait au monde, « la politique ne serait plus jamais la même, ni la théologie, la sociologie, la psychologie et la plupart des branches de la philosophie. Un monde qui serait choqué par un événement aussi secondaire qu'une hybridation, est un monde bien « spéciste » (de l'anglais *specism* : croyance que l'homme est supérieur à l'animal), dominé par l'esprit discontinu. » Par « esprit discontinu », Dawkins fait référence au point de vue selon lequel il existe des différences fondamentales de qualité entre l'esprit humain et l'esprit du chimpanzé, point de vue avec lequel il est en profond désaccord.

Quoi qu'il en soit, l'hybridation pourrait se révéler très difficile. Les chimpanzés ont quarante-huit chromosomes et les humains seulement quarante-six. Le paléontologue aujourd'hui disparu Stephen Jay Gould explique également :

> Les différences génétiques entre humains et chimpanzés sont mineures, mais elles comprennent au moins dix grandes inversions et translocations. Une inversion est, littéralement, le retournement d'un segment chromosomique. Chaque cellule hybride aurait un jeu de chromosomes chimpanzés et un jeu correspondant de chromo-

somes humains. Les ovules et spermatozoïdes sont fabriqués au cours d'un processus appelé méiose, ou division réduction. Dans la méiose, chaque chromosome doit s'assembler (côte à côte) avec sa contrepartie avant la division cellulaire, de sorte que les gènes correspondants puissent se faire face un à un : c'est-à-dire que chaque chromosome de chimpanzé doit former une paire avec sa contrepartie humaine. Mais si un morceau de chromosome humain est inversé par rapport à sa contrepartie chimpanzé, alors l'appariement gène à gène ne peut pas se réaliser sans un retournement et une torsion complexes, qui en général empêchent la division de s'effectuer correctement.[16]

En dépit des obstacles techniques, l'idée refuse de disparaître. Citant une théorie récente selon laquelle les humains et les chimpanzés ont mis du temps pour prendre leurs chemins respectifs, le professeur de psychologie de l'université de Washington David P. Barash a récemment salué le jour où « grâce aux progrès des technologies de la reproduction, des hybrides ou bien d'autres assemblages génétiques mélangeant humain et animal existeront dans notre futur. »

Faisant écho à Dawkins, il pense qu'un hybride atténuerait la frontière entre les humains et les autres formes de vie. Et de déclarer : « C'est une rupture qui existe seulement dans l'esprit de ceux qui proclament que l'espèce humaine, contrairement à toutes les autres, possède une parcelle de divin et que par conséquent nous sommes en dehors de la nature. »

L'écrivain canadien de science-fiction Rob Sawyer, qui s'intéresse dans son travail aux questions éthiques fondamentales, a souligné que – même si c'était possible – il serait bien peu éthique de reproduire en laboratoire ne serait-ce qu'une espèce éteinte d'hominidé. Il précise : « Si vous rameniez *Homo erectus*, il serait considéré selon tous les standards modernes comme gravement attardé mentalement. » Il en serait probablement de même avec l'humanzé, si ses promoteurs réussissaient un jour à le produire.

Que nous apprennent les grands singes sur nous-mêmes ?

Si nous sommes vraiment un chimpanzé à 98 %, alors le soi, l'esprit, la volonté, l'âme, la conscience et la spiritualité ne sont certainement que les formes humaines d'une fonction classique d'un cerveau animal. Il est possible que le chimpanzé à 100 % puisse vraiment nous aider à nous comprendre nous-mêmes. Mais ce type d'approche de la compréhension de l'esprit humain a fini par s'échouer sur la grève. En voici quelques raisons :

La preuve par l'ADN de la proximité entre les humains et les chimpanzés ne nous dit pas ce que nous avons besoin de savoir. Souvenons-nous que seulement quatre nucléotides écrivent la totalité du code génétique, de sorte qu'un mélange purement aléatoire nous amènerait à partager 25 % de notre ADN avec n'importe quelle forme de vie, qu'elle ait un cerveau ou pas.

De plus, comme nous le rappelle l'anthropologue spécialiste de l'évolution Jonathan Marks, nous partageons 40 % de notre ADN avec les poissons, mais personne ne prétend que les poissons sont à 40 % humains – ni que les humains seraient poissons à 250 %. Des concepts bruts comme le partage de l'ADN nous aident peu à comprendre l'esprit humain car nous avons besoin d'en apprendre davantage sur les différences que sur les ressemblances.

Quoi qu'il en soit, les estimations actuelles de la quantité d'ADN partagée par les humains et les chimpanzés varient de 95 à plus de 99 %, selon les critères retenus par les chercheurs qui font ces estimations.[19] Ainsi, la quantité d'ADN que nous partageons n'est même pas établie clairement.

Les singes ne sont pas un bon miroir pour étudier le comportement ou la réflexion humaine. Les primatologues étudient les singes pour fournir une explication évolutionniste au comportement humain, en particulier le comportement violent. Dès lors, ils tendent à se concentrer sur un comportement qui est fréquent (ou au moins intéressant) parmi les êtres humains, même s'il est rare chez les autres primates. Robert Sussman, de l'université de Washington, et Paul Garber, de l'université d'Illinois, ont montré récemment après une étude poussée de la littérature que la plupart des singes ne sont pas non plus très sociaux, sans parler de leur penchant pour la violence.

Les gorilles consacrent seulement 3 % de leur temps à des activités sociales et les chimpanzés seulement 25 %. Les comparaisons entre les comportements des humains et ceux des singes sont facilement faussées par des biais d'observation et ne peuvent nous apprendre beaucoup sur nous-mêmes. En général, les chimpanzés et les humains ne partagent pas de liens émotionnels. Si l'on souhaite vivre avec un être non-humain qui soit émotionnellement proche des humains, mieux vaut partager sa vie avec un chien qu'avec un chimpanzé.

Les études montrent que les chiens ont une plus grande capacité à comprendre les émotions humaines que les chimpanzés – alors même que le visage humain se rapproche plus de la face du chimpanzé que de la face canine.

Comme l'écrit Colin Woodward dans *The Chronicle of Higher Education* (Les chroniques de l'enseignement supérieur) :

> Les chimpanzés, nos plus proches cousins, sont capables de suivre le regard d'un humain, mais ils réussissent assez mal les tests classiques qui consistent à trouver des indices en regardant une personne. Dans ce test, un chercheur cache de la nourriture dans l'un des containers hors de la vue de l'animal. Le singe est alors autorisé à choisir un container après que l'expérimentateur lui ait indiqué le bon choix par diverses méthodes comme regarder fixement, hocher la tête, pointer du doigt, tapoter ou placer une marque. Ce n'est qu'au prix d'un entraînement intensif que les chimpanzés et les autres primates parviennent à des résultats supérieurs au hasard.

En 2001, les expériences ont montré que les chiens réussissaient bien mieux que les chimpanzés à trouver de la nourriture en utilisant des indices sociaux fournis par les humains. Ainsi, une proximité génétique plus grande n'implique pas une plus grande communauté d'esprit entre les humains et les chimpanzés.

Les affirmations selon lesquelles les singes ont des capacités mentales semblables à celles des humains sont douteuses. Certains chercheurs ont consacré toute leur carrière à enseigner le langage des signes à des singes, mais, ainsi que le relève Jonathan Marks :

> Malgré tout l'intérêt de ces expériences de langue des signes avec les singes, trois choses ressortent clairement. D'abord ils ont la capacité de manipuler un système de symboles qui leur est donné par les humains, et de communiquer avec lui. En second lieu, malheureusement, ils n'ont rien à dire. Et troisièmement, ils n'utilisent pas un tel système dans la nature.

Marks conclut : « Le langage n'est tout simplement pas un truc de chimpanzé. En fait le recoupement entre les communications chimpanzé et humaine est très réduit. » En effet, il manque probablement aux primates non-humains la complexité neuronale pour manipuler la pensée abstraite dont un esprit a besoin. Le radiologue Andrew Newberg et ses collègues notent :

> Une version rudimentaire du lobe pariétal est présente chez notre plus proche cousin dans l'évolution, le chimpanzé. Alors que les chimpanzés sont assez intelligents pour maîtriser des concepts mathématiques simples et développer des techniques de langage non-verbal, leur cerveau semble ne pas avoir la complexité neuronale nécessaire à la formulation d'une pensée abstraite sensée, qui est le genre de pensée qui conduit à la naissance des cultures, des arts, des mathématiques, de la technologie et des mythes.[20]

L'une des raisons pour lesquelles les primatologues tels que Jane Goodall ont insisté sur les ressemblances entre les singes et les humains est entièrement digne d'éloges : ils veulent protéger les habitats naturels des singes sauvages menacés et mettre un terme aux traitements inhumains dont sont victimes ceux qui sont captifs dans des laboratoires. Mais, comme l'a souligné Marks, les singes ont besoin de protection en tant que singes, pas en tant qu'équivalent des hommes. Il écrit : « Les singes devraient être préservés et traités avec compassion, mais brouiller la séparation entre eux et nous est un outil rhétorique ascientifique. »

> Travailler avec les chimpanzés est agréable : ils sont les politiciens honnêtes dont nous rêvons tous avec espoir. Quand le philosophe politique Thomas Hobbes a postulé l'existence d'une irrésistible force du pouvoir, il avait raison à la fois pour les hommes et pour les singes. En observant de bruyants chimpanzés manœuvrer pour leur rang au sein du groupe, on cherchera en vain des arrière-pensées ou des promesses de « renvois d'ascenseurs ».
>
> FRANS B. M. DE WAAL, PRIMATOLOGUE

> Politique authentique – et même politique digne de ce nom – la seule politique à laquelle je suis prêt à me dévouer – n'est qu'une question de servir ceux qui sont autour de nous : servir la communauté et servir ceux qui viendront après nous. Ses plus profondes racines sont morales car c'est une responsabilité exprimée à travers l'action, vers et pour la totalité.
>
> VACLAV HAVEL, ANCIEN PRÉSIDENT DE LA RÉPUBLIQUE TCHÈQUE – PRISONNIER POLITIQUE ET ACTIVISTE DES DROITS HUMAINS

Ainsi les chimpanzés ne peuvent pas nous aider à nous comprendre nous-mêmes car ce qui nous sépare d'eux *est* précisément l'esprit humain. Comment cet esprit a-t-il émergé et comment fonctionne-t-il ? Cela reste un véritable mystère. L'écrivain scientifique Elaine Morgan l'écrit ainsi :

> Compte tenu de la relation génétique très étroite qui a été établie en comparant les propriétés biochimiques des protéines du sang, la structure des protéines, l'ADN et les réponses immunologiques, les différences entre un homme et un chimpanzé sont finalement plus étonnantes que leurs ressemblances... Quelque chose a dû arriver aux ancêtres d'*Homo sapiens* qui n'est pas arrivé aux ancêtres des gorilles et des chimpanzés.[21]

Que peuvent donc nous apprendre les chimpanzés et les autres grands singes ? Rien de ce que nous voudrions savoir, malheureusement. Ils ne peuvent répondre pour nous aux questions qu'ils ne se posent pas pour eux-mêmes.

Mais peut-être la réponse ne réside-t-elle pas du tout dans les formes de vie. Si c'est *l'intelligence* humaine que nous avons besoin de comprendre pour appréhender la nature spirituelle des humains, peut-être la biologie est-elle simplement une sorte de bouillonnement incontrôlé qui vient perturber l'expression pure d'un code mathématique binaire. Ainsi, de nombreux théoriciens ont affirmé que la réponse se trouve certainement dans l'intelligence artificielle (IA), l'intelligence des ordinateurs.

L'intelligence artificielle

> Les superordinateurs atteindront les capacités d'un cerveau humain d'ici 2010, et les ordinateurs personnels feront de même d'ici 2020... D'ici les années 2030, la fraction non-biologique de notre intelligence prédominera.
>
> Ray Kurzweil, *The Age of Spiritual Machines*
> (L'Âge des machines spirituelles)[22]

Les ordinateurs peuvent-ils connaître ? L'intelligence artificielle peut-elle reproduire l'esprit ou la conscience ? Dans le roman farfelu de Douglas Adams *Le Guide du voyageur galactique*, on demande à Pensée profonde (*Deep Thought*), le second plus grand ordinateur de tous les temps et de tout l'espace, de calculer la réponse à la Question Ultime de la Vie, de l'Univers et de Tout. L'ordinateur réfléchit pendant 7,5 millions d'années et annonce la réponse : « Quarante-deux ».

Devant la stupéfaction générale, Pensée profonde répond : « Le problème, pour être tout à fait honnête avec vous, est que vous n'avez jamais vraiment su quelle était la question. » Pensée profonde propose ensuite de concevoir un ordinateur encore plus grand, appelé « Terre », qui comprend des êtres vivants. Terre déterminera la question à laquelle « quarante-deux » est la réponse. La question, une fois obtenue, est :

> QU'OBTENEZ-VOUS EN MULTIPLIANT SIX PAR NEUF.
> « Six par neuf. Quarante-deux. »
> « Voilà. C'est tout. »[23]

Les ordinateurs du futur feront-ils mieux que cette « Terre » soumise au défi arithmétique, comme l'espère Daniel Dennett ? Peuvent-ils devenir des « machines spirituelles » qui miment l'esprit humain, ainsi que l'a prédit Ray Kurzweil, le gourou de l'intelligence artificielle? Seront-ils capables de comprendre – ou plus probablement d'éliminer – la spiritualité en tant que concept ?[24]

> « Saviez-vous, dit-il enfin, qu'il est possible de scanner chaque réseau neuronal dans le cerveau humain et de produire un double exact de l'esprit du sujet dans un ordinateur ?... Que diriez-vous si je vous disais que votre esprit a été scanné et dupliqué ?[25]
>
> ROBERT J. SAWYER, *EXPÉRIENCE TERMINALE*

Le philosophe de la conscience John Searle raconte qu'au cours des dernières décennies du XXe siècle, de nombreux penseurs étaient parfaitement convaincus qu'un ordinateur capable de penser comme un humain était une chose tout à fait envisageable. Après tout, on considérait alors que le cerveau humain *était* un ordinateur. Il se souvient :

> Vous n'imaginez même pas l'enthousiasme que cette idée a déclenché, car cela nous donnait enfin non seulement une solution aux problèmes philosophiques qui nous tenaillaient, mais aussi un programme de recherche : nous pouvons étudier l'esprit, nous pouvons chercher à comprendre comment l'esprit fonctionne vraiment, en découvrant quels sont les programmes implémentés dans le cerveau. L'un des aspects extrêmement séduisants de ce programme de recherche est que nous n'avons pas besoin de savoir réellement comment le cerveau fonctionne en tant que système physique, pour faire une science de l'esprit complète et rigoureuse... Il se trouve, par une sorte d'accident de l'évolution, que nous sommes « implémentés dans des neurones », mais n'importe quel matériel informatique assez puissant pourrait se comparer à ce que nous avons dans nos crânes.

Les « machines spirituelles » de Ray Kurzweil ont-elles répondu à ces attentes, comme annoncé ?

De plus en plus profond dans le bleu...

L'un des objectifs de longue date de l'intelligence artificielle a été de concevoir un ordinateur suffisamment puissant et intelligemment programmé pour battre n'importe quel humain aux échecs. Le jeu d'échecs convient bien à un ordinateur puissant car, tout comme le jeu du morpion, il repose sur des problèmes strictement définis.

Bien sûr, les échecs sont bien plus compliqués que le jeu du morpion. Les trente-deux pièces et soixante-quatre cases offrent une quantité d'options qui dépasse le nombre d'atomes estimé dans l'univers. Au départ, les progrès ont été lents. C'est en 1952 que le pionnier de l'IA Alan Turing a écrit le premier programme informatique d'échecs.

Ce n'est qu'en 1980 que le prix Fredkin a été lancé : 100 000 dollars seraient remis aux programmeurs du premier ordinateur qui battrait un champion du monde d'échecs en titre. Pendant plus d'une décennie et demi, les programmeurs ont travaillé avec acharnement à leur projet sans jamais gagner le prix. En 1996, le grand maître russe Gary Kasparov a annoncé : « Les machines sont stupides par nature », et il a entrepris de battre l'ordinateur d'IBM appelé Deep Blue (Bleu profond).

Mais en 1997, Kasparov a fait les gros titres en perdant face à Deep Blue, et les trois programmeurs ont partagé le prix Fredkin. De nombreux médias ont alors estimé que l'âge de l'homme était terminé, et que l'âge de la machine allait commencer.

> Les machines franchissent simplement un seuil important : le seuil à partir duquel, jusqu'à un certain point en tout cas, elles donnent l'impression de l'intelligence à un être humain objectif. À cause d'un certain chauvinisme humain ou d'un anthropocentrisme, beaucoup d'êtres humains sont réticents à admettre cette possibilité. Mais je pense qu'elle est inévitable.[26]
>
> —Carl Sagan, *Les Dragons de l'Éden*

Les éditorialistes ont totalement oublié de relever que les programmeurs de Deep Blue sont des humains tout comme Kasparov. Donc la question n'est pas de savoir si une machine peut battre un humain, mais si un humain qui joue aux échecs en écrivant un programme se débrouille mieux qu'un humain qui joue aux échecs sans écrire un programme. Si la machine donne l'impression de l'intelligence, ainsi que Carl Sagan l'a souligné, ça ne devrait pas nous surprendre puisqu'une intelligence l'a créée. Les lignes que Shakespeare a écrites pour Hamlet donnent elles aussi l'impression de l'intelligence, et pour la même raison.

Quoi qu'il en soit, l'âge des machines spirituelles est arrivé si vite que tout le monde ou presque l'a manqué. En 2003, Kasparov a fait match nul avec Deep Junior, un ordinateur bien plus puissant, et un autre programme, X3dFritz. Ceci a surpris beaucoup de monde car un programme d'ordinateur aussi puissant est capable de prendre en compte bien plus de stratégies qu'un être humain. En général, un ordinateur/joueur d'échecs se repose sur sa capacité de calcul en parallèle pour aller fouiller une vaste mémoire et évaluer l'opportunité de millions de mouvements, avant de choisir le meilleur. Deep Junior était capable de calculer 3 millions de déplacements possibles par seconde. Kasparov pouvait probablement évaluer deux à trois déplacements par seconde.

Eh bien, cela soulève une question évidente : Comment se fait-il que Kasparov gagne ne serait-ce qu'une fois ? Ne devrait-il pas systématiquement perdre ? La réponse pourrait être : ce que fait Kasparov quand il réfléchit à son prochain coup est d'une nature différente de ce que fait Deep Junior. Kasparov lui-même a déclaré : « Quoi que disent (les programmeurs) Shay et Amir à propos des capacités de Junior à calculer des millions de possibilités, pour ma part je ne considère au contraire que peu de stratégies dans chaque partie. Mais vous pouvez parier sur votre vie que ce seront les meilleures. »

Comme l'écrit le philosophe et amateur d'échecs Tim McGrew, de l'université du Western Michigan : « Quelque chose se passe dans l'esprit du grand maître qui est non seulement radicalement différent...

mais aussi bien plus efficace. C'est déjà en soi une sorte de miracle « computationnel » que les humains puissent jouer aux échecs. »

Il est également apparu après coup que les grands maîtres jouent de mieux en mieux contre les ordinateurs, alors même que les ordinateurs deviennent pour leur part plus puissants.[27] Kenneth Silber, fervent partisan de l'IA, le déplore :

> c'est un constat décevant pour les partisans de l'intelligence artificielle. Le jeu d'échecs, qui demande calcul et mémoire, est une activité apparemment bien adaptée aux ordinateurs. Si les ordinateurs ne font que des progrès modérés aux échecs, quelles sont les chances qu'ils développent un jour des capacités telles que la créativité, le sens commun et la conscience – sans parler de l'intelligence surhumaine que certains experts prédisent ?

La réponse pourrait bien être : aucune chance. Nous ne trouverons pas la réponse dans l'âme des nouvelles machines parce que les spécialistes de l'IA ont pris le problème à l'envers dès le départ. Les échecs par ordinateur ne nous aident pas à comprendre le raisonnement humain parce que les ordinateurs ne conçoivent ni ne suivent de plans, et n'ont pas de buts.

Ils n'ont pas d'idées directrices, n'utilisent pas d'analogies ni de métaphores – et aucune des voies proposées actuellement ne leur permet de le faire. Ils ne font que calculer. Le pionnier de l'informatique John Holland explique la difficulté : « Il y a de nombreux problèmes que l'intelligence artificielle ne peut pas résoudre en faisant simplement plus de calculs. » Aussi ne s'attend-il pas à voir des ordinateurs « conscients » avant longtemps.

> Je ne crois pas que l'intelligence humaine ait quoi que ce soit d'unique. Les neurones qui sous-tendent les perceptions et les émotions dans le cerveau opèrent tous selon un mode binaire.
>
> Bill Gates, pionnier du logiciel

> Les êtres humains sont des ordinateurs faits de viande.
>
> MARVIN MINSKY, GOUROU DE L'INTELLIGENCE ARTIFICIELLE

De même, John Searle juge « désespérément fausses » les anciennes idées plutôt présomptueuses concernant l'IA (« n'importe quel ordinateur assez complexe ferait aussi bien que ce que nous avons dans nos crânes ») et ajoute : « rien n'a changé dans mon opinion depuis le premier jour ». Comme pour appuyer les commentaires de Searle, le technomagazine *Red Herring* a reconnu dans un article de fond paru en 2005 que les réflexions autour de l'IA sont utiles dans certains domaines professionnels, mais « ne parviennent pas à une grande vision ontologique ». Soit, mais c'est bien la grande vision ontologique qui a entraîné le développement de l'IA en premier lieu.

La science est capable de réussites incroyables, *à condition que* les scientifiques comprennent clairement la nature du système qu'ils étudient. Le cerveau humain n'est pas une machine à calculer et une machine à calculer ne peut pas répondre à nos questions sur le sens de la vie. Même le livre *Calculating God*[28] de l'écrivain de science-fiction Rob Sawyer n'a pu y répondre. Les ordinateurs, aussi intelligemment que nous puissions les concevoir, ne deviennent pas des machines spirituelles et ne peuvent nous éclairer sur la nature spirituelle de l'homme.

La nature spirituelle de l'homme

Les humains peuvent-ils avoir une nature spirituelle dans un univers sans but ni conception ?

Comme nous l'avons vu, les voies de recherche qui entendent ancrer la nature humaine dans une réalité purement matérielle n'ont pas eu de succès. La psychologie évolutionniste, par exemple, échoue précisément là où commence le comportement spécifiquement humain– avec le véritable altruisme. De même, les études sur les primates et la recherche en IA butent sur les points qui réclament de véritables réponses.

Cependant, l'échec des explications matérialistes actuelles n'implique pas pour autant qu'une explication non-matérialiste soit vraie. En effet, si l'on cherche à ancrer la nature de l'homme dans une réalité spirituelle tout comme dans une réalité matérielle, on se retrouve immédiatement face à une objection sérieuse, peut-être fatale. À propos de la nature même de l'univers, le philosophe analytique britannique du XXe siècle Bertrand Russell avait fameusement conclu :

> L'homme est le produit de causes n'ayant aucune prévision du but qu'elles poursuivent ; (que) son origine, son développement, ses espoirs et ses craintes, ses amours et ses croyances, ne sont que le résultat de l'assemblage fortuit des atomes ; (qu')aucun enthousiasme, aucun héroïsme, aucune intensité de la pensée ou du sentiment ne peuvent conserver la vie individuelle au-delà de la tombe ; (que) les travaux de tous les âges, la dévotion, l'inspiration, l'éclat resplendissant du génie humain soient voués à l'extinction dans la mort grandiose du système solaire, et (que) le temple entier de l'œuvre humaine doit être enseveli sous les débris d'un univers en ruines – toutes ces choses, si elles ne sont pas indiscutables, sont pourtant presque si sûres qu'aucune philosophie qui les rejette ne peut espérer durer.[29]

Dans ce cas, une nature spirituelle de l'être humain est impossible par principe. Nous devons absolument écarter les explications non-matérialistes de la nature humaine parce qu'elles ne peuvent pas être vraies. Il s'ensuit une conséquence importante : même si la science matérialiste n'offre pas d'explications satisfaisantes aujourd'hui, nous devons nous en tenir à ces éclairages partiels, dans l'espoir que d'autres, meilleurs, nous parviennent plus tard.

Le philosophe des sciences Karl Popper a baptisé cette façon de penser le « matérialisme de promesse ».[30] En d'autres termes, si nous l'adoptons, nous acceptons un « chèque en blanc » sur le futur du matérialisme. Le matérialisme de promesse a été très influent dans les sciences car le moindre doute exprimé sur le matérialisme – quel que soit la nature de la preuve – peut être étiqueté « non scientifique » par principe.

Réunir des preuves contre le matérialisme

Au cours de l'été 2005, Guillermo Gonzalez, un astronome de quarante-et-un ans de l'université de l'État d'Iowa, a découvert accidentellement l'étendue de la dette du matérialisme de promesse. En tant que professeur assistant de physique et d'astronomie se rapprochant de la titularisation, il a découvert un jour que 124 membres de l'université (environ 7 % de la faculté) avaient signé un document le critiquant à cause de son soutien supposé à la théorie du « dessein intelligent ». (Selon cette théorie, certaines données amènent à interpréter l'état actuel de l'univers comme le produit d'une cause intelligente ou d'une intention, plutôt que comme le fruit des lois du hasard. Elle ne considère pas que tous les événements ont une cause intelligente, mais elle n'évacue pas la cause intelligente par principe, là où les preuves le justifient. On peut aussi comprendre cela en disant que l'univers est orienté de haut en bas, et non de bas en haut. L'esprit vient en premier et crée la matière. La matière n'existe pas avant et ne crée pas l'esprit.)[31]

Quel délit Gonzalez avait-il donc commis ? C'est un expert reconnu dans le domaine obscur de l'habitabilité galactique – la possibilité pour une planète d'abriter la vie telle que nous la connaissons.[32] Il est également l'auteur d'un livre, *The Privileged Planet : How Our Place in the Cosmos Is Designed for Discovery* (La planète privilégiée : Comment notre place dans le cosmos est faite pour la découverte), dans lequel il déclare, à partir d'une recherche poussée sur différents points de vue astronomiques dans notre système solaire, que la Terre est remarquablement pratique pour l'astronomie – située juste dans le plan de l'écliptique, à proximité d'un bras de la galaxie, de sorte que les humains peuvent réellement voir loin dans la galaxie.

> Les personnes qui étudient l'astronomie s'y intéressent en général très tôt. C'est une science si belle. De nombreuses personnes ont un sens profond de l'infini et de l'immensité de l'univers... Certains ont la conviction bien ancrée que l'on ne peut faire entrer Dieu dans la science. Mais je ne fais pas entrer Dieu dans la science. J'ai cherché dans la nature et

découvert cette structure, basée sur des preuves empiriques... Une autre explication est absolument nécessaire.

GUILLERMO GONZALEZ, ASTRONOME

Gonzalez, qui est chrétien, estime que cette observation, tout comme d'autres découvertes semblables, signifie que les humains étaient destinés à explorer l'univers. Ses arguments sont scientifiques, affirme-t-il – c'est-à-dire basés sur des faits, testables et confirmables. Mais cela ne calme pas les critiques tels que Jim Colbert, un professeur associé d'écologie, évolution et biologie des organismes, qui déclare : « Nous ne disons pas que personne ne devrait croire au dessein intelligent. C'est juste que vous ne pouvez pas rassembler de preuves, ce n'est donc pas de la science. »

De la controverse qui a suivi, il est ressorti que ni les données concernant la position de la Terre, ni la qualité des recherches de Gonzalez n'étaient en cause dans la discussion. La tentative de l'empêcher d'être titularisé était fondée, pour l'essentiel, sur le matérialisme de promesse.[33] Toute recherche qui révèle la possibilité d'un but, d'une conception, ou d'un sens de l'univers est perçue comme une menace pour la science, car la science est conçue comme une entreprise qui soutient la vision du cosmos exprimée avec éloquence par Russell. Le péché de Gonzalez était précisément qu'il était en train de réunir des données contre cette conception.

Le fait que Gonzalez soit chrétien le prédispose à penser ainsi, mais ça n'a rien d'obligatoire. Rob Sawyer, qui a suivi la grande (et grandissante) controverse, note : « Je pense qu'un débat légitime se déroule. Ce n'est pas un truc marginal. »

En effet, bien que Sawyer n'écrive pas d'un point de vue religieux, il aime répéter les nombreux exemples du réglage fin et délicat de l'univers (que l'on appelle les coïncidences anthropiques) – par exemple, si la force de gravité différait de sa valeur connue d'aussi peu que d'une fraction de 1 x 10^{40}, les étoiles telles que notre soleil ne pourraient pas exister, et par conséquent il n'y aurait pas de planètes abritant la vie comme la Terre.[34] En cela, il est rejoint par l'astrophysicien

Paul Davies, qui n'adopte pas non plus une position religieuse en particulier, mais remarque que « nous ne pouvons éviter des aspects anthropiques dans notre science, c'est intéressant parce qu'au bout de trois cents ans nous avons finalement réalisé que nous avons vraiment de l'importance. »

Devant l'évidence du « réglage fin » (de l'univers), telle que posée par Gonzalez parmi beaucoup d'autres, le seul argument solide contre une finalité et une conception est la possibilité que notre univers soit un succès accidentel parmi un tas d'univers ratés. Cependant, nous n'avons aucun moyen de savoir que d'autres univers existent ou qu'ils pourraient avoir échoué.[35]

Peu à peu, au milieu des orages et des grondements, les gens tracent leur chemin jusqu'à prendre parti. Compte tenu de ce que Tom Wolfe avait à dire à propos des neurosciences matérialistes il y a dix ans (« la notion d'un soi... s'enfuit déjà, s'enfuit déjà... s'enfuit déjà... »), ce fut une surprise d'entendre son opinion en 2005 à propos du darwinisme, la théorie biologique qui les sous-tend : « Regardez Darwin. Mon Dieu, quelle théorie puissante. Accessoirement, je lui donne encore 40 ans et elle finira dans les flammes. »[36]

Bien sûr, l'existence d'un but et d'une conception dans notre univers ou dans les formes de vie ne démontre pas que les humains ont une nature spirituelle. Elle rend cependant l'idée suffisamment plausible pour être étudiée. Pour simplifier, si Russell a raison, nous ne pouvons pas avoir une nature spirituelle et ne devrions pas en chercher une, pas plus que Gonzalez ne devrait chercher des preuves montrant que la position de la Terre pourrait avoir un sens. Mais si Gonzalez a raison, il se pourrait alors que nous ayons une nature spirituelle et nous pouvons explorer la question en utilisant les outils de la science. Les données actuelles concernant la nature de l'univers dans son ensemble ne cautionnent pas la position de Russell plus que celle de Gonzalez,[37] et ne devraient donc pas nous empêcher de nous interroger sur la nature spirituelle de l'homme.

La science est-elle la recherche de la vérité ou un soutien au matérialisme ?

Parfois, les chercheurs universitaires sont tellement convaincus que le but de la science est de soutenir le matérialisme qu'ils finissent par violer les droits civiques conventionnels. C'est ce qui est arrivé à Richard von Sternberg, un paléontologue qui a publié dans son journal à comité de lecture, les *Smithsonian's Proceedings of the Biological Society of Washington*, un article suggérant que l'explosion des formes de vie complexes qui s'est produite soudainement il y a environ 525 millions d'années pourrait être expliquée par le dessein intelligent.

Presque toutes les grandes familles actuelles d'animaux (phyla) ont émergé brutalement, au cours de quelques millions d'années, soit un simple clin d'œil à l'échelle géologique. Sternberg n'était pas lui-même un partisan de l'hypothèse du dessein intelligent, mais il croyait fermement à la nécessité de mettre toutes les options sur la table.

La simple suggestion d'une origine incluant une cause intelligente a déclenché une énorme controverse, dirigée non pas vers l'auteur, le géologue et théoricien du dessein intelligent Steve Meyer, mais principalement vers l'éditeur Sternberg. Il a été interrogé par ses employeurs sur ses positions politiques et ses croyances religieuses, puis destitué de son poste, et il s'est vu enfin refuser l'accès aux collections de fossiles dont il avait besoin pour son travail de paléontologiste.

De plus, a-t-il raconté au *Washington Post*, lorsque la société biologique fit une déclaration publique répudiant l'article de Meyer, on lui conseilla de ne pas y assister, car a-t-il expliqué, « on m'a dit que les émotions étaient si exacerbées qu'ils ne pouvaient pas me garantir que l'ordre pourrait être maintenu. » Il fit appel auprès du bureau du Conseil spécial, un organisme fédéral qui protège les droits civiques des employés du gouvernement, qui découvrit qu'il avait été victime d'une campagne de représailles et de désinformation. Un rapport du Congrès blanchît de nouveau Sternberg de plusieurs fausses allégations en 2006, et accusa les officiels Smithsoniens de l'avoir « harcelé, discriminé » et d'avoir exercé des « représailles » contre lui.

Il apparut que Sternberg n'avait pas violé une loi écrite, mais bien une loi non-écrite : l'intention intelligente ne peut pas être prise en compte, quels que soient, d'une part, l'état des preuves et d'autre part, le fait de savoir si les scientifiques qui sont associés à celles-ci ont suivi les bonnes procédures pour rassembler et publier ces preuves. Sternberg était censé le savoir avant de publier un tel article, même si ce dernier avait passé l'étape de la validation par les pairs.

Certains estiment que de telles règles non-écrites desservent la science qu'elles sont censées protéger. Le mathématicien et théoricien du dessein intelligent William Dembski, par exemple, nous dit : « l'idéologie matérialiste a écrasé l'étude des origines biologiques et cosmiques de telle sorte que le contenu effectif de ces sciences a été corrompu. Le problème, par conséquent, n'est pas seulement que la science est utilisée illégitimement aux fins de promouvoir une vision matérialiste du monde, mais c'est que cette vision du monde est en train de grever activement l'investigation scientifique, nous conduisant à des conclusions incorrectes et non étayées en ce qui concerne les origines biologiques et cosmiques. »

Les limites du matérialisme

Certes, le matérialisme ne peut pas se tromper, n'est-ce pas ? De grands penseurs défendent ce point de vue ! Le matérialisme se trompe dans son évaluation de la nature humaine parce qu'elle n'est pas en accord avec les données. Cependant, il n'est pas inutile de préciser quelques points concernant les limites du matérialisme en tant qu'*hypothèse* philosophique.

Le matérialisme est une *philosophie moniste*, c'est-à-dire une philosophie qui suppose que tout ce qui existe n'est fondamentalement composé que d'une seule substance (par ex. : la matière). Comme le montre Russell, le matérialisme cherche à décrire toute la réalité, depuis les vastes parois galactiques de l'univers jusqu'aux quarks subatomiques qui composent nos propres corps, et des subtilités de l'esprit humain au mimétisme inconscient d'une orchidée.[38] Ceci a deux conséquences importantes. Tout d'abord, dans un système moniste il est difficile de savoir si l'on se trompe. En effet, les monistes n'ont rien à quoi comparer leur système. Comme nous l'avons vu, une des conséquences en est le matérialisme de promesse, dans lequel les problèmes liés aux présupposés du système sont simplement reportés sur la science du futur ; ils n'amènent pas à un examen critique du système lui-même.

En second lieu, un système moniste comme le matérialisme peut être anéanti par n'importe quelle preuve apportée contre lui. Cette faiblesse est inhérente au système et liée à sa nature même ; on ne peut l'attribuer à une critique sévère, excessive ou pleine de préjugés. Il en découle que les systèmes monistes tendent à être hostiles aux travaux qui fournissent des données allant à l'encontre des positions du système. Les tenants de ce système peuvent même vouloir empêcher de telles recherches. Ils peuvent également chercher à manipuler les définitions pour que ces recherches soient jugées extérieures à la science, quelles que soient les données recueillies, ainsi que Guillermo Gonzalez l'a découvert.

> Je maintiens que le mystère de l'être humain est incroyablement dévalué par le réductionnisme, qui compte sur le matérialisme de promesse pour finalement rendre compte de l'ensemble du monde spirituel en termes d'activité neurologique. Cette croyance doit être classée parmi les superstitions… Nous sommes des êtres spirituels dotés d'âmes dans un monde spirituel, mais aussi des êtres matériels avec des corps existants dans un monde matériel.[39]
>
> Sir John Eccles, neurologue et Prix Nobel de médecine

Tout en gardant un œil sur ces problèmes, nous pouvons nous tourner maintenant vers notre question clé : Quelles sont les données issues des neurosciences qui jettent un doute sur l'interprétation matérialiste de l'esprit humain et de la spiritualité ?

Arguments en faveur d'une nature spirituelle de l'être humain

Jusqu'ici, ce livre n'a fait que montrer que les présupposés matérialistes, loin de rendre compte de la nature humaine, restreignaient les domaines dans lesquels la recherche est autorisée à certains d'entre eux largement étudiés et essentiellement improductifs jusqu'à aujourd'hui, tels que les spéculations sur la préhistoire, l'étude des primates et l'intelligence artificielle. Cela veut-il dire que la science elle-même, en dehors de ces présupposés, n'a rien à apporter à la compréhension de la nature spirituelle de l'homme ? Certainement pas ! Le défi pour la science est au contraire de développer des hypothèses qui prennent suffisamment au sérieux les faits observés pour aller au-delà des limites du matérialisme.

Il s'agit là d'un problème central qui doit être abordé. Si l'on nous demande de nous décrire nous-mêmes, nous pensons pour la plupart que nous avons un « esprit », que nous distinguons de notre « cerveau ». Nous considérons que nos esprits génèrent le choix fondamental de l'action que les circuits de notre cerveau actualisent. Par exemple, un automobiliste qui arrive sur un ralentissement inattendu peut décider de ne pas se mettre à jurer ou marteler frénétiquement le klaxon, mais simplement hausser les épaules et tourner dans une rue adjacente. Nous pourrions décrire le processus de pensée du chauffeur en disant : « Harry a eu la présence d'*esprit* de ne pas se mettre en colère, mais de rentrer à la maison par un autre chemin. » Nous ne dirions pas : « Les circuits du cerveau d'Harry l'ont amené à éloigner sa main du klaxon et à faire tourner sa voiture vers la droite dans une rue adjacente. » Nous supposons qu'Harry dispose d'un libre arbitre, qu'il – ou quelque chose en lui – peut véritablement décider de quelle façon il va agir.[40]

Comme nous l'avons vu, les neurosciences matérialistes ne parviennent pas à rendre compte d'un esprit ou d'un libre arbitre de cette façon. Elles supposent qu'Harry ou n'importe quel observateur est victime d'une illusion de libre arbitre, car le matérialisme n'a pas de modèle pour décrire la façon dont le libre arbitre pourrait fonctionner.

> Le premier dogme avec lequel je me suis trouvé en désaccord fut celui du libre arbitre. Il m'a semblé que toutes les questions de matière étaient déterminées par les lois de la dynamique et ne pouvaient donc pas être influencées par les volontés humaines.
>
> BERTRAND RUSSELL, PHILOSOPHE ANALYTIQUE (1872-1970)

> Tout, y compris ce qui se passe dans nos cerveaux, dépend de cela et rien d'autre : un ensemble de lois fixes et déterministes. Un ensemble parfaitement aléatoire d'accidents.
>
> MARVIN MINSKY, GOUROU DE L'INTELLIGENCE ARTIFICIELLE

> Toute la théorie va à l'encontre de la liberté de la volonté ; toute l'expérience est en sa faveur.
>
> SAMUEL JOHNSON, CRITIQUE LITTÉRAIRE ANGLAIS (1709-1784)

Tous les événements ont-ils une cause matérielle ?

Le matérialisme sous-entend que tous les événements ont une cause matérielle, c'est-à-dire une cause gouvernée par les forces physiques de la nature, telles qu'elles sont décrites par la physique classique. Inévitablement, cela signifie une cause « déterministe ». Il n'y a aucun moyen pour un objet d'agir autrement qu'en accord avec ces forces, pas plus qu'une boule de billard ne peut s'empêcher de rouler dans la direction vers laquelle la propulse un impact donné. Fort bien, supposons pour le moment que tous les événements sont gouvernés par les forces physiques de la nature. Mais disposons-nous d'une définition *correcte* de ces forces, en particulier pour ce qui concerne les forces qui peuvent être à l'œuvre dans nos cerveaux ?

La plupart d'entre nous supposent, simplement parce que cela semble raisonnable, que la réalité matérielle de notre univers au niveau fondamental est constituée de petits morceaux de matière. Le poète romain Lucrèce avait décrit la réalité de cette façon autour de 55 av. J.-C. :

> La nature tout entière telle qu'elle est consiste en deux choses – des corps et l'espace vide dans lequel les corps sont situés et au travers

duquel ils se déplacent dans différentes directions... Rien n'existe qui soit distinct à la fois d'un corps et de la vacuité.[41]

Isaac Newton, brillant découvreur des lois de la gravitation au XVIIe siècle, était convaincu d'une idée semblable :

> Il me semble probable que Dieu, au commencement des choses, a formé la matière en particules solides, massives, dures, impénétrables, mobiles, de telles tailles et apparences, avec de telles propriétés et en telle proportion dans l'espace, qu'elles sont parfaitement conçues pour les fins qu'elles doivent remplir ; et que ces particules primitives sont des solides qui sont incomparablement plus durs que n'importe quel corps poreux composé par elles ; tellement durs qu'on ne peut jamais les user ni les briser en morceaux ; aucun pouvoir ordinaire ne pouvant diviser ce que Dieu lui-même a fait un dans la création primordiale.

Pourtant, il se trouve que Lucrèce et Newton se sont trompés. Les couches profondes de la réalité physique n'ont rien à voir avec cela. Il s'agit d'assemblages de champs de forces. Au début du XXe siècle, les physiciens ont montré que ces champs de forces, le niveau « quantique » de notre univers, n'obéissent pas nécessairement aux « lois de la nature » avec lesquelles nous sommes familiers.

Comment se présente ce niveau quantique fondamental de notre univers ? Les électrons (qui donnent la charge négative aux atomes) par exemple, n'existent pas de façon parfaitement définie dans l'espace et le temps. Ils sont un nuage de probabilités ; leur existence en un point donné est seulement potentielle. Quand ils passent d'un état d'énergie à un autre, ils ne « traversent » pas l'espace entre les deux.

Ils réapparaissent simplement dans un état supérieur ou inférieur. On peut comprendre ceci en imaginant une ampoule trois-positions, qui émet 50, 100 ou 150 watts selon le réglage de l'interrupteur, mais n'émet rien entre ces valeurs. Il n'y a *rien* entre.[42] Plus étrange encore, si nous mesurons ces électrons, nous rendons réelle leur existence en un point donné, en tout cas le temps de les observer. Ainsi, en un sens, nous créons ce que nous voulons mesurer. Il existe pour cela un principe appelé le principe d'incertitude (indétermination) d'Heisenberg. Il dit que les particules subatomiques n'occupent pas une position définie dans l'espace ou le temps ; nous pouvons savoir où elles se trouvent seulement en tant que série de probabilités concernant leur position éventuelle (et nous devons décider ce que nous voulons savoir).

Peut-on bafouer les lois de Newton ?

Pourquoi les lois de Newton marchent-elles si bien alors qu'il s'était trompé sur les niveaux fondamentaux de la réalité physique ? Les lois de Newton décrivent un niveau intermédiaire de la réalité, entre l'infiniment petit et l'infiniment grand. Au niveau de l'infiniment petit, quantique, nous devons nous contenter de l'incertitude quantique. Aux niveaux d'organisation que nous avons l'habitude d'observer, nos corps et les autres objets contiennent une quantité considérable de paquets de matière et d'énergie. Dans ce cas, on peut se fier aux approximations que les lois de Newton décrivent. C'est pourquoi si vous laissez échapper ce livre vous pouvez être sûr qu'il va tomber par terre. Cependant, si nous continuons jusqu'à un très haut niveau d'organisation dans l'espace interstellaire, la théorie de la relativité prend le relais et se passe à nouveau des certitudes de Newton, mais différemment. Par exemple, le total de la somme des angles d'un triangle d'étoiles peut ne pas donner 180°, à cause de distorsions dans l'espace et le temps. Nous devons décider dans chaque cas de quel degré de certitude nous avons besoin et dans quel but.

Ce domaine de la physique, la mécanique quantique, est l'étude du comportement de la matière et de l'énergie au niveau subatomique de notre univers. Brièvement, les synapses, c'est-à-dire l'espace qui sépare les neurones dans le cerveau, conduisent un signal en utilisant des parties d'atomes appelées ions. Les ions fonctionnent selon les règles de la physique quantique et non de la physique classique.

Quelle différence cela fait-il si la physique quantique règne dans le cerveau ? Eh bien nous pouvons immédiatement nous passer d'une chose : le déterminisme, l'idée que tout dans l'univers a été ou peut être prédéterminé. Le niveau fondamental de notre univers est un nuage de probabilités, et non de lois. À l'échelle du cerveau humain, cela veut dire que nos cerveaux ne sont pas amenés à traiter une décision donnée ; nous faisons l'expérience d'une sorte de « tache » de possibilités. Mais comment décidons-nous entre elles ?

> Le principe d'indétermination est souvent décrit comme s'il représentait la difficulté de mesurer précisément les localisations et les trajectoires des particules. Pourtant le problème n'est pas qu'il est difficile de savoir où se trouve, par exemple, un électron, mais bien que l'électron n'a réellement aucune localisation précise. Selon la façon dont il est mesuré, un électron peut sembler aussi précis qu'un point ou aussi diffus qu'un cumulus.
>
> TIMOTHY FERRIS, *THE WHOLE SHEBANG (LE GRAND BAZAR)*

> Les gens s'étaient habitués au déterminisme du siècle dernier, où le présent détermine entièrement le futur, et ils doivent maintenant s'habituer à une situation différente dans laquelle le présent ne donne qu'une information de nature statistique sur le futur. Bon nombre de personnes trouvent cela désagréable... Je dois dire que moi non plus je n'aime pas beaucoup l'indéterminisme. Je dois l'accepter parce que c'est certainement le mieux que nous puissions faire avec nos connaissances actuelles. On peut toujours espérer que des développements futurs conduiront à des théories radicalement différentes.[43]
>
> PAUL DIRAC, THÉORICIEN QUANTIQUE

L'une des découvertes de la mécanique quantique qui pourrait nous aider à comprendre comment nous prenons une décision est l'effet Zénon quantique. Les physiciens ont réalisé que s'ils observent une particule élémentaire de façon continue, elle ne se désintègre jamais – alors qu'elle se désintégrerait pratiquement à coup sûr si elle n'était pas observée. En physique quantique, il n'est pas possible de séparer entièrement l'observateur de ce qui est observé.

Ils font partie du même système. Ce que font les physiciens consiste à maintenir la particule instable dans un état donné en la mesurant en continu.[44] De la même façon, les expériences ont montré que, puisque notre cerveau est un système quantique, si l'on se concentre sur une idée donnée, on maintient connecté le réseau de neurones correspondant. L'idée ne se décompose pas, comme ce serait le cas si elle était ignorée. Mais l'action mentale consistant à maintenir une idée en place est véritablement une décision que l'on prend, tout comme les physiciens immobilisent une particule en décidant de continuer à l'observer.[45]

Le cerveau humain adulte peut-il changer ?

Pendant de nombreuses années, les neuroscientifiques pensaient que le cerveau humain adulte était essentiellement achevé. Il ne changeait pas et ne pouvait pas plus changer qu'une boule de billard ; les neurones individuels ne pouvaient pas se régénérer. Selon la vision classique, dans un système ainsi figé, certains programmes mentaux étaient simplement lancés et relancés en permanence. Les décisions individuelles n'affectaient pas le fonctionnement du système, mais étaient plutôt des illusions engendrées par ce fonctionnement.

Ces dernières années, les neuroscientifiques ont pourtant découvert que le cerveau adulte est en réalité très plastique. Comme nous le verrons, si les circuits neuronaux enregistrent une grande quantité de trafic, ils vont se développer. S'ils reçoivent peu de trafic, ils vont rester tels quels ou s'atrophier. La quantité de trafic que nos circuits neuronaux reçoivent dépend pour l'essentiel de ce à quoi nous choisissons de prêter attention. Non seulement nous pouvons prendre des décisions en nous concentrant sur une idée plutôt qu'une autre, mais nous pouvons modifier les réseaux de neurones dans nos cerveaux en faisant cela constamment. Des expériences ont là encore permis de le démontrer et c'est la raison pour laquelle on l'utilise dans les traitements psychiatriques des troubles obsessionnels compulsifs (TOC).[46]

Que se passe-t-il dans nos cerveaux quand nous prenons une décision ? D'après le modèle créé par H. Stapp et J.M. Schwartz – basé sur l'interprétation de la physique quantique selon von Neumann –, l'effort conscient active un réseau spécifique d'activité neuronale qui devient un modèle pour l'action.[47] Mais le processus n'est pas mécanique ni matériel. Il n'y a pas de petites roues ni de poulies dans nos cerveaux. Il existe une série de possibilités ; une décision entraîne une réduction quantique et l'une de ces possibilités devient réalité. L'effort de concentration mentale en est la cause, tout comme l'effet Zénon quantique est dû à l'observation en continu du physicien. Il s'agit bien d'une cause, mais pas d'une cause mécanique ou matérielle. Un apport capital de la physique quantique a été de confirmer l'existence de causes non-mécaniques.[48] L'une de celles-ci est l'activité de l'esprit humain, qui, comme nous le verrons, n'est pas identique aux fonctions du cerveau.

Où va ce livre ?

Une neuroscience à l'esprit ouvert peut contribuer de façon significative à l'élaboration d'un modèle de conscience (qui ne soit pas une illusion), et nous livrer des informations importantes sur les expériences spirituelles/mystiques. Au fil des pages, ce livre tentera d'expliquer en détail pourquoi les théories neuroscientifiques matérialistes de la conscience et des expériences spirituelles/mystiques sont erronées.

Les chapitres 2 à 4 présentent et critiquent les théories les plus connues concernant l'expérience spirituelle et qui défendent une vision athéiste du monde. L'auteur Matthew Alper, par exemple, estime que les êtres humains sont « câblés » par l'évolution pour croire en Dieu. Dans *The "God" Part of the Brain* (La part « divine » du cerveau), Alper affirme que la spiritualité humaine n'est pas une déduction ou une intuition rationnelle, mais représente plutôt une caractéristique de notre espèce qui est héritée génétiquement.

Le chapitre 2 examine cette idée et montre pourquoi elle est sans intérêt pour étudier les questions spirituelles. Ce chapitre s'intéresse également à l'argument du « gène de Dieu », proposé par le biologiste moléculaire Dean Hamer (chef du département génétique de l'Institut national du cancer aux États-Unis) dans un livre récent, *The God Gene: How Faith Is Hardwired into Our Genes* (Le Gène de Dieu : Comment la foi est imprimée dans nos gènes).

Un modèle pour des causes non-mécaniques

Selon l'interprétation de la physique quantique par le physicien John von Neumann (1903-1957), une particule n'existe en probabilités qu'en une position ou une autre ; ces positions probables sont dites « superposées » l'une à l'autre. L'acte de mesure entraîne « la réduction du paquet d'ondes », ce qui signifie que l'expérimentateur a déterminé une position pour la particule, excluant ainsi les autres positions. D'après le modèle de Stapp et Schwartz, le fait de s'intéresser (pour l'évaluer) à une pensée la maintiendrait en place selon des modalités analogues, réduisant les probabilités en une position. Cette stratégie de l'attention contrôlée, qui est utilisée pour traiter les troubles obsessionnels compulsifs, offre un modèle à la façon dont le libre arbitre pourrait fonctionner dans un système quantique. Le modèle suppose l'existence d'un esprit qui choisit le sujet de l'attention, tout comme la réduction quantique suppose l'existence d'un expérimentateur qui choisit un point de mesure.

Hamer pense que les humains, « un tas de réactions chimiques qui se baladent dans un sac », sont gouvernés par leur ADN. Tout comme Alper, il affirme que la spiritualité humaine est un trait adaptatif (un caractère qui favorise la survie et la capacité à engendrer une descendance fertile). Nous verrons pourquoi parler d'un gène de Dieu n'a pas de sens au plan scientifique.

Le chapitre 3 se penche sur l'affirmation de Jeffrey Saver et John Rabin (université de Los Angeles – Centre Reed de recherche neurologique) et d'autres, selon laquelle il existe un « module de Dieu » dans le cerveau. Un tel module, disent-ils, rend compte des visions religieuses, des sentiments d'extase et des phénomènes semblables. Certains scientifiques se sont concentrés sur l'épilepsie pour étudier cette idée. Vilayanur Ramachandran, directeur du centre du cerveau et de la cognition à l'université de Californie, à San Diego, a creusé la question et suggéré que son étude de 1997 avait permis de mettre en évidence un « point (ou module) de Dieu » dans le cerveau humain, qui pouvait être le siège d'un instinct évolutif poussant à la foi religieuse. L'idée que la croyance religieuse serait en quelque sorte imprimée dans un tel module à l'intérieur du cerveau humain a séduit à la fois les médias grand public, la communauté scientifique et les institutions universitaires. Mes travaux montrent que les découvertes de Ramachandran ne font qu'indiquer l'implication des lobes temporaux et du système limbique dans les expériences spirituelles/mystiques. Ce qui ne veut pas dire que ces régions génèrent par elles-mêmes ces expériences. Ce livre démontre l'implication de plusieurs autres régions du cerveau.

Le chapitre 4 s'intéresse au travail du Dr Michael Persinger, un neuropsychologue de l'université Laurentienne à Sudbury dans l'Ontario, qui a fabriqué un casque (baptisé la « pieuvre » ou le « casque de Dieu ») censé induire des expériences mystiques en stimulant de façon électromagnétique les lobes temporaux de ceux qui le portent. Le problème avec ces travaux, comme cela fut montré par des expériences célèbres réalisés à l'Institut neurologique de Montréal par Wilder Penfield, est qu'il est impossible de produire de façon continue un type particulier d'expérience en stimulant le cerveau humain.

Le chapitre 5 aborde une question clé : « Qu'est-ce que l'esprit ? » Le point de vue matérialiste, qui est un dogme central des neurosciences, prétend que l'esprit est une illusion créée par le cerveau. Ainsi, pour les neurosciences contemporaines, la question ne se pose pas de savoir si des données démontrent que certains individus ont vécu une expérience spirituelle particulière. Par définition, selon ce dogme, ils ne peuvent pas vivre une expérience qui les met en contact avec une réalité transpersonnelle car une telle réalité n'existe pas. Par conséquent, leur expérience est une illusion créée par le cerveau. Mais des données indiquent que l'esprit et le cerveau ne sont pas identiques, ce qui signifie que l'expérience authentique d'une réalité au-delà d'eux-mêmes est une possibilité envisageable que nous étudierons également.

Le chapitre 6 présente des études montrant que l'esprit agit sur le cerveau en tant que cause non-matérielle. Je propose également une hypothèse sur la façon dont l'esprit interagit avec le cerveau. Des études scientifiques nouvelles et intéressantes menées par Peter Fenwick, Sam Parnia, Bruce Greyson et Pim van Lommel sur les expériences de mort imminente (EMI, ou NDE pour *Near-Death Experience*) viennent conforter cette approche. Nous verrons également quelques cas étudiés par le chercheur Kenneth Ring, qui montrent que des personnes aveugles de naissance peuvent « voir » au cours d'une EMI, puis l'histoire de Pam Reynolds, qui était en état de mort clinique au moment où son EMI s'est produite. Globalement, la survenue d'EMI au cours d'un arrêt cardiaque soulève des questions quant aux relations possibles entre l'esprit et le cerveau. L'esprit et la conscience semblent perdurer au cours d'une période où le cerveau est hors service, et les critères cliniques de la mort sont atteints. Si c'est le cas, il est tout à fait possible que les mystiques entrent effectivement en contact avec quelque chose d'extérieur à eux-mêmes lorsqu'ils se trouvent dans un état mystique profond.

Les chapitres 7 à 9 traitent des expériences spirituelles et mystiques en général. Le chapitre 7 interroge : qui vit des expériences mystiques et qu'est-ce qui les déclenche ? Même si la plupart des gens ne vivent pas de telles expériences (ce qui contredit l'explication matérialiste évolutionniste), elles peuvent être provoquées de diverses façons. Nous examinerons de nombreuses croyances populaires et académiques concernant en particulier les mystiques. Nous nous intéresserons au travail de Sir Alister Hardy, distingué zoologiste qui a créé l'Unité de recherche des expériences religieuses au Manchester College d'Oxford, en 1969. L'objectif de cette unité de recherche était de réunir et de classifier les récits contemporains de première main d'expériences religieuses ou transcendantes, puis d'étudier la nature et la fonction des ces expériences. Les résultats d'une enquête de huit années portant sur plus de trois mille descriptions d'expériences mystiques furent ensuite publiés dans *The Spiritual Nature of Man* (La nature spirituelle de l'homme). Les causes les plus fréquentes ont été la prière, la méditation, la beauté de la nature, et la participation à des cultes religieux. Hardy a conclu en faveur d'un rôle clé joué par la prière et la contemplation dans le mysticisme chrétien.

Le chapitre 8 étudie la façon dont les expériences spirituelles/mystiques affectent ceux qui les vivent. L'une des caractéristiques notables de ces expériences est qu'en général elles transforment la vie d'un individu. Des travaux récents en psychologie portant sur les relations entre le soi, la personnalité et la spiritualité indiquent que les expériences spirituelles/mystiques peuvent entraîner une transformation profonde de l'existence en termes d'objectifs, de sentiments, d'attitudes, de comportements, ainsi qu'une meilleure santé.

En général, les expériences spirituelles/mystiques ont des effets positifs, mais les exemples d'effets négatifs ont un intérêt en tant que tels.

Le chapitre 9 présente le projet de recherche que nous avons réalisé avec mon étudiant de doctorat Vincent Paquette. Ce projet a été conduit avec des sœurs carmélites à l'aide d'outils scientifiques permettant d'observer ce qui se produit dans leurs cerveaux lorsqu'elles se remémorent et revivent un état d'*unio mystica*, l'union mystique avec Dieu (le but ultime des techniques contemplatives pratiquées par les mystiques chrétiens). Nous avons utilisé deux des plus puissantes technologies d'imagerie cérébrale fonctionnelle actuellement existantes, l'imagerie par résonance magnétique fonctionnelle (IRMf) et l'électroencéphalographie quantitative (EEGq). L'EEGq mesure des patrons électriques à la surface du crâne qui reflètent l'activité de structures cérébrales. On peut les analyser à l'aide des statistiques, les traduire en nombres et les exprimer sous forme de carte en couleur.

Les deux études de neuro-imagerie nous démontrent que l'expérience d'union avec Dieu n'est pas seulement associée au lobe temporal. En d'autres termes, il n'y a pas de point de Dieu situé dans le lobe temporal du cerveau. (C'est l'une des raisons pour lesquelles la stimulation électromagnétique du lobe temporal à l'aide du « casque de Dieu » ne fonctionne pas). En réalité, cette expérience est implémentée par l'intervention d'un vaste circuit neuronal qui comprend les régions cérébrales impliquées dans l'attention, la représentation corporelle, l'imagerie visuelle, les émotions (aspects physiologiques et subjectifs) et la conscience de soi. Ces observations suggèrent bien davantage une expérience authentique qu'une illusion.

Le Chapitre 9 examine également quelques-unes parmi les autres études réalisées jusqu'ici dans le champ des neurosciences spirituelles et qui améliorent de façon notable notre connaissance et notre compréhension de la neurobiologie des expériences spirituelles/mystiques. Les éléments nouveaux apportés par notre étude éclairent les circonstances dans lesquelles les expériences spirituelles/mystiques sont les plus à même de se produire.

Beaucoup de nos contemporains, au sein des sociétés modernes, souhaitent ardemment développer leur part spirituelle, mais ils se demandent si elle existe réellement. Il s'agit simplement de ne pas s'abuser soi-même. Le temps de terminer la lecture de ce livre, et ils s'apercevront que leur part spirituelle existe bel et bien. Mais comme pour toute faculté, il faut lui permettre de se développer si l'on souhaite voir sa vie changer.

Le chapitre 10 aborde une importante question philosophique : Dieu a-t-il créé le cerveau ou est-ce le cerveau qui crée Dieu ? D'une part les expériences spirituelles/mystiques sont manifestement influencées par la culture. Par exemple, un chrétien a peu de chance de faire une expérience spirituelle impliquant Brahman (figure de l'hindouisme). Les musulmans et les juifs ont peu de chance de vivre des expériences spirituelles impliquant un Dieu trinitaire (au sens chrétien). D'autre part cependant, certains aspects de l'expérience mystique transcendent nettement la culture. L'une des caractéristiques majeures est un état de connaissance, de discernement, d'attention, de révélation et d'illumination au-delà de ce que l'intellect peut saisir.

Il existe une conscience de l'unité avec l'Absolu. Peut-être plus révélateur encore, les personnes peuvent profondément et définitivement changer à l'issue de ces expériences. La transformation est généralement interprétée comme positive car la personne devient plus aimante et tolérante. Ceci suggère, même si ça ne prouve rien, que les gens qui vivent des expériences spirituelles/mystiques entrent bien en contact avec une force objectivement réelle au-delà d'eux-mêmes (Dieu), et que le pouvoir de transformation des expériences spirituelles/mystiques résulte d'une authentique rencontre avec une réalité ultime (ou Dieu).

Quelques réfutations

La réalité extérieure de Dieu ne peut pas être directement démontrée ou réfutée à partir de l'étude de ce qui se produit dans le cerveau de personnes qui vivent des expériences mystiques. Démontrer que des états cérébraux particuliers sont associés aux expériences spirituelles/mystiques ne veut pas dire que de telles expériences ne sont « rien d'autre » que des états cérébraux, mais cela ne prouve pas non plus que Dieu existe. Cela montre simplement qu'il est raisonnable de penser que les mystiques entrent bien en contact avec une force hors d'eux-mêmes. De ce point de vue, les études scientifiques sur les expériences liées à la foi ne devraient en aucun cas conduire à discréditer celle-ci. Le fait que le cerveau humain ait un substrat neurologique lui permettant de vivre un état spirituel peut être interprété comme le don d'un créateur divin ou bien, si l'on préfère, comme un contact avec la nature profonde ou le but ultime de l'univers. Les philosophes matérialistes affirment qu'un tel substrat ne signifie rien et se trouve là purement par hasard. Toutefois, comme relevé plus haut, le matérialisme les contraint à penser ainsi. Rien parmi les données scientifiques existantes n'induit une telle interprétation.

Dans le même temps, nous n'affirmons pas ici que toutes les activités poursuivies au nom de la religion sont bonnes ou équivalentes entre elles. Considérons les personnalités bien connues (et maintenant disparues) suivantes :

- Mère Teresa – fondatrice de structures d'accueil des plus pauvres parmi les pauvres ;
- Jim Jones – gourou d'une secte ayant conduit huit cents adeptes au suicide ;
- Baha'ullah – fondateur d'une nouvelle secte religieuse encourageant la paix interreligieuse ;
- Mohammed Atta – terroriste du 11 septembre 2001 ;
- Mahatma Gandhi – fondateur d'un mouvement non-violent de désobéissance civile ;
- David Koresh – tué en 1993, avec soixante-quinze adeptes, lors d'un assaut du FBI.

Toutes ces personnalités étaient motivées d'une façon ou d'une autre par la religion. Pourtant elles ont fait des choses très différentes, avec des résultats tout aussi variés. Une argumentation favorable à une croyance religieuse en particulier doit être fondée sur ses propres mérites, et ce n'est pas l'objet de ce livre.

En ce qui concerne la classification, on ne peut pas complètement distinguer les expériences religieuses, spirituelles et mystiques. Certaines expériences cadrent parfaitement avec l'une des ces catégories et pas avec les deux autres, mais d'autres expériences en recouvrent deux, sinon les trois.[49] Par exemple, certaines personnes ont vécu des expériences spirituelles alors qu'elles contemplaient la nature ou bien une œuvre d'art. Devrait-on à propos de ces expériences parler de spiritualité, ou même de religion de la nature ou de l'art ? Certains témoins accepteraient cette appellation mais d'autres s'y opposeraient fermement en affirmant qu'ils ont été mal compris, voire trompés. Une représentation graphique de ce problème pourrait figurer trois cercles se recoupant comme sur l'image suivante.

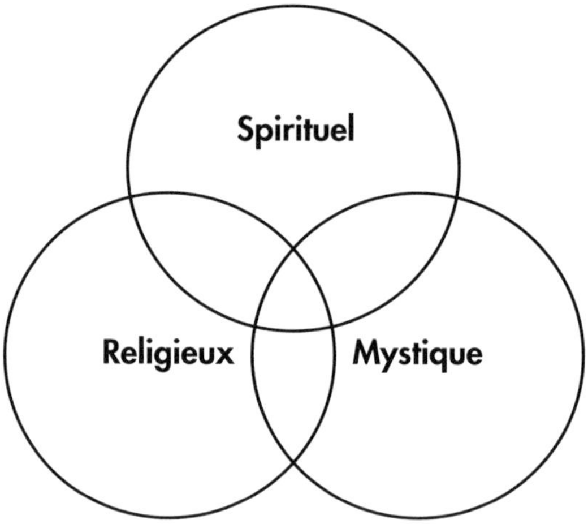

Aussi, il est sage d'éviter les controverses en matière de terminologie pour se concentrer plutôt sur ce qui peut être appris de l'étude de cas authentiques. Le sigle ERSM sera souvent utilisé dans ce livre pour désigner les « expériences religieuses, spirituelles et/ou mystiques ».[50]

La neuroscience est un sujet complexe en raison de la nature du cerveau humain – qui est la structure vivante la plus complexe que nous connaissions. Les cartes du cerveau, par exemple, sont des cartes en trois dimensions et non deux. Cependant, le recours à une terminologie technique sera limité chaque fois que cela est possible sans trahir le sens. Et maintenant, allons-y !

Chapitre 2

Y a-t-il un programme divin ?

La spiritualité vient de l'intérieur. Le noyau doit être là dès le départ. Il doit faire partie de leurs gènes.

Dean Hamer, généticien comportementaliste

Au cours de l'été 2005, le zoo de Londres a défrayé la chronique. Il a été le théâtre d'un « coup » qui a touché les médias internationaux comme une déferlante. Pendant quatre jours, du 26 au 29 août, au sein de l'habitat boisé de la montagne aux Ours, trois mâles et cinq femelles *Homo sapiens* ont été exposés. Une pancarte indiquait : « Attention : Humains dans leur environnement naturel. » La porte-parole du zoo Polly Wills expliqua que l'exposition « enseignait au public que l'être humain n'est qu'un autre primate. »

Toutefois, les *sapiens* n'avaient pas été acquis par le zoo de la façon habituelle. Les candidats ayant répondu aux petites annonces devaient rédiger une « lettre de motivation » convaincante en cinquante mots. Un chimiste, un acteur en herbe et un passionné de gymnastique ont tous réussi ce test et se sont retrouvés dans cette installation avec « seulement quelques feuilles de vigne pour préserver leur modestie. » Oui, leur modestie. Un visiteur fit part de sa déception en constatant que les *sapiens* portaient en fait des maillots de bain sous des feuilles de vigne en papier, découpées et épinglées.

Autre différence, après avoir exhibé leur biceps et leurs formes devant les visiteurs (qui étaient tout de même isolés de leurs semblables un peu hargneux par une clôture électrique), les *sapiens* s'en retournaient chaque soir, non pas en direction d'un tas de fougères, mais dans leur propre appartement. L'un des participants fit ce curieux commentaire : « Beaucoup de gens pensent que les humains sont supérieurs aux autres animaux. Quand ils voient ici des humains dans la situation d'animaux, cela leur rappelle que nous ne sommes pas si spéciaux. »

C'est un commentaire intéressant, car le coup publicitaire a été possible justement parce que c'est le contraire qui est vrai. Les acrobates installés dans cette cage se sont volontairement exhibés devant d'autres humains pour s'amuser et peut-être faire parler d'eux. Pourquoi, précisément, devrions-nous accepter cette idée que les humains sont des animaux *dans le même sens* que les créatures sans voix retenues derrière les clôtures électrifiées des autres enclos, qui ne peuvent écrire une lettre de motivation, ni livrer leurs impressions aux journalistes, ni (et c'est peut-être plus dur) rentrer « à la maison » chaque soir ?

Oui, nous sommes physiquement membres du royaume animal et nous sommes partie prenante de tous ses risques et toutes ses opportunités. Mais les commentaires de ce participant (« nous ne sommes pas si spéciaux ») montrent à quel point le matérialisme philosophique est ancré dans notre société. Placés devant les différences évidentes entre humains et occupants classiques d'un zoo, beaucoup pensent qu'ils ont réellement perçu des ressemblances. En réalité, ceci n'est pas surprenant. Sommés de choisir entre ce qu'ils voient et ce qu'ils entendent, de nombreuses personnes résolvent la dissonance cognitive en choisissant de croire ce qu'ils entendent.

> Qui allez-vous croire, moi ou vos propres yeux ?
>
> CHICO MARX, *LA SOUPE AU CANARD* (1933)

Cette même disposition d'esprit matérialiste a inspiré des tentatives récentes de comprendre la spiritualité. De nombreux chercheurs traquent la spiritualité dans une partie du cerveau, ou un gène, ou dans une histoire hypothétique, ou encore un mème (un équivalent des gènes). En d'autres termes, ils supposent que les humains sont des animaux possédant une sorte d'organe, de gène, ou un instinct programmé pour la spiritualité.

Par exemple, Matthew Alper estime, en s'appuyant sur la logique socratique, qu'il doit y avoir une partie spécifique ou un circuit dans le cerveau qui contrôle les idées religieuses. Le généticien Dean Hamer pense qu'il a trouvé un ou plusieurs gènes qui codent pour la spiritualité. Mais qu'ont-ils vraiment découvert ?

La part « divine » du cerveau

> Si le cerveau a évolué par sélection naturelle... les croyances religieuses doivent avoir émergé par le même mécanisme.[1]
>
> Edward O. Wilson, *De l'Humaine nature*

> Le fait que toutes les cultures humaines, même très isolées les unes des autres, ont cru en l'existence d'un monde spirituel, ne suggère-t-il pas qu'une telle perception doive constituer une caractéristique inhérente à notre espèce, c'est-à-dire un trait hérité génétiquement ?[2]
>
> Matthew Alper, *The "God" Part of the Brain* (La Part « divine » du cerveau)

Matthew Alper est un homme qui a une mission. Il a suscité l'admiration de l'éminent biologiste évolutionniste Edward O. Wilson et la sympathie de milliers d'athées. Comme beaucoup de personnes sensées, Alper est troublé par ce qu'il décrit comme « le problème de Dieu ».

Né et élevé à New York, il a travaillé comme professeur d'histoire et scénariste. Mais il a aussi parcouru le monde pour découvrir ce qui se cache derrière l'idée de Dieu :

> Malgré tout notre savoir, il reste toujours cette insaisissable pièce du puzzle, ce mystère qui vient narguer toutes les sciences physiques : le problème de Dieu. Ceci, plus que n'importe quoi d'autre, semble être l'ultime défi de l'humanité, l'énigme qui – si elle venait un jour à être résolue – pourrait nous procurer l'image définitive que nous avons recherchée avec tant d'ardeur.

Dans sa quête, il s'est penché à la fois sur les religions traditionnelles et alternatives, et les a rejetées comme étant imparfaites au plan logique. Il a également essayé des substances psychotropes – avec des résultats désastreux. Elles ont déclenché une dépression clinique sévère et un trouble anxieux.

Après qu'un traitement médical eut permis à Alper de recouvrer la santé, il a conclu que sa sensibilité aux effets des drogues montrait que

« la conscience humaine peut être une entité strictement physique basée sur des processus strictement physiques. » Cependant, que son interprétation de la conscience soit juste ou non, il a réalisé que cela ne résoudrait pas son problème d'origine, à savoir pourquoi les gens croient en Dieu.

Ainsi, armé d'un diplôme d'histoire des sciences, Alper a entrepris de dénicher une science qui puisse expliquer Dieu. Son livre intitulé *The "God" Part of the Brain : A Scientific Interpretation of Human Spirituality and God* (2001) (La part divine du cerveau : une interprétation scientifique de la spiritualité humaine et de Dieu – non traduit), lutte contre l'idée de Dieu en utilisant des concepts issus de la psychologie évolutionniste.

Il s'agit de la branche de la psychologie qui prétend que le cerveau humain, y compris toute composante relative à la religion ou la spiritualité, comprend des mécanismes adaptatifs ou psychologiques qui ont évolué par sélection naturelle pour bénéficier à la survie et à la reproduction de l'organisme humain.

Dans *The "God" Part of the Brain*, Alper considère que nous sommes « câblés » de façon innée pour percevoir une réalité spirituelle et pour croire à des forces qui transcendent les limitations de notre réalité physique. En d'autres termes, Dieu n'est pas nécessairement « quelque part », au-delà et indépendamment de nous, mais il est plutôt le produit d'une adaptation évolutive à l'intérieur du cerveau. Son argumentation se présente ainsi :

- **La religion est si largement répandue qu'elle doit être un instinct hérité génétiquement.** « Si un comportement a été universellement exprimé par toutes les cultures humaines, alors ce comportement doit représenter une caractéristique inhérente à l'espèce, un instinct hérité génétiquement. »

- **La peur de la mort a naturellement sélectionné un instinct pour la croyance religieuse parmi les premiers hommes.** « Alors que les générations de... protohumains se sont succédé, ceux dont les constructions cérébrales ont géré le plus efficacement l'angoisse née de la conscience de la mort ont été les plus aptes à survivre. »

- **Des parties spécifiques du cerveau déclenchent la croyance religieuse comme un mécanisme de survie.** « Le fait que toutes les cultures aient parlé des pouvoirs de guérison de la prière m'amène à croire que notre espèce dispose à l'intérieur du cerveau d'un ensemble particulier de mécanismes de réponse à la prière. »

> Alors que les scientifiques continuent à démêler et déchiffrer les composants du génome humain, peut-être aurons-nous bientôt une connaissance précise des gènes qui sont responsables, ou des parties du cerveau qui donnent naissance à la religiosité et à la conscience spirituelle. Pour accueillir ce nouveau domaine, les sciences pourraient devoir se tourner vers une toute nouvelle discipline – une nouvelle génothéologie – afin de trouver des réponses.
>
> —MATTHEW ALPER, THE "GOD" PART OF THE BRAIN

Alper représente un large brin dans l'écheveau actuel des réflexions autour de la spiritualité et des neurosciences – l'espoir que les neurosciences fourniront un soutien à une vision athéiste et matérialiste du monde. Cependant, deux problèmes plombent la thèse d'Alper :

1. Elle évite les questions auxquelles elle prétend répondre.
2. Il n'y a aucune véritable science pour la soutenir.

Les questions contournées

> Avoir un cerveau normal n'implique pas que l'on ait une religion. Cela implique seulement que l'on peut en acquérir une, ce qui est très différent.[3]
>
> PASCAL BOYER, *ET L'HOMME CRÉA LES DIEUX*

Nous ne connaîtrons peut-être jamais vraiment les conceptions culturelles des individus qui ont vécu avant que les pensées ne soient enregistrées à travers les arts et la littérature. Mais nous pouvons être sûrs que certaines affirmations sont hautement improbables, par exemple les deux premiers points de l'argumentation d'Alper ci-dessus.

La religion est si répandue qu'elle doit être un instinct hérité génétiquement ?

Le fait qu'un comportement soit largement adopté à travers les cultures historiques n'implique pas qu'il soit hérité génétiquement. Ce dont les êtres humains héritent en réalité est la capacité d'avoir des idées abstraites telles que Dieu, le futur, l'éthique, le libre arbitre, la mort, les mathématiques, et ainsi de suite.

Comme on pourrait s'y attendre, les idées religieuses sont normalement corrélées à des zones du cerveau qui sont bien développées chez les humains. Mais la recherche d'un mécanisme ou d'un processus héréditaire qui gouverne spécifiquement les idées religieuses (et pas les autres idées ?) est une voie trompeuse.

La méditation (ou la contemplation) est corrélée à des régions spécifiques dans le cerveau, car un état mental/cérébral particulier est recherché. D'autre part, les idées culturelles générales, les croyances et les pratiques liées à Dieu ou à la religion sont trop diffuses et particulières pour être catégorisées comme des instincts au sens voulu par Alper.

Bouddha prêchant le Sermon du Feu, une veuve allumant une bougie du souvenir, un chrétien charismatique parlant en langues, et un adepte du « culte du cargo »[4] attendant le prince Philip, manifesteraient sans doute des états mentaux/cérébraux très différents.

Et pourtant, on peut légitimement classer toutes ces activités comme étant religieuses. Ce qui les réunit – et les sépare du comportement instinctif des animaux – est l'intelligence humaine permettant de concevoir et d'agir à partir d'un point de vue global sur la réalité, et non une région spécifique ou un circuit dans le cerveau.

La peur de la mort a naturellement sélectionné un instinct pour la croyance religieuse chez les premiers humains ? Alper fait la curieuse hypothèse, largement répandue parmi les athées, que l'origine de la croyance en Dieu chez nos ancêtres est un désir de survivre à la mort. Mais pour ce que nous en savons, la plupart des cultures humaines ont simplement supposé que les hommes survivaient à la mort.[5] Certaines espèrent un paradis, d'autres craignent l'enfer, et beaucoup s'attendent à quitter les cimetières ou à vivre des renaissances perpétuelles dans un état inconnu.

En effet, dans certains systèmes religieux, l'annihilation désespérément recherchée par le croyant ne peut se réaliser tant qu'un niveau élevé d'éveil spirituel n'a pas été atteint, lequel peut nécessiter plusieurs vies !

Loin de redouter la simple mort de l'âme, les cultures aborigènes d'autrefois ont supposé que l'âme se sépare facilement du corps vivant, ainsi que l'anthropologue J.G. Frazer le souligne dans *Le Rameau d'or* (1890) –Plaire aux esprits des ancêtres a été une préoccupation constante de bien des cultures pendant des milliers d'années. Les ombres, les reflets, les photographies et les rêves ont souvent été vus comme des âmes isolées, voyageant au gré de leur propre boussole.[6] On a également souvent attribué une âme aux animaux et aux plantes. Voici la description par Frazer du point de vue d'un chasseur traditionnel :

> [Il] conçoit communément les animaux comme étant dotés d'une âme et d'une intelligence comme la sienne, et par conséquent il les traite naturellement avec un semblable respect. Tout comme il tente d'apaiser les fantômes des hommes qu'il a occis, il essaie de s'approprier les esprits des animaux qu'il a tués. En général, on croyait semble-t-il que l'effet néfaste de briser un tel tabou n'était pas tant le risque d'affaiblir le chasseur ou le pêcheur, mais, pour une raison ou une autre, celui d'offenser les animaux qui dès lors ne se laisseraient plus chasser.[7]

Si l'on se fie aux croyances populaires des cultures traditionnelles à travers les âges, nos lointains ancêtres n'ont peut-être jamais pensé que la mort signifiait l'annihilation. On pourrait noter que la sélection naturelle darwinienne privilégie les humains qui évitent la séparation de leur âme et de leur corps. Mais on peut alors se demander si les pratiques ascétiques pénibles et les tabous imposés par les cultures traditionnelles ont constitué un réel avantage sélectif pour les croyants.

> À chaque animal est assigné un temps de vie défini, qui ne peut être écourté par des moyens violents. S'il est tué avant l'expiration de ce temps accordé, la mort est seulement temporaire et le corps est immédiatement ressuscité dans sa forme originelle à partir des gouttes de sang, et l'animal poursuit son existence jusqu'à la fin de la période prédestinée, alors le corps est finalement dissous et l'esprit libéré va rejoindre ses âmes sœurs dans la terre des Ombres.
>
> CROYANCE TRADITIONNELLE CHEROKEE

Pour quelque raison, Alper suppose que toutes les religions ressemblent au modèle occidental. Le critique Michael Joseph Gross souligne ce point :

> La thèse évolutionniste d'Alper l'amène à décrire la religion en des termes universels, mais ses idées sur la religion sont strictement occidentales, monothéistes et personnelles ; et sa représentation des conceptions religieuses est exclusivement dualiste... Cette thèse est un pigeon d'argile et pourrait être réfutée selon tous les angles imaginables. Le mot « Asie » devrait suffire.

En effet.

La science manquante

Quid de l'affirmation selon laquelle le cerveau renferme une part « divine » ? Si une telle part existe, elle devrait être facile à trouver. Aujourd'hui, les neuroscientifiques peuvent observer l'activité de régions particulières du cerveau d'un sujet grâce à l'imagerie par résonance magnétique fonctionnelle (IRMf), ainsi que nous le verrons au chapitre 9.

Des régions précises du cerveau déclenchent les croyances religieuses comme un mécanisme de survie ? Il a été montré que les processus cognitifs et émotionnels complexes sont sous-tendus par des réseaux neuronaux qui impliquent plusieurs régions du cerveau, il est donc très peu probable qu'une part « divine » du cerveau soit responsable des connaissances, des sensations et des comportements spirituels. Alper semble mal connaître les neurosciences et n'apporte jamais le début d'une information précise et détaillée. Au lieu de cela, on lit des déclarations comme celle-ci :

> Plutôt que d'autoriser... les peurs à nous submerger et nous détruire, peut-être la nature a-t-elle sélectionné ceux dont les sensibilités cognitives les conduisaient à concevoir la mort d'une façon entièrement nouvelle. Après des centaines de générations de sélection naturelle, un groupe d'humains a peut-être émergé qui a perçu l'infini et l'éternité comme une part inextricable de la conscience de soi et de l'identité. Des séries de connexions neurologiques ont peut-être émergé au sein de notre espèce et nous conduisent à nous percevoir comme spirituellement éternels.

Les affirmations d'Alper reposent sur des « peut-être », une approche inhabituelle de la part de quelqu'un d'aussi attaché à l'importance d'une stricte base scientifique pour comprendre la complexité des comportements religieux, spirituels ou mystiques. Les deux piliers d'une bonne théorie en sciences sont la testabilité et la réfutabilité, et l'hypothèse d'Alper ne passe pas ces épreuves. Et il est peu probable qu'elle se révèle juste dans le futur car elle ne prend pas en compte les faits réellement significatifs.

Alper est seulement l'un de ceux qui ont cherché dans la biologie évolutionniste et les neurosciences une explication matérialiste à la nature spirituelle des êtres humains. Son livre est régulièrement réimprimé et il donne des conférences dans différentes universités. Il y a toujours une suite.

Mais arrêtons-nous une seconde, et si quelqu'un avait réellement *trouvé* un gène corrélé à la religiosité et aux expériences religieuses ? C'est justement ce qu'affirme avoir fait le généticien Dean Hamer. Nous allons nous intéresser à son travail.

Dieu dans nos gènes

Dans *The God Gene* (Le gène de Dieu), je propose que la spiritualité repose sur un mécanisme biologique, tout comme le chant des oiseaux, bien qu'il soit probablement beaucoup plus complexe et nuancé.

Dean Hamer, généticien comportementaliste

Quand des tribus vivant dans des zones reculées développent un concept de Dieu aussi facilement que des nations qui vivent les unes contre les autres, c'est l'indication assez claire que cette idée est préprogrammée dans le génome plutôt que saisie en plein vol. Si c'est le cas, c'est l'indication tout aussi claire qu'il y a de bonnes raisons pour qu'elle soit là.[8]

Jeffrey Kluger et al., *Time*, à propos du gène de Dieu de Hamer

Si quelqu'un vient vous voir et vous dit : « Nous avons trouvé le gène pour X », vous pouvez l'arrêter avant qu'il n'atteigne la fin de sa phrase.

John Burn, généticien

Dean Hamer, responsable de l'unité « structure des gènes » à l'Institut national du cancer aux États-Unis, pense qu'il a en effet trouvé Dieu dans nos gènes. Il prétend avoir identifié un gène qui code pour la production de neurotransmetteurs impliqués dans la régulation de l'humeur. Toujours prompt à saisir le sens d'une telle découverte, *Time* magazine rapporte : « Nos sentiments spirituels les plus profonds, selon une lecture littérale du travail de Hamer, pourraient n'être guère plus qu'une décharge intermittente de substances toxiques dans le cerveau, pilotée par notre ADN. » Il semble superflu pour *Time* d'utiliser la formule « lecture littérale », puisque Hamer explique : « Je pense que nous suivons les lois fondamentales de la nature, c'est-à-dire que nous sommes un tas de réactions chimiques qui se balade dans un sac. »

Quand Dean Hamer avait treize ans en 1966, un magazine laissé sur une table basse dans le salon familial a laissé un souvenir indélébile. « Bien que j'aie dû voir des centaines de couvertures, je ne me souviens que d'une seule. Elle n'avait pas de photographie ou de graphisme quelconque, juste une simple question imprimée en rouge sur fond noir, « Dieu est-il mort ? » Il s'agissait bien sûr de l'édition du « Vendredi saint » de *Time* en 1966, évoquée au chapitre 1. Jetant un regard sur les années écoulées, Hamer voit que Dieu n'est pas mort – mais n'est-il qu'un gène capricieux ?

Hamer a commencé à s'intéresser à la question en privé alors qu'il cherchait une relation entre le tabac et l'addiction à l'Institut national du cancer. Dans le test de personnalité standardisé de 240 questions – Inventaire du tempérament et du caractère (ITC) – soumis à 1000 volontaires, il existe un item pour « l'auto-transcendance ». Cette mesure, conçue par le psychiatre Robert Cloniger, de l'université de Washington, est censée identifier la capacité à vivre des expériences spirituelles, qu'il décrit comme l'autotranscendance, un sentiment de connexion avec le vaste univers, ou le mysticisme (en termes d'ITC, une ouverture à des choses indémontrables formellement).

Hamer insiste sur le fait que l'ITC ne doit pas être confondu avec les descriptions habituelles des croyances ou des pratiques religieuses. Il est, selon ses mots,

> indépendant de la religiosité traditionnelle. Il ne repose pas sur la croyance en un Dieu particulier, la fréquence de la prière, ni d'autres doctrines ou pratiques religieuses orthodoxes. Au lieu de cela, il touche au cœur de la croyance spirituelle : la nature de l'univers et notre place dans celui-ci. Les individus autotranscendants ont tendance à tout concevoir, y compris eux-mêmes, comme les parties d'un grand tout... Alors que les autres personnes ont au contraire tendance à avoir un point de vue plus autocentré.

Cette description peut donc désigner aussi bien une passion pour l'environnement, la justice sociale, ou les progrès de la science. Elle n'inclut pas l'amour inconditionnel et les transformations positives à long terme dans l'attitude et le comportement, qui, comme nous le verrons dans les chapitres 7 et 8, devraient être considérées comme des composantes majeures des témoignages liés à la spiritualité ou à la religion.

Le travail de Hamer

Le travail de Hamer discrédite-t-il l'existence de Dieu ? Pas nécessairement. Ainsi que Hamer le dit lui-même : « Mes découvertes sont agnostiques quant à l'existence de Dieu. S'il y a un Dieu, alors il y a un Dieu. Savoir que des substances chimiques dans le cerveau sont impliquées dans cette reconnaissance ne va pas changer les faits. »

En effet, dans l'article de *Time*, le professeur d'études bouddhistes Robert Thurman estime que cette découverte soutiendrait un concept bouddhiste populaire selon lequel nous héritons d'un gène de la spiritualité en provenance de notre incarnation précédente. « Plus petit qu'un gène ordinaire, il se combine avec deux gènes physiques plus grands hérités de nos parents, et ensemble ils donnent forme à notre profil physique et spirituel. » Tel que Thurman le conçoit, « Le gène spirituel aide à installer un sentiment de confiance générale à l'égard de l'univers, un sens de l'ouverture et de la générosité. » Mais quelle preuve avons-nous qu'un tel « gène spirituel » existe vraiment ?

La preuve de Hamer

L'idée de base qui sous-tend le travail de Hamer est que l'autotranscendance est un trait adaptatif (un trait de caractère qui favorise la survie et la capacité à engendrer une descendance fertile). C'est pourquoi il l'a cherché dans un gène dont nous héritons parce qu'il est utile. Il a étudié neuf gènes qui favorisent la production de neurotransmetteurs appelés monoamines – incluant la sérotonine, la norépinéphrine et la dopamine. Ces substances régulent l'humeur ainsi que la motivation. Les monoamines sont les neurotransmetteurs sur lesquels les antidépresseurs concentrent leur action.

Il pense qu'une variation dans un gène connu sous le nom de VMAT2 (transporteur monoamine vésiculaire) est le « gène de Dieu » responsable du codage pour ce trait adaptatif. Selon ses découvertes, VMAT2 (un C à la place d'un A en position 33050 du génome humain) semble directement lié aux scores d'autotranscendance obtenus par les participants au test ITC.

Une question d'autotranscendance ?

Les chercheurs utilisent parfois des listes de caractères ou posent à leurs sujets des questions classiques afin de comparer leurs approches de la spiritualité. Voici quelques traits qui sont habituellement associés aux expériences spirituelles, et quelques questions que l'on peut trouver dans ces questionnaires.

Autotranscendance :
Oubli de soi (se perd dans l'expérience)
Identification transpersonnelle (se sent connecté à un vaste univers)
Mysticisme (ouverture à des choses non formellement démontrables)

Quelques items sur l'échelle d'autotranscendance (*d'après Beliefnet*) :
Q1 : Quand je fais quelque chose que j'aime bien ou dont j'ai l'habitude (comme jardiner ou faire de la course à pied), souvent je «zappe», je me perds dans l'instant et j'oublie mes préoccupations.
Q2 : Je ressens souvent une connexion spirituelle ou émotionnelle forte avec les gens autour de moi.
Q3 : J'ai parfois eu soudainement un sentiment clair et profond d'unité avec tout ce qui existe.

Les volontaires chez lesquels on a trouvé l'acide nucléique cytosine (C) à un certain emplacement sur le gène ont un score plus élevé. Les autres, pour lesquels un autre acide nucléique appelé adénine (A) occupe la même place, ont un score plus faible. Ainsi, estime-t-il, un simple changement de gène est directement relié à l'autotranscendance. (Incidemment, Hamer n'a pas trouvé de corrélation quelconque entre l'autotranscendance et l'anxiété, ce qui contredit la thèse centrale d'Alper selon laquelle les croyances religieuses naissent de l'anxiété.)

Hamer appuie sa proposition par des études sur les jumeaux qui montrent que les vrais jumeaux ont une religiosité semblable. Il affirme :

> Les enfants n'apprennent pas à être spirituels de leurs parents, leurs enseignants, prêtres, imams, pasteurs ou rabbins, ni de la culture ou de la société. Toutes ces influences sont partagées par des jumeaux vrais ou faux qui sont élevés ensemble, et pourtant les deux types de jumeaux sont étonnamment dissemblables vis-à-vis de leur corrélation pour l'autotranscendance... Cela doit donc être lié à leurs gènes.

Bien qu'il soit tout à fait possible que quelques traits génétiques prédisposent aux ERSM, les médias populaires sont friands de toute thèse qui attribue directement un comportement à un gène. Le gène de l'obésité,[9] le gène de l'infidélité[10] et le gène de l'homosexualité (également soutenu par Hamer) ont tous fait les gros titres ces dernières années. Hilary Rose, chercheur en sciences sociales, relève que dans sa Grande-Bretagne natale, « les affirmations du déterminisme biologique selon lesquelles un comportement inadapté (le plus souvent lié au sexe et à la violence) a une cause génétique sont sûres d'attirer une attention soutenue et peu critique de la part des médias, même des journalistes scientifiques dont les connaissances en génomique contemporaine devraient pourtant les rendre plus vigilants sur ces questions. »

En effet, les échecs répétés des tentatives de réplication de ces résultats ne font pas le poids face à un mythe si puissant qu'il nous libère du fardeau de la responsabilité de nos vies.

Les scientifiques et le gène de Dieu

Comme le poète Keats note avec amertume, la philosophie coupera les ailes d'un ange. Les médias grand public adorent la thèse de Hamer, mais la presse scientifique a été nettement moins bienveillante. Hamer a rapidement dû abandonner la position impliquée par le titre de son livre et l'article du *Time* qui avait suivi. Il admet volontiers que même les caractéristiques les plus mineures chez un être humain impliquent des centaines, voire des milliers de gènes.

À l'une des extrémités du front, le physicien et écrivain scientifique Chet Raymo admet qu'il *aimerait* adhérer à la thèse de Hamer, mais il l'estime « fragile » et espère que d'autres la défendront mieux. L'écrivain scientifique Carl Zimmer suggère que VMAT2 soit rebaptisé « Un Gène qui Rend Compte de Moins de Un pour Cent de Variance dans les Résultats de Questionnaires Psychologiques Conçus pour Mesurer un Facteur Appelé Autotranscendance, Ce Qui Peut Vouloir Dire N'importe Quoi Comme Appartenir au Parti des Verts ou Croire en la Perception Extrasensorielle, Selon une Étude Non Publiée et Non Répliquée. » À l'autre extrémité, l'écrivain scientifique John Horgan interroge brutalement : « Compte tenu du passif des généticiens comportementalistes en général, et de Dean Hamer en particulier, pourquoi continue-t-on à prendre leurs déclarations au sérieux ? »[11]

Il faut noter que la réticence des scientifiques à accorder du crédit au travail de Hamer *n'est pas due* à un refus global de prendre en compte les explications déterministes génétiques. Bien au contraire, comme le relève la sociologue Dorothy Nelkin :

> Le langage utilisé par les généticiens pour décrire les gènes est imprégné d'imagerie biblique. Les généticiens appellent le génome la « Bible », le « Livre de l'Homme » et le « Saint Graal ». Ils confèrent à cette structure moléculaire une image qui dépasse celle d'une puissante entité biologique : c'est aussi une force mystique qui définit l'ordre naturel et moral. Et ils projettent une idée de l'essentialisme génétique, qui suggère qu'en déchiffrant et en décodant le texte moléculaire ils seront capables de reconstruire l'essence des êtres humains, et déverrouiller l'accès à la nature humaine. Comme le constate le généticien Walter Gilbert, comprendre notre composition génétique est la réponse ultime à l'injonction « connais toi toi-même ». Gilbert commence ses conférences sur le séquençage des gènes en sortant de sa poche un compact-disc et en annonçant au public : « C'est vous. »

Compte tenu de la vénération dont les gènes sont l'objet, même de la part des généticiens, un déterminisme génétique de la spiritualité serait certainement bien accepté par les scientifiques s'il pouvait être confirmé par des observations claires et consistantes. Ainsi, il est peu probable que le scepticisme des scientifiques à l'égard des découvertes de Hamer repose sur de simples préjugés.

Études des fratries et jumeaux

Qu'ont donné les études sur les fratries et les jumeaux ? Ne sont-elles pas, a minima, plutôt convaincantes ? En fait la tendance était faible, et non forte – moins de 1 % de la variance totale. Dès lors, si l'on retient l'affirmation concernant VMAT2 (et de telles affirmations ne tiennent pratiquement jamais), cela ne signifie pas grand-chose.

De plus, un des problèmes avec les études sur les fratries et jumeaux dans un domaine général comme les ERSM est que nous pouvons être tentés de voir les frères, sœurs ou jumeaux comme plus semblables qu'ils ne le sont réellement.[12] Et ce d'autant plus que l'on tient compte de la large gamme de comportements qu'Hamer définit comme spirituels. Par exemple, il mentionne deux sœurs qu'il a rencontrées, Gloria et Louise.

Gloria a été une fervente chrétienne et a fréquenté l'église toute sa vie. Sa sœur, Louise, après des problèmes d'abus de substances et de mauvaises rencontres (dont sont issus quatre enfants) pendant vingt-cinq ans, a trouvé Dieu en participant à un programme en douze étapes. Hamer est frappé par la ressemblance des sœurs car elles sont aujourd'hui toutes deux croyantes. Mais si nous ne *recherchons* pas un « effet fratrie », nous aurons du mal à trouver que leurs histoires se ressemblent ! Même le fait que les deux sœurs se disent aujourd'hui religieuses n'est pas particulièrement significatif puisque la majorité des Américains se considèrent religieux au sens de Hamer.[13]

Dans une critique pour le *New York Times* du livre de Lawrence Wright *Twins and What They Tell Us About Who We Are* (Les jumeaux et ce qu'ils nous disent sur nous-mêmes, 1998 – non traduit), Natalie Angier écrit :

> Les histoires que l'on raconte à un public avide sont pleines de récits de jumeaux réunis, comme le fameux cas de James Lewis et James Springer, qui avaient tous deux épousé puis divorcé d'une femme prénommée Linda, puis s'étaient remariés avec une femme prénommée Betty... Mais le public n'entend jamais parler des nombreuses dissemblances entre

les jumeaux. Je connais deux cas où des producteurs de télévision ont voulu consacrer un documentaire à de vrais jumeaux élevés séparément, mais après avoir constaté que les jumeaux étaient très différents en termes de style personnel – l'un bavard et expansif, l'autre timide et manquant d'assurance – les émissions furent abandonnés faute d'être convaincantes.[14]

L'anthropologue Barbara J. King souligne également que l'on ne devrait pas s'attendre à ce que les frères et sœurs aient les mêmes parcours simplement parce qu'ils ont été élevés dans le même foyer :

> Les années de jeunesse d'une sœur peuvent correspondre à une période d'harmonie maritale et parentale, alors qu'une autre peut traverser une longue procédure de divorce qui stresse toute la famille. Ou bien l'une des sœurs va peut-être simplement rencontrer un certain professeur qui l'influencera, ou tomber sur un livre inspirant, et pas l'autre. De telles expériences non partagées ajoutent les contingences les unes aux autres à mesure que les deux sœurs grandissent. Au final, les deux sœurs peuvent grandir pour l'essentiel dans des environnements émotionnels divergents – et faire par conséquent des choix très différents quant au rôle de la spiritualité dans leur vie.

En outre, il est clair que les ressemblances et les différences qui ne sont pas liées à l'âge, comme l'influence des professeurs et des livres, toucheraient les vrais jumeaux aussi bien que les faux, ainsi que les frères et sœurs. Elles peuvent ainsi être confondues avec les interprétations génétiques de la capacité à vivre des expériences spirituelles.

Preuve minimale et réserves multiples

Dans une interview, Hamer a expliqué à *Beliefnet* que le gène de Dieu « fait référence au fait que les humains héritent d'une prédisposition à être spirituels – à tendre vers et à rechercher un être supérieur. » Personne ne contestera ceci sur le principe, mais jusqu'où une telle prédisposition est-elle simplement le résultat d'un niveau d'intelligence humaine, plutôt que quelque chose qui serait lié à un gène spécifique ? Au final, la thèse de Hamer s'effondre faute de preuve minimale et plombée de multiples réserves. Carl Zimmer a noté : « Le temps d'écrire des livres de science-fiction sur la découverte du « gène de Dieu » vient *après* que les scientifiques publient leurs résultats dans une revue à comité de lecture, *après* que les résultats sont répliqués de façon indépendante, et *après* que les hypothèses sur la valeur adaptative du gène (ou des gènes) sont testées. »

Ce moment pourrait ne jamais venir. C'est une erreur de chercher une simple base génétique aux ERSM. Nos gènes sont le langage de nos vies physiques et ne sont donc pas dénués de pouvoir. Ils peuvent certainement prédisposer une personne à un type de personnalité plutôt qu'un autre et, par suite, à certains types d'expériences spirituelles plus qu'à d'autres.

Voici plus d'un siècle, William James, pionnier de la psychologie des religions dont nous aborderons le travail au chapitre 7, a distingué en matière de spiritualité les tendances « saines » et « morbides » de l'esprit. Il ne voulait *pas dire* que ces distinctions doivent être forcément comprises comme « bonnes » contre « mauvaises », mais plutôt que les types (basiques) de personnalité peuvent entraîner une prédilection pour l'une des grandes formes de spiritualité plutôt que l'autre. En d'autres termes, les gènes fournissent l'appareillage pour un sens de l'autotranscendance et peuvent influencer son orientation, mais ils ne *créent* pas l'autotranscendance. Par conséquent, parler d'un « gène de Dieu » n'a pas de sens au plan scientifique et représente une forme extrême de pensée réductionniste.

Comme nous le verrons, le système esprit-cerveau est excessivement complexe. Il faut se garder de rechercher une explication simple et unique à tout phénomène mental complexe, et *a fortiori* en ce qui concerne la spiritualité. C.S. Lewis nous met en garde : « Voir "à travers" toutes choses est la même chose que ne pas voir. »

En réalité, Hamer n'a finalement qu'un seul pied dans la génétique. L'autre est posé sur l'herbe bien plus tendre de la psychologie évolutionniste, que nous aborderons en détail au chapitre 7. On comprend aisément pourquoi la psychologie évolutionniste retient l'attention dans ce domaine. Si Hamer avait vraiment trouvé un gène qui code systématiquement pour les expériences spirituelles transcendantes, il n'aurait pas besoin de démontrer que ce gène a bénéficié à nos ancêtres, comme il tente de le faire. Si un effet génétique était démontré de façon convaincante, son origine serait au mieux un problème secondaire. Il existe par exemple une combinaison génétique simple qui détermine la couleur bleue des yeux dans certains groupes ethniques. Les yeux bleus constituent-ils un avantage ? C'est possible dans certaines circonstances,[15] mais un modèle de transmission héréditaire des yeux bleus est en tout cas clairement établi. Par conséquent, la question de leur utilité préhistorique est intéressante mais elle n'éclaire en rien la compréhension de l'origine de ce trait.

Une hypothèse génétique concernant les ERSM doit viser ce niveau de rigueur pour être scientifiquement tenable. En l'absence d'informations claires provenant de l'étude de la préhistoire ou de la génétique, les psychologues évolutionnistes se tournent vers des théories qui reposent sur les neurosciences fonctionnelles. Pourrait-il y avoir par exemple un module de Dieu, c'est-à-dire un dispositif ou un circuit neuronal dans le cerveau qui provoque l'idée de Dieu ? Voire un dispositif qui provoque l'idée du divin précisément parce qu'il ne fonctionne pas correctement ?

Chapitre 3

Y a-t-il réellement un module de Dieu ?

Bien que ce soit un fait accepté de nos jours, je n'ai jamais cessé d'être impressionné par le fait que toute la richesse de notre vie psychique – nos sentiments religieux et même ce que chacun de nous regarde comme son domaine intérieur privé – n'est que l'activité de ces petits morceaux de gelée dans notre tête, dans notre cerveau. Il n'y a rien d'autre.

V.S. Ramachandran, neuroscientifique

La science est formidable pour expliquer ce que la science explique formidablement, mais au-delà de ça elle à tendance à rechercher ses clés de voiture là où il y a de la lumière.

Jonah Goldberg, *Jewish World Review*

Dans l'inoubliable roman de Mark Salzman *Lying Awake* (Étendu éveillé), sœur saint Jean de la Croix doit prendre une décision difficile. Elle avait échangé quelques décennies plus tôt une enfance émotionnellement vide contre la stricte loi du silence, de l'austérité et de la prière dans un couvent carmélite près de Los Angeles. La vie au couvent apportait l'ordre et la paix, mais les années passaient, sèches et insatisfaisantes. Alors sœur Jean a commencé à avoir d'étranges visions, qu'elle transcrivit en de merveilleux écrits qui furent publiés dans son livre *Sparrow on a roof* (Le moineau sur un toit). Le livre contribua à payer les dépenses du couvent et attira même d'autres sœurs vers cet ordre. En effet, la boulotte sœur Jean était devenue une sorte de « vedette » spirituelle, couverte de grâces.

Mais avec les visions vinrent de terribles maux de tête. Sœur Jean les accueillit d'abord avec bienveillance, pensant qu'elle devait souffrir d'une façon ou d'une autre pour l'amour de Dieu. Mais les maux de tête empirèrent, jusqu'aux crises d'épilepsie. Elle consulta alors un neurologue et découvrit la vérité. Elle souffrait d'épilepsie du lobe temporal (ELT), causée par une petite tumeur située au-dessus de son oreille droite. On lui expliqua que

> l'épilepsie du lobe temporal provoque parfois des altérations du comportement ou de la pensée, même lorsque le patient n'a pas de crises. Ces modifications incluaient l'hypergraphie (écriture volumineuse), une intensification en même temps qu'une diminution des réponses émotionnelles, et un intérêt obsessionnel pour la religion et la philosophie.[1]

On l'informa également que l'apôtre Paul et la fondatrice de son propre ordre religieux, Thérèse d'Avila, étaient des candidats probables à l'épilepsie du lobe temporal.

On pouvait facilement retirer la tumeur, ce qui entraînerait la disparition des visions. Mais les visions n'avaient-elles jamais été autre chose qu'une maladie ? Sœur Jean comprit que toute sa vie pouvait être perçue, selon une perspective matérialiste, comme une simple pathologie, une sorte de maladie mentale :

> L'idéal de la prière continuelle : *hyper-religiosité.* Le choix de vivre le célibat : *hyposexualité.* Le contrôle de la volonté par le contrôle du corps, conquis par un jeûne régulier : *anorexie.* Écrire un journal spirituel détaillé : *hypergraphie.*

Devrait-elle donner son accord à une opération qui supprimerait ses visions ?

Dans ce chapitre nous étudierons si les expériences religieuses, spirituelles ou mystiques peuvent résulter de troubles du cerveau. Par exemple, l'épilepsie est-elle la bonne explication aux expériences spirituelles, ainsi que le romancier Salzman le suggère dans sa présentation du dilemme de sœur Jean ?

Les neurologues Jeffrey Saver et John Rabin de l'université de Los Angeles – Centre de recherche neurologique Reed, ont estimé que ce pourrait être le cas. Ils pensent que l'épilepsie et les ERSM sont étroitement liées et que le système limbique joue un rôle central. De plus, le neuroscientifique Vilayanur Ramachandran pense que l'épilepsie du lobe temporal pourrait être un déclencheur des ERSM. Ont-ils raison ? Les troubles du cerveau excitent-ils une sorte de module ou de circuit de Dieu ?

Avant de commencer, peut-être devrions-nous clarifier la terminologie. Pour les objectifs de ce livre, les expériences « religieuses » sont celles qui surviennent dans le cadre d'une tradition religieuse. La spiritualité recouvre toute expérience qui met la personne en contact avec le divin (autrement dit, il ne s'agit pas simplement d'une expérience qui semble pleine de sens). Le mysticisme désigne en général la recherche d'un état modifié de conscience qui permet au mystique de prendre conscience de réalités cosmiques qui ne peuvent être saisies au cours d'états ordinaires de conscience.

Divine folie

L'épilepsie est-elle la *véritable* explication des expériences spirituelles majeures ?

> De nouvelles recherches controversées suggèrent que le fait de croire en Dieu ou non pourrait ne pas être qu'une question de libre-arbitre. Les scientifiques pensent désormais qu'il peut y avoir des particularités physiques dans le cerveau des personnes profondément croyantes.
>
> Liz Tucker, *BBC News,* à propos des recherches sur l'ELT

Si les articles de presse étaient un jour automatisés, on pourrait prendre pour modèle l'avalanche d'articles de ces dernières années sur l'épilepsie et la spiritualité.

Voici comment automatiser un tel article :

1. Commencez par demander si « nos sentiments religieux » ou « nos pensées les plus sacrées » sont « simplement » un produit de l'activité de notre cerveau. (Utilisez la première personne du pluriel pour donner une touche personnelle.)

2. Définissez la religion, la spiritualité ou le mysticisme assez largement pour inclure la vente annuelle de calendriers par l'équipe de volley-ball, le style favori de musique, ou la capacité à s'interroger sur les extravagances de la vie. Peu de lecteurs doivent se sentir exclus, même s'ils préfèreraient l'être.

3. Suggérez que nos cerveaux pourraient être « câblés » pour la religion ou pour Dieu. (Quelques spéculations à propos des premiers hommes sont bienvenues ici, et qui pourrait vous prouver le contraire ?)

4. Soulignez que les résultats, quels qu'ils soient, ne confirment ni n'infirment l'existence de Dieu. (Il ne faut pas fâcher les leaders religieux. Leurs abonnements sont aussi bons à prendre que les autres.)

5. Saupoudrez l'article de mots comme « pourrait », « peut-être » ou « éventuellement », ou même : « Les scientifiques pensent désormais que [une personnalité religieuse du passé] pourrait avoir souffert de ce type d'épilepsie. »[2] L'apôtre Paul et Jeanne d'Arc sont de bons choix car ils furent tous deux des visionnaires et des martyrs reconnus. (L'hypothèse mal étayée peu tranquillement être reniée plus tard si elle est bien cloisonnée par certains qualificatifs.)

6. Faites allusion au fait que peu de véritables découvertes en neurosciences appuient les spéculations avancées, mais ne prenez *pas* contact avec des neuroscientifiques qui critiqueraient les méthodes ou les résultats. (Encouragez cependant des leaders religieux à exprimer leur mécontentement ou leur consternation, ce qui semble consolider le dossier.)

Stratégie d'écriture risquée, dites-vous ? Pas du tout ! Peu de lecteurs, auditeurs ou téléspectateurs savent quelque chose de l'épilepsie ou des biographies de personnalités religieuses célèbres. Avec un peu de chance, la plupart ne poseront pas les questions fatales : Quelle part de tout ceci relève de la science ? Quelle part est de la spéculation ? Et, jusqu'où cette spéculation se nourrit-elle avant tout de préjugés matérialistes plutôt que de découvertes scientifiques ? Bien que nous devrions admettre que la recette ci-dessus est une grossière exagération, de nombreux articles concernant les relations entre cerveau et spiritualité semblent en effet construits de cette façon, peut-être parce qu'on n'a pas suffisamment posé de bonnes questions.

Les puristes de la science sont sans doute tentés de demander en quoi l'intérêt changeant des médias est important. La science n'est-elle pas tout ce qui compte ? En réalité, la façon dont les médias rendent compte de ces questions *est* importante car ils traduisent la science dans la société civile. La façon dont une société comprend les découvertes scientifiques influence son engagement en faveur de la science. Lorsque les médias minimisent, gonflent, ou déforment d'autres façons encore la signification de découvertes neuroscientifiques, les neurosciences en tant que discipline en ressentent les effets. Mais commençons à mieux comprendre la question en examinant les aspects scientifiques.

Le lobe temporal, source des ERSM ?

Dans un article important de 1997, les neurologues Jeffrey Saver et John Rabin de l'université de Los Angeles ont déclaré que le système limbique dans le cerveau – une structure proche des lobes temporaux et qui fonctionne comme un support pour les émotions – joue un rôle central dans les ERSM.[3] Ces expériences, expliquent-ils, impliquent la perte du sens de soi comme distinct de son environnement, et une tendance à attribuer un sens profond aux situations ordinaires. Et dans la mesure où rien de réellement significatif ne se produit lorsqu'une personne vit une telle expérience, elle est difficile à décrire avec des mots.[4]

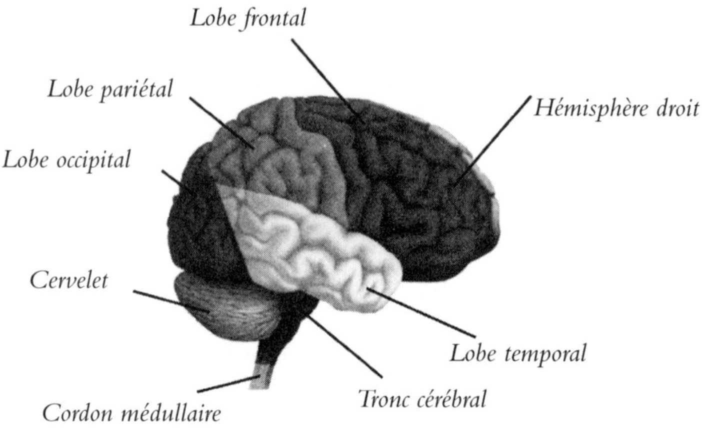

Coupe sagittale des quatre lobes corticaux (dans l'hémisphère droit), le cervelet, le tronc cérébral et la moelle épinière.

« Les contenus de l'expérience – les éléments visuels et sensoriels – sont les mêmes que ceux qui sont éprouvés quotidiennement, expliquait le neurologue Jeffrey Saver au magazine *New Scientist* en 2001. La différence est que le système temporo-limbique catalogue ces instants comme étant intensément importants pour l'individu, et caractérisés par la joie et l'harmonie. Quand l'expérience est rapportée à quelqu'un, seuls les éléments de contenu et la notion d'altérité peuvent être transmis, pas la sensation viscérale. »

Dans leur publication, Saver et Rabin mentionnent également un type particulier de personnalité tournée vers la religion, appelé « personnalité lobe temporal », qu'ils associent à l'épilepsie du lobe temporal. Cette forme d'épilepsie peut affecter le système limbique. Saver et Rabin font l'hypothèse que de nombreuses grandes figures religieuses du passé ont pu manifester les symptômes de l'ELT. Leur hypothèse a été largement médiatisée et enjolivée par la presse grand public. Par exemple, une émission de la BBC de 2003, « God on the Brain » (Dieu et le cerveau), montrait deux personnes souffrant d'épilepsie du lobe temporal, Rudi Affolter et Gwen Tighe, qui avaient de puissantes visions religieuses, et le commentaire précisait : « Il est athée ; elle est chrétienne. Il s'est cru mort ; elle a cru avoir donné naissance à Jésus. »

Toutefois, un examen attentif de l'hypothèse de Saver et Rabin révèle de nombreuses faiblesses. Tout d'abord, plusieurs régions n'appartenant pas au système limbique jouent un rôle dans les ERSM, comme le montre le chapitre 9. Une tentative d'explication des ERSM qui se focalise uniquement sur les lobes temporaux et le système limbique sera nécessairement incomplète.

Le système limbique

Le système limbique du cerveau est associé aux émotions et à la mémoire. On le trouve au centre du cerveau, où il forme une sorte de bordure (*limbus*) autour du tronc cérébral qui contrôle les fonctions essentielles comme la respiration. Au-dessus se trouve le télencéphale, une région spécifiquement humaine, très développée. Le système limbique est appelé « système » car il comprend plusieurs structures et régions cérébrales par lesquelles nous réagissons émotionnellement.

Bien sûr, les émotions ne peuvent pas être directement observées, mais elles sont associées à une certaine activité dans le système limbique, que les neuroscientifiques peuvent mesurer. Certains chercheurs scrutent le système limbique à la recherche d'indices sur les ERSM.

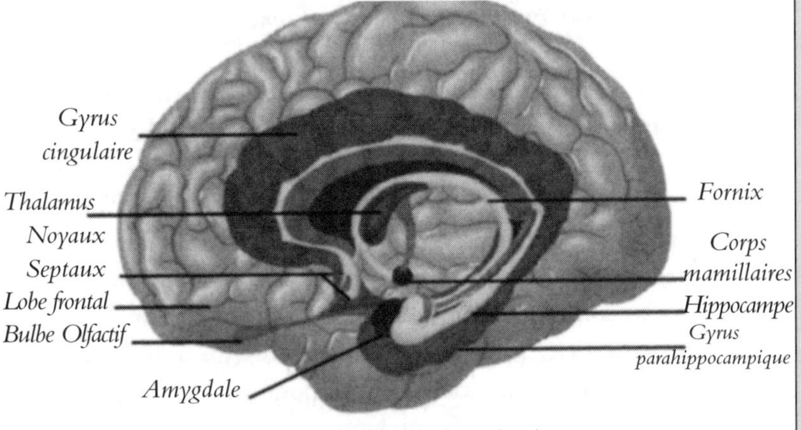

Vue sagittale du système limbique

Les parties importantes du système limbique sont :

L'hypothalamus, sous le thalamus, une sorte de thermostat central qui régule les fonctions corporelles telles que la pression sanguine et la respiration, mais aussi l'intensité du comportement émotionnel. L'hypothalamus contrôle également la glande pituitaire, qui régule la croissance et le métabolisme.

L'amygdale, située juste derrière l'hypothalamus, qui est impliquée dans les émotions, en particulier celles qui sont liées à la sécurité ou au bien-être. On parle parfois des amygdales car il s'agit de deux masses de neurones en forme d'amande.

L'hippocampe est une structure cérébrale qui appartient au système limbique, située à l'intérieur du lobe temporal. L'hippocampe, qui ressemble à l'animal marin, est impliqué dans la mémoire et le sens de l'orientation spatiale.

Le fornix et le gyrus parahippocampique, qui relient plusieurs voies du système limbique.

Le gyrus cingulaire, une couche de neurones située au-dessus de la liaison principale entre les deux hémisphères (corps calleux), qui coordonne les perceptions visuelles et olfactives agréables avec les souvenirs agréables. Le gyrus cingulaire joue également un rôle dans la réaction émotionnelle à la douleur et dans la régulation des émotions.

L'expérience mystique (au sens chrétien[5]) peut comporter plusieurs éléments : la conviction d'avoir touché le socle ultime de la réalité et le sens de l'incommunicabilité de l'expérience ; le sens de l'unité ; une expérience en dehors du temps et de l'espace ; le sens de l'union avec l'humanité, l'univers et avec Dieu ; ainsi que des sentiments positifs de paix, de joie et d'amour.[6] Une telle expérience se caractérise habituellement par une imagerie visuelle et des modifications dans la conscience de soi, l'état émotionnel et le schéma corporel. Comme nous le verrons au chapitre 9, ces modifications sont liées à des activations neuronales particulières dans plusieurs régions habituellement associées à ces fonctions. En d'autres termes, il n'y a pas de module spécifique (ni de centre) de Dieu dans les lobes temporaux, qui produirait les ERSM.

En second lieu, on peut se demander si la « personnalité lobe temporal » est aussi facile à définir que l'imaginent Saver et Rabin. Si c'est le cas, joue-t-elle un rôle majeur dans les ERSM ? Et enfin, quelles preuves avons-nous que les figures religieuses célèbres souffraient réellement d'ELT ?

L'épilepsie du lobe temporal (ELT)

Les lobes temporaux du cerveau sont situés de part et d'autre du crâne, juste au-dessus des oreilles. L'ELT, une perturbation brutale du fonctionnement électrique du cerveau, est un des types d'épilepsie les plus répandus, même s'il n'existe pas de statistiques fiables pour savoir combien de personnes en souffrent exactement.[7] L'ELT ne doit pas être confondue avec les terribles crises tonico-cloniques, parfois connues sous le nom de « grand mal épileptique », qui entraînent habituellement une perte de conscience. Cependant, environ la moitié des personnes souffrant d'ELT ont parfois des crises tonico-cloniques.

Le plus souvent, l'ELT débute par une simple crise partielle, qui provoque l'audition de voix et de musiques, des odeurs, des goûts, des souvenirs oubliés, ou des sentiments inhabituellement intenses. Ces hallucinations, appelées auras, sont brèves – peut-être une odeur de lavande ou d'œuf pourri. L'état cérébral peut ensuite évoluer vers une crise partielle complexe qui entraîne des mouvements involontaires de la bouche, le frottement des mains, ou d'autres actions inconscientes qui durent de trente secondes à deux minutes. Ces effets sont appelés crise « partielle », car ils affectent seulement une partie du cerveau. (Par contraste, une crise tonico-clonique touche l'ensemble du cerveau, c'est pourquoi elle entraîne une perte de conscience.) L'ELT peut être provoquée par une tumeur, une blessure à la tête ou une infection dans le cerveau, mais la plupart des cas sont d'origine inconnue (idiopathique).

Le traitement repose sur des médicaments, la chirurgie, le régime alimentaire, les stimulations électriques du nerf vague ou encore le biofeedback, mais le traitement le plus fréquent est tout de même la médication. Environ la moitié des enfants touchés par ce trouble le perdent en grandissant, mais des crises répétées d'ELT chez l'adulte peuvent entraîner des pertes de mémoire. La dépression et l'anxiété sont également des effets secondaires fréquents si l'ELT ne s'améliore pas avec le temps.

Personnalité lobe temporal

Y a-t-il une personnalité lobe temporal qui prédispose une personne à l'ELT – et donc aux expériences religieuses ?

Au début du XIXe siècle, l'idée a émergé qu'un certain type d'intensité religieuse était associée à l'ELT, telle que décrit ci-dessus. « L'hyper-religiosité et les préoccupations philosophiques et cosmologiques intenses » étaient présentées comme des caractéristiques majeures des épisodes qui séparaient chaque crise de ce « syndrome putatif », souvent appelé le syndrome de Geschwind. Ce type de personnalité était également caractérisé par « l'hypermoralisme, des centres d'intérêts plus profonds, la "circonstancialité", l'absence d'humour, la viscosité interpersonnelle [une tendance à s'accrocher aux autres d'une façon qui nuit aux relations], l'irritabilité agressive, et l'hypergraphie. » Le romancier russe Fedor Dostoïevski est souvent cité comme un excellent exemple de personnalité lobe temporal.[8]

Cependant, malgré de nombreuses citations dans la littérature populaire, les recherches ultérieures ont donné peu de résultats. Certains chercheurs ont observé des scores de religiosité élevée chez des patients atteints d'ELT, mais d'autres non. L'histoire se complique encore car le neurologue de l'université de Chicago John R. Hughes, qui a étudié plusieurs cas célèbres d'épilepsie parmi les grandes figures historiques, relève que Vincent van Gogh, qui avait bel et bien une personnalité « lobe temporal » incluant la religiosité, n'avait probablement *pas* d'ELT. En revanche, les pertes de conscience de van Gogh étaient très probablement dues à l'abus de certaines substances.[9]

L'hypothétique syndrome de Geschwind n'est pas reconnu dans les manuels classiques de diagnostic. Par exemple, la base de données publique Pub Med mentionnait à propos du syndrome en août 2006 :

> Un syndrome de personnalité caractéristique consistant en une circonstancialité (débit verbal excessif, moiteur, hypergraphie), une sexualité altérée (habituellement hyposexualité), et une vie mentale intensifiée (réponses cognitives et émotionnelles approfondies), est présent chez quelques patients épileptiques. À des fins d'identification, le terme de « syndrome de Geschwind » a été proposé pour désigner cet ensemble de phénomènes comportementaux.
>
> Le soutien d'une part, et les critiques de l'autre, vis-à-vis de l'existence de ce syndrome en tant que trouble spécifique de la personnalité n'ont guère permis de progresser, mais la controverse en elle-même a été reconnue et reste active. À l'heure actuelle, le soutien le plus vigoureux émane des cliniciens qui ont décrit et tenté de prendre en charge des patients épileptiques présentant ces traits de personnalité. Il faudra réaliser des études avec beaucoup de précautions pour confirmer ou infirmer que le syndrome de Geschwind constitue bien un trouble épileptique/psychiatrique à part entière.

Autrement dit, on peut douter que ce syndrome existe vraiment. La plupart des épileptologues aujourd'hui ne pensent pas que la religiosité soit caractéristique des patients atteints d'ELT.[10]

Le schéma qui émerge est que l'ELT est souvent associée à l'obsession. Une petite minorité de patients peuvent devenir obsédés par la religion – plutôt que l'art, le sport, le sexe ou la politique par exemple – mais on ne peut pas bâtir une théorie de la religion sur cette base seulement.

Il est aussi intéressant de se demander si l'épilepsie est liée d'une façon ou d'une autre à la capacité de prévision ou à la prise de risque. Après tout, on la considérait autrefois comme une sorte de folie divine.

Des célébrités souffrant « d'épilepsie »

Il est frappant de constater le nombre de figures historiques charismatiques dont on pense qu'elles étaient atteintes d'épilepsie, ou plus précisément d'ELT. Pythagore, Aristote, Alexandre le Grand, Hannibal, Jules César, Dante, Napoléon Bonaparte, Jonathan Swift, George Frederic Handel, Jean-Jacques Rousseau, Ludwig von Beethoven, Sir Walter Scott, Fedor Dostoïevski, Vincent van Gogh, Lord Byron, Percy Bysshe Shelley, Edgar Allan Poe, Alfred Lord Tennyson, Charles Dickens, Lewis Carroll, Piotr Tchaïkovski, et Truman Capote, pour n'en citer que quelques-uns. Pourrait-il y avoir un lien entre l'épilepsie et la capacité visionnaire ou la créativité en général ? À n'en pas douter, la littérature médicale cite régulièrement une liste de personnalités qui auraient souffert d'épilepsie pour regonfler un peu le moral des patients nouvellement diagnostiqués.

La culture populaire elle aussi s'approprie la mystique de l'épilepsie – jusqu'à un point qui suscite l'inquiétude. Sallie Baxendale, de la Société nationale britannique de l'épilepsie, déplore que lorsque l'on montre la maladie dans un film de fiction, « le potentiel dramatique des crises est un ressort très tentant pour les auteurs et réalisateurs à l'imagination fertile. »

Les hommes épileptiques sont « fous, méchants et souvent dangereux », alors que les femmes sont « exotiques, mystérieuses et vulnérables ».

L'épileptologue Hugues a réalisé une étude détaillée sur les personnages célèbres cités plus haut et a conclu que, sur la base des données disponibles concernant les symptômes et l'histoire familiale, seuls Jules César, Napoléon et Dostoïevski ont certainement ou probablement souffert d'épilepsie.[11]

Pourquoi pense-t-on que les autres en étaient également atteints alors que ce n'était probablement pas le cas ? Pendant des siècles, le terme « épilepsie » était si vaste qu'il recouvrait tous les états de type « transe ». Par contraste, une crise d'épilepsie – telle qu'elle est comprise aujourd'hui – est une modification soudaine et passagère de l'activité cérébrale qui oblige les neurones à décharger en continu, beaucoup plus vite qu'en temps normal, jusqu'à ce qu'il en résulte un comportement anormal et automatique, ou une perte de conscience. Des causes autres que l'épilepsie peuvent toutefois déclencher des crises semblables.

Par exemple, une chute soudaine de pression sanguine, un taux de sucre dans le sang trop faible, un stress violent, l'arrêt de drogue ou d'alcool... Ces crises non épileptiques peuvent entraîner une perte de conscience, mais elles ne sont *pas* directement dues à une activité anormale des neurones qui apparaîtrait dans le cerveau.

Hugues propose une liste d'explications[12] aux erreurs modernes de diagnostic concernant les personnages historiques, dont :

La simple erreur, répétée de nombreuses fois. Les données historiques ne permettent pas de démontrer que le mathématicien Pythagore (582–500 av. J.-C.), le philosophe Aristote (384–322 av. J.-C.), ou le chef militaire Hannibal (247–183 av. J.-C.) étaient atteints de l'une des formes d'épilepsie.

Des pertes de conscience qui ne sont pas des crises d'épilepsie. Michel-Ange (1475–1564) par exemple, était semble-t-il submergé par la chaleur (syncope de chaleur) lorsqu'il peignait, et non par des crises d'épilepsie.

Des comportements sociaux aberrants, hors perte ou modification de la conscience. Dans des situations sociales déplaisantes, Léonard de Vinci (1452–1519) souffraient de « spasmes », qui devaient plutôt relever d'attaques de panique que de l'épilepsie.

Crises de manque à l'arrêt d'alcool/drogue. Plusieurs écrivains ou artistes ont souffert de crises de manque à l'arrêt de la drogue (Lewis Carroll, 1832 – 1898), ou de l'alcool (Algernon Charles Swinburne, 1837 – 1909 ; Vincent van Gogh, 1853 – 1890 ; Truman Capote, 1924 – 1984 ; Richard Burton, 1925 – 1984).

Attaques psychogéniques. Ces attaques, parfois appelées « pseudo-épileptiques », sont déclenchées par un type particulier de stress psychologique et non par des décharges électriques spontanées dans le cerveau. Lord Byron (1788–1824) et Gustave Flaubert (1821–1880), qui étaient tous deux sujets à d'intenses épisodes de stress émotionnel, sont des candidats possibles.

La croyance populaire est prompte à diagnostiquer une épilepsie chez toutes les personnes visionnaires, créatives ou charismatiques connues pour avoir eu des sortes de crises, de soudaines pertes ou altérations de conscience. Car on associe de façon stéréotypée l'épilepsie aux visionnaires illuminés ou à d'autres personnalités extraordinaires. Mais puisque la croyance populaire a souvent tort à propos de ces figures historiques, qu'en est-il des personnalités religieuses en particulier ? Ne devraient-elles pas avoir massivement souffert d'épilepsie ?

Personnalités religieuses et épilepsie du lobe temporal

Qu'en est-il des personnalités spécifiquement religieuses ? La plupart des visions religieuses ne devraient-elles pas être le résultat d'une épilepsie du lobe temporal ? Dans la littérature scientifique, des chercheurs ont suggéré que de nombreuses personnalités religieuses étaient atteintes d'ELT. Ainsi, Saver et Rabin ont avancé que l'apôtre Paul, Jeanne d'Arc, Thérèse d'Avila et Thérèse de Lisieux[13] pourraient avoir souffert d'ELT. Mais de quelles données historiques dispose-t-on vraiment ?

L'apôtre Paul (? – 65 ap. J.-C.). Hormis les récits du Nouveau Testament, il n'existe quasiment aucun document historique retraçant la vie de Paul (également appelé Saül[14]), qui a fondé certaines des premières églises chrétiennes. Juif et citoyen romain, Paul avait étudié avec le grand rabbin Gamaliel (Actes 22:3). Mais au contraire de son professeur, il penchait vers le fanatisme et persécutait les premières sectes chrétiennes. Il était perdu dans cette errance lorsqu'il eût sa vision du « chemin de Damas » :

Or Saul, respirant encore menace et meurtre contre les disciples du Seigneur, alla au souverain sacrificateur et lui demanda pour Damas des lettres adressées aux synagogues, en sorte que, s'il en trouvait quelques-uns qui fussent de la voie, il les amenât, hommes et femmes, liés à Jérusalem. Et, comme il était en chemin, il arriva qu'il approcha de Damas; et tout à coup une lumière brilla du ciel comme un éclair autour de lui.

Et étant tombé par terre, il entendit une voix qui lui disait: Saul ! Saul ! pourquoi me persécutes-tu ?

Et il dit : Qui es-tu, Seigneur ? Et il dit : Je suis Jésus que tu persécutes.

Mais lève-toi, et entre dans la ville ; et il te sera dit ce que tu dois faire.

Et les hommes qui faisaient route avec lui s'arrêtèrent tout interdits, entendant bien la voix, mais ne voyant personne.[15]

Paul passa le reste de sa vie à fonder et administrer des églises. Plusieurs explications matérialistes ont été avancées pour ses visions.[16] Une explication logique est que l'épuisement (ou prostration) dû à la chaleur, aggravé par un sentiment de culpabilité lié à son intensive (et essentiellement volontaire) mission de persécution, l'avait rendu très influençable.

Mais l'affirmation en particulier selon laquelle Paul souffrait d'épilepsie provient de sa mention d'une mystérieuse « épine dans la chair » (2 Cor. 12:7-9)[17], en plus d'une évidente inclination mystique.[18] Saver et Rabin suggèrent que l'épine pourrait représenter l'ELT. Mais l'épilepsie fait partie des explications les moins probables, compte tenu des mots qu'il a utilisés (*skolops*, « épine »). De façon générale, dans le langage courant une épine désignait davantage une source d'irritation qu'un problème grave tel qu'une maladie.

Plus de deux cents interprétations ont été proposées pour l'épine, dont l'homosexualité, une mauvaise vue, une crise de paludisme, ou de faibles capacités d'orateur. Il n'existe aucune preuve indépendante que Paul ait un jour souffert d'épilepsie.

Jeanne d'Arc (1412-1431). Jeanne est née près de la fin de la guerre de Cent Ans entre la France et l'Angleterre, qui avait dévasté la France. Jeune et pieuse paysanne, elle se mit vers l'âge de 13 ans à entendre des voix, qu'elle attribua à des saints et des anges. Ils lui conseillèrent de tenir le siège d'Orléans et d'emmener le dauphin (héritier du trône) à Reims, lieu traditionnel des couronnements, pour y être fait roi de France. Cette action unirait le peuple français autour d'un gouvernement fonctionnel. Étonnamment, à l'âge de 17 ans Jeanne avait réalisé cet objectif. Toutefois, elle fut ensuite capturée et vendue aux Anglais qui la condamnèrent au bûcher pour hérésie. Tout comme Paul, Jeanne a été l'objet à titre posthume de nombreux diagnostics censés rendre compte de ses visions : schizophrénie, trouble bipolaire, tuberculose, et bien sûr ELT. À elle seule, l'hétérogénéité de ces diagnostics devrait éveiller le soupçon.

La vie de Jeanne est beaucoup plus documentée que celle de Paul. Ses geôliers étaient en effet soucieux d'apporter des preuves lors d'un procès qui fut méticuleusement transcrit afin de discréditer sa cause aux yeux du peuple français. Il apparut que les visions complexes et lucides de Jeanne duraient parfois des heures – ce qui exclut l'épilepsie. Hugues note :

> La possibilité que les voix et visions de Jeanne aient pu relever d'un phénomène épileptique a été étudiée, mais les hallucinations auditives et visuelles sont très peu fréquentes dans l'épilepsie. Les manifestations épileptiques sont presque toujours brèves et simples, comme des flashs de lumière ; alors que les visions bien élaborées qu'elle a décrites duraient parfois des heures, et non une minute ou deux. Ainsi, la très pieuse et religieuse Jeanne d'Arc a probablement vécu des phénomènes d'inspiration religieuse plutôt que des manifestations épileptiques.[19]

En outre, l'ELT sévère, qui implique des crises quotidiennes, s'aggrave en général avec le temps[20], alors que Jeanne n'a apparemment pas souffert de troubles mentaux au cours de sa vie militaire si exigeante, et vécue presque entièrement sous des yeux attentifs (et souvent hostiles). De plus, les choix militaires et politiques qu'elle attribuait à ses voix étaient généralement sensés, ce qui contredit une explication fondée exclusivement sur un trouble ou une maladie.

Les voix de Jeanne peuvent être interprétées en termes matérialistes. Ainsi, on peut la voir comme un génie militaire au sein d'une culture qui refusait de reconnaître ce trait chez une jeune paysanne. Son environnement culturel, en revanche, s'est attaché au modèle de sainte vierge qui a des visions et fait des prophéties. Dans ce cas, il est possible qu'elle percevait ses idées sous forme de visions et qu'elle les exprimait comme des prophéties. Les chrétiens catholiques rejetteraient sans doute une explication de ce type. Mais cela évite au moins le problème posé par la plupart des explications matérialistes : la tendance à attribuer l'incroyable parcours de Jeanne à une maladie, alors même que le contenu de ses messages n'était en aucun cas de nature hallucinatoire. Cependant, la science ne peut pas se prononcer sur des questions comme celle-ci, et encore moins lorsqu'elles se conjuguent au passé. Nous pouvons dire, en revanche, que les données historiques ne permettent pas d'affirmer que Jeanne souffrait d'un trouble du cerveau.

Thérèse d'Avila (1515–1582) et *Thérèse de Lisieux* (1873–1897). Les vies de Thérèse d'Avila et Thérèse de Lisieux sont très bien documentées par elles-mêmes dans leurs écrits biographiques, ainsi que par d'autres auteurs. Les deux femmes ont souffert de nombreuses affections, et Thérèse de Lisieux a été emportée jeune par la tuberculose, mais il n'existe pas de preuves que l'une ou l'autre ait souffert d'épilepsie du lobe temporal.

De façon générale, les textes qui mentionnent l'existence d'un lien entre ELT et ERSM ne sont pas très convaincants, et ce pour plusieurs raisons :

Les auras extatiques ou psychiques[21] bien documentées sont très rares. En fait, pour des raisons neurologiques, les auras épileptiques sont presque toujours désagréables[22] et la peur est l'émotion la plus fréquente.[23]

Les résultats peuvent être sur-interprétés. Les expériences d'irréalité du soi ou de l'environnement extérieur peuvent susciter l'intérêt des chercheurs, mais ces ressentis ne sont pas forcément interprétés par le sujet comme des ERSM. Le neurologue Orrin Devinsky reconnaît que les réponses d'épileptiques obtenues à des questionnaires entre les crises ont « produit des résultats très variables », probablement au moins en partie pour cette raison.

Trop grande confiance accordée à la littérature ancienne. Le psychiatre Kenneth Dewhurst et le médecin A.W. Beard (1970) ont relevé que les « Expériences de conversion (religieuse)... sont rares dans la littérature récente. »[24] Ils mentionnent ensuite six patients nés entre 1900 et 1921 qui ont vécu des expériences de conversion religieuse (ou dans un cas « a-religieuse ») à la suite d'une crise d'épilepsie, parmi un groupe de soixante-neuf personnes.[25] Dans ces circonstances, il est difficile de savoir quel rôle en particulier peut jouer l'épilepsie. Tout problème grave de santé peut amener un patient à s'intéresser de près à la religion, notamment dans une société où la religion évangélique fait partie de la culture, où les conseillers religieux sont volontiers disponibles, et souvent rémunérés par l'institution médicale en tant qu'aumôniers.

Le nombre de cas rapportés est souvent réduit. Saver et Rabin citent par exemple une étude de 1994 portant sur une famille touchée par une tendance génétique à la « démence du lobe frontal », dans laquelle trois des douze membres manifestaient un « comportement hyper-religieux ».[26] Il n'est pas rare dans une grande famille que quelques membres soient très religieux (souvent ils se sont mutuellement influencés dans ce sens).

Les ERSM sont relativement fréquentes dans la population et ne réclament pas d'explication médicale. Ainsi que Saver et Rabin le notent eux-mêmes, les expériences religieuses-numineuses sont fréquentes à la fois chez les enfants et les adultes à travers toutes les périodes de l'histoire et dans toutes les cultures. Lors d'enquêtes nationales aux États-Unis, en Grande-Bretagne et en Australie, 20 à 49 % des individus disent avoir eux-mêmes vécu une ou plusieurs ERSM, et cette valeur atteint plus de 60 % lorsque des entretiens approfondis sont menés avec des individus pris au hasard. Dès lors, il n'y a pas de raison valable d'invoquer un syndrome rare ou controversé pour tenter d'expliquer ou d'éclairer ces expériences.

En fait, on peut raisonnablement dire que : 1) la plupart des gens qui vivent des ERSM ne sont pas épileptiques ; 2) très peu d'épileptiques vivent des ERSM au cours de leurs crises. Si l'épilepsie provoquait réellement des ERSM, tous les épileptiques ou presque devraient connaître de telles expériences. Ainsi, il est plus sage de conclure que l'épilepsie ne joue tout simplement pas le rôle que Saver et Rabin ont avancé.

Comme l'a relevé Devinsky, « la genèse d'expériences religieuses intenses corrélée à des troubles neurologiques reste mal définie. » La raison la plus probable est que les troubles neurologiques ne sont pas une voie très fructueuse pour comprendre les expériences religieuses intenses.

Et si des observations neuroscientifiques établissaient *clairement* le lien entre certains états cérébraux épileptiques et les convictions religieuses ? Le neuroscientifique Vilayanur Ramachandran a-t-il trouvé une telle preuve ?

Épilepsie et « commutateur de Dieu »

> Si l'on peut accroître sélectivement les sentiments religieux, cela implique qu'il existe une circuiterie neuronale dont l'activité conduit aux croyances religieuses. Ce n'est pas que nous ayons une sorte de module de Dieu dans le cerveau, mais nous pourrions avoir des circuits spécialisés dans la foi.
>
> Je trouve ironique que ce sens de l'illumination, cette conviction absolue que la Vérité est finalement révélée, doive provenir des structures limbiques qui régulent les émotions, plutôt que des parties du cerveau responsables de la pensée rationnelle et si fières de leur capacité à discerner le vrai du faux.[27]
>
> V. S. Ramachandran, neuroscientifique

Comme nous l'avons vu, l'hypothèse d'un lien global entre épilepsie (telle que comprise aujourd'hui) et ERSM est au mieux fragile. Cependant, nous ne pouvons pas non plus exclure que certains épileptiques puissent activer accidentellement un « circuit de Dieu » lors d'une crise.

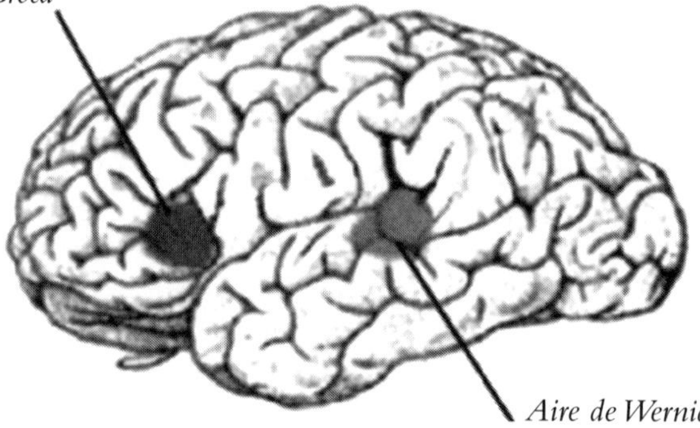

Coupe sagittale du cerveau montrant l'aire de Broca et l'aire de Wernicke, deux structures clés dans la maîtrise du langage.

Un modèle neuroscientifique particulier sous-tend cette proposition. Les pionniers de la chirurgie et des neurosciences tels que Paul de Broca (1824-1880) et Carl Wernicke (1848-1905) ont découvert les corrélations entre régions du cerveau et capacités spécifiques en étudiant des patients qui avaient perdu l'usage d'une région, à la suite de dommages cérébraux. Par exemple, l'incapacité à parler conduisait à « l'aire de Broca », et l'incapacité à comprendre un discours désignait « l'aire de Wernicke ».

Dans la dernière moitié du siècle, certains épileptiques ont subi des interventions chirurgicales consistant à séparer les deux hémisphères, ou même à en retirer une partie, pour tenter de supprimer les incontrôlables crises. Tout comme les amputés qui continuent à ressentir la douleur dans leur membre disparu, ces personnes ont permis de mieux comprendre l'organisation du cerveau humain en se prêtant à des recherches.

Suivant ce modèle – comprendre le fonctionnement sain en observant la pathologie – V.S. Ramachandran a tenté d'identifier un circuit de Dieu en étudiant des patients souffrant d'ELT et connus pour être obsédés par les idées religieuses.

Par les défauts, nous pouvons comprendre les talents, par l'exception, nous pouvons connaître la règle, et en étudiant la pathologie nous pouvons construire un modèle du fonctionnement sain.[28]

LAURENCE MILLER, NEUROPSYCHOLOGUE

En étudiant des syndromes neurologiques généralement tenus pour des curiosités ou de simples anomalies, nous pouvons parfois acquérir de nouveaux savoirs sur les fonctions normales du cerveau – la façon dont le cerveau sain fonctionne.

V. S. RAMACHANDRAN, NEUROSCIENTIFIQUE

Une expérience peut-elle trancher ?

Ramachandran, directeur du Centre du cerveau et de la cognition à l'université de Californie à San Diego, a annoncé en 1997 qu'il pensait avoir mis au jour dans le cerveau humain un circuit de Dieu pouvant être le support d'un penchant évolutif pour la foi religieuse. Bien entendu, la presse a immédiatement salué la découverte. Son équipe a fait plusieurs déclarations lors de la conférence de la Société des neurosciences en 1997 à la Nouvelle Orléans, dont celle-ci :

Il se peut qu'il existe dans les lobes temporaux une machinerie neuronale spécifiquement impliquée dans la religion.

Elle peut avoir évolué pour amener de l'ordre et de la stabilité dans la société.

Les observations indiquent que l'inclination d'une personne à croire en une religion ou en Dieu pourrait dépendre du développement de cette portion de circuiterie électrique du cerveau.

Plus prudents que certains de ses admirateurs, Ramachandran a reconnu qu'il « patine sur de la glace fine » avec certaines de ses idées.

L'une des pistes qu'il a suivies dans un premier temps était la possibilité que ses hypothétiques circuits de Dieu soient activés par hasard lors d'une attaque épileptique, de sorte que

> tout et n'importe quoi acquiert une signification profonde et, dès lors, évoque une expérience religieuse. Et si nous pouvons accroître sélectivement les sentiments religieux, cela semble impliquer qu'il existe une circuiterie neuronale dont l'activité conduit aux croyances religieuses.

En d'autres termes, les décharges neuronales aléatoires et excessives au cours d'une crise d'épilepsie amènent la personne à attribuer un sens mystique à tout et n'importe quoi.[29]

D'autre part, Ramachandran a proposé une seconde hypothèse : « Se pourrait-il que cette circuiterie neuronale ait réellement évolué chez les êtres humains dans le seul but de vivre des expériences religieuses ? » Il pensait que la tendance des neurones à décharger en excès et au hasard pourrait avoir évolué parce que les expériences religieuses ont aidé les hommes à survivre.

Il a aussi pensé à une façon de choisir entre ces deux hypothèses :

> J'ai pris contact avec deux collègues spécialisés dans le diagnostic et le traitement de l'épilepsie... compte tenu du caractère hautement controversé du concept de « personnalité lobe temporal » dans son ensemble (tout le monde ne pense pas que ces traits de personnalité se rencontrent plus fréquemment parmi les épileptiques), ils étaient assez intrigués par mes idées. Quelques jours plus tard, ils ont recruté deux de leurs patients qui manifestaient d'évidents « symptômes » de ce syndrome – hypergraphie, penchants religieux, et besoin obsessionnel de parler de leurs sentiments et de sujets religieux ou métaphysiques.[30]

Il a alors conçu une expérience qui impliquait les deux patients ELT et un groupe de volontaires, dont certains étaient connus pour être de fervents croyants alors qu'on ne savait rien des autres. Son équipe a montré à tous les participants des mots et des images pris au hasard dans une liste de quarante en tout. Certains mots ou images étaient neutres mais les autres étaient choisis pour déclencher une réaction. La liste comprenait ainsi des mots désignant des objets ordinaires (chaussure, vase, table, etc.), des visages familiers (parents, frères et sœurs), des visages inconnus, des mots et des images érotiques, des mots de quatre lettres liés au sexe, des scènes d'extrême violence et d'horreur (un alligator avalant une personne vivante, un homme s'immolant par le feu), et enfin des mots religieux (tels que le mot « Dieu ») ainsi que des images pieuses.

Comment Ramachandran a-t-il fait pour connaître la façon dont les participants réagissaient aux mots qui leur étaient projetés ? Des électrodes étaient reliées à leurs mains et mesuraient la réponse électrodermale (EDR). Chez la plupart des gens, certaines zones de la main sont très sensibles aux émotions. Une relation directe existe entre l'activité du système nerveux sympathique (activation sympathique accrue) et l'excitation émotionnelle, mais on ne peut pas pour autant identifier une émotion en particulier. (Le système nerveux sympathique est activé lors d'un stress ou si un danger est perçu ; le système nerveux autonome contrôle les activités automatiques telles que le rythme cardiaque et la respiration.) La peur, la colère, les sursauts, les réflexes d'orientation et les désirs sexuels peuvent provoquer de telles réponses électrodermales.

Sur la paume de la main ou l'extrémité des doigts, on peut mesurer les variations de la conductance relative d'un faible courant électrique entre deux électrodes. Les variations reflètent l'activité des glandes sudoripares (sudation) et les modifications au niveau du système nerveux sympathique, ainsi que d'autres variables – dans l'étude de Ramachandran, une des variables était l'intensité de la réaction émotionnelle à certains mots. La conductance augmente si l'activité des glandes sudoripares s'accroît en réponse à la stimulation du système nerveux sympathique.

Dans l'étude de Ramachandran, les deux patients ELT « orientés » religion ont réagi de façon bien plus forte aux mots religieux qu'à ceux relatifs au sexe ou à la violence. Il en a donc conclu que la première des deux hypothèses – à savoir que la personne attribue une signification mystique à tout et n'importe quoi à cause des décharges neuronales intempestives – ne tient pas. Elle ne peut être retenue puisque les deux patients ELT ont trouvé signifiants les seuls mots religieux. Si cette hypothèse était correcte, ils auraient dû trouver signifiants *tous* les mots qui provoquent une réaction émotionnelle.

Ramachandran reconnaît qu'avec seulement deux patients ELT, il est impossible de tirer des conclusions. Il souligne en effet :

> Tous les patients atteints d'épilepsie du lobe temporal ne deviennent pas religieux. Il existe de nombreuses connexions neuronales parallèles entre le cortex temporal et l'amygdale. En fonction de celles qui sont impliquées, certains patients peuvent voir leur personnalité dévier vers d'autres directions, devenant obsédés par l'écriture ou le dessin, parlant philosophie ou, plus rarement, s'intéressant au sexe.

Cette étude n'a jusqu'ici jamais été publiée dans un journal scientifique à comité de lecture ; en dépit de la publicité dont elle a été l'objet, elle n'a jamais été plus qu'un abstract pour une session parallèle (« poster ») lors du congrès 1997 de la Société de neurosciences[31]. Il estime tout de même que de futurs travaux pourraient confirmer sa découverte d'un circuit neuronal spécialisé impliqué dans la foi.

Outre l'absence de confirmation, d'autres problèmes sont posés par l'approche de Ramachandran. L'expérience de l'union avec Dieu n'est pas seulement associée au lobe temporal ; elle est multidimensionnelle. Les régions cérébrales impliquées sont liées à la conscience de soi, aux aspects physiologiques et expérientiels des émotions, à une modification du sens spatial de soi, de même qu'à une imagerie mentale de type visuel.[32]

Un problème plus gênant est que Ramachandran a étudié la réponse électrodermale mais n'a pas mesuré l'activité du cerveau pendant que les deux groupes de sujets étaient exposés aux différentes catégories de mots. Le résultat est que nous ne savons pas si le lobe temporal était activé lorsque que les sujets épileptiques regardaient les mots religieux. De plus, l'observation passive de mots n'a pas déclenché d'états mystiques profonds chez les sujets ELT. Sur la seule base de son étude, nous ne pouvons pas conclure que le lobe temporal déclenche les ERSM.

Globalement, il existe deux limites importantes à toute étude des ERSM qui se concentre sur un aspect pathologique, comme celles de Saver et Rabin, et de Ramachandran. En premier lieu, comme nous l'avons vu, il peut être difficile de trouver suffisamment de cas illustrant clairement une pathologie donnée. Certaines pathologies proposées, comme la « personnalité lobe temporal » ou le « syndrome de Geschwind » sont hautement spéculatives et controversées. Et il est pour le moins risqué de tirer des conclusions à partir d'études portant sur deux individus atteints d'une pathologie discutable.

En second lieu – et peut-être est-ce le plus important – le modèle pathologique fut initialement motivé par la nécessité, pas par l'excellence ! C'était la seule façon pour les pionniers des neurosciences de commencer à cartographier le vaste espace intérieur du cerveau. Aujourd'hui, les neuroscientifiques peuvent observer en détail le fonctionnement réel d'un cerveau sain. Le modèle pathologique peut tout de même apporter des informations utiles à certaines visées, mais il ne devrait pas rester le modèle de choix alors que l'on peut visualiser le cerveau de sujets neurologiquement et psychologiquement sains qui vivent des ERSM, ainsi que mon étudiant en doctorat Vincent Paquette et moi-même l'avons fait à l'université de Montréal (voir chapitre 9).

En conclusion, bien que les lobes temporaux semblent impliqués dans la perception du contact avec une réalité spirituelle, comme ils le sont dans bien d'autres types de perception, ils ne constituent pas un « point de Dieu » ou un « module de Dieu ».

Le module de Dieu

> La blessure au-dessus de son oreille s'était refermée, mais son cœur était béant. Le médecin avait raison – la vie après l'épilepsie semblait terne.
>
> Mark Salzman, *Lying Awake*

Dans le roman de Salzman, sœur Jean de la Croix décide de faire retirer la tumeur qui provoque son ELT, car des crises continuelles seraient un fardeau pour les autres sœurs de sa communauté. Ses visions disparaissent rapidement, et avec elles sa carrière d'écrivain.

Comme nous l'avons vu, ce roman magnifiquement écrit présente un faux dilemme.[33] Erik K. St. Louis, un médecin spécialiste de l'épilepsie, remarque dans sa critique du livre que la personnalité lobe-temporal est « rarement (sinon jamais !) rencontrée dans la pratique clinique » et que « peu de patients sont réellement entichés d'écriture, de dévotion religieuse ou, pour le coup, des crises elles-mêmes – la plupart d'entre eux, si on leur en offre l'opportunité, sont ravis de s'en débarrasser quand c'est possible. » Oui, quand c'est possible. Malheureusement, dans le monde réel, les maladies n'arrivent pas accompagnées d'un savoir spirituel prêt à l'emploi qui les transforme en futurs « best-sellers », lesquels peuvent être théâtralement sacrifiés pour le bien même de l'auteur.[34]

Mais que se passerait-il si un neuroscientifique tombait sur un dispositif – par exemple un casque – qui déclenche des ERSM chez ceux qui l'utilisent ? Nous en arrivons, au chapitre 4, aux étonnantes révélations de Michael Persinger et du casque de Dieu.

CHAPITRE 4

L'étrange affaire du casque de Dieu

En inventant une espèce de couvre-chef branché qui provoque des expériences « religieuses » chez les personnes qui le portent, le neurothéologien de Sudbury Michael Persinger a secoué les fondations de la foi et de la science.

ROBERT HERCZ, *SATURDAY NIGHT* (ÉMISSION DE TÉLÉVISION CANADIENNE)

Quiconque continue à douter de la capacité du cerveau à générer des expériences religieuses devrait rendre visite au neuroscientifique Michael Persinger, à l'université Laurentienne, dans l'austère ville aux mines de nickel de Sudbury, Ontario. Il affirme que tout le monde ou presque peut rencontrer Dieu, juste en portant son casque spécial.

BOB HOLMES, NEW SCIENTIST

Ce serait dans l'intérêt de M. Dawkins de faire pour la première fois l'expérience de la religion grâce au casque de M. Persinger. Après tout, ceci démontrerait que les visions mystiques peuvent finalement être contrôlées par la science et non pas rester à la merci d'une entité surnaturelle.

RAJ PERSAUD, *LONDON DAILY TELEGRAPH*

Se pourrait-il que Richard Dawkins, grand prêtre de l'athéisme en Grande-Bretagne, puisse rencontrer Dieu simplement en enfilant un casque destiné à stimuler le lobe temporal, mis au point dans un laboratoire canadien de neurosciences ? Dawkins est connu pour avoir notamment déclaré que la religion est un « virus de l'esprit » et une « régression infantile ». En 2003, une émission de la BBC (*Horizon*) sur le thème « Dieu dans le cerveau » a présenté comme le test ultime la tentative de l'athée par excellence de trouver Dieu en revêtant le fameux « casque de Dieu » de Michael Persinger.

« Le Dr Persinger réussira-t-il là ou le pape, l'archevêque de Canterbury et le dalaï-lama ont échoué ? », interrogeaient les bandes-annonces. L'émission a enregistré la session de quarante minutes de Dawkins avec le casque de Dieu, alors que ses lobes temporaux étaient stimulés par de faibles champs magnétiques. Les chances d'avoir une expérience religieuse étaient bonnes, pensait-on. Selon Persinger, 80 % des personnes qui enfilent ce casque ont une forme ou une autre d'ERSM. La transcription de l'émission « Dieu dans le cerveau » donne ceci :

> PROF. RICHARD DAWKINS (université d'Oxford) : Si je me transformais en croyant dévot, ma femme menacerait de me quitter. J'ai toujours été curieux de savoir à quoi une expérience mystique pouvait bien ressembler. J'attends avec impatience la tentative de cet après-midi. [...]
>
> DAWKINS : Je me sens légèrement étourdi.
>
> NARRATEUR : Initialement, le Dr Persinger a appliqué un champ du côté droit du crâne de Richard Dawkins.
>
> DAWKINS : C'est assez étrange.
>
> NARRATEUR : Puis, pour accroître les chances de ressentir une présence, le Dr Persinger a commencé à appliquer le champ magnétique des deux côtés de la tête.
>
> DAWKINS : Je ressens comme des spasmes en respirant. Je ne sais pas ce que c'est. Ma jambe gauche a l'air de bouger, et je ressens des secousses dans la jambe droite. [...]
>
> NARRATEUR : Alors, après 40 minutes Richard Dawkins a-t-il été transporté plus près de Dieu ?

Apparemment non. Il n'a rien ressenti d'inhabituel et s'est dit « très déçu ». Il souhaitait vraiment connaître ce que les personnes religieuses disent connaître. Persinger a offert une explication à l'absence de réaction de Dawkins au casque de Dieu. La sensibilité de ses lobes temporaux aux champs magnétiques était « bien au-dessous de la moyenne » :

> Nous avons développé voici quelques années un questionnaire appelé « sensibilité du lobe temporal » et nous avons découvert un continuum de sensibilités, depuis ceux qui n'ont aucune sensibilité du lobe temporal jusqu'à ceux qui sont très sensibles. À l'extrémité se trouvent les personnes souffrant d'épilepsie du lobe temporal. Dans le cas du Dr Dawkins, sa sensibilité du lobe temporal est beaucoup plus faible que la plupart des gens avec qui nous travaillons, que la moyenne des gens en fait, bien plus basse.[1]

Nullement découragé par l'intransigeance de l'athée, le narrateur de l'émission *Horizon* a tenté d'expliquer : « En dépit de ce revers avec le professeur Dawkins, les travaux du Dr Persinger sur plus de 1000 cobayes humains sont allés plus loin que tous les autres pour établir un lien clair entre les expériences spirituelles ou religieuses et les lobes temporaux du cerveau humain. »

Les ERSM dépendent-elles finalement de la sensibilité du lobe temporal au magnétisme ? L'absence d'ERSM est-elle due à son insensibilité ? La question est importante, car si les ERSM sont déclenchées par le magnétisme, alors elles ne disent rien d'une réalité spirituelle objective qui serait située en dehors de nous-mêmes. Elles devraient survenir au hasard chez des individus se trouvant immergés dans des champs magnétiques orientés dans la bonne direction et de la bonne intensité. D'après Persinger, de tels champs magnétiques n'expliqueraient pas seulement les ERSM mais aussi les expériences de sorties hors-du-corps (en anglais *out-of-body experiences*, OBE) et les récits d'enlèvements par des extraterrestres.

De nombreux journalistes scientifiques ont trouvé la thèse de Persinger, ou d'autres du même acabit, non seulement juste mais également incontournable. CNN, la BBC, Discovery Channel, la presse écrite de vulgarisation – tous ont vanté les mérites du casque de Dieu. On a aussi beaucoup parlé d'une nouvelle discipline, la « neurothéologie »,[2] qui jette un pont entre science et religion, mais essentiellement – semble-t-il – dans le but d'établir que la religion ne représente pas grand-chose.

C'est sans doute là le propre point de vue de Persinger. Faisant écho à Dawkins, Persinger a parlé de la religion comme d'un « artefact du cerveau » et « un virus cognitif ».[3] Dans le but d'offrir une explication simple aux ERSM à *Time* magazine, il a déclaré : « L'anticipation de notre propre mort est le prix que nous payons pour avoir un lobe frontal très développé... Par bien des aspects, [une expérience de Dieu est] une brillante adaptation. Comme une « tétine » interne (qui nous apaise, N.d.T.). »

Il pense également que sa découverte de la véritable origine de la religion et de la spiritualité pourrait promouvoir la paix dans le monde. Ainsi qu'il l'a expliqué dans un article de 2002, « les croyances religieuses – en grande partie renforcées par les expériences personnelles de la sensation de présence –, représentent une variable persistante et prépondérante des massacres à grande échelle de groupes qui se réclament de la croyance en un certain Dieu, par d'autres groupes qui se définissent selon leur croyance en un Dieu différent. »[4]

> La méthode expérimentale est l'outil le plus puissant à notre disposition ; c'est ainsi que nous distinguons le vrai du faux.
>
> MICHAEL PERSINGER, NEUROSCIENTIFIQUE

Là encore, la question centrale à se poser n'est pas de savoir si le casque de Dieu menace ou offense les croyants, mais s'il relève de la science.

L'INCROYABLE DÉCOUVERTE DU DR PERSINGER

> Les raisons de la persistance des religions sont devenues plus faciles à identifier depuis ces cinq dernières années, grâce aux progrès réalisés dans plusieurs domaines d'études, dont une nouvelle discipline scientifique appelée neurothéologie. Il semble que nos structures cérébrales nous prédisposent aux croyances spirituelles.
>
> PATCHEN BARSS, *SATURDAY NIGHT*

Peu de scientifiques ont le courage de traquer l'essence de l'existence humaine.

MICHAEL PERSINGER, NEUROSCIENTIFIQUE

Des choses incroyables se sont produites dans cette pièce. Une femme a cru que sa mère disparue s'était matérialisée à ses côtés. Une autre a senti une présence si puissante et bienveillante qu'elle s'est mise à pleurer lorsque celle-ci a disparu.

ROBERT HERCZ, *SATURDAY NIGHT*

Le casque de Dieu était à la base une idée très séduisante. Après tout, de nombreux matérialistes ont longtemps espéré pouvoir décrire les ERSM comme des manifestations d'une hyperactivité électrique dans le cerveau. Michael Persinger, un neuroscientifique né aux États-Unis et basé à l'université Laurentienne de la ville de Sudbury (Ontario, Canada), a commencé à travailler dans les années 1970 sur cette approche particulière des ERSM, aboutissant à son projet de casque de Dieu lancé au début des années 1980.

Persinger était particulièrement intéressé par le concept de « sensation de présence » – cette impression que quelqu'un se trouve à nos côtés, peut-être un deuxième soi – alors que nous sommes manifestement seuls[5]. Il a fait l'hypothèse que de telles expériences surviennent lorsque l'hémisphère gauche du cerveau devient conscient d'une sorte de « soi » de l'hémisphère droit. Dans un article préliminaire (1983), il nommé ces « soi » supplémentaires les « transitoires du lobe temporal », et a parlé ensuite d'une « conscience parasite » (2002).

Mais quel est le genre d'expériences qui provoque une telle sensation de présence ? Persinger a proposé que des champs magnétiques d'intensité précise pourraient être responsables de cette présence fuyante en déclenchant des salves d'activité électrique dans les lobes temporaux. La sensation de présence pourrait finalement expliquer à la fois les expériences mystiques traditionnelles et les récits modernes « d'enlèvements extraterrestres ». Ainsi qu'il l'a déclaré lors de l'émission *Horizon* de la BBC : « En regardant les corrélations, nous observons une augmentation des crises – à la fois crises du lobe temporal et convulsions – lorsque l'activité géomagnétique globale augmente à la surface de la Terre. »[6]

Le plus souvent, une augmentation de l'activité du champ magnétique est provoquée par des éruptions solaires, l'activité sismique, les transmissions radio et micro-ondes, les instruments électriques et d'autres sources externes. Mais elle peut naître à l'intérieur du cerveau lui-même qui, comme nous l'avons vu, contient des composantes électriques. Persinger a suggéré que ces micro-crises électriques à l'intérieur du lobe temporal provoquent une large gamme d'états modifiés de conscience, telles que des visions religieuses et mystiques, des sorties hors-du-corps et même des souvenirs d'enlèvement par des extraterrestres.

Il espérait que son « casque de Dieu »[7], qui stimule les lobes temporaux à l'aide d'ondes électromagnétiques, permettrait à la plupart des sujets de faire l'expérience de la sensation de présence. Et c'est exactement ce que lui et ses collègues ont découvert lors d'une série d'études réalisées au cours des vingt dernières années.

Les observations de Persinger

Dans une étude publiée dans le *Journal of Nervous and Mental Disorders* (2002) (Journal des troubles mentaux et nerveux), Persinger et Faye Healey rapportent qu'ils ont soumis, selon un protocole en « double aveugle », quarante-huit étudiants universitaires droitiers (vingt-quatre hommes et vingt-quatre femmes) à des champs magnétiques pulsés complexes de faible intensité (de 100 nT à 1 μT). Les champs choisis n'étaient guère plus puissants que ceux générés par un écran d'ordinateur ou un téléphone portable. Les champs étaient appliqués de l'une des trois façons suivantes : principalement au niveau de la région temporo-pariétale droite (la partie du cerveau située à la jonction des cortex temporal et pariétal), principalement au niveau de la région temporo-pariétale gauche, ou bien de façon équivalente sur les régions temporo-pariétales des deux hémisphères (une seule session par groupe). L'expérience durait vingt minutes pendant lesquelles les sujets portaient des lunettes opaques et se trouvaient dans une pièce très calme. Un quatrième groupe était soumis à une *simulation* de champ magnétique – c'est-à-dire que les sujets n'étaient exposés à aucun champ, mais pensaient qu'ils pouvaient l'être. Auparavant, la suggestibilité des candidats était évaluée à l'aide d'un test de Profil d'induction hypnotique (Hypnosis Induction Profile, Spiegel & Spiegel 1978).

Deux tiers des sujets ont rapporté une sensation de présence sous l'influence des champs magnétiques. Mais 33 % du groupe contrôle (champ simulé) ont également rapporté une sensation de présence.[8] Autrement dit, Persinger a obtenu deux fois plus de sujets qui rapportaient une sensation de présence sous l'influence du champ magnétique que sans cette influence.[9]

Environ la moitié de ces sujets ont expliqué qu'ils ont ressenti la présence de « quelqu'un d'autre » dans la pièce. Une autre moitié a décrit un être conscient qui se déplaçait lorsqu'ils tentaient de « concentrer leur attention » sur sa présence. Un tiers des sujets environ a attribué la présence à un membre décédé de leur famille, ou à l'équivalent culturel d'un « guide spirituel ». Dans le cadre de l'étude, ceux qui avaient reçu une stimulation plus forte sur l'hémisphère droit, ou bien sur les deux hémisphères, ont rapporté plus de phénomènes inhabituels que ceux dont l'hémisphère gauche avait été davantage stimulé.

Persinger a tiré deux conclusions : l'expérience de la sensation de présence peut être manipulée en laboratoire, et une telle expérience « pourrait être la source fondamentale des phénomènes attribués aux rencontres divines, spirituelles et à d'autres phénomènes fugaces. » La première conclusion est un résultat de recherche que l'on devrait pouvoir répliquer s'il est valide. La seconde, bien entendu, est une opinion.

Voilà donc les résultats obtenus par Persinger, tels que publiés dans le *Journal of Nervous and Mental Disorders* en 2002. La façon dont la presse scientifique grand public a traité ces résultats est une tout autre histoire. Comme nous l'avons vu, les médias de vulgarisation scientifique dans nos sociétés ont accepté de promouvoir les idées matérialistes sur la religion. Mais étaient-ils prêts à se montrer suffisamment critiques des idées qu'ils ont choisi de défendre ?

Il peut sembler présomptueux, voire sacrilège, de réduire Dieu à quelques synapses têtues, mais les neurosciences modernes ne craignent pas de définir nos notions les plus sacrées – l'amour, la joie, l'altruisme, la pitié – en termes d'interférences survenant dans nos immenses encéphales. Mais Persinger franchit une étape supplémentaire. Son travail constitue pratiquement une Grande Théorie Unifiée de l'Autre Monde : Il pense que des pannes cérébrales sont responsables de pratiquement tout ce qui relève du paranormal – extraterrestres, apparitions célestes, sensations de vies antérieures, expériences de mort imminente, conscience de l'âme, et ainsi de suite.

JACK HITT, *WIRED*

La science populaire en tournée dans les cieux

Selon les comptes rendus, plus d'un millier de personnes ont essayé le casque de Dieu.[10] Parmi elles un certain nombre de journalistes et écrivains scientifiques qui ont démontré leur professionnalisme en faisant le pèlerinage jusqu'à Sudbury, dans des hydravions toujours plus petits, pour essayer l'un après l'autre le fameux casque. Certains ont vécu de surprenantes révélations.

Le journaliste britannique Ian Cotton, qui s'était rendu jusqu'au laboratoire de Persinger pour trouver des explications à l'essor du mouvement chrétien pentecôtiste au cours des dernières décennies, a reconnu : « En vérité, j'avais peur... Dieu seul sait ce qui pourrait se trouver au plus profond de *mon* esprit. » Au cours de la première session, Cotton se souvint seulement de son enfance dans la maison familiale. Lors de la seconde session, cependant :

> Un son d'ambiance avait été ajouté, vaguement New Age, des cloches d'un temple d'Asie. Relativement suggestible, mon esprit débuta un voyage mental entièrement nouveau, cette fois avec un sentiment d'Orient, de Tibet, plus marqué. Peu à peu, cet état a gagné en intensité et en conviction, jusqu'à ce que brusquement, dans une sorte d'explosion de réalisme, je me retrouve en effet *dans* un temple, *dans* une file silencieuse de moines tibétains.

Cotton était persuadé d'être lui aussi un moine tibétain.

Le journaliste canadien Robert Hercz, en reportage pour *Saturday Night*, ne fut ni réjoui ni attristé par aucune révélation de ce genre ; en effet, il fut simplement déçu : « C'est une sensation brève, altérante et finalement plaisante – mais ce n'est pas le Sens de la Vie. »

Le Dr Persinger expliqua à Hercz qu'il n'était pas un bon sujet pour l'expérience car il était venu avec des attentes fortes.

L'écrivain scientifique canadien Jay Ingram fut un peu plus chanceux. En quête d'un sujet sur les croyances en matière d'enlèvements extraterrestres, il espérait « voir des aliens ». Il raconte :

> Ai-je vu des extraterrestres ? Malheureusement non. Je n'ai même pas eu la sensation étrange que quelqu'un était dans la pièce avec moi. Mon cerveau n'est peut-être pas enclin à une imagerie aussi expressive. J'ai tout de même vu une série de petits visages qui flottaient devant moi. Ils ressemblaient aux visages chinois des céramiques blanches type Wedgwood, tous féminins, sur un fond sombre, et les visages se transformaient parfois de l'un à l'autre quand je les regardais. Ils étaient envoûtants, bien qu'assez fugaces.

Le journaliste américain Jack Hitt a lui aussi vu des personnages féminins. Mais ils n'avaient rien d'aussi spectral :

> Je ne suis pas sûr de ce que ça dit sur moi, mais les sensations neuronales supposées me provoquer des visions de Dieu ont réveillé mes vieux fantasmes concernant les filles. Cela dit, je ne suis pas le premier à confondre Dieu avec des pensées lubriques de fin de soirée.[11]

Certains parmi les porteurs du casque ont tout de même eu des expériences remarquables. La psychologue et chercheur britannique Susan Blackmore, en reportage pour le *New Scientist*, raconte, parmi d'autres choses :

> Quelque chose a semblé saisir ma jambe et la tirer, la tordre, et la traîner le long du mur. Je me suis sentie comme étirée sur la moitié de la hauteur de la pièce.
>
> Puis les émotions sont arrivées. Sans raison aucune, mais intensément et clairement, je me suis soudain sentie en colère – non pas passablement énervée mais cette sorte de colère froide et déterminée qui mène à l'action – sauf qu'il n'y avait rien ni personne sur quoi agir. Ce sentiment s'est évanoui après environ dix secondes mais il a ensuite été remplacé par une bouffée tout aussi soudaine de peur. Je me suis brutalement sentie terrifiée – par rien en particulier. Jamais de ma vie je n'avais eu des sensations aussi fortes et absolument rien à quoi les raccrocher. J'en étais presque à chercher dans la petite pièce qui était derrière tout ça.

Blackmore a attribué son expérience aux modifications du champ magnétique.

L'onde du futur ?

De façon générale, les ondes électromagnétiques du casque de Persinger ont été accueillies par les médias scientifiques grand public comme une découverte majeure et révolutionnaire, comme le montrent les commentaires des journalistes. En effet, l'histoire du casque était parfaite pour un article du genre « la science contre la religion » ; on pensait qu'elle défiait frontalement les croyants mais ne gênait pas ou peu les matérialistes. Par exemple, Jack Hitt a écrit dans *Wired* :

> Pour ceux d'entre nous qui apprécient un peu de mystère dans leurs vies, tout ceci évoque une déception. Et alors que je me prépare à mon voyage de l'esprit, je commence à ressentir une appréhension. Je suis un ancien membre de l'Église épiscopale, seulement attaché à un vague sens du divin, mais je n'aime pas particulièrement l'idée que, quelle que soit ma foi résiduelle en l'existence du Tout-Puissant, celle-ci risque d'être cliniquement lobotomisée par la démo du Dr Persinger. Est-ce que je souhaite rendre Dieu aussi explicable et prédictible qu'une libération d'endorphines après une course de 5 km ?

Et dans l'émission canadienne *Saturday Night* :

> Les découvertes de cette nouvelle discipline [la neurothéologie] sont très cohérentes, finalement, avec ce que la science a fait à la religion depuis 500 ans. Personne ne devrait être choqué. Titillé, peut-être, mais pas choqué.

Une troisième option – au-delà du champ de la titillation et du choc – est la prudence. Mais dans les reportages sur le casque de Dieu, les signaux de prudence ont été très peu, sinon jamais, brandis.

Très peu se sont demandé pourquoi les neuroscientifiques n'étaient pas plus intéressés par cette découverte. La capacité de court-circuiter les processus mentaux et d'agir directement sur les circuits neuronaux du cerveau, afin d'y implanter certains types de pensées ou de déclencher certains types d'expériences, aurait dû constituer une information majeure pour la presse scientifique professionnelle. Mais ça n'a pas été le cas. Pourquoi ?

Le risque que la suggestion psychologique (la probabilité accrue qu'un effet se produise si notre entourage nous pousse à l'anticiper) *soit l'explication la plus probable a été écarté ou discrédité* avec étonnamment peu de considération pour la façon dont l'expérience de Persinger était réellement conçue[12]. Sudbury est une ville de 160 000 habitants dans une région faiblement peuplée de l'Ontario – la deuxième plus grande province du Canada. Persinger a drainé une attention considérable sur l'université Laurentienne.

Quelle est la probabilité pour que les étudiants de son propre département de psychologie, qu'il a recrutés pour son étude publiée en 2002, n'aient pas su à quoi s'attendre avec le casque de Dieu, dans la pièce du « paradis et de l'enfer » ?[13] Certains journalistes, comme Jack Hitt de *Wired*, ont apparemment perçu ce risque, mais sans aller plus loin :

> Les discussions préliminaires à propos de visions ont peut-être activé mon hémisphère gauche rationnel en mode supersceptique. Me présenter les choses ainsi – vous *allez* faire l'expérience de la présence de Dieu – a peut-être été une erreur. Quand je parle de cela ensuite avec Persin-

ger, il me dit que les effets de la machine varient selon les individus, selon leur « labilité » – un terme de son jargon pour désigner la sensibilité ou la vulnérabilité.

Quoi qu'il en soit, l'argument décisif est : « De plus, vous vous trouviez dans un laboratoire confortable. Vous saviez que rien de mal ne pourrait vous arriver. Qu'en serait-il si la même intense expérience se produisait à trois heures du matin, seul dans votre chambre ? »

Le manque de consistance des expériences rapportées avec le casque de Dieu n'a pas provoqué de scepticisme. Ainsi, *le New Scientist* a expliqué :

> Ce que les gens font de cette présence dépend de leurs propres affinités et croyances. Si une personne aimée est décédée récemment, ils peuvent sentir que cette personne est revenue les voir. Les croyants identifient souvent cette présence à Dieu.[14]

Mais c'est exactement ce à quoi on devrait s'attendre si l'on parle d'une expérience déclenchée par la suggestion psychologique. Les éléments constitutifs de l'expérience s'expliquent par les attentes, les sentiments, les souvenirs, et d'autres ressources mentales de l'individu.[15]

Mais si le casque de Dieu induit magnétiquement un effet neurologique (par opposition à un effet psychologique), l'expérience des sujets devrait-elle être aussi hétéroclite ? Après tout le cerveau n'est qu'un organe. D'authentiques effets physiques devraient conduire à des patrons de diagnostic, telles que les hallucinations simples, prédictibles et fugitives (auras) qui précèdent une crise d'épilepsie du lobe temporal.

Persinger s'est vu refuser à plusieurs reprises des bourses du Conseil de recherches en sciences naturelles et en génie du Canada (CRSNG ou Natural Sciences and Engineering Research Council of Canada, NSERC). On a dit qu'il avait lui-même financé l'essentiel de ses recherches dans ce domaine, tout en travaillant comme psychologue clinicien. Sur le principe, ceci ne discrédite en rien son travail mais soulève une question.

Dans un pays hautement laïcisé comme le Canada, le fait que les travaux de Persinger pourraient gêner les religieux n'est pas une raison valable pour que le CRSNG s'en désintéresse. On peut légitimement se demander si les collègues canadiens de Persinger ont fondé leur décision sur des éléments que les médias scientifiques grand public ont choisi d'ignorer.

> La recherche sur la conscience est encore dans sa prime enfance ; ainsi ce qui évoque réellement la présence consciente reste une question ouverte.
>
> —Robert Hercz, *Saturday Night*

Les neuroscientifiques qui auraient pu apporter une note de prudence ont rarement été consultés par les médias. Une activité a été enregistrée dans les lobes temporaux au cours d'ERSM (ainsi que dans de nombreuses autres régions, comme nous le verrons au chapitre 9). Mais dans la mesure où Persinger affirme en particulier que ces expériences peuvent être *déclenchées* par des ondes électromagnétiques dirigées vers les lobes temporaux, son affirmation doit être étayée en détail. Lorsque Dawkins n'est pas parvenu à vivre une quelconque expérience qu'il aurait lui-même trouvé signifiante, Persinger l'a simplement classé comme étant peu sensible au niveau du lobe temporal. Le problème avec une telle explication est que le concept de sensibilité du lobe temporal a été développé par Persinger lui-même. Il n'est pas validé de façon indépendante.[16]

Reste le principal problème : *Persinger ne fournit aucune donnée d'imagerie*[17] *pour soutenir sa thèse sur ce qui se passe dans le cerveau de ses sujets* ; il se contente de déductions à partir des rapports subjectifs faits par ces sujets. Par conséquent il n'est pas possible de déterminer de façon certaine si les régions cérébrales qu'il vise déclenchent en effet (ou ne déclenchent pas) les expériences chez ces personnes, ou si la stimulation magnétique produit l'effet désiré – ou même un effet quelconque. Les techniques de neuro-imagerie étant désormais très répandues, il est intéressant de noter que si peu d'observateurs ayant écrit sur le travail de Persinger ont relevé cette absence.

> Le travail du Dr Persinger suggère que différentes formes de champs, et selon qu'ils sont appliqués sur le lobe temporal droit ou le gauche, peuvent influencer l'impression du sujet de ressentir la présence de Dieu ou non.[18]
>
> EMISSION DE LA BBC : "GOD ON THE BRAIN" (DIEU DANS LE CERVEAU)

Globalement, les articles et reportages ont eu tendance à rester sur la défensive dès qu'un doute quelconque a émergé. Par exemple, Jay Ingram, qui a vu les petits visages blancs, a écrit :

> Michael Persinger a-t-il raison de penser que des manifestations électriques dans les lobes temporaux sont responsables de la multiplication des récits d'enlèvements extraterrestres ? C'est en tout cas impossible à démontrer à partir de mon expérience. Mais cette hypothèse sonne juste à mes oreilles, même s'il faut reconnaître que certaines failles restent à combler... C'est plausible, mais non démontré.

Étant donné qu'Ingram était en quête d'un sujet sur les enlèvements extraterrestres, l'explication la plus plausible pour ses propres visions n'est-elle pas la suggestion ? De même, Robert Hercz, de *Saturday Night,* a dit a propos de Persinger : « S'il a raison, les paradigmes vont basculer et il sera encensé. Mais même s'il a tort, ça reste de la science. » La possibilité que le travail de Persinger soit de la science, mais pas de la science de *qualité* ni de la science *actualisée*, a rarement été considérée. Une histoire aussi bonne (pour le matérialisme) se *devait* d'être vraie.

LE CASQUE DE DIEU ET LA SCIENCE POPULAIRE

> Jim vit en Californie et aime les sports extrêmes. Mais il ne teste pas ses limites vis-à-vis de la gravitation ou de l'épuisement physique. Son équipement consiste en une pièce sombre, un bandeau, des bouchons d'oreilles à toute épreuve, et huit bobines magnétiques reliées à un PC et fixées à son crâne par une bande Velcro.
>
> Le week-end prochain, Todd Murphy, l'inventeur du kit crânien Shakti, sera l'un des orateurs du festival Religion, Art et Cerveau à Winchester, aux côtés de danseurs soufis, du musicien John Taverner, de psychologues, neuroscientifiques et pharmacologues.

Le thème des interventions sera : « Évolution, expérience et expression de l'impulsion religieuse – ce qui pousse le cerveau à la provoquer et pourquoi ? »

Rita Carter, conseillère scientifique pour le festival et auteur d'un livre grand public sur les neurosciences titré *Mapping the Mind* (Cartographier le cerveau), a décrit une expérience au cours de laquelle elle a fait « Un » avec la cheminée, puis avec toute la pièce, et finalement avec l'univers entier.

JEROME BURNES, *THE TIMES OF LONDON*

Implanter des idées

Est-il possible d'implanter des pensées ou des souvenirs en utilisant des techniques neuroscientifiques ? De nombreux gouvernements trouveraient les techniques de contrôle de la pensée, ou d'implantation de souvenirs, très utiles pour manipuler les factions politiques dissidentes. Ils seraient prêts à financer des recherches dans ce domaine – si celui-ci était jugé productif. Et en effet, dans les années 1960, le Pentagone a semble-t-il financé des expériences neuroscientifiques de ce type.

Toutefois, en 1978, E. Halgren et ses collaborateurs ont publié une analyse rétrospective des effets mentaux de 3495 stimulations électriques appliquées bilatéralement à la partie médiane des lobes temporaux (MLT) chez trente-six sujets humains. Halgren et son équipe ont observé que la plupart des stimulations MLT (92 %) ne déclenchaient aucune réponse mentale telle que des sensations, des images, des réactions émotionnelles, etc. Les chercheurs ont également rapporté que les modifications mentales provoquées par la stimulation électrique des MLT étaient extrêmement variables, diversifiées, et idiosyncrasiques. Ces découvertes confortent l'idée qu'il n'est pas possible d'induire une expérience mentale spécifique (par ex. : des ESRM) en stimulant les lobes temporaux, que ce soit de façon électrique ou magnétique.

Une technologie pour implanter des expériences psychiques particulières pourrait ne jamais voir le jour. L'une des raisons, comme le journaliste scientifique John Horgan l'a souligné dans un article pour *Discover*, est que chacun programme son cerveau différemment.

Même le cerveau des rats de laboratoires se modifie d'un labyrinthe à un autre, et le cerveau d'un individu rat change d'un point à un autre du labyrinthe. Le chercheur en neurosciences de l'université d'Arizona Bruce McNaughton, spécialiste de ce domaine, doute qu'il puisse un jour exister un dictionnaire permettant de décoder les souvenirs humains, « sûrement plus complexes, variables et sensibles au contexte que ceux des rats. » Comme l'explique Horgan :

> On pourrait dans le meilleur des cas concevoir un dictionnaire pour une seule personne, estime McNaughton, en captant l'activité de tous ses neurones pendant des années tout en enregistrant tous ses comportements et toutes ses pensées rapportées. Même ainsi, le dictionnaire serait au mieux imparfait et il devrait être constamment révisé pour rendre compte des expériences quotidiennes de l'individu.

De plus, ajoute-t-il, « ce dictionnaire ne marcherait pour personne d'autre. » Ainsi les thèmes des films comme *Total Recall, Matrix*, et *Eternal Sunshine of the Spotless Mind*, dans lesquels les souvenirs sont simplement implantés dans l'esprit des personnes, sont des points de départ stimulants pour la science-fiction mais peu plausibles en réalité.

La culture scientifique populaire est d'un scepticisme unidirectionnel – c'est-à-dire que le scepticisme ne fonctionne que dans un sens. Elle est sceptique vis-à-vis de toute idée qui voudrait que la spiritualité renvoie à quelque chose au-delà de nous-mêmes, mais étonnamment crédule dès qu'une explication réductionniste est avancée.

Il n'y a donc rien d'étonnant à ce que le casque de Dieu ait pris une telle ampleur, avant même la moindre tentative de réplication des résultats de Persinger. Des journalistes scientifiques pèlerins ont bourlingué jusqu'à Sudbury depuis des pays lointains pour l'essayer. Pour certains, l'histoire du casque de Dieu était non seulement inévitable et authentique, mais aussi prête à être intégrée dans la culture populaire et le commerce.

Persinger avait prévu ceci. « Pouvons-nous l'utiliser pour réduire l'anxiété dans un monde de plus en plus laïque ? », a-t-il demandé au journaliste Robert Hercz. Et de poursuivre :

> Les gens meurent du cancer, et ne croient pas en Dieu – nous pourrions utiliser cette stimulation pour amener la sensation d'unité, pour admettre la sensation de développement personnel. Dans le futur, il se pourrait que les foyers contiennent un espace, comme dans la tradition orientale, qui serait foncièrement notre centre de Dieu, là où l'on s'assoie, où l'on « s'expose » soi-même – il se peut que ce ne soit plus un casque alors – et où l'on serait capable de poursuivre son développement personnel. Avons-nous une technologie à portée de main qui nous permette de traquer le dernier grand mystère, celui de notre propre introspection ?

Son collègue Todd Murphy s'est mis à commercialiser une version portable, grand public, du casque comme un appareil New Age qui servirait à créer une spiritualité instantanée. Son objectif « neurocommercial », s'est-il hâté de préciser, était « d'augmenter la spiritualité, pas de la remplacer. »[19] De fait, toute une mythologie a commencé à se cristalliser autour du casque de Dieu. Murphy, par exemple, explore des voies qui permettraient de concilier la théorie darwinienne de l'évolution et la doctrine bouddhiste de la réincarnation.[20]

> La première chose que nous devons faire est d'accepter la théorie darwinienne de la sélection naturelle. Si nous faisons cela, nous sommes conduits à la conclusion que la renaissance est une adaptation qui contribue à notre survie, à un certain point de l'histoire de notre espèce. Si c'est le cas, alors les mécanismes spécifiques par lesquels la renaissance se produit doivent être les mêmes pour tout le monde, car nous partageons tous une ascendance commune dans l'évolution.[21]
>
> TODD MURPHY, COLLABORATEUR DE MICHAEL PERSINGER

Murphy travaille désormais indépendamment de Persinger et il est difficile de savoir, au point où il en est, si son travail peut être adéquatement défini comme de la recherche académique. « Nous n'avons pas d'étude formelle en cours de réalisation », a-t-il récemment déclaré à Brent Raynes, du magazine *Alternate Perceptions* (Autres perceptions). « Les gens nous racontent leurs expériences et quand elles sont intéressantes je les transmets rapidement au Dr Persinger. »[22]

> La plupart des institutions réclament une foi aveugle ; mais l'institution scientifique érige le scepticisme en vertu.
>
> ROBERT K. MERTON, *SCIENCE AND THE SOCIAL ORDER* (LA SCIENCE ET L'ORDRE SOCIAL)

Scepticisme à sens unique

Pourquoi le scepticisme ne fonctionne-t-il que dans un sens ? Beaucoup de ceux qui ont essayé le casque de Dieu se targuaient de leur sens critique. Certains appartiennent aux organisations sceptiques officielles et sont honorés comme tels. Susan Blackmore, par exemple, est membre du Comité pour l'investigation scientifique des déclarations sur le paranormal (Committee for the Scientific Investigation of Claims of the Paranormal, CSICOP), et a été désignée « personnalité sceptique de l'année » par le CSICOP en 1991. Elle fait partie des personnalités sceptiques les plus médiatisées en Grande-Bretagne. Mais on peut se demander quel genre de « sceptique » refuserait de reconnaître qu'une discipline bien établie, la psychologie de la suggestion, explique facilement l'effet du casque de Dieu sans en appeler à l'électromagnétisme ?

Trois facteurs peuvent aider à trouver une réponse. Tout d'abord, le journalisme scientifique a émergé au sein d'une culture où le scepticisme n'était orienté que dans un sens. Le sociologue Richard Flory remarque que les journalistes, à partir de la fin du XIXe siècle, ont commencé à se voir comme les successeurs naturels des leaders religieux ou spirituels. Il écrit : « Le journalisme était le successeur idéal de la religion parce qu'à lui tout seul il pouvait apporter l'orientation nécessaire à l'individu et à la société. » Partant du principe que le matérialisme est là pour durer, de nombreux journalistes ont supposé que leur rôle consistait à promouvoir le matérialisme aux dépens des conceptions traditionnelles et « spirituelles » de la nature humaine. Dès lors, le journalisme fut modelé sur la science, érigeant « l'objectivité » en nouveau modèle.

Le plus souvent, il ne délivrait qu'une critique acérée du point de vue religieux qu'il remplaçait. Comme le constate Flory :

> Lorsque la religion était présentée comme ayant un rôle positif quelconque, c'était en termes purement fonctionnels, au sens où les préceptes moraux des religions pouvaient procurer une force à certains individus, mais n'avaient aucune autorité dans la société moderne.

Le second facteur est qu'une évidente tension au sein du nouvel ordre journalistique est devenue manifeste assez rapidement. L'objectivité, au sens scientifique, n'est pas un but raisonnable pour le journaliste. Un journalisme responsable (précis, honnête, courageux, empathique, équilibré et libre de conflits d'intérêts) est certainement possible. Mais le journaliste est un sujet qui écrit sur des activités de sujets pour un public de sujets. Lorsqu'il enquête, il n'existe aucun point de vue qui lui permette d'éliminer la subjectivité. Ainsi, dans ce nouvel ordre, quel allait être le destin de l'objectivité ?

L'objectivité en est venue à désigner, parmi d'autres choses, l'hostilité à une approche non-matérialiste des ERSM. Ainsi, l'usage dans le journalisme scientifique était de se montrer sceptique de tout *sauf* du matérialisme. Sur ce point, aucun scepticisme n'est permis. Se comportant comme les successeurs d'une perspective traditionnelle qu'ils jugent *déjà* discréditée (sans se demander comment ni pourquoi), beaucoup de journalistes s'attendent pleinement à ce qu'un gène, une substance, un circuit électrique, ou même le casque de Dieu soit une authentique explication des ERSM. Seuls les détails doivent être précisés, semble-t-il.

Enfin, peu de journalistes savent quelque chose des ESRM. Evelyn Underhill, une Britannique anglicane, a écrit il y a un siècle *Mysticisme*, un guide précieux des pensées et pratiques des mystiques occidentaux. Une compréhension basique de la spiritualité occidentale, telle qu'on peut l'acquérir en lisant de telles œuvres, permettrait d'éviter bien des confusions, erreurs et fausses pistes. Malheureusement, il semble que les journalistes soient nombreux à ne pas voir l'intérêt de connaître ces informations, même lorsqu'ils travaillent sur les ERSM.

La science progresse grâce aux recherches répliquées, et une équipe suédoise a finalement essayé de reproduire les résultats de Persinger, en utilisant un équipement emprunté à son propre laboratoire.

La nature des expériences mystiques

Les mystiques traditionnels ne sont pas à la recherche d'une illumination qui les aide dans leur vie quotidienne ou leur procure une expérience inhabituelle. Ils cherchent à comprendre la réalité ultime d'une façon qui dépasse le gain personnel, la douleur, la curiosité, l'individualité, et même la joie spirituelle.[23]

En règle générale, l'expérience mystique est unique et rare, de sorte qu'on ne peut la décrire facilement à l'aide de mots ou d'images. La capacité à décrire exactement et en détail ce que l'on a vu ou éprouvé, comme l'ont fait la plupart des utilisateurs du casque de Dieu, suggère que le contenu de l'expérience n'est pas mystique.[24]

Le mystique est motivé par l'amour, pas par la curiosité. « Par l'amour il peut être pris et tenu, mais par la pensée d'entendement, jamais. » (Watkins). Le mystique apprend l'empathie pour les autres, qu'ils soient hommes ou animaux, et la sympathie pour leurs souffrances. Tout autre résultat devrait être suspect.

Là où Persinger craint que les expériences mystiques n'engendrent la violence religieuse, le mystique est peu susceptible d'embrasser une telle cause. Le mysticisme, ainsi que le relève Underhill, n'est en aucune façon concerné par le fait d'ajouter, explorer, réarranger, ou améliorer quoi que ce soit dans l'univers visible. Le mystique se désintéresse de cet univers, même dans ses manifestations supranormales. Bien qu'il ne néglige pas, contrairement à ce que déclarent ses contempteurs, son devoir envers la multitude, son cœur est toujours relié à l'immuable Unique.[25]

Les chapitres 7 et 9 traitent du mysticisme bien plus en détail, mais il suffit à ce stade de souligner que la plupart des utilisateurs du casque de Dieu n'étaient pas engagés dans une quête mystique au sens traditionnel du terme.

LE CASQUE DE DIEU ET LE DOUBLE AVEUGLE

Pour autant que Persinger le sache, pas un seul chercheur n'a été suffisamment intrigué par ses stimulations magnétiques pour essayer d'expérimenter avec... En science, il n'y a pas de crédibilité sans réplication.

—ROBERT HERCZ, *SATURDAY NIGHT*

Un groupe de chercheurs suédois a maintenant reproduit ce travail, mais ils expliquent que leur étude implique une différence cruciale.

—ROXANNE KHAMSI, *NATURE NEWS*

Un entrefilet passé relativement inaperçu dans *Nature News* en décembre 2004 a apporté les précisions nécessaires. Une équipe de recherche de l'université d'Uppsala en Suède, conduite par Pehr Granqvist, a reproduit l'expérience de Persinger en testant 89 étudiants de première année, dont certains ont été exposés à des champs magnétiques et d'autres non.

En utilisant le dispositif de Persinger, les chercheurs suédois n'ont pas réussi à reproduire ses résultats principaux. Ils ont attribué leurs résultats au fait qu'ils se sont « assurés que ni les participants, ni les expérimentateurs en contact avec eux n'avaient la moindre idée de qui était exposé aux champs magnétiques, selon un protocole en "double aveugle". »

Dans une expérience en double-aveugle, ni l'expérimentateur ni le sujet ne peuvent influencer les résultats en sachant : 1) sur quoi porte la recherche ou 2) si le sujet est membre du groupe test (dans lequel des choses significatives doivent se produire) ou du groupe contrôle (une situation apparemment identique dans laquelle rien de significatif ne devrait se produire). Il est difficile de réaliser un vrai double aveugle dans les expériences de psychologie sur les êtres humains car ces derniers ont l'habitude de capter différentes informations, souvent inconsciemment. Quand il est possible, le double aveugle est tenu en haute estime en tant qu'« étalon-or » de la recherche.

Les collaborateurs de Granqvist se sont assurés que leur expérience serait réalisée en double aveugle en utilisant deux « pilotes » pour chaque essai. Le premier pilote, qui ne savait pas sur quoi portait l'étude, a été en contact avec les sujets. Le second pilote pouvait éteindre ou allumer les champs magnétiques sans en avertir ni le premier pilote, ni le sujet. Dès lors, si le sujet n'avait pas déjà été prévenu qu'une expérience religieuse était probable au laboratoire de Granqvist, les pilotes de l'étude n'étaient pas en mesure de lui fournir cette information. L'équipe a consulté Stanley Koren, collaborateur de Persinger, pour s'assurer que les conditions de réplication étaient optimales.

Les participants à l'étude comprenaient des étudiants en théologie[26] et des étudiants en psychologie. Les membres des groupes n'ont pas été interrogés sur leurs connaissances des expériences spirituelles ou paranormales, et aucun des participants n'a été informé de l'existence d'une condition contrôle (champ magnétique simulé) de l'expérience. Il leur a seulement été dit que l'étude portait sur « l'influence des champs magnétiques complexes faibles sur les expériences et les sensations ». Les personnalités dont les caractéristiques pouvaient prédisposer à une expérience inhabituelle ont été utilisées comme « prédicteurs » des sujets qui rapporteraient une expérience. Ces caractéristiques incluaient l'absorption (la capacité à être entièrement absorbé par une expérience), des signes d'activité anormale dans les lobes temporaux, et un style de vie d'inspiration « New Age ».

En examinant ses résultats, l'équipe de Granqvist n'a pas constaté que le magnétisme avait eu un effet discernable.[27] Aucune donnée ne vient corroborer un effet des champs magnétiques de faible intensité sur la « sensation de présence ». La seule caractéristique qui a significativement permis de prédire les résultats est la personnalité. Sur trois sujets qui ont rapporté une expérience spirituelle intense, deux étaient des membres du groupe contrôle. Et parmi les 22 qui ont rapporté des expériences « légères », onze étaient membres du groupe contrôle. Les sujets classés hautement suggestibles, sur la base d'un questionnaire rempli après l'étude, ont rapporté des expériences paranormales que le champ magnétique soit activé ou non lorsqu'ils portaient le casque. Granqvist et ses collaborateurs ont également précisé qu'il a été difficile d'évaluer la fiabilité des résultats de Persinger, « car aucune information n'a été fournie concernant la randomisation (attribution aléatoire des conditions expérimentales), ou les conditions "en aveugle" du protocole » (double, simple aveugle, ou autre), ce qui maintient la possibilité que la suggestion psychologique ait été la meilleure explication à ses résultats.

Granqvist s'est exprimé publiquement sur le fait que les expériences de l'équipe de Persinger n'ont pas du tout été réalisées en double-aveugle. Il l'a expliqué à *Nature News* :

> Les individus qui ont piloté ces essais, souvent des étudiants diplômés, savaient à quel genre de résultats s'attendre, avec le risque que cette connaissance soit transmise aux sujets par des communications inconscientes. Pire, il explique que les participants ont souvent eu des indications sur ce qui se passait dans la mesure où on leur a demandé de remplir des questionnaires, destinés à évaluer leur suggestibilité aux expériences paranormales, avant que les essais ne commencent.[28]

Les sujets de l'équipe de Persinger ont passé le test « Inventaires philosophiques personnels » (Personal Philosophy Inventories) conçu par Persinger et Makarec (1993). Ces évaluations, réalisées lors de cours trois mois avant l'expérience, ont consisté à interroger les sujets sur leurs « croyances en des idées religieuses conservatrices (par ex. : le retour du Christ) ou des idées exotiques (par ex. : les extraterrestres sont la cause des observations d'ovnis). » Bien que Persinger et son équipe ne sachent pas comment les sujets avaient individuellement répondu aux questions lorsque les expériences avec le casque ont commencé, les sujets eux-mêmes devaient avoir compris que ces concepts intéressaient les chercheurs.[29]

De plus, après leur séance avec le casque, les sujets de Persinger ont également rempli un autre index d'évaluation appelée EXIT, développé là encore par Persinger. Granqvist explique qu'il est difficile d'apprécier les résultats de ces tests développés indépendamment les uns des autres. De son point de vue, l'échelle du mysticisme de Hood et l'échelle d'absorption de Tellagen (mesure de la capacité d'être absorbé dans une expérience, que sa propre équipe a utilisée) seraient plus appropriées, de nombreux chercheurs ayant constaté que ces évaluation de l'expérience subjective fournissent des résultats consistants au fil du temps.[30]

L'équipe de Granqvist a conclu catégoriquement : « Toute réplication future, ou tout résultat existant cité en opposition aux résultats présentés ici, devront également être basés sur une procédure randomisée, contrôlée et en double aveugle, pour avoir une crédibilité. » Aucun schéma global n'a été proposé pour expliquer les ERSM.

Persinger, comme on pouvait s'y attendre, a contesté les résultats suédois. Il a affirmé que certaines de ses études ont été réalisées en double aveugle, même si ses pilotes d'études connaissent son domaine général d'intérêt, et que la suggestibilité n'est pas un problème. Il a également estimé que Granqvist et ses collaborateurs n'ont pas généré un « signal biologiquement efficace » car ils n'ont pas utilisé le dispositif correctement ou suffisamment longtemps. Granqvist a rejeté ces objections, précisant : « Persinger savait avant l'expérience qu'il y aurait deux périodes d'exposition de 15 minutes. Il était d'accord à ce moment-là. Son explication arrive aujourd'hui comme une déception. »

> Il n'y a bien sûr qu'une façon de résoudre ceci : que les deux équipes coopèrent à la réalisation d'une nouvelle série d'expériences.
>
> JAY INGRAM, *TORONTO STAR*

Quand je me suis rendue au laboratoire de Persinger et que j'ai suivi ses procédures, j'ai eu une des plus belles expériences de ma vie. Je serai surprise si on l'attribue finalement à un effet placebo.[31]

SUSAN BLACKMORE, PSYCHOLOGUE

Selon le degré de suggestibilité des acheteurs potentiels d'un tel équipement, placer le casque sur leur tête dans un contexte de privation sensorielle pourrait produire l'effet escompté, et ce que le câble soit branché ou non.

PEHR GRANQVIST, NEUROSCIENTIFIQUE,
À PROPOS DE LA COMMERCIALISATION DU CASQUE DE DIEU

La réaction des médias scientifiques grand public, qui contrôlent l'essentiel de ce que le public entend ou lit sur les neurosciences, a été très intéressante. La déception était palpable dans la façon de « couvrir » les résultats de l'équipe de Granqvist – de même que dans la « suggestion » que les Suédois devaient avoir commis des erreurs. *The Economist*, par exemple, en a appelé à une troisième série d'expériences.

Jay Ingram, qui a également appelé à une troisième série, a fixé le calendrier de la presse scientifique en faisant ce commentaire : « En attendant, les sceptiques seront déprimés et ceux qui pensent que de mystérieuses présences existent réellement parmi nous se réjouissent. » En résumé, selon Ingram, notre alternative se réduit au matérialisme radical ou à une croyance non-étayée en des « présences mystérieuses. » Il rejette la possibilité que la suggestibilité normale de l'être humain rende compte de l'effet du casque de Dieu, même si c'est de loin l'explication la plus probable, ainsi que Granqvist le sous-entend également. Peut-être se refuse-t-on à admettre que l'on a plus de chances de ressentir une émotion ou un effet simplement parce que l'on est poussé à croire que ce sera le cas – mais il s'agit d'un fait bien établi de la psychologie humaine. Personne n'est prêt à reconnaître qu'il est plus influençable qu'un autre, surtout s'il est fier de son scepticisme. Mais si le scepticisme s'est toujours exercé dans une seule direction, il est tout à fait possible que l'on devienne très influençable dans cette direction-là.

Il est également possible que certaines parmi les personnes qui ont essayé le casque de Dieu ne s'étaient jamais « donné la permission », en quelque sorte, de faire jusqu'alors l'expérience d'une réalité spirituelle. Pour un athée déclaré, le casque ne présentait pas de risque puisque l'explication matérialiste était largement disponible. Quoi qu'il en soit, le scepticisme traverse des temps difficiles s'il en est rendu à exclure des fonctions banales de la nature humaine telles que la suggestibilité pour pouvoir rendre compte de l'effet du casque de Dieu.

UNE VOIE HORS DE LA SAUVAGERIE

> Les découvertes de l'équipe suédoise, ou l'absence de découverte, évoquent le spectre de la mauvaise science, dans laquelle l'incapacité à reproduire une expérience remet en cause la méthodologie même de la neurothéologie.
>
> JULIA C. KELLER, *SCIENCE AND THEOLOGY NEWS (NOUVELLES DE LA SCIENCE ET DE LA THÉOLOGIE)*

> Le spectre de Brocken « semblait à chaque homme comme son premier amour. »[32]
>
> C. S. LEWIS, UNIVERSITAIRE ET ÉCRIVAIN (1898–1963)

Le casque de Dieu – Nous en sommes là ? Une journaliste scientifique se désolait récemment : « Si la théorie classique est fausse, les scientifiques devront lutter pour expliquer comment de telles pensées et sensations sont produites. »[33] Il se trouve que l'hypothèse électromagnétique de Persinger n'était pas à proprement parler une « théorie classique », ce n'était qu'une histoire à sensation qui a duré une dizaine d'années. Quoi qu'il en soit, la suggestibilité rend facilement compte des pensées et des sensations générées dans son laboratoire, ainsi les scientifiques n'auront pas à lutter très longtemps.

La journaliste soulève cependant une vraie question, même si elle n'est pas clairement exprimée : les neurosciences matérialistes font un travail très médiocre lorsqu'elles rendent compte des ERSM. Ainsi que nous l'avons vu, la recherche d'un point, d'un module, un circuit ou autre casque de Dieu, a été une totale perte de temps. L'espoir que les neurosciences permettraient de proposer rapidement une explication matérialiste simple à la nature spirituelle de l'homme a été déçu[34] et continuera de l'être.

Il est important d'être tout à fait clair quant aux implications de cet échec. Le matérialisme est une philosophie moniste. Si les matérialistes ont raison et que la matière est tout ce qui existe, alors la meilleure théorie matérialiste sur les ERSM doit être vraie, même si ses croyances sur la nature humaine sont en contradiction avec l'observation, même si la dissonance cognitive est la seule façon d'intégrer ses propositions, et même si elle est soutenue par l'argument autocontradictoire selon lequel le cerveau humain n'a pas évolué de telle sorte qu'il puisse comprendre que le matérialisme est vrai. En d'autres termes, les matérialistes sont obligés de continuer à chercher indéfiniment des gènes, des casques, des points ou des modules de Dieu.

> Le pluriel d'anecdote n'est pas données.
>
> FRANK KOTSONIS, CHERCHEUR

> Vous ne voyez pas le monde tel qu'il est. Vous le voyez tel que vous êtes.
>
> TALMUD

Mais il existe une autre approche. Nul besoin d'être matérialiste. Les neurosciences cherchent une façon de comprendre les ERSM, mais il faut commencer par les prendre au sérieux et non pas tenter de les glisser sous le tapis. Par exemple, quid de la possibilité que le cerveau humain ait évolué de façon à permettre les ERSM *parce qu'elles apportent une information pertinente sur la véritable nature de l'univers ?*

Une foi dogmatique dans le matérialisme nous oblige à rejeter une telle proposition sans discussion. Mais le matérialisme n'apporte pas de réponses utiles, il nous faut donc regarder les données à nouveau. Les questions clés vont maintenant être abordées dans les chapitres 5 et 6. Premièrement, une théorie matérialiste de l'esprit est-elle tenable ? Si non, elle doit alors être rejetée même si nous n'en avons pas d'autre pour la remplacer. Et en second lieu, quelles sont les bases scientifiques d'une théorie non-matérialiste de l'esprit ?

Chapitre 5

L'esprit et le cerveau sont-ils identiques ?

Étudier le cerveau, c'est nous étudier nous-mêmes, mais d'une façon qui fait de nous à la fois un sujet et un objet. C'est comme si nous essayions de regarder des deux côtés d'une fenêtre en même temps.

Greg Peterson, professeur de religion

Si l'on devait étudier le cerveau seul, en ignorant totalement le comportement humain et les états de conscience subjectifs, on n'apprendrait jamais rien sur la conscience ni sur aucun autre phénomène mental.[1]

Alan Wallace, philosophe de l'esprit

Le 17 juillet 1990, le président des États-Unis George H.W. Bush et le Congrès américain ont déclaré conjointement que les années 1990 seraient la décennie du cerveau. De solides arguments politiques en faveur du financement public de la recherche sur le cerveau ont été dûment cités. Mais la déclaration montre clairement que Bush et ses partisans souhaitaient en savoir plus sur le cerveau pour des raisons personnelles. Il est vrai que plus de connaissances précises nous aident à lutter contre les maladies et les dépendances, mais le savoir est précieux en lui-même. Bush déclara à l'époque :

> Le cerveau, une masse de 1500 grammes de cellules nerveuses entremêlées qui contrôle notre activité, est l'une des plus extraordinaires – et mystérieuses – merveilles de la création. Le siège de l'intelligence humaine, interprète des sens et contrôleur des mouvements, cet incroyable organe continue d'intriguer les scientifiques autant que le grand public.

Le choix du moment fut opportun. Après plus d'un siècle de recherche systématique sur le cerveau recourant à toutes sortes de méthodes, de nouvelles techniques telles que la tomographie par émission de positrons (TEP) et l'imagerie par résonance magnétique (IRM) permettaient aux neuroscientifiques de voir à l'intérieur de cerveaux humains sains et fonctionnels. Ils n'étaient plus tributaires des études animales, ni obligés d'attendre un cas de dommage cérébral rare et intéressant, ou encore une chirurgie inhabituelle.

Fondamentalement, les études sur la façon dont des rats au cerveau lésé se procurent des boulettes de nourriture ne peuvent pas nous aider à comprendre la conscience humaine. Même les études sur des êtres humains ayant subi des dommages cérébraux ne nous fournissent pas une image claire de ce à quoi ressemble un système fonctionnant correctement – ou bien un système qui a réussi à se réparer lui-même ou encore à compenser un problème donné.

Mais tout cela changeait très vite. Les neurosciences étaient sous les feux de la rampe. L'animateur de télévision Larry King a lui aussi qualifié les années 1990 de « décennie du cerveau ». En 1998, William J. Bennett, qui avait été le tsar de la lutte antidrogue sous George H. W. Bush, interrogeait : « Les neuroscientifiques sont-ils les nouveaux maîtres de l'Univers ? »

Les neurosciences contemporaines

> Un cerveau classique contient 100 milliards de cellules – presque autant que d'étoiles dans notre galaxie la Voie Lactée. Et chaque cellule est reliée par des synapses jusqu'à 100 000 autres cellules. Les synapses entre les cellules sont inondées d'hormones et de neurotransmetteurs qui modulent la transmission des signaux, et ces synapses se forment et se dissolvent en permanence, se fragilisant ou se renforçant en réponse à de nouvelles expériences.
>
> —John Horgan, *Discover (Découvrir)*

Bien sûr, il y avait également des défis. Ainsi que Greg Peterson, universitaire spécialiste des religions, le souligne :

> Si l'on nous demandait de nommer la chose la plus exotique dans l'univers, la plupart d'entre nous répondraient soit l'infiniment grand (trous

noirs et supernovae), soit l'infiniment petit (toutes ces étranges petites particules). Mais la structure la plus incroyable de tout l'univers pourrait bien être ce qui loge juste derrière nos yeux. À l'intérieur de nos têtes se trouve le dispositif le plus complexe et le plus sophistiqué de la création.

En effet. On a beaucoup appris, beaucoup remanié, et quelques doctrines clés ont été tranquillement oubliées. Rendus à plus de la moitié de la décennie suivante, nous pouvons à présent nous retourner sur les étonnantes découvertes qui nous aident à éclaircir les questions clés nous concernant.

Un dogme central des neurosciences débutantes était que les neurones d'un cerveau adulte ne changent pas. Pourtant, les neurosciences modernes reconnaissent désormais la capacité du cerveau à se réorganiser (cette réorganisation est appelée « neuroplasticité ») tout au long de la vie, et pas seulement dans l'enfance. Nos cerveaux se reconfigurent pour former de nouvelles connexions, tracer de nouvelles voies et jouer de nouveaux rôles.

L'une des retombées de la découverte de la neuroplasticité a été l'explication raisonnable que l'on fut en mesure d'apporter au syndrome étrange du « membre fantôme ». Depuis la moitié du XIXe siècle jusqu'à nos jours, les médecins ont décrit – avec certes beaucoup de précaution – le fait que les amputés ressentent parfois une douleur dans un membre qui n'existe plus. La suspicion classique voulait que le médecin ait mal interprété les symptômes ou que l'amputé cherche à attirer l'attention.

Cependant, le neuroscientifique V. S. Ramachandran a montré que des neurones qui recevaient auparavant les influx nerveux en provenance d'une main désormais amputée pouvaient se reconnecter pour recevoir des influx provenant du visage. Si le cerveau d'une personne amputée n'a pas modifié son schéma corporel après l'amputation, celle-ci ressentira ces influx comme s'ils venaient de la main disparue.

De tous les organes du corps, le système nerveux a cela d'inhabituel que son nombre total de cellules est fixé à la naissance. Chaque neurone détruit n'est jamais remplacé... La possibilité de restaurer une fonction est assez élevée chez les sujets jeunes mais décline progressivement avec l'âge.[2]

JEAN-PIERRE CHANGEUX, NEUROSCIENTIFIQUE

L'une des découvertes fondamentales de la dernière décennie est la plasticité des synapses – leur capacité à modifier leur force en réponse à une expérience et au contexte d'une situation. Quand cela se produit, les synapses changent effectivement de forme – gonflent, se rétrécissent, deviennent concave ou convexe, adoptent des formes de champignon. Nous savions que cela se produisait dans un cerveau en développement, mais nous ignorions que cela se produit également de façon dynamique lorsque les cerveaux adultes pensent et apprennent.

MICHAEL FRIEDLANDER, NEUROBIOLOGISTE

De façon générale, les quelques visions naïves traditionnelles des neurosciences sont en train de disparaître. Il se trouve que le cerveau ressemble davantage à un océan qu'à une horloge. Par exemple, l'idée bien ancrée qui voulait que le cerveau utilise deux régions spécifiques pour le langage (l'aire de Broca pour la production de parole, et l'aire de Wernicke pour la compréhension) a cédé au profit de l'identification d'une série de régions connectées entre elles, et qui recouvrent une variété complexe de tâches.

Les neuroscientifiques Antonio et Hanna Damasio, qui ont découvert beaucoup de ces connexions, estiment que des liaisons semblables pourraient créer notre sens du soi. Mais dans ce cas, le sens de soi et la conscience ne sont-ils qu'une sorte de bourdonnement créé par l'activité des neurones ? Ou alors les neurosciences matérialistes ont-elles surtout temporisé, incapables d'avancer plus avant dans la compréhension de la conscience humaine du fait des limitations du credo matérialiste ?

À l'exact opposé du sens commun... et des résultats de notre propre introspection, la conscience ne serait rien de plus qu'un insaisissable produit dérivé de processus plus triviaux, et entièrement physiques.

MICHAEL D. LEMONICK, *TIME*

> On raconte que la décennie du cerveau… obtint cette appellation plutôt que «décennie de l'esprit », car c'était dans le cerveau plutôt que dans l'esprit que les scientifiques, tout comme le grand public, cherchaient des réponses, sondant les plis et crevasses de notre matière grise pour y trouver les racines de la personnalité et du tempérament, de la maladie mentale et de l'humeur, de l'identité sexuelle et même d'une prédilection pour la nourriture raffinée.
>
> JEFFREY M. SCHWARTZ ET SHARON BEGLEY, *THE MIND AND THE BRAIN* (L'ESPRIT ET LE CERVEAU)

En dépit de déclarations fracassantes dans les médias grand public, les nouvelles découvertes n'ont *pas* permis d'expliquer les concepts basiques tels que la conscience, l'esprit, le soi et le libre arbitre.[3] Les hypothèses qui réduisent l'esprit[4] aux fonctions du cerveau ou contestent son existence même en sont restées à ce stade – d'hypothèses. Elles ne reposent pas sur des démonstrations convaincantes mais sur le matérialisme de promesse contre lequel le philosophe des sciences Karl Popper a mis en garde.

La nature des choses : les « qualia »

Il y a de bonnes raisons de penser que les preuves en faveur du matérialisme ne seront en fait jamais réunies. Prenons par exemple le problème des *qualia*. Les *qualia* (au singulier *quale*) correspondent à la façon dont les choses nous apparaissent individuellement – les aspects expérientiels de nos vies mentales, auxquels nous accédons par l'introspection. Chaque personne est unique et la compréhension complète de la conscience d'une autre personne a donc peu de chances d'être réalisable en principe, comme nous l'avons vu au chapitre 4. Lorsque l'on communique, on se fie davantage à un accord tacite concernant une gamme de significations qui se chevauchent plus ou moins. Par exemple, l'historienne Amy Butler Greenfield a écrit un livre de trois cents pages sur une couleur primaire, *L'Extraordinaire Saga du rouge*[5]. En tant que « couleur du désir », le rouge est un quale s'il en est.

La critique Diane Ackerman note :

> Mettez-moi en colère, et je vois rouge. Une femme infidèle est marquée par une lettre écarlate. Dans les « quartiers rouges », les gens achètent des plaisirs charnels. Nous aimons dérouler le tapis rouge, tout en craignant le téléphone rouge (*red-tape* : la bureaucratie), les cartons rouges, et aussi de se retrouver « dans le rouge ».

En effet, la grandeur et la décadence des maisons de couture adviennent dans de subtiles nuances de rouge. Toutefois, quelle que soit la façon dont « le rouge » nous affecte individuellement, nous sommes tous d'accord pour utiliser le mot dans une gamme de significations et de connotations, et non simplement pour désigner une fraction du spectre des couleurs.

Les neurosciences matérialistes ont du mal avec les qualia car ils sont difficilement réductibles à une explication simple, qui ne fasse pas appel à la conscience. Dans *L'Hypothèse stupéfiante*, Francis Crick déplore :

> Il est fort possible qu'il existe des aspects de la conscience, comme les qualia, que la science ne sera pas capable d'expliquer. Nous avons appris à vivre avec de telles limitations par le passé (par ex. : les limitations de la mécanique quantique) et nous pourrions devoir à nouveau faire avec.[6]

Ramachandran tente d'évacuer le problème des qualia dans la conclusion d'une conférence donnée à Reith en 2003 :

> La question est comment les flux d'ions qui surviennent dans des petits morceaux de gelée de mon cerveau donnent naissance à la rougeur du rouge, à la saveur du ketchup, du poulet tandoori, ou du vin. La matière et l'esprit semblent si radicalement étrangers l'un à l'autre. Eh bien ! Une façon de résoudre ce dilemme est de les concevoir véritablement comme deux manières différentes de décrire le monde, chacune d'elles étant complète par elle-même.

Il compare les qualia à la description que l'on peut faire de la lumière à la fois en termes de particules et en termes d'ondes, en fonction du contexte. Cette approche peut s'avérer utile pour autant que nous soyons préparés à voir l'esprit comme une catégorie existante objectivement et qui est « radicalement différente » de la matière, mais le commentaire ultérieur de Ramachandran ne rassure pas sur son propre degré de préparation.

Le philosophe de l'esprit Daniel Dennett, sur un terrain purement matérialiste dogmatique, affirme qu'il « n'y a tout simplement pas de qualia du tout »[7]. Dennett veut dire par là que le matérialisme éliminatif qu'il soutient est difficilement capable de rendre compte des qualia.

Le problème esprit-matière

Aucune description satisfaisante de l'esprit n'est aujourd'hui largement acceptée. Voici quelques-unes des nombreuses théories proposées par des scientifiques et des philosophes.

Épiphénoménalisme

L'esprit ne déplace pas la matière.

C.J. Herrick, neurologue

L'esprit existe, comme l'arc-en-ciel qui chatoie dans les chutes d'eau. Oui il est bien là, mais il n'affecte rien. Nous savons qu'il est là car certaines expériences sont uniques à chacun d'entre nous. Par exemple, tout ce que vous associez personnellement à l'idée de pain grillé. N'étant qu'un produit des processus du corps-cerveau, l'esprit rend parfois possible pour lui-même l'illusion qu'il influence ces processus, un peu comme si l'arc-en-ciel pensait qu'il pouvait d'une manière ou d'une autre agir sur les chutes d'eau.

Le matérialisme éliminatif

Nous comprenons désormais que l'esprit n'est pas, comme Descartes le supposait confusément, *en communication avec* le cerveau d'une façon miraculeuse ; il est le cerveau, ou plus précisément un système ou une organisation à l'intérieur du cerveau qui a évolué de la même façon que notre système immunitaire... a évolué.[8]

Daniel Dennett, philosophe matérialiste

Le problème esprit-matière est résolu en niant le fait que les processus mentaux aient une existence propre. La « conscience » et « l'esprit » (l'intention, les désirs, croyances, etc.) sont des concepts préscientifiques qui relèvent d'idées grossières sur la façon dont le cerveau fonctionne, et que l'on regroupe parfois sous l'appellation de « psychologie naïve ». Ils peuvent être réduits à toute activité des neurones quelle qu'elle soit (événements neuronaux). La « conscience » et « l'esprit » en tant que concepts seront éliminés par les progrès scientifiques, de même que les idées comme le « libre arbitre » et le « soi ». On compte les philosophes Paul et Patricia Churchland, ainsi que Daniel Dennett, au nombre des plus éminents partisans de cette conception.

Théorie de l'identité psychophysique

Les états et les processus de l'esprit sont identiques aux états et aux processus du cerveau.

ENCYCLOPÉDIE DE PHILOSOPHIE « PLATON » DE STANFORD.

Nous appréhendons notre propre conscience et nos processus mentaux à la première personne. Mais les événements cérébraux sont mesurés à la troisième personne, c'est-à-dire de l'extérieur et de façon objective. Les événements cérébraux et les processus mentaux sont entièrement parallèles, comme les deux faces de la même médaille. Cette conception est défendue par le neuroscientifique Jean-Pierre Changeux. Elle s'appuie sur la conjecture implicite que les états cérébraux créent les états mentaux, et non l'inverse.

Le mentalisme

Le continent de l'expérience intérieure dans son ensemble (le monde des humanités), rejeté au long du XXe siècle par le matérialisme scientifique... devient reconnu et inclus dans le domaine de la science.[9]

ROGER SPERRY, NEUROSCIENTIFIQUE

Les processus mentaux et la conscience émergent de l'activité cérébrale (émergence), mais ils existent réellement et interagissent (dynamique). Les événements mentaux (pensées et sentiments) peuvent produire des effets dans le cerveau. Par conséquent, ils ne sont ni identiques ni réductibles aux événements neuraux. Mais l'expérience consciente ne peut se produire en dehors du cerveau physique. Le prix Nobel Roger Sperry est le principal défenseur de cette conception.

Dualisme de substance

> Je pense, donc je suis.
>
> RENÉ DESCARTES, PHILOSOPHE (1596–1650)

Parfois appelé dualisme cartésien d'après le philosophe et mathématicien René Descartes, cette position considère qu'il existe deux formes de substances de nature fondamentalement différente : l'esprit et la matière.

L'interactionnisme dualiste

> Puisque les solutions matérialistes échouent à rendre compte de la singularité dont nous faisons l'expérience, nous sommes contraints d'attribuer le caractère unique de la psyché ou de l'âme à une création spirituelle surnaturelle.[10]
>
> JOHN ECCLES, NEUROSCIENTIFIQUE

La conscience et d'autres aspects de l'esprit capables d'influencer les événements neuronaux peuvent se produire indépendamment du cerveau, généralement à travers des manifestations de type quantique. Cette conception est associée aux neuroscientifiques John Eccles et Wilder Penfield, ainsi qu'au philosophe Karl Popper.

> Pourquoi l'activité d'une masse de neurones devrait-elle se traduire par des sensations quelconques ? Pourquoi est-ce douloureux de se piquer le doigt ? Pourquoi une rose nous semble-t-elle rouge ? C'est ce que l'on a baptisé le « problème difficile » de la conscience.
>
> HELEN PHILLIPS, *NEW SCIENTIST*

LA NATURE DE LA CONSCIENCE

L'énigme posée par les qualia aux neurosciences matérialistes est en réalité l'un des aspects de l'énigme de la conscience. Combien votre conscience – votre prise de conscience de vous-mêmes en tant que soi unifié – pèse-t-elle ? Sur combien de kilomètres vos pensées s'étendraient-elles si elles étaient mises bout à bout ? Au XVIIe siècle, le philosophe et mathématicien René Descartes chercha à protéger l'existence même de l'esprit humain et de la conscience contre les attaques de la philosophie matérialiste qui montait en puissance autour de lui. Cette philosophie entendait réduire l'univers à des petites billes solides que l'on peut peser et mesurer. Il répondit en affirmant que l'esprit est radicalement différent de la matière (*dualisme de substance*).

L'approche de Descartes séduisait beaucoup de monde mais elle créait un problème pratique. Comment l'esprit peut-il communiquer avec la matière si les deux substances sont fondamentalement différentes ? Comment l'esprit *fait-il* pour guider le cerveau qui lui-même dirige le corps ? Au fil des années, le dualisme de substance de Descartes fut peu à peu déconsidéré car on ne découvrit aucun mécanisme matériel le justifiant.

Après le triomphe apparent (de la théorie) des « solides petits morceaux », l'esprit fut ignoré, marginalisé, ou même nié. La matière était finalement tout ce qui comptait. Mais, malgré tout le mal qu'ils se sont donné, les philosophes de la matière ne sont pas parvenus à résoudre une fois pour toutes les énigmes et paradoxes de la conscience.

> Le plus grand mystère scientifique est la nature de la conscience. Ce n'est pas que nous ayons des théories de la conscience humaine qui soient incorrectes ou imparfaites ; nous n'avons simplement pas de théorie du tout. Tout ce que nous savons de la conscience c'est qu'elle a quelque chose à voir avec la tête, plutôt qu'avec le pied.[11]
>
> NICK HERBERT, PHYSICIEN

> On ne trouve nulle part dans les lois de la physique ou dans les lois des sciences dérivées, chimie et biologie, une référence à la conscience ou à l'esprit... Il ne s'agit pas d'affirmer que la conscience n'a pas émergé au cours du processus évolutif, mais simplement de constater que cette émergence n'est pas conciliable avec les lois de la nature telles qu'elles sont aujourd'hui comprises.[12]
>
> JOHN ECCLES, NEUROSCIENTIFIQUE

> Je pense que la plus grande question sans réponse est la façon dont le cerveau génère la conscience. C'est la question que j'aimerais résoudre par-dessus tout et à laquelle je m'attaquerais si je devais tout recommencer depuis le début.
>
> SUSAN GREENFIELD, PHARMACOLOGUE

Les êtres conscients sont à la fois les observateurs et les observés[13]. Le fait que l'objectivité soit impossible dans une telle situation crée une difficulté. La conscience ne peut pas être observée directement. Il n'y a pas qu'une seule région cérébrale qui serait active lorsque nous sommes conscients et dormante quand nous ne le sommes pas. Il n'y a pas non plus un niveau spécifique d'activité des neurones à partir duquel nous serions conscients ; ni même une chimie particulière dans les neurones qui serait la manifestation de la conscience. Comme le relève le philosophe de l'esprit B. Alan Wallace :

> En dépit de plusieurs siècles de recherche philosophique et scientifique sur la nature de l'esprit, aucune technologie ne permet actuellement de détecter la présence ou l'absence de quelque forme de conscience que ce soit, car les scientifiques ne savent même pas précisément ce qui doit être mesuré. Au sens strict, *il n'existe actuellement aucune preuve de l'existence de la conscience !* Les seules preuves directes dont nous disposons sont des descriptions non scientifiques, à la première personne, du fait d'être conscient.[14]

La difficulté, poursuit Wallace, est que l'esprit et la conscience ne procèdent pas d'un mécanisme du cerveau à la façon dont, par exemple, la division cellulaire est un mécanisme des cellules et la photosynthèse un mécanisme des plantes. Bien que cerveaux, esprits et consciences semblent en effet reliés entre eux, aucun mécanisme matériel ne décrit cette relation. Wallace continue :

> Une propriété véritablement émergente des cellules du cerveau est la consistance semi-solide de celui-ci, et c'est quelque chose que la science objective, physique, peut correctement appréhender... mais elle ne comprend pas comment le cerveau produit un état de conscience quelconque. *En d'autres termes, si les phénomènes mentaux ne sont finalement rien de plus que les propriétés émergentes et les fonctions du cerveau, leur relation avec le cerveau est fondamentalement différente de toute autre propriété émergente et fonction observées dans la nature.*[15]

Pendant la plus grande partie du XXe siècle, le problème de la conscience a essentiellement été esquivé. Dès avant la Première Guerre mondiale, le courant dominant en psychologie était le behaviorisme, qui rejetait tout débat sur les événements mentaux. Tout comportement devait être expliqué en termes de stimulus et de réponse, ignorant la question de la conscience. B. F. Skinner a été le plus fameux comportementaliste du milieu du siècle.

> Il est dans la nature même d'une analyse expérimentale du comportement humain de devoir ôter les fonctions précédemment assignées à l'homme autonome pour les transférer une par une à l'environnement contrôleur.[16]
>
> B. F. Skinner, *Par-delà la liberté et la dignité*

À la suite du développement de la psychologie cognitive dans les années 1950, l'ordinateur devint le modèle privilégié de la pensée humaine. Mais l'enthousiasme des premiers adeptes de l'IA fut refroidi par le fait que la conscience est précisément ce que les programmes informatiques ne possèdent pas. Par exemple, si un logiciel expert développe un programme capable de vaincre un grand maître d'échecs, jouant pour sa part sans programme, le programme lui-même ne peut connaître ou se soucier de la victoire ; seuls les participants humains en sont capables. C'est une autre petite fraction du « problème difficile » de la conscience.

> Les machines nous convaincront qu'elles sont conscientes, qu'elles ont leurs propres desseins qui méritent notre respect. Nous en viendrons à croire qu'elles sont conscientes de la même façon que nous le pensons les uns des autres. Plus encore qu'avec nos compagnons animaux, nous nous sentirons proches de leurs sentiments et de leurs combats car leurs esprits seront basés sur le modèle de la pensée humaine. Elles incarneront les propriétés humaines et affirmeront être humaines. Et nous les croirons.
>
> RAY KURZWEIL, THE AGE OF SPIRITUAL MACHINES
> (L'ÂGE DES MACHINES SPIRITUELLES)

Dans un livre récent consacré à la conscience, Gerald Edelman et Giulio Tononi établissent une liste utile – bien que non exhaustive, soulignent-ils – des théories qui rendent compte de la relation entre l'esprit et le cerveau, y compris la théorie de la consubstantialité de Spinoza, l'occasionalisme de Malebranche, le parallélisme de Leibniz et sa doctrine de l'harmonie préétablie, la théorie identitaire, la théorie de l'état central, le monisme neutre, le behaviorisme logique, le physicalisme *token* (tout événement mental correspond à un événement physique), le physicalisme type (toute propriété mentale est identique à une propriété physique), l'épiphénoménalisme *token*, l'épiphénoménalisme type, le monisme anomal, le matérialisme émergentiste, le matérialisme éliminatif, et le fonctionnalisme (différents types).[17] Il semblerait qu'aucun consensus n'ait émergé...

> L'étude de la conscience nous conduit à un curieux dilemme : l'introspection à elle seule n'est pas scientifiquement satisfaisante et bien que les descriptions de leur propre conscience par les individus soient utiles, elles sont impropres à nous révéler les mécanismes du cerveau qui les sous-tendent. Aussi, les études circonscrites au cerveau ne peuvent en elles-mêmes nous permettre de comprendre ce que cela signifie d'être conscient. Ces contraintes suggèrent que l'on doive adopter des approches particulières pour faire entrer la conscience dans la demeure de la science.
>
> GERALD M. EDELMAN ET GIULIO TONONI, *COMMENT LA MATIÈRE DEVIENT CONSCIENCE*

Comme nous l'avons vu, la plupart des théories de l'esprit et de la conscience sont basées sur un matérialisme lui-même ancré dans la physique classique, et qui considère la conscience comme une anomalie dont il faut se débarrasser. Le matérialiste peut se montrer un tantinet pressé à cet égard. Par exemple, le journaliste scientifique Michael Lemonick présente complaisamment le travail de Francis Crick et Christof Koch consacré à la conscience dans le magazine *Time* (1995) : « La conscience est en quelque sorte un produit dérivé des décharges simultanées et à hautes fréquences des neurones qui se produisent dans différentes parties du cerveau. L'intrication de ces fréquences génère la conscience... tout comme les modulations de chaque instrument produisent le son riche, complexe et intégral d'un orchestre symphonique. » Bien tourné, certes, mais Crick lui-même a admis que son concept était hautement spéculatif et ne constituait en aucun cas un résultat acquis des neurosciences modernes.

Une fréquente dérobade a consisté à déclarer que l'évolution darwinienne n'a pas équipé nos cerveaux dans le but de comprendre la conscience ; une autre consiste à dire que l'esprit, la conscience et le soi ne sont que des illusions.

> En fin de compte, nos cerveaux hautement développés n'ont pas évolué sous la pression de devoir découvrir des vérités scientifiques, mais seulement pour nous permettre de devenir suffisamment intelligents pour survivre et laisser des descendants.
>
> FRANCIS CRICK, *L'HYPOTHÈSE STUPÉFIANTE*

ET QU'EN EST-IL DU SOI ?

« Comment les 1500 grammes de masse gélatineuse que nous appelons cerveau produisent-ils notre identité ? » interroge Greg Peterson dans *Christian Century* (Siècle chrétien). Comment en effet ? Regardons les chiffres. Le neurone moyen, constitué d'environ 100 000 molécules, est composé d'eau pour près de 80 %. Le cerveau abrite environ 100 milliards de telles cellules, soit 10^{15} molécules. Chaque neurone reçoit environ 10 000 connexions d'autres cellules du cerveau.

Le cerveau comme ordinateur complexe

> La théorie computationnelle de l'esprit s'est tranquillement implantée dans les neurosciences... Aucun recoin de ce domaine n'est épargné par l'idée que le traitement de l'information est bien l'activité fondamentale du cerveau.[18]
>
> STEVEN PINKER, *COMMENT FONCTIONNE L'ESPRIT*

> Les ordinateurs sont des exécuteurs d'algorithmes à but général, et leur apparente activité intelligente n'est qu'une illusion dont sont victimes ceux qui ne comprennent pas pleinement la façon dont les algorithmes captent et conservent, non pas l'intelligence elle-même, mais les fruits de l'intelligence.
>
> MARK HALPER, PIONNIER DU LOGICIEL

Il faut se méfier de la métaphore de « l'exécutif central », selon laquelle tout ce qui fait notre nature humaine se trouve concentré dans les lobes frontaux du cerveau. Non seulement nous ne sommes pas des lobes frontaux qui marchent, mais nous ne sommes pas non plus des cerveaux dans une cuve. Le réductionnisme extrême – que nous pouvons appeler *l'anthropomorphisation du cerveau*, ou le fameux « homme neuronal » – nous égare tout bonnement. Il fait un problème de certaines caractéristiques basiques telles que l'autorégulation émotionnelle ou l'effet placebo (voir chapitre 6), là où aucun véritable problème ne se pose.

Nous devons garder à l'esprit que c'est l'ensemble de la personne humaine, et non seulement une partie du cerveau, qui pense, ressent ou croit. En effet, la personne humaine ne peut se réduire aux processus et événements cérébraux, et il est difficile de comprendre une personne humaine dans son ensemble sans comprendre le contexte socioculturel dans lequel elle évolue. Avec beaucoup de perspicacité, le psychologue social Albert Bandura a souligné que le fait de cartographier l'activité des circuits neuronaux qui sous-tendent le fameux discours « Je fais un rêve » (I have a dream) de Martin Luther King ne nous dirait rien de la façon dont il fut élaboré, ni de son pouvoir social.

> Le chirurgien connaît toutes les parties du cerveau mais il ne sait rien des rêves de son patient.
>
> RICHARD SELZER, *MORTAL LESSONS (LEÇONS MORTELLES)*

La métaphore de l'exécutif central provient d'un courant au sein des neurosciences et de la psychologie cognitive connu sous le nom de computationalisme, qui s'efforce de comprendre le cerveau/esprit humain comme s'il s'agissait d'un ordinateur. Le comportement humain est supposé être déterminé par l'activité de processeurs (modules) exécutifs infrapersonnels inconscients et de leurs contreparties neuronales. Ces modules sont censés fonctionner approximativement comme des fichiers exécutables dans un programme informatique.

Mais jusqu'à quel point ce modèle est-il judicieux ? Dans un article passant en revue un demi-siècle de recherche dans ce domaine, le pionnier du logiciel Mark Halpern remarque que le fameux test de Turing sur l'intelligence des machines (peut-on dire si l'on discute avec un humain ou avec une machine ?) n'a tout simplement jamais été réussi. Pour la plupart, les chercheurs tentent de défendre l'intelligence des ordinateurs en amendant le test ou en jetant le doute sur la notion même d'intelligence humaine. Il constate que, lorsqu'ils sont mis au défi de le faire, ils sont « prompts à s'indigner mais inaptes à faire état d'un succès en particulier. » Il remarque aussi, et significativement, que :

> dans leur lutte désespérée pour préserver l'idée que les ordinateurs peuvent ou pourront penser, les champions de l'IA sont en réalité sous l'emprise d'une idéologie : c'est la rationalité même, selon leur propre conception, qu'ils défendent. S'il est démenti que les ordinateurs peuvent penser, ne serait-ce qu'en théorie, cela revient à affirmer de façon tacite que les êtres humains sont dotés d'une sorte de propriété particulière que la science ne pourra jamais comprendre – une « âme » ou quelque autre entité mystique.

La faille essentielle de cette vision de type « test de Turing » est que le comportement humain n'a strictement rien à voir avec un programme informatique. La conscience est précisément ce que les humains possèdent et ce dont les ordinateurs, qui sont de simples artefacts de l'intelligence humaine, sont dépourvus. En lisant la littérature produite par les premiers zélateurs de l'informatique, on a l'impression qu'ils s'attendaient à ce que le pouvoir calculatoire en lui-même permettrait d'une façon ou d'une autre de produire miraculeusement l'esprit et la conscience. Mais ils ne semblaient pas comprendre suffisamment bien la nature de la conscience pour réaliser pourquoi ceci n'adviendrait pas.

Pour rendre le comportement humain intelligible, nous devons examiner l'esprit et la conscience, c'est-à-dire nous confronter aux croyances, buts, aspirations, désirs, attentes et intentions, aucun de ces éléments n'étant pertinent quant à la façon dont fonctionnent des ordinateurs. Les capacités d'autoconscience (conscience de soi en tant que sujet immédiat d'expérience), d'autoagissement (expérience de soi en tant que cause d'une action), et d'autorégulation sont toutes des caractéristiques de la conscience humaine qui n'ont aucun sens en termes de fonctionnement des ordinateurs.

En tant qu'êtres conscients, nous ne traversons pas simplement des expériences ; nous les créons. Un ver de terre, dérangé par la lumière qui excite ses récepteurs photosensibles, va immédiatement rechercher la pénombre. Face à une expérience déplaisante du même type, un être humain peut se demander : « Dois-je fuir ? Que se passera-t-il si je ne le fais pas ? Puis-je apprendre de cette situation ? » Aucune description pertinente de la nature humaine ne peut ignorer l'importance du fait que les êtres humains se posent en effet de telles questions.

À l'intérieur de chaque neurone, les molécules sont remplacées approximativement 10 000 fois au cours d'une vie de durée moyenne. Pourtant, les êtres humains ont un sens du soi qui est continu et stable dans le temps. Comme le note l'explorateur de la conscience Dean Radin : « *Tout* le matériel utilisé pour exprimer cette sensation a disparu, et pourtant la sensation existe toujours. Qu'est-ce qui maintient cette sensation si ce n'est pas la matière ? Les principes d'une science mécaniste et purement matérialiste ne permettent pas de répondre aisément à cette question. »[19]

> Quelle est la nature ou la localisation du centre unifié de la sensibilité consciente qui survient puis disparaît, qui change avec le temps mais reste la même entité, et qui possède une valeur morale suprême ?[20]
>
> STEVEN PINKER, SCIENTIFIQUE COGNITIVISTE

Il existe deux approches matérialistes largement acceptées. L'une consiste à nier que le soi ou la conscience aient une influence quelconque sur les événements qui se produisent dans le cerveau ; il ne s'agit que d'un *épiphénomène*. C'est-à-dire qu'en l'absence d'un mécanisme matériel permettant à l'esprit de contrôler le cerveau, le soi existe en tant qu'hologramme – peut-être contingent – des événements cérébraux.

Cette conception n'est pas nouvelle ; elle a été défendue au XIXe siècle par le collègue de Charles Darwin, Thomas Huxley (1825-1895). Celui-ci avait notamment déclaré que la conscience était « tout autant dépourvue du pouvoir de modifier ce fonctionnement (du cerveau) que le sifflet à vapeur accompagnant la locomotive est sans influence sur sa machinerie. »[21]

> « Vous », vos joies et vos peines, vos souvenirs et vos ambitions, votre sens de l'identité individuelle et du libre arbitre, ne sont finalement rien de plus que le comportement d'une vaste cohorte de cellules nerveuses et de leurs molécules associées. Comme l'Alice de Lewis Carroll aurait pu l'énoncer : « Vous n'êtes qu'un paquet de neurones. »
>
> FRANCIS CRICK, *L'HYPOTHÈSE STUPÉFIANTE*

> Si tout cela vous semble déshumanisant, vous n'avez encore rien vu.[22]
>
> V. S. RAMACHANDRAN, NEUROSCIENTIFIQUE

> L'homme n'a dès lors plus rien à faire de « l'Esprit » : il lui suffit d'être un Homme neuronal.
>
> JEAN-PIERRE CHANGEUX, *L'HOMME NEURONAL*

L'autre approche consiste à nier l'existence même de la conscience ou du soi.

Lemonick l'exprime ainsi :

> En dépit de notre conviction instinctive du contraire, il y a une chose que la conscience n'est pas : une sorte d'entité au cœur du cerveau qui correspondrait au « soi », une sorte de noyau d'attention qui organiserait le spectacle, tout comme « l'homme derrière le rideau » entretenait l'illusion d'un magicien omnipotent dans *Le Magicien d'Oz*. Après plus d'un siècle passé à le rechercher, les scientifiques du cerveau ont depuis longtemps conclu qu'il n'existe aucun endroit concevable dans le cerveau physique où un tel « soi » pourrait être localisé, et donc qu'il n'existe tout simplement pas.

Selon ce point de vue – défendu sérieusement par les matérialistes éliminatifs – les enfants sont endoctrinés par ces cultures préscientifiques au sein d'une « psychologie naïve » qui agit sur eux de telle sorte qu'ils perçoivent une conscience ou un soi là où il n'y en a pas.

L'explication peut sembler étrange, mais il est important de reconnaître ce qu'elle implique, à savoir que le matérialisme est incapable de rendre compte de l'esprit, de la conscience ou du soi. Mais puisque le matérialisme de promesse « sait » que le matérialisme a forcément raison, alors l'esprit, la conscience ou le soi ne peuvent tout simplement pas exister. Le matérialisme nie l'existence de la conscience humaine avec un niveau de certitude plus élevé encore que celui avec lequel les fondamentalistes américains nient l'évolution des espèces. Et ceci car le matérialisme considère de bonne foi que la science contemporaine – comprise comme un matérialisme appliqué – l'appuie intégralement.

Bien entendu, il existe une troisième option qui consiste à contourner le problème. Sur le concept de soi, Ramachandran avance :

> Nos cerveaux ont essentiellement servi de machines à fabriquer des modèles. Nous devons construire des simulations du monde qui soient utiles, en réalité virtuelle, et à partir desquelles nous pouvons agir. À l'intérieur de cette simulation, nous devons également construire des

> modèles de l'esprit des autres individus, car nous autres primates sommes des créatures intensément sociales. Et nous devons le faire afin de pouvoir anticiper leur comportement. Ne sommes-nous pas en fin de compte le primate machiavélien ?

Naturellement, le problème évident posé par la proposition de Ramachandran est que le processus est en réalité inverse. Nous sommes certains que *nous* avons un soi et nous inférons par conséquent que les autres humains en ont un également. Sans un soi qui nous est propre, nous ne pourrions faire une telle inférence à propos des autres. Dans la même veine, le psychologue évolutionniste David Livingstone Smith prétend que l'auto-illusion est née du besoin de tromper les autres, car la façon la plus efficace de le faire est de parvenir à se tromper soi-même. Ainsi, les « autodupeurs » auraient été sélectionnés via la psychologie évolutionniste pour la survie au sens darwinien. Comme nous l'avons vu plus haut, ce genre d'hypothèse illustre surtout à quel point il est difficile de rendre compte de l'existence du soi dans un cadre matérialiste.

Qu'en est-il du libre arbitre ?

Les neurosciences matérialistes ne peuvent accepter le libre arbitre, pour une raison qui est ancrée dans la physique. En physique classique, un seul état peut exister en un instant donné. Considérons par exemple une personne qui achète parfois un journal sur le chemin de retour de son travail. D'après la physique classique, elle doit procéder d'une étape à l'autre et selon des lois immuables. Dès lors, si elle achète le journal un certain jour c'est parce qu'elle *doit* le faire. Toute notion selon laquelle elle a « décidé » d'acheter le journal est une « illusion-utilisateur » – sauf qu'il n'y a pas dans ce cas de véritable utilisateur. Le dilemme de l'existence du libre arbitre est le plus important dilemme lié à la question de la conscience.[23]

> Nous sommes issus de robots, et composés de robots, et toute l'intentionnalité dont nous faisons l'expérience est dérivée de l'intentionnalité plus fondamentale de ces milliards de systèmes intentionnels grossiers.[24]
>
> Daniel C. Dennett, *La Diversité des esprits*

> Une liberté surnaturelle contra-causale n'est absolument pas nécessaire à tout ce qui nous tient à cœur, qu'il s'agisse de personnalité, de moralité, de dignité, de créativité, d'individualité, ou d'un solide sens de l'agissement humain.
>
> TOM CLARKE, DIRECTEUR DU CENTRE POUR LE NATURALISME

> Soit nous nous débarrassons de toute la moralité comme d'une superstition ascientifique, soit nous trouvons une façon de réconcilier la causalité (génétique ou autre) avec la responsabilité et le libre arbitre.
>
> STEVEN PINKER, *COMMENT FONCTIONNE L'ESPRIT*

S'il n'y a pas de libre arbitre, quid de l'éthique ? Pouvons-nous attendre des individus qu'ils se comportent autrement qu'ils le doivent ? Les matérialistes transposent parfois le dilemme éthique en un vague domaine de concepts non scientifiques qui sont immunisés contre la réfutation. Par exemple, le scientifique cognitiviste Steven Pinker écrit :

> Comme beaucoup de philosophes, je pense que la science et l'éthique sont deux systèmes autosuffisants utilisés par les mêmes entités dans le monde, tout comme le poker et le bridge sont deux jeux différents qui sont joués avec les mêmes cinquante-deux cartes. Le jeu scientifique conçoit les personnes comme des objets matériels et ses règles sont les processus physiques qui gouvernent les comportements à travers la sélection naturelle et la neurophysiologie. Le jeu éthique traite les personnes comme des agents équivalents, conscients et sensibles, rationnels, doués de libre arbitre, et ses règles sont les calculs qui assignent une valeur morale au comportement en fonction de sa nature propre ou de ses conséquences.

La difficulté avec l'approche de Pinker est que, bien qu'il sache que l'éthique est indispensable à toute entreprise humaine, y compris la science, il lui est impossible de l'enraciner dans une conception de la nature humaine qui unisse science et éthique.

La question n'est pas de savoir si un « jeu éthique » peut être développé dont les règles traitent les personnes comme « des agents équivalents, conscients et sensibles, rationnels, et doués de libre arbitre », mais si une telle conception est ancrée dans la réalité.

La question du libre arbitre n'a rien d'une querelle futile qui agiterait les philosophes des sciences. Ainsi que l'observe le philosophe George Grant, la théorie politique et sociale dans le monde occidental au cours du XXe siècle s'est nettement inclinée en direction de la liberté : « Selon la théorie politique moderne, l'essence de l'homme est la liberté. »[25] Que l'on accepte ou non cette conception de la société, l'absence présumée de libre arbitre affectera grandement le caractère de toute prétendue liberté.

Dans le cadre d'une conception matérialiste, la liberté signifie simplement que les forces déterministes qui dirigent les circuits neuronaux de l'intérieur (gènes, câblage du cerveau, neurotransmetteurs) ne sont pas contrecarrées par des forces déterministes qui les dirigent de l'extérieur (isolement social, condamnation religieuse, lois). Aucune de ces forces n'est soumise à la rationalité car celle-ci n'a pas de validité indépendante ; elle n'est qu'une des illusions d'organisation imposée par certains réseaux de neurones à d'autres réseaux de neurones.

Dans une lettre ouverte involontairement ironique adressée à la « communauté athée », Tom Clark, directeur du Centre pour le naturalisme basé au Massachusetts, considère que la négation du libre arbitre ne pose pas de véritable problème éthique car il « augmente nos pouvoirs de maîtrise de soi et encourage les politiques basées sur la science, efficaces et progressistes, dans des domaines tels que la justice criminelle, l'inégalité sociale, la santé comportementale et l'environnement. »[26] Maîtrise de soi ? Clark ne semble pas réaliser que, dans une conception matérialiste de l'humain, il n'y a pas de soi qui maîtrise ni de soi à maîtriser. Dès lors, ses « politiques basées sur la science, efficaces et progressistes » ne sont pas proposées par un « soi » à d'autres « soi », mais conduites par un objet à l'intention d'autres objets.

Un exemple de ce problème est fourni malgré lui par le biologiste évolutionniste britannique Richard Dawkins. Dans le cadre d'une réflexion contre le principe de sanction dans le système judiciaire, il écrit

> En tant que scientifiques, nous pensons que les cerveaux humains, bien qu'ils puissent fonctionner d'une manière différente des ordinateurs conçus par l'homme, sont tout autant gouvernés par les lois de la physique. Lorsqu'un ordinateur fonctionne mal, nous ne le punissons pas. Nous recherchons le problème et le corrigeons, le plus souvent en remplaçant un composant endommagé soit dans l'ordinateur lui-même, soit au niveau du logiciel.[27]

Ainsi, on peut à bon droit défendre l'idée que la sanction est un principe de justice inadéquat, mais notons que les correcteurs scientifiques de la vision de Dawkins sont des êtres humains, alors que l'erreur qui est corrigée concerne un objet.

Il s'ensuit une conséquence majeure. Ceux qui accusent le matérialisme (naturalisme) de conduire à des politiques injustes passent à côté du problème. Il est vrai que les régimes les plus terribles du XXe siècle, tels que le nazisme, le stalinisme et le régime khmer rouge, étaient matérialistes. Mais si la volonté est une illusion, l'idée même de mal est éliminée. En l'absence de bien et de mal, qu'est-ce qui comble le vide ? Les désirs et les dégoûts. Ils dirigent de façon aléatoire les circuits neuronaux.

C. S. Lewis avait mis en garde : « Quand tout ce qui dit "C'est bon" a été démantelé, seul reste ce qui dit "Je veux". »[28] En d'autres termes, la conception matérialiste de gouvernement désigne un gouvernement par des entités qui – de leur propre aveu – doutent de la notion même de responsabilité morale.[29] Nous ne devrions donc aucunement être surpris qu'un tel gouvernement déshumanise ses sujets, car il doit gérer ses citoyens comme un fermier gère son bétail – aussi humainement que possible, mais sans considérer qu'ils sont dotés d'une compréhension morale, d'un libre arbitre ou d'un objectif supérieur à celui déterminé par le fermier.

Ainsi, même si la solution de Pinker (traiter la science et l'éthique comme des « jeux » distincts) n'est pas fonctionnelle, sa réflexion sur les conséquences de la négation du libre arbitre est tout à fait légitime.

Le langage de l'esprit, de la conscience et du soi

Ayant échoué dans leur tentative de se débarrasser de l'esprit, certains matérialistes ont adopté une stratégie intermédiaire : bannir la terminologie qui s'y réfère. Comme l'explique Karl Popper :

> Nous parlerons de moins en moins d'expériences, de perceptions, de pensées, de croyances, de buts et d'objectifs ; et de plus en plus de processus cérébraux, de dispositions à se comporter, et de comportement explicite. Ainsi le langage mentaliste passera de mode et ne sera plus utilisé que dans les rapports historiques, ou bien de façon métaphorique ou encore ironique. Quand cette étape sera atteinte, le mentalisme sera raide mort et le problème de l'esprit en relation avec le corps se sera résolu de lui-même.[30]

L'archéologue Peter Watson a récemment déploré dans le *New Scientist* que ce processus ne se réalise pas plus rapidement :

> Les sciences sociales, psychologiques et cognitives restent engluées dans des mots et des concepts préscientifiques. Pour beaucoup d'entre nous, le mot « âme » est aussi obsolète que « phlogiston », mais des scientifiques continuent pourtant à utiliser des mots aussi imprécis que « conscience », « personnalité » et « ego », sans même parle de « l'esprit ».
>
> Il est peut-être temps, en science tout au moins, que « l'imagination » et « l'introspection » soient remodelées ou, mieux encore, éliminées. Les artistes peuvent s'amuser avec ces notions, mais les affaires sérieuses du monde sont allées de l'avant.

Watson ne démontre en rien que des mots tels que « conscience », « esprit » ou « imagination » posent un problème à qui que ce soit, hormis aux tenants du matérialisme de promesse. Le langage est tout de même un projet de groupe et les mots qui ont véritablement perdu leur sens deviennent obsolètes par consentement collectif, et non par bannissement.

Le biophysicien Harold J. Morowitz a attiré l'attention sur un exemple pratique de la tentative du matérialisme de promesse de redéfinir le langage. Le glossaire du livre de Carl Sagan, *Les Dragons de l'Éden*, ne contient pas les mots *esprit, conscience, perception, attention ou pensée*, mais propose des entrées issues des neuroscience telles que *synapse, lobotomie, protéines et électrodes*. Les lecteurs peuvent juger si cette approche engendre une meilleure compréhension.

> Les anciennes habitudes de pensée n'en finissent pas de mourir. Un homme peut être incroyant en termes religieux mais au plan psychologique il peut continuer à se considérer lui-même exactement de la même façon que le fait un croyant, au moins pour les problèmes de la vie quotidienne.
>
> FRANCIS CRICK, *L'HYPOTHÈSE STUPÉFIANTE*

LA CONCEPTION MATÉRIALISTE

Il n'est guère étonnant que la conception matérialiste de l'esprit, du soi et de la conscience soit tombée en panne. On dénombre au minimum six brèches fondamentales que le matérialisme de promesse est impuissant à combler.

1. **La conception matérialiste contemporaine vise à préserver le matérialisme plutôt que de rendre compte des observations.** Le matérialisme ne dispose pas d'un modèle scientifique fonctionnel de la conscience et n'a aucune idée de la façon d'en forger un. Cataloguer la conscience en termes de « psychologie naïve » n'est qu'une manœuvre, tout comme les efforts pour débarrasser le langage des mots qui désignent le problème.

> Aussi longtemps que nous refusons d'inclure dans le débat l'attention consciente à jamais privée que chaque personne a d'elle-même, de ses pensées et de ses sentiments, de ses jugements et de sa rationalité, et tant que nous sommes focalisés sur les manifestations publiques et purement comportementales de ceux-ci, le matérialisme radical peut se maintenir dans le débat.
>
> JOHN ECCLES ET DANIEL N. ROBINSON, *LE MYSTÈRE HUMAIN*

> Cette caractéristique émergente de l'homme a, sous une forme ou une autre, été débattue par de nombreux anthropologues, psychologues

et biologistes. Elle fait partie des données empiriques qui ne peuvent être mises à l'écart simplement pour préserver la pureté du réductionnisme. La discontinuité doit être soigneusement étudiée et évaluée, mais elle doit d'abord être reconnue. Les primates sont très différents des autres animaux et les êtres humains sont très différents des autres primates.

HAROLD J. MOROWITZ, BIOPHYSICIEN

La croyance contemporaine selon laquelle tous les processus mentaux sont inconscients est à ce point contraire à l'expérience qu'elle peut être vue comme un simple symptôme des miasmes métaphysiques engendrés par une surexposition au matérialisme scientifique.

B. ALAN WALLACE, *THE TABOO OF SUBJECTIVITY (LE TABOU DE LA SUBJECTIVITÉ)*

2. **Le matérialisme conduit à des ruptures majeures dans la pensée.** Un excellent exemple de rupture matérialiste est fourni par Edelman et Tononi dans *Comment la matière devient conscience*. Expliquant pourquoi ils refusent de considérer les approches nonmatérialistes de la conscience, ils écrivent :

Quelle que soit la nature particulière du cerveau humain, il est inutile d'invoquer des forces spirituelles pour rendre compte des ses fonctions. Les principes darwiniens de variabilité au sein des populations et de sélection naturelle sont suffisants, et les éléments invoqués par le spiritualisme ne sont aucunement nécessaires à notre être conscient. Être humain en esprit et cerveau apparaît clairement comme le résultat d'un processus évolutif. Les preuves anthropologiques émergeantes en faveur d'une origine évolutive de la conscience chez l'être humain accréditent plus avant l'idée que la théorie de Darwin est la plus signifiante au plan idéologique de toutes les grandes théories scientifiques.

Examinons dans l'ordre chacune des affirmations de ce paragraphe hautement intéressant :

a. L'affirmation selon laquelle les « principes darwiniens » permettront de résoudre le problème n'est qu'une déclaration de foi – et dans ce cas, une foi qui contredit l'expérience historique.

b. Edelman et Tononi ne précisent pas ce qu'ils entendent par « spiritualisme », un terme rarement sinon jamais utilisé par les neuroscientifiques non matérialistes dans le contexte de leur travail. Ils se préservent ainsi opportunément d'avoir à se prononcer sur une hypothèse non-matérialiste rigoureuse.[31]

c. Le fait « qu'être humain en esprit et cerveau apparaît clairement comme le résultat d'un processus évolutif » ne nous apprend rien. La question n'est pas de savoir si l'évolution se produit mais ce qui la guide et ce qu'elle a véritablement engendré à ce jour.

d. Enfin, que la théorie de Darwin soit « la plus signifiante au plan idéologique de toutes les grandes théories scientifiques » est sans intérêt pour l'objet de leur discussion. La théorie de Darwin ne prédit pas la conscience, pas plus qu'elle ne la décrit.

3. **Le matérialisme conduit à des hypothèses qui ne peuvent jamais être testées.** Dans son livre *The Creative Loop : How the Brain Makes a Mind* (La boucle créative : comment le cerveau fabrique un esprit), Eric Harth soulève l'une des nombreuses difficultés qui cernent l'aspiration matérialiste à déterminer des états cérébraux précis :

> Nous voudrions connaître à chaque milliseconde (le temps qu'il faut à un neurone pour décharger) lesquels parmi les 100 milliards de neurones sont actifs et lesquels ne le sont pas.
>
> Si l'activité était notée « 1 » et l'inactivité « 0 », on obtiendrait une séquence de 100 milliards de zéros et de un à chaque milliseconde, ou 100 billions à chaque seconde. Pour avoir une description en continu du véritable état neuronal, il me faudrait produire à chaque seconde quelque chose comme 110 millions de livres, contenant chacun un million de symboles. Ce chiffre astronomique doit être comparé à mes états mentaux tels qu'ils surviennent.

Cela semble assez compliqué, mais ça se gâte encore. Comme le reconnaît Harth, chaque esprit et cerveau humain traverse la vie de façon différente, en se modifiant au fur et à mesure, de telle sorte que l'information obtenue pour son cerveau ne s'appliquerait à aucun autre – ni même à son propre cerveau après un certain laps de temps ! Le lecteur se souviendra peut-être que ce point a été soulevé au chapitre 4, mais il est important de le répéter car il est à ce point contraire aux aspirations matérialistes qu'il est souvent ignoré dans les débats publics. L'une des conséquences, par exemple, est que la conception de Changeux selon laquelle les états mentaux et les états cérébraux sont totalement identiques est intestable et dépourvue de valeur prédictive.

4. **Le matérialisme de promesse conduit à soutenir des projets difficilement réalisables dans un futur indéterminé pour éviter d'avoir à traiter les questions du moment.** Aux prises avec le problème des qualia, Edelman et Tononi expliquent qu'un jour nous créerons des « artefacts conscients » :

> Même si le jour où nous serons capables de créer de tels artefacts conscients est encore lointain, il se pourrait que nous soyons obligés de les fabriquer – c'est-à-dire utiliser des moyens synthétiques – avant de pouvoir pleinement comprendre les processus de la pensée elle-même. Aussi lointaine que soit la date de leur fabrication, de tels artefacts devront bel et bien être conçus.

Ils admettent toutefois que, « même alors, nous ne connaîtrons pas directement l'expérience phénoménale de cet individu artificiel ; le qualia dont chacun de nous fait l'expérience, artefact ou personne, réside dans notre propre incarnation, notre propre phénotype » – ce qui revient à admettre que les artefacts ne nous aideraient guère à comprendre les qualia.

5. **Considéré sérieusement, le matérialisme sape notre capacité à comprendre un jour l'esprit humain et le cerveau.** Steven Pinker, par exemple, imagine : « Nos cerveaux ont été configurés pour l'aptitude, pas pour la vérité. La vérité est parfois adaptative, mais d'autres fois elle ne l'est pas. »[32] Comment dès lors les scientifiques et philosophes tels que Pinker, Crick et Dennett savent-ils que leurs idées ont échappé aux contraintes de l'évolution – et possèdent de ce fait une validité indépendante – alors que ce ne serait pas le cas des idées de

leurs contradicteurs non-matérialistes ? Les deux ensembles d'idées se retrouvent dans la population humaine et les idées nonmatérialistes prédominent largement. Se contenter d'affirmer que le matérialisme repose sur des observations n'est donc pas suffisant. Les idées nonmatérialistes reposent elles aussi sur des observations. Mais les doctrines matérialistes sapent notre confiance dans une capacité à évaluer les données ; il est donc inutile pour les matérialistes d'affirmer qu'ils possèdent de meilleures preuves que les non-matérialistes.

6. **Le matérialisme est en décalage avec la physique moderne.** La physique classique conçoit l'univers comme étant composé de morceaux de matière indépendants qui interagissent selon certains mécanismes. La raison pour laquelle la conscience pose un problème aux neurosciences matérialistes est qu'elle semble dépourvue de tout mécanisme. La physique quantique moderne conçoit pour sa part l'univers comme des états superposés les uns aux autres. Mais ces états n'existent pas indépendamment les uns des autres, ainsi leur interaction n'est pas gouvernée par un mécanisme. Comme l'écrit B. Alan Wallace :

> Dès lors que l'on commence à concevoir les phénomènes subjectifs et objectifs, mentaux et physiques, comme *relationnels* au lieu de *substantiels* (dotés d'une existence propre), les interactions causales entre l'esprit et la matière ne s'avèrent pas plus problématiques que les mêmes interactions survenant au sein de phénomènes mentaux et au sein de phénomènes physiques. Mais la notion d'un *mécanisme* causal réifié pourrait ne plus avoir d'utilité dans aucun de ces domaines.[33]

En conséquence, relève-t-il, « la demande d'une explication mécaniste de la causalité a depuis longtemps été rejetée dans différents domaines de la physique, dont l'électromagnétisme et la mécanique quantique. »[34]

Le conflit entre la biologie matérialiste et la physique contemporaine devient de plus en plus saillant. Ainsi que l'a souligné Harold J. Morowitz, les biologistes ont avancé récemment en direction d'un matérialisme pur et dur qui caractérisait le XIXe siècle, alors même que les physiciens ont été de leur côté forcés par le poids de l'évidence à s'éloigner de modèles strictement mécaniques de l'univers, au profit d'une conception dans laquelle l'esprit joue un rôle intégral dans tous les événements physiques.

Il commente : « C'est comme si les deux disciplines étaient dans des trains à grande vitesse se dirigeant dans des directions opposées, et sans réaliser ce qui se passe sur l'autre voie. » Ceci soulève une question : si la physique ne conforte pas la biologie, quelle est la discipline qui devrait repenser sa position – la physique ou la biologie ? Sur un plan pratique, peut-on raisonnablement s'attendre à des progrès importants en neurosciences, compte tenu des problèmes posés, si l'on ne commence pas par réévaluer le matérialisme sur lequel reposent nos hypothèses depuis des décennies ?

Il existe une base théorique solide à une approche non-matérialiste des neurosciences et – peut-être est-ce là le plus important pour de nombreux lecteurs – il y a également des applications valides. Nous allons nous intéresser à ces domaines au chapitre 6.

CHAPITRE 6

Vers une science non matérialiste de l'esprit

Ma prémisse fondamentale à propos du cerveau est que ses mécanismes – ce que nous appelons parfois « l'esprit » – sont une conséquence de son anatomie et de sa physiologie, rien de plus.

CARL SAGAN, ASTRONOME ET VULGARISATEUR SCIENTIFIQUE

Nous considérons le matérialisme de promesse comme une superstition sans fondement rationnel. Plus nous en apprenons sur le cerveau, plus nous distinguons clairement les événements cérébraux et les phénomènes mentaux, et plus les événements cérébraux comme les phénomènes mentaux nous apparaissent merveilleux. Le matérialisme de promesse n'est qu'une croyance religieuse soutenue par des matérialistes dogmatiques... qui confondent souvent leur religion avec leur science.[1]

JOHN ECCLES, *LE MYSTÈRE HUMAIN*

Une science non matérialiste de l'esprit peut-elle rendre compte des faits observés mieux qu'une science matérialiste ? À ce stade, il est possible d'esquisser certaines caractéristiques d'une conception non matérialiste de l'esprit. Bien qu'aucune des conceptions actuelles ne répondent à toutes les questions, une approche non matérialiste peut au moins rendre compte de certaines caractéristiques connues de l'expérience humaine dont les conceptions matérialistes ne rendent pas compte, comme nous l'avons vu, et qu'elles vont même parfois jusqu'à nier.

Par exemple, une approche non matérialiste peut rendre compte des études de neuro-imagerie qui montrent les sujets dans le processus même d'autorégulation de leurs émotions en se concentrant sur elles. Elle peut aussi expliquer l'effet placebo (les pilules sucrées qui soignent un patient s'il est persuadé qu'il s'agit d'un remède efficace).

Une conception non matérialiste peut également apporter des explications scientifiques à des phénomènes déroutants qui sont actuellement négligés par les conceptions matérialistes.

L'un des ces phénomènes est le psi, cette capacité qu'ont semble-t-il certains êtres humains à influencer mentalement des événements, dans le cadre d'études contrôlées, avec des résultats supérieurs au hasard. Un autre est l'affirmation étonnamment fréquente de la part de patients ayant subi un traumatisme ou une opération chirurgicale importante, disant qu'ils ont fait l'expérience – lors de leur période d'inconscience – d'une forme de conscience mystique qui a transformé leur vie. Si une conception non matérialiste s'avérait correcte, elle devrait alors se montrer utile dans un domaine pratique tel que la médecine. Examinons quelques démonstrations de cette utilité.

Les neurosciences non matérialistes en médecine

> Un cerveau a toujours fait ce qu'il était amené à faire par des fluctuations mécaniques locales.
>
> Daniel Dennett, philosophe matérialiste

> Le temps est venu pour la science de faire face aux véritables implications du fait que l'activité mentale, dirigée par la volonté, peut modifier clairement et systématiquement le fonctionnement du cerveau.[2]
>
> Jeffrey M. Schwartz, psychiatre

Une approche non matérialiste de l'esprit est non seulement défendable au plan philosophique, elle est aussi cruciale pour la prise en charge de certains troubles psychiatriques. Les troubles obsessionnels compulsifs et les phobies, par exemple, peuvent être soulagés de manière plus efficace si l'esprit identifie et réorganise certains motifs cérébraux destructeurs. Il ne s'agit pas de déprécier le rôle des médicaments, des thérapies, ou d'autres interventions utiles, mais il se trouve que l'esprit se révèle finalement l'agent le plus efficace pour modifier le cerveau.

Traiter les troubles obsessionnels compulsifs

> Lorsqu'elle conduisait, si Dottie apercevait une plaque d'immatriculation contenant un 5 ou un 6, elle se sentait obligée de se garer immédiatement et de s'asseoir au bord de la route jusqu'à ce qu'une voiture avec un numéro « porte-bonheur » passe devant elle... Si elle faisait la moindre erreur, son fils en deviendrait aveugle.[3]
>
> DESCRIPTION D'UNE FEMME AUX PRISES AVEC UN TROUBLE OBSESSIONNEL COMPULSIF (TOC)

Le trouble obsessionnel compulsif (TOC) est une maladie psychiatrique caractérisée par des pensées angoissantes, envahissantes et indésirables (obsessions), qui déclenchent l'obligation de réaliser des comportements rituels (compulsions). Ce trouble ne doit pas être confondu avec la manie de l'expert passionné par les détails de son domaine d'expertise bien-aimé, mais secondaire. Le TOC ne donne aucun plaisir et ne crée aucune valeur.

Pire, les personnes atteintes de TOC savent que leurs croyances sont absurdes et leurs activités inutiles. Ils ne les ressentent même pas comme faisant partie d'eux-mêmes. Mais ils ne savent pas non plus comment s'en débarrasser. Et ces malades ne parviendront pas à éteindre l'alarme qui s'allume dans leurs cerveaux tant qu'ils n'auront pas réalisé leurs rituels. Pourtant, céder à ces comportements ne fait qu'aggraver les choses avec le temps ; plus ils cèdent et plus les croyances et les comportements en question s'affirment. C'est comme si leurs cerveaux avaient été pris en otage. Environ un adulte américain sur cinquante souffre de TOC plus ou moins sévère ; les cas les plus graves mettent en péril les relations avec l'entourage et l'activité professionnelle. Cette forme d'obsession touche parfois plusieurs membres d'une même famille mais il est peu probable qu'un gène unique en soit responsable.

Pendant la plus grande partie du XXe siècle, les TOC ont été considérés comme incurables. La théorie freudienne supposait que les TOC trouvent leur origine dans des traumatismes sexuels de l'enfance, mais cette théorie était impossible à tester et stérile. Des médicaments ont été étudiés, mais ils provoquaient des effets secondaires désagréables. Certains professionnels de santé ont essayé le reconditionnement comportemental. Par exemple, des laveurs de mains compulsifs étaient forcés de toucher des cuvettes de toilettes publiques, puis on leur interdisait de se laver les mains. Sans surprise, de nombreux malades compulsifs ont préféré souffrir secrètement plutôt que de demander un traitement. Ils sont nombreux aujourd'hui encore à être trop gênés par leurs compulsions pour rechercher de l'aide.

Mon ami et collègue Jeffrey Schwartz, un neuropsychiatre non matérialiste de l'université de Californie à Los Angeles, a commencé à travailler avec des malades atteints de TOC dans les années 1980, car il avait le sentiment que les TOC étaient l'indication d'un esprit intact perturbé par un cerveau mal en point. Schwartz a décidé d'utiliser la tomographie par émission de positons (TEP scan, utilisation de l'émission d'isotopes radioactifs désintégrés pour produire une image de l'activité du cerveau) pour localiser l'endroit du cerveau qui était concerné par le TOC.

Il a identifié un circuit neuronal défectueux qui relie le cortex orbitofrontal, le gyrus cingulaire et les ganglions de la base, à partir duquel sont générés la panique et la compulsion. Quand ce « circuit de l'inquiétude » fonctionne correctement, les personnes s'inquiètent de véritables risques et ressentent le besoin de les réduire. Mais, ainsi que Schwartz l'a découvert,

> lorsque cette modulation est défectueuse, comme dans les cas de TOC, le détecteur d'erreurs centré dans le cortex orbital frontal et le cingulaire antérieur peut être suractivé et verrouillé selon un motif de décharges répétées. Ceci déclenche le sentiment irrépressible que quelque chose ne va pas et s'accompagne de tentatives compulsives d'y apporter une solution quelconque.[4]

Cette piste de recherche s'est révélée fructueuse pour comprendre le trouble compulsif, mais comment l'utiliser pour le traiter ? Schwartz a constaté que les parties préfrontales du cerveau humain, qui sont les plus récemment apparues au cours de l'évolution (et donc les plus sophistiquées), étaient presque complètement épargnées par le TOC. C'est la raison pour laquelle les patients perçoivent les compulsions comme étrangères. Elles *sont* étrangères aux parties du cerveau les plus spécifiquement humaines.[5] Dans la mesure où les capacités de raisonnement et le sens de l'identité des patients restent intacts, ces derniers peuvent coopérer activement à leur traitement.

En tant que pratiquant de méditation bouddhiste de type « attention consciente », Schwartz a écarté les traitements comportementaux qui manipulent ou forcent le patient, préférant utiliser dans sa pratique des traitements cognitivo-comportementaux dans lesquels on demande au patient de corriger volontairement ses perceptions erronées. Il a cependant réalisé que son approche traditionnelle n'aiderait pas les malades souffrant de TOC. En effet, ils *savent déjà* que leurs obsessions et compulsions sont faussées. Comme il le dit lui-même : « La patiente sait pertinemment que si elle échoue à compter les boîtes de conserve dans son placard aujourd'hui, sa mère ne va pas mourir d'une mort atroce cette nuit. Le problème est qu'elle ne le ressent pas ainsi. »[6] Schwartz avait besoin de développer une approche thérapeutique qui donne à l'esprit du patient une stratégie pour contrôler et re-cartographier le cerveau.

Le problème central avec le TOC est que plus le patient effectue un comportement compulsif, plus les neurones sont entraînés à le faire, et plus les indicateurs du comportement se renforcent. Ainsi, même si les indicateurs semblent dire : « Fais le encore une fois et tu seras apaisé », cette promesse est fausse par sa nature même. Ce qui fut autrefois un simple sentier neuronal grossit lentement jusqu'à devenir une autoroute à douze voies dont le trafic assourdissant l'emporte sur le voisinage neuronal. Le défi est de le ramener au statut de sentier dans le cerveau. La neuroplasticité (la capacité des neurones à modifier leurs connexions et leurs influences) permet cela.

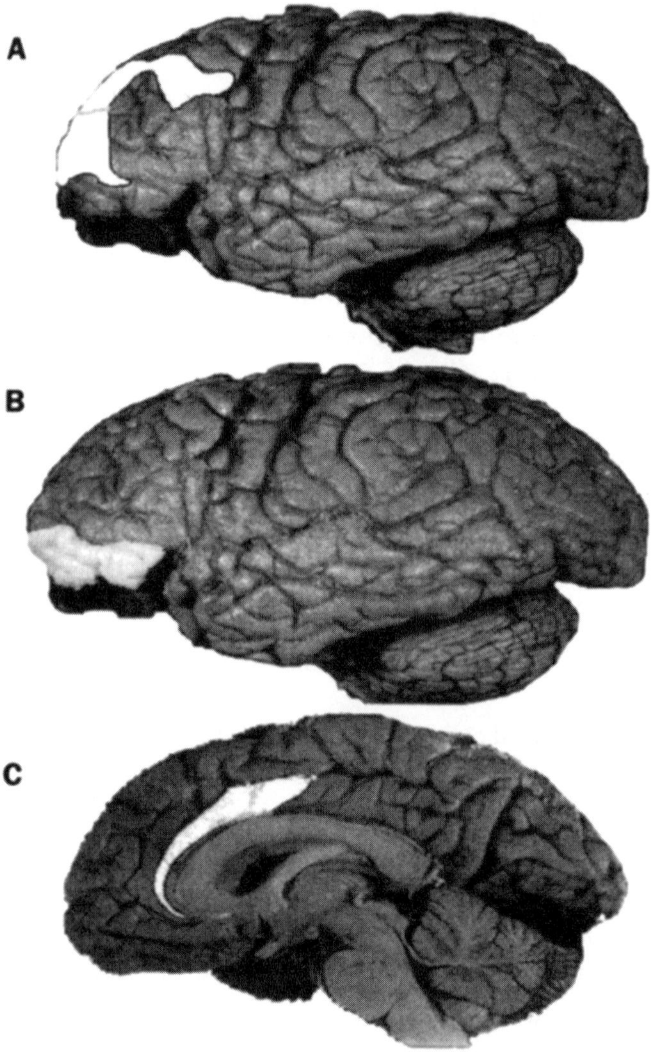

Trois subdivisions primaires du cortex préfrontal: A. cortex préfrontal dorsolatéral (CPDL); B. Partie latérale du cortex orbitofrontal (COF); C. Cortex antérieur cingulaire (CAC).

Schwartz a élaboré un programme en quatre étapes dans lequel le patient est invité à Requalifier, Réattribuer, Réassigner et Réévaluer les activités liées au TOC. Par exemple, Dottie, la femme qui avait peur des 5 et des 6, a appris à dire : « Ce n'est pas moi, c'est mon TOC ! » Schwartz constate : « Le fait de Réattribuer est particulièrement efficace pour détourner l'attention du patient de ses tentatives démoralisantes et stressantes visant à se débarrasser des sensations gênantes du TOC en s'engageant dans des comportements compulsifs. » Il n'a pas seulement conduit ses patients à changer d'opinion, mais plutôt à réellement modifier leur cerveau. Son objectif était de les amener à substituer un circuit neuronal utile à un autre, inutile. Par exemple, substituer « va travailler dans le jardin » à « lave-toi les mains sept fois de plus », jusqu'à ce que le trafic neuronal découlant des nombreuses activités différentes associées au jardinage commence à supplanter le trafic associé au lavage des mains. L'objectif était que la super autoroute puisse progressivement être ramenée à un ensemble dense mais fonctionnel de plusieurs sentiers.

Le groupe de Schwartz à l'université de Los Angeles a réalisé des TEP scans de 18 patients atteints de TOC modéré à sévère, avant et après qu'ils entreprennent la thérapie individuelle et collective en quatre étapes. Ces patients ne prenaient aucun médicament. Douze d'entre eux ont amélioré significativement leur comportement au cours des dix semaines qu'a duré l'étude. Leur TEP scans ont montré une diminution de l'activité métabolique après le traitement dans le noyau caudé droit et gauche, plus particulièrement marquée du côté droit. On a également noté une diminution significative des corrélations anormalement élevées, et pathologiques, qui se produisaient entre le noyau caudé, le cortex orbitofrontal et le thalamus dans l'hémisphère droit. Autrement dit, ces patients avaient réellement modifié leur cerveau. Comme l'observe Schwartz :

> Cette étude a été la toute première à montrer que la thérapie cognitivo-comportementale – en fait tout traitement psychiatrique ne reposant pas sur l'administration de médicaments – avait le pouvoir de modifier la chimie défectueuse d'un circuit cérébral bien identifié... Nous avions démontré de telles transformations chez des patients qui avaient, pourrait-on dire, changé la façon dont ils pensaient à leurs pensées.[7]

En général, explique Schwartz, le succès de cette méthode en quatre étapes nécessite que le patient fasse deux choses : reconnaître que des messages cérébraux erronés entraînent un comportement obsessionnel-compulsif, et réaliser que ces messages ne font pas partie de soi. Dans cette thérapie, le patient reprend complètement le contrôle. L'existence et le rôle de l'esprit comme étant indépendant du cerveau sont acceptés ; il s'agit en fait de la condition même du succès de la thérapie.

Des choix responsables sont possibles

> Une victime de viol à chaque minute quelque part dans le monde. Pourquoi ? Il n'y a personne d'autre à blâmer qu'elle-même. Elle a exposé sa beauté au monde entier.[8]
>
> UN REPRÉSENTANT DU CLERGÉ AUSTRALIEN PÉREMPTOIRE SUR LA RESPONSABILITÉ EN CAS DE VIOL

> Il n'y a aucun centre d'activité morale indépendante... Nous ne sommes pas, comme le dit le philosophe Daniel Dennett, des « lévitants moraux » qui s'élèvent au-dessus des circonstances lors de nos choix, y compris nos choix consistant à voler, violer ou tuer.
>
> TOM W. CLARK, DIRECTEUR DU CENTRE POUR LE NATURALISME

La croyance populaire selon laquelle des hommes excités sexuellement sont incapables de maîtrise de soi est au cœur de nombreux codes législatifs traditionnels qui attribuent la responsabilité à la femme lorsque celle-ci est victime d'une agression sexuelle. Les codes judiciaires modernes, qui reconnaissent certains principes féministes, estiment au contraire que l'homme est capable de se contrôler. Une telle position est moralement louable en principe, mais elle est encore plus facile à défendre s'il est démontré qu'elle est factuellement exacte. Il y a quelques années, avec Johanne Lévesque qui était alors étudiante en doctorat, nous avons décidé d'étudier cette question en utilisant l'imagerie par résonance magnétique fonctionnelle (IRMf).[9]

Un appareil de résonance magnétique se présente sous la forme d'un gigantesque aimant cylindrique qui entoure un volontaire ou un patient et génère un champ puissant. À l'intérieur du dispositif, les ondes radio sont perturbées par ce champ et produisent une image des modifications subtiles et rapides qui surviennent dans le cerveau lorsque la personne est en train de penser, de ressentir, de parler ou de faire quelque chose (d'où le terme « fonctionnelle »). Hormis son intérêt évident pour la recherche en neurosciences, l'IRMf est appréciée des neurochirurgiens qui préparent une intervention. Les cerveaux des individus diffèrent les uns des autres ; une tumeur ou une ischémie (accident circulatoire) peuvent notamment amener des fonctions à se « délocaliser » dans des zones indemnes du cerveau. Les chirurgiens peuvent donc limiter les dommages postinterventionnels en localisant finement et en épargnant une zone qui est le siège d'une fonction cérébrale valide.

Nous avons demandé à dix hommes jeunes et en bonne santé, âgés de vingt à quarante-deux ans (mais principalement dans leur vingtaine), de visionner quatre extraits de films émotionnellement neutres (par exemple des scènes de conversations, des images de menuiserie, etc.), puis quatre extraits de films érotiques. Chaque extrait durait 39 secondes, séparé par une pause de 15 secondes. Le nombre d'hommes et de femmes présentés dans les deux types de vidéos était identique. Les hommes ont été scannés dans deux conditions distinctes, l'une où on leur demandait simplement de réagir normalement lorsqu'ils visionnaient les films, équipés de lunettes spéciales ; et l'autre condition où on leur demandait de contrôler leurs réactions aux films érotiques, ou bien d'observer ces réactions de façon dépassionnée, sans évaluation ni jugement.

Dans la seconde condition, on leur projetait des films semblables mais pas identiques. À la fin de la session, chacun devait remplir un « questionnaire de stratégie » dans lequel il décrivait la stratégie qu'il avait utilisée pour s'empêcher d'être excité sexuellement. Tous les hommes ont été excités par les vidéos érotiques mais ils n'ont pas manifesté d'autres émotions, selon l'échelle d'autoévaluation. De façon significative, tous ont été capables de réprimer leur excitation lorsqu'il leur était demandé de le faire. L'excitation sexuelle était associée à l'amygdale du côté droit et à l'hypothalamus, entre autres régions, et sa répression était associée au cortex latéral préfrontal droit et au cortex cingulaire antérieur droit.

Ces résultats sont cohérents avec les travaux ayant montré que le cortex latéral préfrontal (CLPF) joue un rôle dans les processus « top-down » (« du haut vers le bas », ou métacognitif/exécutif), c'est-à-dire les processus capables d'analyser et de contrôler le traitement de l'information nécessaire à la réalisation d'une action volontaire.[10]

Le point de vue des neurosciences

L'excitation sexuelle ressentie lors de l'expérimentation en réponse aux extraits de films érotiques était associée à une activation des structures « limbiques » et paralimbiques, telles que l'amygdale droite, le pôle temporal antérieur droit et l'hypothalamus. Ces observations confortent l'idée que l'amygdale joue un rôle clé dans l'évaluation de la signification émotionnelle des stimuli ; que l'hypothalamus est une structure cérébrale pivot impliquée dans l'expression endocrine et autonome des émotions, et que le pôle temporal antérieur intervient dans l'attribution d'une « coloration » émotionnelle à l'expérience subjective.[11] De plus, la répression de l'excitation sexuelle engendrée par la perception des stimuli érotiques était associée à l'activation du cortex latéral préfrontal droit (CLPF, aire de Brodmann – AB – 10) et du cortex cingulaire antérieur droit (CCA ; AB 32).

Il a été montré que le CLPF est impliqué dans la sélection et le contrôle de stratégies comportementales, et dans le passage à l'acte, en particulier dans la tendance à inhiber des réponses automatiques. Ces résultats confortent également l'hypothèse selon laquelle la subdivision rostroventrale du CCA joue un rôle clé dans la régulation de la composante autonome des réponses émotionnelles, du fait de ses connexions anatomiques avec les régions cérébrales impliquées dans la modulation des fonctions autonomes et endocrines, telles que l'amygdale et l'hypothalamus.

En résumé, la croyance qui veut que les hommes ne soient pas vraiment capables de réprimer leur excitation sexuelle – qu'elle repose sur d'anciennes traditions ou sur le matérialisme moderne – est tout simplement erronée. Ainsi, les codes pénaux qui tiennent les hommes pour responsables des agressions sexuelles qu'ils commettent sont fondés sur une réalité neurologique, et pas seulement sur un idéalisme naïf.[12]

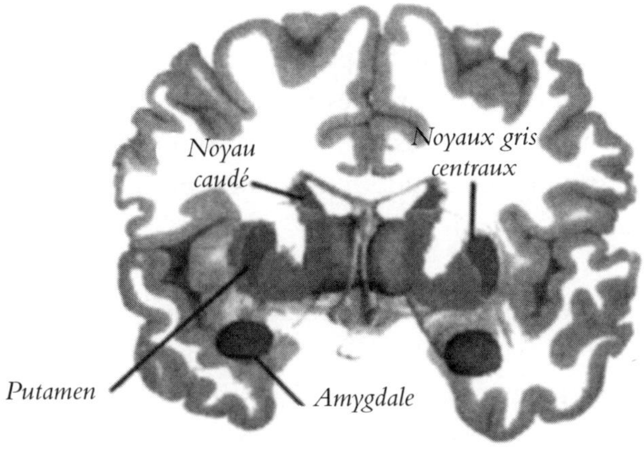

Coupe coronale du cerveau montrant les amygdales et quelques structures cérébrales appartenant aux ganglions de la base (noyau caudé et putamen).

La dépression : prendre le contrôle de la tristesse

Cieux bleus et blancs à l'extérieur, pilules bleues et blanches à l'intérieur. Le soleil brille dehors, pourquoi alors me senté-je si sombre dedans ?

UNE PERSONNE LUTTANT CONTRE LA DÉPRESSION

Les personnes déprimées pensent se connaître, mais peut-être ne connaissent-elles que la dépression.

MARK EPSTEIN, PSYCHIATRE

Comment parvenons-nous à vivre et travailler efficacement tout en gérant les déceptions, les pertes et les deuils qui surviennent au long d'une vie ordinaire ? Certaines personnes semblent capables de contrôler la tristesse au point qu'elle n'interfère pas avec leurs relations ou leur travail, alors que d'autres sombrent peu à peu dans la dépression et l'anxiété. Ainsi, 15 % environ de la population française souffre de dépression clinique à un degré ou un autre.

La dépression est une affection grave et dangereuse. Parmi les patients traités pour dépression en unité ambulatoire, 2 % vont mourir par suicide, de même que 4 % des patients hospitalisés pour la même raison. De façon générale, d'après les études de l'Institut National de la Santé Mentale aux États-Unis, 6 % des personnes hospitalisées pour une tentative de suicide ou des idées suicidaires profondes passent définitivement à l'acte.[13]

Les neurosciences peuvent-elles soulager ou prévenir la souffrance et l'abattement en cartographiant ce qui se passe dans le cerveau lorsque des individus parviennent à réprimer volontairement leurs idées noires, sans recours aux médicaments ? La réponse est importante car la génération actuelle d'antidépresseurs donne des résultats à peine supérieurs aux placebos, comme nous le verrons plus loin. En d'autres termes, si un patient peut se soigner efficacement en apprenant, via une thérapie ciblée, à mobiliser des ressources internes, les antidépresseurs pourraient être réservés à des besoins spécifiques et bien identifiés.

Avec quelques collègues de l'université de Montréal[14], Johanne Lévesque et moi-même avons étudié les régions du cerveau qui interviennent dans la régulation des sentiments mélancoliques chez vingt jeunes femmes psychologiquement saines[15]. Leurs cerveaux ont été scannés alors qu'elles visionnaient des extraits de films émotionnellement neutres ou bien tristes. Elles se trouvaient seules à l'intérieur du scanner pour regarder ces vidéos, à l'aide de lunettes spéciales, afin de ne pas subir une quelconque influence de groupe occasionnée par les extraits de films tristes.

Les sujets ont d'abord visionné quatre extraits de films émotionnellement neutres d'une durée de 48 secondes, puis quatre extraits de films tristes, entrecoupés de pauses de 15 secondes à chaque fois. Les films neutres, qui présentaient différentes activités humaines (conversations, menuiserie, etc.), étaient utilisés pour étalonner l'état cérébral du sujet en l'absence de réaction émotionnelle. Les films tristes montraient quant à eux la perte d'une personne aimée. Là encore, les extraits étaient soigneusement choisis pour présenter le même nombre d'hommes et de femmes à chaque fois.

Dans un premier temps, pendant qu'elles regardaient les extraits de films tristes, on a demandé aux sujets de se laisser aller à ressentir la tristesse de façon normale. La seconde fois, elles visionnaient quatre extraits similaires de scènes neutres, suivis de quatre extraits de scènes tristes. Mais on leur a cette fois demandé de réprimer leur tristesse en devenant des observatrices détachées des scènes projetées, et de la réponse de tristesse induite par les stimuli. Leurs cerveaux ont été scannés dans les deux conditions pour observer ce qui se passait. Tous les sujets ont exprimé de l'indifférence devant les scènes neutres et de la tristesse devant les autres extraits, mais toutes ont réalisé qu'elles étaient capables de se détacher émotionnellement des scènes tristes lorsqu'elles essayaient de le faire.[16]

Le point de vue des neurosciences

En termes neurobiologiques, la tristesse passagère était associée à des zones d'activation dans le pôle temporal antérieur et le mésencéphale, bilatéralement, de même que dans l'amygdale gauche, l'insula gauche, et le cortex ventrolatéral préfrontal droit (CVLPF ; AB 47). Le mésencéphale est impliqué dans la médiation de réponses autonomes, telles que la conductance (ou réponse) électrodermale et la modification de la température corporelle. Nous avons donc proposé que l'activation mésencéphalique observée au cours de la condition « tristesse » était probablement le reflet de réponses autonomes accompagnant les sentiments de tristesse des sujets. Nous avons également postulé que l'activation insulaire mesurée dans la condition « tristesse » était un corrélat neurologique des modifications autonomes associées à l'expérience subjective de la tristesse, compte tenu de l'interconnexion étroite entre l'insula et les régions impliquées dans la régulation autonome. En ce qui concerne le CVLPF, l'augmentation d'activité a été précédemment décrite en lien avec des pensées mélancoliques ou un sentiment de tristesse chez des sujets atteints de trouble dépressif majeur. Il apparaît donc que cette région cérébrale est associée au traitement des composantes tant normales que pathologiques de la tristesse.[17]

Il est intéressant de noter que dans la condition « répression de la tristesse », des zones d'activation ont été observées dans le cortex latéral préfrontal (CLPF ; AB 9) et le cortex orbitofrontal droit (COF ; AB 11). L'activation du COF au cours de la tâche d'autorégulation émotionnelle est cohérente avec les études cliniques de neuropsychologie qui montrent que cette région préfrontale exerce un contrôle inhibiteur destiné à protéger les comportements orientés vers un but contre de possibles interférences.

Des lésions du COF conduisent au syndrome du lobe frontal ou syndrome pseudo-psychopathique qui se caractérise par la tendance à la distraction, l'impulsivité, des bouffées émotionnelles, la superficialité, la tendance à la querelle verbale (« argumentativité »), l'agressivité physique et verbale, l'hypersexualité, l'hyperphagie, le désintérêt pour les conséquences du comportement, l'incapacité à respecter des règles sociales et morale, et un comportement de prises de décisions risquées. Les individus présentant des lésions du COF tendent à être imprévisibles, d'humeur changeante et ils font souvent montre d'un humour inapproprié et infantile. Ces individus manifestent également des réponses autonomes anormales aux sollicitations émotionnelles, des difficultés à ressentir des émotions dans des situations qui devraient normalement les provoquer, et une compréhension altérée des conséquences de leurs comportements sociaux préjudiciables.[18]

Il apparaît ainsi que les êtres humains normalement constitués ne sont pas des robots sentants, mais qu'ils sont tout à fait capables d'ajuster leur réponse émotionnelle. Et c'est également vrai des enfants, ainsi que J. Lévesque et notre équipe l'ont découvert lorsqu'ils ont demandé à 14 jeunes filles âgées de huit à dix ans[19] de visionner elles aussi des scènes neutres ou tristes alors qu'elles se trouvaient à l'intérieur du scanner.

Les enfants ont montré qu'ils étaient capables de garder leurs émotions sous contrôle au cours de la seconde série, tout comme les adultes. La différence entre les parties du cerveau utilisées par les enfants et celles qu'utilisent les adultes suggère que la répression volontaire d'une émotion primaire, telle que la tristesse, requiert davantage de travail au niveau préfrontal chez l'enfant que chez l'adulte. Il semble dès lors probable que l'autorégulation consciente et volontaire des émotions soit plus difficile (aux plans cognitif et affectif) chez l'enfant car la maturation des connexions reliant le cortex préfrontal aux structures limbiques n'est pas achevée.

Apprendre à vivre sans peur

Arachnophobie : peur anormale et persistante des araignées. Les individus souffrant d'arachnophobie ressentent une anxiété excessive même s'ils réalisent que le risque de rencontrer une araignée et d'être blessé par elle est faible voire inexistant. Ils évitent parfois de marcher pieds nus et sont particulièrement en alerte lorsqu'ils prennent une douche ou lorsqu'ils entrent et sortent de leur lit.

DICTIONNAIRE MÉDICAL MEDICINENET

L'araignée Gipsy
Monte à la gouttière
Tiens voilà la pluie!
Gipsy tombe par terre.

COMPTINE TRADITIONNELLE

La peur n'est jamais bonne conseillère et la victoire sur la peur est le premier devoir spirituel de l'homme.

NICOLAS BERDIAEV, PHILOSOPHE (1874-1948)

Le point de vue des neurosciences

Chez les enfants, des zones d'activation significative ont été observées dans le cortex latéral préfrontal (CLPF ; AB 9-10), le cortex orbitofrontal (COF, AB 11), le cortex préfrontal médian (CPMF ; AB 10) et le cortex cingulaire antérieur rostral (CCA ; AB 24)

Plus de 11 % d'Américains souffrent de peurs irraisonnées (phobies). La peur des araignées (arachnophobie) est proche du sommet de la liste. La plupart des phobiques sont des femmes, mais 10 % des arachnophobes britanniques, par exemple, sont des hommes. La phobie des araignées peut dominer une vie, amenant à des comportements étranges, des difficultés professionnelles et des relations sociales détériorées. Les choix concernant le lieu d'habitation, le mode de vie, le travail, les vacances ou l'activité sportive peuvent être orientés par un besoin assumé d'éviter les araignées. On a ainsi vu certains phobiques versant chaque soir de l'eau de Javel sur leurs ustensiles de cuisine, occultant avec du ruban adhésif de minuscules trous que des araignées pourraient utiliser, et inspectant chaque centimètre carré de leur chambre avant de se coucher. Beaucoup en viennent à croire que les araignées travaillent en groupes pour les observer et les suivre partout. « Une fois je me suis précipitée dehors entièrement nue », confiait une femme au quotidien britannique *Daily Telegraph*. « Je m'apprêtais à prendre une douche et j'ai repéré deux énormes araignées sur le mur. Heureusement, le soleil brillait, et je me suis donc cachée dans le jardin jusqu'à ce que mon mari rentre à la maison. »[20]

En Grande-Bretagne, environ 1 million de personnes souffrent de phobie des araignées ; il s'agit en effet de la seconde phobie la plus répandue parmi les sujets britanniques après la prise de parole en public. Ce qui ferait de la phobie des araignées la peur *irrationnelle* la plus répandue en Grande-Bretagne. En effet, la prise de parole en public comporte de véritables risques sociaux et professionnels, alors que les araignées britanniques sont en principe inoffensives.

La raison pour laquelle la phobie des araignées est si répandue reste obscure. Il se peut que le comportement naturel des araignées agisse comme un déclencheur involontaire. En effet, il arrive que les araignées perdent leurs appuis lorsqu'elles marchent au plafond, et tombent brusquement sur la tête ou l'épaule d'une personne au dessous. Elles ont également pour habitude déconcertante de descendre le long d'un de leurs fils de soie et de rester suspendues en l'air, ou bien de tisser une toile en travers d'un passage et de rester immobiles au milieu, donnant peut-être l'impression qu'elles sont à l'affût d'un être humain.

Un tel incident peut être à l'origine d'une phobie chez un enfant prédisposé. Tout comme les TOC, une phobie est renforcée par le comportement phobique lui-même, jusqu'à dominer la vie du phobique. Des films comme *Arachnophobia* (1990), dans lequel une araignée tueuse – armée de « huit pattes, deux crochets et un air méchant » – s'introduit chez une famille, renforcent certaines peurs sous-jacentes.[21]

Le plus souvent, la phobie des araignées peut être traitée. La thérapie cognitivo-comportementale (TCC) est particulièrement efficace. La TCC se déroule en deux temps. D'abord les phobiques se désensibilisent eux-mêmes progressivement de la présence des araignées, puis ils apprennent des informations factuelles à propos des araignées qui leur permettent d'éliminer les peurs. (Par exemple, les araignées ne travaillent pas en groupe et ne traquent jamais les êtres humains.) Mais cette réorganisation d'un esprit et d'un cerveau autour de la véritable nature des araignées soulève la question de ce qui se passe vraiment. Le cerveau du phobique est-il simplement reprogrammé par des forces externes, ou bien un esprit capable de faire des choix peut-il contrôler et réorganiser son cerveau ?

Il y a quelques années (2003), Johanne Lévesque et Vincent Paquette – lui aussi étudiant au doctorat et travaillant dans mon laboratoire de l'université de Montréal – ont aidé 12 jeunes femmes, âgées d'environ dix-sept à vingt-cinq ans, à surmonter leur phobie des araignées grâce à la TCC, tout en scannant leurs cerveaux à l'aide de l'IRMf pour observer ce qui se passait au plan physiologique[22]. Ils ont commencé par passer une annonce dans un journal de Montréal à l'intention de femmes qui reconnaissaient avoir une peur panique des araignées. Après avoir écarté de l'étude les personnes souffrant éventuellement de troubles neurologiques ou psychiatriques autres que la phobie, ils ont fait remplir aux candidates un questionnaire sur les phobies en général et l'arachnophobie en particulier, pour s'assurer que ces sujets étaient réellement effrayés par les araignées.

Ils ont également simulé une partie de l'expérience réelle en projetant à ces femmes des extraits de films figurant des araignées alors qu'elles se trouvaient dans le scanner IRMf. Il fallait en effet s'assurer qu'elles puissent supporter à la fois le contact visuel avec les araignées et la présence dans le scanner pour mener l'étude à son terme. Dans le même temps, 13 autres jeunes femmes psychologiquement saines, et qui affirmaient ne pas craindre particulièrement les araignées, ont été scannées pendant qu'on leur projetait les mêmes scènes. Ces femmes (groupe contrôle) furent donc utilisées pour comparer avec le groupe étudié (arachnophobe) car les scans avaient montré qu'elles ne ressentaient pas de peur lors de la projection des images d'araignées.

Au cours de l'expérience, les arachnophobes furent scannées alors qu'elles visionnaient des scènes figurant des araignées vivantes ainsi que des papillons vivants. En général, les papillons sont perçus comme inoffensifs et on peut donc comparer l'état cérébral du phobique lorsqu'il voit des papillons avec son état lorsqu'il voit des araignées (statut « non-peur » versus « peur »).

La thérapie en elle-même consistait en une exposition progressive aux araignées, se fondant sur la maîtrise guidée et la pédagogie pour corriger les idées fausses sur les araignées. Cette approche avait été choisie car les données montrent que de courtes séances d'exposition intense fonctionnent mieux pour certaines phobies spécifiques. Les phobiques ont également participé à quatre sessions hebdomadaires intensives de groupes de parole (deux groupes de six membres). Lors de la première semaine, on leur a demandé de consulter un livre d'exercices contenant cinquante photographies couleur d'araignées. La semaine suivante, on les a progressivement exposées à des extraits de films montrant des araignées vivantes.

On leur a également demandé de visionner à nouveau les photos et les vidéos chez elles entre les séances. Au cours de la troisième semaine, on leur a demandé de rester dans une pièce dans laquelle se trouvaient également des araignées vivantes. Enfin, au cours de la quatrième et dernière session, il leur fut demandé de toucher une énorme tarentule vivante. Et toutes l'ont fait.

Ces résultats montrent que sans recourir à des médicaments, des appareils, des récompenses ou des menaces, les sujets phobiques avait progressivement recâblé leur propre cerveau au cours des quatre semaines, de sorte qu'elles ne ressentaient plus la peur qui avait jusque là contraint leur existence. Ces résultats confirment également les conclusions d'études TEP antérieures qui montrent que la psychothérapie peut conduire à des transformations métaboliques adaptatives locales dans le cerveau de patients souffrant de dépression grave et de TOC. Ils indiquent enfin que les transformations survenues au niveau de l'esprit, via la psychothérapie, peuvent « recâbler » le cerveau au plan fonctionnel. Autrement dit, « changez l'esprit et vous changez le cerveau. »[23]

> Tout ce que nous recherchons est le composant d'un système, un ordinateur chimique analogique, qui traite l'information venant de l'environnement... On aura beau regarder et regarder encore, on ne trouvera aucun soi fantomatique à l'intérieur, ni aucun esprit, ni aucune âme... L'âme, ce dernier refuge des valeurs, est morte, car les gens instruits ne croient plus en son existence.
>
> TOM WOLFE, « SORRY, BUT YOUR SOUL JUST DIED » (DÉSOLÉ, MAIS VOTRE ÂME VIENT DE MOURIR)

Il est intéressant de revisiter l'essai consacré aux neurosciences par le chroniqueur social Tom Wolfe, « Désolé, mais votre âme vient de mourir » – qui fut écrit au beau milieu de la décennie du cerveau –, après avoir vu les données qui montrent que l'esprit humain peut sensiblement influencer le fonctionnement du cerveau. L'avis de décès lancé par Wolfe pourrait bien s'avérer un tantinet prématuré, et le réductionnisme anxieux peut-être un tantinet gourmand. L'esprit, la conscience et le soi ne sont finalement pas hors-jeu. En fait, ainsi que nous allons le voir avec l'effet placebo, l'esprit, la conscience et le soi jouent un rôle clé et dans notre capacité à guérir d'une maladie, et dans les modalités mêmes de ce processus de guérison.

Le point de vue des neurosciences

Avant la TCC, l'exposition à des images d'araignées produisait une activation significative du cortex préfrontal latéral droit (CPFL ; AB 10), du cortex parahippocampique et des régions corticales visuelles associatives (bilatéralement) chez les sujets phobiques. On a fait l'hypothèse que l'activation du CPFL reflétait l'utilisation de stratégies métacognitives (relatives à la pensée sur la pensée) destinées à autoréguler la peur déclenchée par les images d'araignées, alors que l'activation parahippocampique était liée à une réactivation automatique du souvenir contextuel de la peur qui entraînait le développement d'un comportement d'évitement et la persistance de la phobie des araignées. En fin de traitement, les douze arachnophobes ont montré une diminution de la sensation de peur, et aucune activation significative n'a été observée dans le CPFL et le cortex parahippocampique. En d'autres termes, le motif d'activation chez ces sujets a montré qu'ils s'étaient beaucoup rapprochés du groupe contrôle, non phobique.

Croire peut transformer

Les hypothèses scientifiques classiques ne rendent tout simplement aucun compte de la façon dont fonctionnent les interactions esprit-corps, le biofeedback ou l'effet placebo.[24]

Dean Radin, *La Conscience invisible*

La santé est comprise comme un phénomène biologique. Les éléments d'ordre psychosomatiques sont difficiles à appréhender.

Robert Hahn, épidémiologiste, Centre pour le contrôle et la prévention des maladies (États-Unis)

Quel dommage qu'autant de personnes attribuent un mérite injustifié aux médicaments et non à leurs propres efforts.

Thomas J. Moore, *Boston Globe*

Dans une large mesure, l'histoire de la médecine recouvre l'histoire de l'effet placebo.[25]

Herbert Benson et Marg Stark, *Timeless Medicine (La Médecine éternelle)*

Pendant les années 1990, les psychiatres ont été formés à traiter la dépression à l'aide de puissants antidépresseurs. En fait ces pilules furent saluées comme l'arme ultime. La sagesse conventionnelle incitait à ne pas perdre son temps avec une construction mythologique telle que la notion d'esprit perturbé ; de telles sornettes étaient juste bonnes pour les freudiens non encore disparus. La médecine scientifique devait se concentrer sur la réparation de *cerveaux* en panne ! Comme le constatait Tom Wolfe : « La mort du freudisme peut se résumer en un seul mot : lithium. » Ou Prozac, ou Zoloft, ou l'un de ces nombreux autres noms prestigieux.

Janis Schonfeld était la patiente type pour cette nouvelle génération d'antidépresseurs. Cette architecte d'intérieur âgée de quarante-six ans, mariée et mère d'une fille, était au bord du suicide quand elle rassembla juste assez de courage pour s'enrôler dans une étude clinique à l'université de Californie à Los Angeles. Elle supporta sans difficulté l'application du gel gras permettant l'enregistrement EEG de son activité cérébrale pendant quarante-cinq minutes ; car elle était surtout impatiente d'essayer ces nouvelles pilules si prometteuses. Et les pilules ont marché formidablement. Certes, la nausée était un effet secondaire pénible mais son infirmière si compétente et attentionnée l'avait prévenue à ce sujet. Sa vie était repartie sur de bons rails, ce qui était bien plus important. Ainsi que le magazine *Mother Jones* l'écrivit alors, Janis semblait bien être « une personne de plus à devoir sa guérison quasi miraculeuse à la nouvelle génération d'antidépresseurs. »

Lors de sa dernière visite à l'hôpital, l'un des médecins la prit à part avec son infirmière et leur annonça à toutes les deux la vérité : Janis faisait partie du groupe contrôle. Elle avait pris la pilule sucrée – soit, dans le jargon médical, le placebo. Sa guérison était parfaitement authentique, s'empressa de lui confirmer son médecin. Mais le seul médicament qu'elle avait reçu était une substance immatérielle et immortelle – l'espoir. Étant donné qu'elle vivait dans un environnement matérialiste, le principal défi pour Janis Schonfeld était d'accepter l'évidence fournie par sa propre expérience – à savoir qu'une guérison reposant sur ses seules ressources internes est réelle – plutôt que les messages culturels qui la pressaient de croire que seul un médicament capable d'infléchir le fonctionnement de son cerveau aurait vraiment pu l'aider.

L'effet placebo – c'est-à-dire l'effet significatif de guérison créé par la croyance et la conviction d'une personne malade qu'un remède lui a bien été administré, alors que l'amélioration de sa condition ne peut résulter physiquement du remède en question – ne doit pas être confondu avec les processus naturels de guérison. Il repose spécifiquement sur la croyance et la conviction *mentale* qu'un remède particulier sera efficace. Pendant des milliers d'années, les médecins ont donné des placebos en sachant qu'ils apportent souvent une aide quand tout le reste a échoué. Depuis les années 1970, l'efficacité d'un nouveau médicament est systématiquement évaluée « contre » le placebo, dans le cadre d'études contrôlées, *non* pas parce que les placebos sont inutiles mais précisément parce qu'ils sont très utiles.

Les placebos aident habituellement environ 35 à 45 % des patients se trouvant dans le groupe contrôle d'une étude. Ainsi, depuis quelques dizaines d'années, un médicament ne peut être mis sur le marché que si son efficacité est jugée statistiquement significative, c'est-à-dire s'il fait au moins 5 % de mieux qu'un placebo.

En 2005, le magazine scientifique *New Scientist*, qui n'est guère connu pour promouvoir une théorie neurologique non matérialiste, a fait la liste de « 13 phénomènes qui n'ont aucun sens », et l'effet placebo était en tête de liste. Bien sûr, l'effet placebo « n'a aucun sens » seulement si l'on suppose que l'esprit est soit inexistant, soit impuissant.

Les neurosciences et l'effet placebo

Le pouvoir net de l'effet placebo sur la dépression a été une remarquable découverte, mais l'effet s'observe aussi pour des affections beaucoup moins « subjectives ». S'intéressant à ce problème, le magazine *New Scientist* a mentionné une étude dans laquelle les tremblements occasionnés par la maladie de Parkinson[26] ont été atténués par un placebo (en l'occurrence une solution saline). L'activité neuronale associée aux tremblements se ralentissait à mesure que les symptômes diminuaient, démontrant que les patients n'avaient pas seulement imaginé se sentir mieux. Le fait de croire qu'ils avaient reçu un puissant traitement avait déclenché la libération de dopamine dans leur cerveau souffrant.

D'autres études sur la maladie de Parkinson ont donné des résultats similaires. Raül de la Fuente-Fernández et son équipe ont rapporté en 2001 : « Nos résultats suggèrent que chez certains patients, l'essentiel du bénéfice supposé provenir d'un médicament actif pourrait bien être dû à l'effet placebo. » Les chercheurs ont observé avec la TEP scan que l'effet placebo chez les patients parkinsoniens était lié à l'activation du système dopaminergique nigro-striatal endommagé.[27]

Des chercheurs de l'université du Michigan ont récemment mis en évidence l'effet placebo chez des hommes jeunes et en bonne santé. Ils ont injecté de l'eau salée dans la mâchoire des volontaires et mesuré avec la TEP scan l'impact de la pression douloureuse occasionnée. Les patients pensaient recevoir une injection de médicament antidouleur.

Ils ont déclaré se sentir mieux. L'administration du placebo a diminué les réponses cérébrales dans plusieurs régions connues pour être impliquées dans l'expérience subjective de la douleur. Aucun médicament antalgique n'a été utilisé dans l'étude.

Ces chercheurs ont fait le commentaire suivant (2004) : « Ces résultats apportent une réfutation claire aux conjectures selon lesquelles l'effet placebo ne reflète rien de plus qu'un biais d'analyse. »[28]

De même, Petrovic et son équipe ont montré dans le cadre d'une étude d'IRMf qu'un traitement placebo pouvait modifier l'activité neuronale dans les régions associées à la perception des émotions, comme il le fait dans les régions impliquées dans la perception de la douleur.

Le point de vue des neurosciences

De récentes expériences d'imagerie par résonance magnétique fonctionnelle (IRMf) ont montré que l'antalgie placebo est corrélée à une diminution d'activité dans les régions impliquées dans la perception de la douleur telles que le thalamus, l'insula et le cortex cingulaire antérieur. La réduction de la douleur était également associée à une augmentation d'activité dans le cortex préfrontal (siège du raisonnement) lors de l'anticipation de la douleur, suggérant que le placebo agit sur les régions cérébrales impliquées dans la perception de la douleur pour modifier l'expérience douloureuse.[29]

W. Grant Thompson, The Placebo Effect and Health (L'effet placebo et la santé)

Ils ont demandé à un groupe de sujets de participer à une étude de deux jours au cours de laquelle ils devaient visionner trois séries d'images. Les sujets se trouvaient allongés dans un scanner d'IRMf et portaient des lunettes spéciales. Certaines images étaient neutres et d'autres désagréables. Après la projection de chaque série, les sujets devaient noter les images. La première série a été projetée le premier jour, sans médicament. La seconde série a ensuite été projetée après qu'on leur ait administré une faible dose de benzodiazépine (anxiolytique, par voie intraveineuse), et les sujets n'ont pas trouvé les images désagréables si déplaisantes.

Pour la troisième série, on a administré aux sujets un produit antagoniste de la benzodiazépine (dont l'action est opposée), et ils ont à nouveau ressenti les images désagréables comme déplaisantes. On leur a ensuite annoncé que le traitement serait répété de la même façon le jour suivant, de sorte qu'ils sachent à quoi s'attendre.

Le lendemain, les sujets ont été informés qu'ils allaient recevoir les mêmes produits avant de visionner les images désagréables et les images neutres. On leur a même confirmé par écran d'ordinateur quel produit ils recevaient. De nouveau ils ont trouvé les images désagréables bien moins déplaisantes après avoir reçu la benzodiazépine, et les ont à nouveau jugées déplaisantes après avoir reçu l'antagoniste. Sauf que ce n'était pas le cas. Dans les deux cas, ils n'avaient reçu que de l'eau salée. Ainsi leur perception des images était orientée par l'effet qu'ils attendaient de la part des produits.[30]

Chirurgie fantôme

De façon peut-être plus spectaculaire encore, la chirurgie « simulée » fonctionne également. Sylvester Colligan, habitant de Beaumont au Texas, pouvait à peine marcher avant son opération du genou en 1994. Six ans plus tard il se déplaçait sans difficulté ni douleur. Pourtant, ainsi qu'il l'apprit ensuite, il se trouvait dans le groupe contrôle. Oui, il avait bien eu trois incisions au niveau du genou, mais il avait été recousu immédiatement ; aucune arthroscopie conventionnelle n'avait été réalisée. Il lui aurait été impossible de savoir ceci à partir de ses propres sensations corporelles. De la même façon, une étude de 2004 a comparé 30 patients parkinsoniens ayant reçu l'implantation (controversée) de cellules souches embryonnaires, à d'autres patients n'ayant subi qu'une simulation d'intervention. Un an plus tard, ceux qui pensaient avoir bénéficié de l'implantation de cellules souches rapportaient une meilleure qualité de vie que ceux qui pensaient avoir subi une simple simulation, et ce indépendamment de ce qu'ils avaient réellement subi. En outre, l'appréciation faite par le personnel soignant tendait à confirmer le ressenti des patients.

Dans leur livre *Timeless Medicine* (Médecine éternelle), Herbert Benson et Marg Stark font une liste d'affections qui sont « réceptives » aux croyances des patients. La plupart des formes de douleur sont sur la liste, bien sûr, mais aussi les boutons de fièvre, les ulcères du duodénum, les vertiges et même les réactions de la peau à des plantes vénéneuses.

Limitations

Pour autant, les placebos ne sont pas une panacée. Ils ne peuvent apporter une aide dans toutes les affections. Robert J. Temple a ainsi montré (2003) que les placebos aident rarement à réduire la taille des tumeurs cancéreuses, bien qu'ils puissent améliorer la gestion de la douleur par le patient ainsi que son appétit. L'effet placebo peut aussi échouer lorsque le patient souffre d'un trouble cognitif. Par exemple, Fabrizio Benedetti a découvert que la maladie d'Alzheimer peut supprimer la capacité cognitive d'un patient à escompter un effet d'un antalgique pourtant efficace, de sorte que son efficacité s'en trouve alors amoindrie.

Comment fonctionne l'effet placebo ?

Des études de neuro-imagerie ont désormais démontré que l'effet placebo est réel. Il ne s'agit pas seulement d'un artefact de suivi de dossier médical ou de folklore. Mais quand on cherche à comprendre son mode d'action, il faut regarder non seulement le cerveau mais aussi du côté de l'esprit. La clinique Mayo (centre de traitement et de recherche) a récemment publié un communiqué de presse confirmant l'importance de l'effet et a suggéré les interprétations suivantes :

- Certains patients répondent bien à une attention médicale fréquente et intensive, qu'un traitement ou un médicament soit efficace ou non.

- D'autres patients peuvent s'entraîner à répondre positivement à un traitement, réel ou non.

- Un patient convaincu qu'un traitement va marcher a plus de chances de bénéficier de l'effet placebo qu'un autre qui en doute.

- Un patient dont le médecin est encourageant et positif peut retirer un plus grand bénéfice d'un traitement quelconque, actif ou placebo.

- Des patients peuvent se sentir mieux simplement parce qu'ils veulent faire plaisir ! Ils veulent prouver qu'ils sont de bons patients qui sont sensibles au fait que l'équipe médicale leur a gentiment accordé du temps et de l'attention.

À n'en pas douter, ces explications raisonnables couvrent la plupart des situations. Mais on pourrait y ajouter « l'effet Hawthorne ». Nommée ainsi d'après une étude portant sur la performance au travail réalisée dans une centrale électrique de Chicago à la fin des années 1920, début 1930, cette explication suggère que les personnes répondent positivement simplement parce qu'ils ont été enrôlés dans une étude, indépendamment de l'utilité des interventions effectuées.[31]

Mais aucune de ces explications n'est en accord avec la conception matérialiste selon laquelle soit l'esprit n'existe pas, soit il est sans influence. Toutes supposent que l'esprit peut modifier le cerveau et le corps. Dès lors, si l'on inverse n'importe laquelle de ces explications, on peut rendre compte du jumeau malfaisant de l'effet placebo, à savoir l'effet *nocebo*.

L'effet nocebo

> Les chirurgiens se méfient des gens qui sont convaincus qu'ils vont mourir. Il y a des exemples d'études réalisées sur des personnes subissant des interventions chirurgicales et qui souhaitent quasiment mourir pour recontacter un être cher. Près de 100 % d'entre eux décèdent dans ces circonstances.
>
> HERBERT BENSON, FACULTÉ DE MÉDECINE DE HARVARD

Placebo signifie « je plairai »[32] et *nocebo* signifie « je nuirai ». L'effet nocebo est un effet délétère sur la santé engendré par la croyance et la conviction d'une personne malade qu'elle s'est trouvée en contact avec, ou bien qu'on lui a administré, une puissante source de mal. Le plus souvent, des patients qui sont convaincus qu'un traitement est mauvais ou inutile manifesteront souvent des symptômes qui confortent cette opinion.

Considérons les points suivants :

- Les sujets volontaires d'études médicales ayant été avertis des effets indésirables d'un traitement vont souvent développer les effets en question, même s'ils sont dans le groupe contrôle et reçoivent la « pilule sucrée ».

- Les pilules dont la taille ou la couleur véhiculent le mauvais « message » peuvent agir conformément aux attentes, et non à la pharmacologie. Le rouge et l'orange peuvent ainsi stimuler, mais le bleu et le vert peuvent déprimer, contredisant l'effet chimique attendu. À l'inverse, un nom de marque imprimé visiblement sur le côté est généralement efficace, même si la pilule n'est qu'un morceau de sucre.

- Les individus persuadés qu'ils vont tomber malades ont beaucoup plus de risques de le devenir effectivement.[33] Par exemple, dans le cadre de la gigantesque étude Framingham qui a débuté en 1948, les femmes qui pensaient avoir plus de risques de développer une maladie cardiaque, se sont en effet révélées avoir deux fois plus de risques, alors même qu'elles n'avaient pas adopté des comportements augmentant le risque de maladie cardiaque.

Bien sûr, il faut reconnaître que les personnes qui se persuadent qu'elles vont tomber malades ont peut-être de bonnes raisons pour le croire. L'histoire familiale est ainsi un indicateur puissant de nombreuses maladies et peut receler une prédisposition effectivement plus élevée.

Mais si les résultats des recherches mentionnés plus haut sont dans l'ensemble exacts, cette conviction elle-même peut agir avec le temps comme un effet nocebo.

On a proposé un exemple controversé de l'effet nocebo avec la « mort vaudou » – en général une crise cardiaque survenant après un sort jeté par un prêtre vaudou. Certains ont affirmé que ces incidents avaient été dramatisés par des anthropologues occidentaux paternalistes. Il est cependant intéressant de noter que le code criminel du Canada, tout en réfutant que les morts apparemment provoquées par « la seule influence de l'esprit » soient assimilables à de véritables homicides, ajoute néanmoins cet appendice : « Cette section ne s'applique pas aux cas où une personne provoque la mort d'un enfant ou d'une personne malade en l'effrayant volontairement » (sec. 228), ce qui semble accréditer l'effet nocebo de la peur chez un malade.

L'effet nocebo a été l'objet d'une attention accrue ces dernières années. L'une des raisons est qu'il a été associé à de nombreux cas de mauvaise observance des traitements médicaux. Un patient qui doute de l'intérêt d'un traitement peut être sujet à des effets indésirables qui ne se seraient pas manifestés si le traitement était perçu comme étant efficace.

Parmi les sources d'effets nocebo, on trouve :

- Le « buzz » médiatique qui accompagne un nouveau traitement – suivi de la crainte de ses possibles effets négatifs.

- Des établissements de soins froids et impersonnels, gérés comme des usines ou des entreprises. Il s'agit là de problèmes reconnus de longue date mais que l'on commence seulement à considérer comme un véritable effet nocebo.

- Le conflit entre la médecine scientifique et des traitements traditionnels ou alternatifs, obligeant les patients à choisir entre les deux approches. Un conflit consécutif avec les soignants ou bien un mensonge quant à l'approche retenue peut provoquer un effet nocebo.

Un problème plus délicat encore est l'effet nocebo potentiel que peut entraîner une information médicale délivrée spécifiquement dans le but d'éviter des poursuites judiciaires en cas d'erreur. Par principe, il est juste et approprié de donner au patient toute l'information utile. Mais un effet nocebo peut être involontairement déclenché si un patient interprète la longue liste de complications possibles d'un traitement donné comme autant d'indications que les choses risquent effectivement de tourner mal.

Ce que l'effet nocebo démontre principalement, en négatif, est l'influence de l'esprit sur le cerveau et donc sur le corps.

Malentendus sur l'effet placebo

> L'effet placebo n'est pas influencé par l'intelligence, ni par aucun test de prédisposition
>
> W. Grant Thompson, *The Placebo Effect and Health* *(L'Effet placebo et la santé)*

> Un médecin qui n'obtient aucun effet placebo avec ses patients devrait devenir pathologiste.
>
> J. N. Blau, médecin

Certains estiment que l'effet placebo est un mythe, qu'il ne marche qu'avec les patients crédules, ou même que son usage n'est pas éthique. Qu'en est-il ? Parmi les mythes populaires concernant les placebos, on trouve certaines idées comme le fait que leur effet ne durerait que trois mois, ou que seuls certains types de personnalités y sont sensibles. Il n'existe pourtant aucune limite temporelle à la plupart des effets placebos, et il n'y a pas non plus un type de personnalité plus réceptif qu'un autre.

Mais par-dessus tout, l'effet placebo a constitué une gêne et un problème dans le cadre des études cliniques sur les médicaments. Il y a donc eu plusieurs tentatives de le discréditer.[34] Les chercheurs danois Asbjørn Hróbjartsson et Peter C. Götzsche ont récemment effectué une méta-analyse de 114 études cliniques ayant eu recours à des placebos, et ils ont découvert des failles, comme le fait qu'en évaluant les effets placebos les auteurs des études font énormément référence les uns aux autres en se citant mutuellement. Ils en ont donc déduit qu'il y avait

> de façon générale, peu de preuves que les placebos aient de puissants effets cliniques... [et que]... comparé à l'absence de traitement, le placebo n'avait pas d'effet significatif sur les résultats de types binaires (qui peuvent prendre seulement deux valeurs), indépendamment du fait qu'il s'agisse de résultats subjectifs ou objectifs. Pour les études dont les résultats sont de types continus (qui peuvent prendre plusieurs valeurs), le recours au placebo s'est révélé intéressant, mais son intérêt diminue avec l'accroissement de la taille de l'échantillon, indiquant un possible biais lié aux effets de petits essais.

Il est certain que la méthodologie des études cliniques n'est pas sans défauts, mais l'effet placebo est l'un des faits les mieux connus de la pratique médicale quotidienne, et il est indispensable à l'évaluation de l'efficacité des médicaments. De même que la conscience, il ne peut pas être simplement « rayé de la carte ». En tout état de cause, le fait que les données de neuro-imagerie démontrent l'effet placebo coupe court aux interrogations quant à son existence. Le journaliste scientifique Alun Anderson suggère : « La confiance et la croyance sont souvent perçues comme négatives en science et l'effet placebo est rejeté comme une sorte de « fraude » parce qu'il repose sur les croyances du patient.

Mais le véritable prodige est que la foi puisse marcher. »[35] Anderson a mis le doigt sur le point clé. Un matérialiste peut penser que l'effet placebo est une sorte de fraude précisément parce qu'il implique que l'esprit est capable d'agir sur le cerveau.

Il en résulte que les interprétations matérialistes de l'effet placebo sont souvent incohérentes. Par exemple, il est parfois décrit comme la façon dont « le cerveau se manipule lui-même. »[36] Comme nous l'avons vu, l'effet placebo est en réalité provoqué par l'état mental du patient. Autrement dit, il dépend entièrement de l'état de croyance du patient. Un processus inconscient initié par le cerveau pour se manipuler lui-même (ou n'importe quelle autre partie du corps) est un processus normal de guérison, et non un effet placebo. Par exemple, si les cerveaux des patients parkinsoniens avaient été capables de se manipuler et donc de se guérir, aucun traitement n'aurait été nécessaire, qu'il s'agisse de placebo, de médicaments, de chirurgie simulée ou réelle.

Dans une étude britannique, 63 % parmi 200 médecins ont reconnu prescrire parfois des placebos. Certains puristes ont critiqué cette pratique comme non-éthique car selon eux le médecin trompe le patient. Mais l'accusation appelle la question. Les médecins sont systématiquement formés à se comporter de façon à invoquer l'effet placebo (langage autoritaire et rassurant, diplômes encadrés au mur, blouse blanche emblématique et stéthoscope, programme de traitement bien défini). En effet, le journaliste canadien Martin O'Malley a réalisé dans son livre *Doctors* un portrait détaillé du médecin à l'œuvre :

> Il y a des situations où les médecins doivent se montrer d'arrogants « je-sais-tout », et même bluffeurs, car il serait déstabilisant de les voir hausser les épaules en répondant « j'sais pas » à des questions pour lesquelles ils n'ont pas de réponse absolument certaine. Dans toutes les meilleures écoles de médecine, ce « manteau de compétence » est encouragé car il est bien connu que la confiance absolue à elle seule peut souvent entraîner d'extraordinaires guérisons.

Si les médecins ne se conduisaient pas de manière à créer la confiance, ils provoqueraient rapidement un effet nocebo. Or, nocebo

(« je nuirai ») contredit directement le serment d'Hippocrate (« D'abord ne pas nuire »). De toutes façons, les médecins savent bien que les placebos fonctionnent régulièrement ; s'ils ne supervisent pas une étude contrôlée, ils peuvent se permettre d'en prescrire un et de laisser les attentes de leurs patients produire leur effet.

L'effet placebo et l'avenir de la médecine

> Ni l'effet placebo ni l'effet nocebo n'ont été beaucoup étudiés – mis à part l'inconfort médical d'un phénomène aussi spongieux, il n'y a pas d'argent à en retirer.
>
> SUSAN MCCARTHY, *SALON*

Dès l'origine des études cliniques contrôlées « versus placebo », une question économique sous-jacente a jeté la confusion sur le véritable rôle de l'effet placebo dans la préservation de la santé. L'espoir ne peut être breveté. Si un candidat médicament « ne fait pas mieux que le placebo », c'est une mauvaise nouvelle pour le laboratoire pharmaceutique qui le développe, même si 85 % des patients du groupe contrôle et 85 % dans le groupe expérimental se portent mieux. La conception actuelle voulant que les états mentaux soient impuissants alors que les médicaments seraient tout puissants a entravé toute étude appropriée de l'effet placebo.

La médecine préscientifique s'est largement appuyée sur l'effet placebo. Le fait qu'il fonctionne si souvent nous aide à comprendre pourquoi de nombreux peuples traditionnels sont réticents à abandonner la médecine préscientifique, en dépit de ses doctrines douteuses et souvent dangereuses.[37] Malheureusement, les praticiens préscientifiques attribuent fréquemment leur pouvoir aux *doctrines* qu'ils adoptent, alors qu'ils devraient plutôt les attribuer aux *effets* qu'ils ont appris à susciter, par essais et erreurs. La recherche médicale scientifique est en passe d'aider à résoudre ce dilemme en reconnaissant le caractère « esprit-dépendant » de l'effet placebo. Il peut être étudié comme un véritable effet thérapeutique et son efficacité peut être ciblée, et éventuellement augmentée, ce qui est bien plus productif que de continuer à le considérer comme une simple nuisance.

Une meilleure compréhension de l'effet placebo pourrait également résoudre certaines controverses actuelles. Par exemple, les questions éthiques qui entourent l'utilisation de cellules souches embryonnaires dans le traitement de la maladie de Parkinson seraient plus faciles à résoudre si les effets placebos rendent finalement compte de la plus grande part de leur efficacité supposée. De même, des traitements controversés utilisés dans certains pays recourent à des organes ou parties du corps d'animaux menacés d'extinction. Il se pourrait que ces traitements exotiques doivent l'essentiel de leur effet aux croyances des patients en leur efficacité. Une démonstration claire de cette réalité peut aider les efforts de préservation de ces espèces.

Ainsi que nous l'avons vu, de nombreuses applications cliniques utiles proviennent d'une approche non matérialiste en neurosciences. Quand nous voyons l'esprit comme étant capable de changer le cerveau, nous pouvons traiter des affections jugées autrefois difficiles sinon impossibles à traiter. Mais nous avons tout de même besoin d'un modèle décrivant la façon dont l'esprit agit sur le cerveau.

Les interactions de l'esprit et du cerveau

> Si c'est pour l'esprit que nous explorons le cerveau, alors nous supposons que le cerveau est bien plus qu'un central téléphonique. Nous supposons qu'il est comme un central téléphonique avec tous ses abonnés.[38]
>
> Charles Sherrington (1857–1952), neuroscientifique, prix Nobel

Nous l'avons vu, plusieurs faisceaux de preuves indiquent que les phénomènes mentaux peuvent modifier significativement l'activité cérébrale. Ces faisceaux incluent nos études d'IRMf sur l'autorégulation émotionnelle et l'impact des TCC sur la phobie des araignées, de même que les études de neuro-imagerie fonctionnelle sur l'effet placebo. Les résultats de ce dernier groupe d'études montrent clairement que l'activité cérébrale peut être orientée par les croyances et les attentes du patient vis-à-vis d'un traitement médical donné.

Pour interpréter les résultats de ces études, il nous faut une hypothèse qui rende compte de la relation entre l'activité mentale et l'activité cérébrale. L'*hypothèse de transduction psychoneurale* (HTP) est l'une de ces hypothèses. Elle pose que l'esprit (le monde psychologique – la perspective à la première personne) et le cerveau (qui fait partie du monde soi-disant « matériel » – la perspective à la troisième personne) représentent deux domaines épistémologiquement différents qui peuvent interagir car ils sont deux aspects complémentaires de la même réalité transcendantale.

L'HTP reconnaît que les processus mentaux (par ex., volitions, buts, émotions, désirs, croyances) sont implémentés neurologiquement dans le cerveau, mais considère qu'ils ne peuvent pas être réduits et ne sont pas identiques aux processus neuroélectriques et neurochimiques. En fait, les processus mentaux – qui ne peuvent être localisés dans le cerveau – ne peuvent être éliminés.

La raison pour laquelle les processus mentaux ne peuvent être localisés dans le cerveau est qu'il n'existe véritablement aucun moyen de capturer les pensées en étudiant uniquement l'activité des neurones. Le problème est similaire à celui consistant à déterminer la signification de messages formulés dans une langue inconnue (pensées) en étudiant seulement son système écrit (neurones). Il nous faudrait une pierre de Rosette qui compare le système écrit de la langue inconnue au système écrit d'une langue connue. Mais il n'existe pas une telle pierre pour l'esprit et le cerveau, et par conséquent aucune comparaison de cet ordre n'est possible.

Il en découle que la terminologie « mentaliste » qui décrit ces processus reste absolument essentielle à une interprétation satisfaisante de la relation entre la dynamique du cerveau et le comportement humain. Personne n'a jamais vu une pensée ou un sentiment, mais ils exercent pourtant une influence considérable sur nos vies. De plus, selon l'HTP, les processus mentaux conscients et inconscients sont automatiquement traduits en processus neuronaux, aux différents niveaux de l'organisation cérébrale (biophysique, moléculaire, chimique, réseaux de neurones). Les processus neuronaux résultants sont ensuite traduits en processus et événements dans d'autres systèmes physiologiques, comme le système immunitaire ou le système endocrine.

La psychoneuro-immunologie (PNI) est la discipline scientifique qui explore les relations entre l'esprit, le cerveau et le système immunitaire. La neuroscientifique Candace Pert nomme *réseau psychosomatique* cette communication entre l'esprit, le cerveau et les autres systèmes physiologiques. Une juste compréhension de la mécanique de transduction psychoneurale peut éclairer la façon dont les processus mentaux affectent le cerveau et le corps – en bien ou en mal.

De façon métaphorique, nous pouvons dire que le *mentalais* (le langage de l'esprit) est traduit en *neuronois* (le langage du cerveau). Par exemple, des pensées effrayantes augmentent la sécrétion d'adrénaline alors que des pensées agréables augmentent la sécrétion d'endorphines. Ce mécanisme de transduction informationnelle constitue un accomplissement majeur de l'évolution qui permet aux processus mentaux d'influencer causalement le fonctionnement et la plasticité du cerveau. C'est un peu comme écrire nos mots parlés à l'aide d'un système de symboles qui peut être lu par d'autres à distance.

Une illustration de la transduction esprit/cerveau est l'étude de neuroimagerie réalisée par notre équipe[39], dans laquelle nous avons mesuré les variations du taux local de sérotonine (5-HT) au cours d'états de tristesse et de joie auto-induits chez des acteurs professionnels. Lorsqu'on leur demande de se souvenir et de revivre des événements émotionnellement chargés, ils tendent à activer les mêmes régions cérébrales que lors d'un événement émotionnel réel.[40] Une conséquence très intéressante est que les neuroscientifiques peuvent étudier les émotions intenses à travers les souvenirs de ces émotions.

Une évolution téléologiquement orientée (i.e., vers un but plutôt qu'au hasard) nous a permis (êtres humains) de modeler consciemment et volontairement le fonctionnement de nos cerveaux. Il découle de cette puissante capacité que nous ne sommes pas des robots biologiques entièrement gouvernés par des gènes « égoïstes » et des neurones. L'une des conséquences est que nous sommes capables de créer intentionnellement de nouveaux environnements sociaux et culturels. À travers nous, l'évolution devient consciente, c'est-à-dire qu'elle est orientée non pas seulement par des motifs de survie et de reproduction, mais par des ensembles plus complexes de savoirs, de buts, de désirs et de croyances.

De mon point de vue, les accomplissements éthiques sont le résultat d'un contact avec une réalité transcendante « derrière » l'univers, et non le simple résultat de la multiplication des neurones dans le cortex préfrontal du cerveau humain. L'idée que les neurones pourraient par eux-mêmes parvenir à élaborer n'importe quel système éthique est tout sauf évidente.

En vertu du mécanisme de transduction psychoneurale, les valeurs morales associées à une conception spirituelle donnée peuvent nous aider à maîtriser nos impulsions émotionnelles et à nous comporter de façon véritablement altruiste.[41] Dans de telles circonstances, la conscience morale remplace des programmes innés en tant que régulateur des comportements. Notre capacité à adopter des comportements rationnels et éthiques nous libère dans un second temps des diktats primitifs du cerveau mammalien. Une telle liberté est à l'origine du fait que, bien que

Le point de vue des neurosciences

Nous avons mesuré la capacité de synthèse de la sérotonine (5-HT) en utilisant le traceur radioactif 11C-alpha-méthyl-tryptophane (11C-aMtrp) combiné à la TEP-scan. La raison pour laquelle nous avons utilisé le tryptophane est qu'il traverse la barrière hémato-encéphalique (sang-cerveau) alors que la sérotonine ne le fait pas. Les sujets se sont remémorés des souvenirs autobiographiques pour induire la tristesse, la joie, puis un état émotionnel neutre lors de trois séances distinctes à la TEP-scan.

Les résultats ont montré que l'intensité de la tristesse était corrélée négativement aux augmentations de la capture du 11C-aMtrp dans le cortex orbitofrontal (COF ; AB 11) et le cortex cingulaire antérieur droit (CCA ; AB 25). En revanche, l'intensité de la joie était corrélée positivement aux augmentations de la capture du 11C-aMtrp dans le CCA droit (AB 32). Selon l'HTP, ces résultats suggèrent qu'un état émotionnel spécifique volontairement auto-induit peut rapidement être traduit en une modification sélective de la capacité de synthèse locale de la sérotonine.

le génome soit le même à travers les sociétés humaines, certaines cultures valorisent et entretiennent la violence et l'agression, alors que d'autres les perçoivent négativement et y recourent rarement.

Fort heureusement, de nombreuses cultures ont également encouragé les individus à dépasser un sens étroit de la notion d'engagement, limité à sa propre famille ou son groupe social, pour aller vers la reconnaissance et la compassion pour toute forme de vie, en particulier pour les autres êtres humains puisque nous pouvons si facilement nous identifier à eux.

Mais une question reste préoccupante lorsque nous considérons l'esprit à part du cerveau ; une question qui – comme nous l'avons vu – intéressait déjà l'homme de Neandertal et nos plus lointains ancêtres. Que se passe-t-il exactement au moment de la mort ? Le cerveau meurt. Mais cela signifie-t-il que l'esprit meurt avec lui ? Peut-être que non. Examinons maintenant cette question.

Expériences de mort imminente : la lumière au bout du tunnel

> Les neurosciences dominantes... affirment que la conscience individuelle s'évanouit avec la mort du corps. Pourtant, compte tenu de son ignorance des origines et de la nature de la conscience, et de son incapacité à détecter la présence ou l'absence de conscience dans tout organisme, mort ou vivant, les neurosciences ne semblent guère en position d'appuyer cette conviction avec des preuves scientifiques expérimentales.
>
> B. Alan Wallace, The Taboo of Subjectivity (Le Tabou de la subjectivité)

> Les expériences de mort imminente (EMI) sont rapportées avec une fréquence croissante grâce aux meilleurs taux de survie résultant des techniques modernes de réanimation. Le contenu des EMI et leurs effets sur les patients semblent être similaires à travers le monde, dans toutes les cultures et à toutes les époques.[42]
>
> Pim van Lommel, cardiologue

En 1991, Pam Reynolds, une chanteuse et auteur de trente-cinq ans, résidente d'Atlanta (Géorgie), commença à souffrir de vertiges, de perte de parole et de difficultés à se déplacer. Les résultats de sa scanographie n'auraient pu être pires. Elle avait un anévrysme artériel basilaire géant (un vaisseau sanguin extrêmement dilaté dans le tronc cérébral). S'il éclatait, cela la tuerait. Mais tenter de le vider et de le soigner risquait de la tuer tout autant. Son médecin ne lui prédisait aucune chance de survie en recourant à des méthodes conventionnelles, ainsi qu'elle le raconte :

> Je n'oublierai jamais la profonde tristesse qui emplissait l'atmosphère alors que mon mari nous conduisait jusqu'au bureau de notre avocat, afin que je remplisse les papiers de mes dernières volontés et mon testament. D'une façon ou d'une autre, il allait nous falloir dire à nos trois jeunes enfants que bientôt Maman partirait faire un voyage au paradis, les laissant avec les quelques souvenirs que leur jeune âge pouvait leur permettre de conserver.

Mais la mère de Pamela lui fit part d'une démarche ultime et désespérée, susceptible de préserver tout de même l'espoir. Le neurochirurgien Robert Spetzler, de l'Institut neurologique Barrow à Phoenix, en Arizona, était le spécialiste et pionnier d'une technique rare, dangereuse mais parfois nécessaire, appelée arrêt cardiaque hypothermique ou « opération Standstill ». Il allait faire chuter sa température corporelle si bas qu'elle serait comme morte, mais il la ramènerait ensuite à une température normale avant que des dommages irréversibles ne surviennent. En effet, les vaisseaux dilatés se ramollissent à basse température alors qu'ils risquent d'éclater aux températures normales qui sont indispensables à la vie des tissus humains. Ils peuvent donc être opérés avec beaucoup moins de risques. De plus, le cerveau refroidi peut survivre plus longtemps sans oxygène, même s'il ne peut assurément pas fonctionner dans ces conditions.

À des fins purement pratiques, Pam Reynolds serait donc « morte » pendant l'opération. Mais si elle refusait l'intervention, elle serait bientôt morte de toutes façons, et cette fois sans espoir de retour. Elle accepta donc. Lorsque l'opération commença, son cœur fut stoppé et ses ondes cérébrales enregistrées par l'EEG s'aplatirent en un silence total. Au cours d'un arrêt cardiaque, l'activité électrique du cerveau cesse en 10 à 20 secondes. Son tronc cérébral et ses hémisphères cérébraux devinrent aréactifs, et sa température corporelle chuta à 15,5° C (au lieu des 37° C habituels).

Quand tous les signes vitaux de Pam Reynolds furent stoppés, le chirurgien commença à découper son crâne à l'aide d'une scie chirurgicale. Au même moment, comme elle le raconta ensuite, elle se sentit alors « s'extraire » de son corps et planer au-dessus de la table d'opération. Depuis sa position « hors-du-corps », elle pouvait voir les médecins travailler sur son corps sans vie. Elle observa : « Je trouvais que la façon dont ils avaient rasé mon crâne était très bizarre. Je m'attendais à ce qu'ils rasent l'ensemble des cheveux, mais ce n'était pas le cas. » Elle décrit ensuite, avec une précision remarquable pour quelqu'un ignorant tout des pratiques chirurgicales, la scie Midas Rex utilisée pour ouvrir les boîtes crâniennes.

Pamela entendit également, et rapporta ensuite, ce qui se passait pendant l'opération et ce que les infirmières se trouvant dans la pièce avaient dit. Au bout d'un moment, elle devint consciente de planer hors de la salle d'opération et de traverser un tunnel baigné de lumière. Des parents et amis décédés l'attendaient au bout de ce tunnel, y compris sa grand-mère disparue depuis longtemps. Elle entra dans une Lumière brillante, merveilleusement chaleureuse et aimante, et sentit que son âme faisait partie de Dieu et que tout dans l'existence était créé à partir de cette Lumière (le « souffle de Dieu »). Cette expérience extraordinaire prit fin quand l'oncle décédé de Pamela la reconduisit jusqu'à son corps. Elle compara le fait de réintégrer son corps avec la sensation de « plonger dans une piscine d'eau glacée » (ce qui n'est guère surprenant étant donné que son corps avait été refroidi à une température bien plus basse que la normale).

De nombreuses expériences de mort imminente (EMI) ont été rapportées, avec différents degrés de crédibilité. Mais le cas de Pam Reynolds est unique pour au moins deux raisons. Tout d'abord, elle a vécu cette expérience alors qu'elle était entièrement « monitorée » sous observation médicale et que l'on savait qu'elle était en état de mort clinique. La mort clinique est un état dans lequel les signes vitaux sont absents : le cœur est en fibrillation ventriculaire, il n'y a plus aucune activité électrique dans le cortex cérébral (EEG nul), et l'activité du tronc cérébral est abolie (absence de réflexe cornéen, pupilles fixes et dilatées, absence de réflexe de déglutition). En second lieu, elle a pu se souvenir de faits vérifiables concernant son intervention et qu'elle n'aurait pas pu connaître si elle n'avait pas été d'une manière ou d'une autre consciente lorsque ces événements se sont produits.

Pourquoi cette histoire est-elle d'une grande importance, hormis son caractère de prouesse médicale ? Le cas de Pam Reynolds suggère fortement que : 1) l'esprit, la conscience et le soi peuvent perdurer lorsque le cerveau n'est plus fonctionnel et que les critères cliniques de la mort ont été atteints ; 2) des ERSM peuvent se produire alors que le cerveau ne fonctionne pas. En d'autres termes, ce cas pose un sérieux défi à la conception matérialiste selon laquelle l'esprit, la conscience et le soi ne seraient que des produits dérivés des processus électrochimiques du cerveau, et que les ERSM sont des illusions créées par un cerveau défectueux. Une telle conception repose donc sur une croyance métaphysique, et non sur des faits scientifiquement démontrés.

Si le cas de Reynolds était le seul de ce type, on serait bien avisé de suspendre tout avis. Mais elle est loin d'être la seule personne dont le récit défie les conceptions matérialistes de l'esprit et de la conscience. Le cardiologue néerlandais Pim van Lommel rapporte un cas au cours duquel une infirmière d'une unité de soins coronaires a retiré l'appareil dentaire d'un homme victime d'un arrêt cardiaque – âgé de quarante-quatre ans, arrivé cyanosé et dans le coma – et l'a placé sur un chariot de réanimation. Le patient a ensuite été réanimé et transféré dans un autre service, puis l'infirmière l'a revu une semaine plus tard dans l'unité cardiaque. Elle raconte :

> Au moment où il me voit, il dit : « Oh, cette infirmière sait où se trouve mon dentier. » Je suis très surprise. Alors il explique : « Vous étiez là quand on m'a amené à l'hôpital et vous avez retiré mon appareil de ma bouche puis vous l'avez placé sur le chariot. Il y avait plein de petits flacons dessus et un tiroir en dessous, et c'est là que vous avez mis mes dents. » J'étais particulièrement stupéfaite car je me souvenais que tout ceci s'était produit alors que le patient était dans un coma profond et en plein processus de réanimation cardio-pulmonaire.[43]

Elle a également noté que le patient se souvenait correctement des détails de la salle de réanimation.[44]

Étude systématique des EMI

La vie est pleine d'anomalies, et quelques cas inhabituels ne remettent pas en cause un paradigme scientifique aussi largement accepté que le matérialisme. Comme l'a si éminemment souligné Thomas Khun : « Pour être acceptée en tant que paradigme, une théorie doit sembler meilleure que ses concurrentes, mais elle n'a pas besoin – et elle ne le fait d'ailleurs jamais – d'expliquer tous les faits auxquels elle peut se trouver confrontée. »[45] Dans ce cas cependant, le problème n'est pas aussi simple. Le matérialisme est une doctrine complète, moniste, et des cas comme celui-ci ne devraient donc pas seulement être très rares ; ils devraient être impossibles.

Pourtant les EMI ne sont pas non plus très rares.[46] Quand Pim van Lommel était interne en médecine en 1969, un patient lui a décrit une telle expérience. À cette époque, van Lommel n'a pas creusé l'information, mais à la fin des années 1980, après avoir lu un autre récit de médecin sur sa propre EMI, il a commencé à interroger des survivants à des arrêts cardiaques. En deux ans, 50 patients lui avaient raconté leur EMI.

Cependant, lorsqu'il a consulté la littérature médicale, il n'a pu trouver que des études rétrospectives. C'est-à-dire qu'elles se fondaient sur des événements survenus cinq à trente-cinq ans plus tôt. Hormis le risque inévitable que les survivants aient pu enjoliver ou fantasmer en partie leur récit, il n'y a souvent aucun moyen de déterminer si l'expérience s'est produite au cours d'un épisode de mort clinique. Et la mort clinique est l'élément critique. Pam Reynolds était cliniquement morte lorsqu'elle a apparemment observé des scènes et des événements se déroulant dans la salle d'opération.

En 1988, van Lommel a lancé une étude prospective[47] et interrogé 344 personnes ayant survécu à des crises cardiaques, au plus tard une semaine après leur réanimation. Les survivants récents d'une attaque cardiaque constituent un groupe de choix pour les EMI, car les dossiers médicaux disponibles peuvent confirmer qu'ils étaient cliniquement morts suite à l'arrêt cardiaque. Leurs cerveaux sont anoxiques (privés d'oxygène) et ils meurent de dommages cérébraux irréversibles s'ils ne sont pas réanimés dans les cinq à dix minutes. Ce n'est que depuis quelques dizaines d'années qu'un nombre significatif de personnes peuvent être ramenées de cet état de mort clinique. Le terme de *mort clinique* lui-même est d'ailleurs d'un usage récent. Il fut un temps où il n'y avait que la mort.

Selon toute vraisemblance, une personne en état de mort clinique ne devrait pas percevoir quoi que ce soit. Pourtant, soixante-deux, soit 18 % des patients interrogés par van Lommel ont rapporté des souvenirs de leur période de mort clinique. L'intensité de leur expérience variait, mais un groupe de 7 % a rapporté une expérience très profonde. Dans deux études semblables, l'une américaine et l'autre britannique, les taux étaient respectivement de 10 % (Greyson, 2003) et 6,3 % (Parnia et al., 2001).

Les patients ayant vécu une EMI dans l'étude de van Lommel ne différaient en rien du groupe contrôle (pas d'EMI) quant à la peur de la mort, la connaissance préalable des EMI, la religion, l'éducation, l'état de santé ou le traitement reçu. Les patients ayant perdu leur mémoire à court terme à cause d'une réanimation prolongée ont rapporté significativement moins d'EMI, mais il est impossible de déterminer dans ces circonstances s'ils ont réellement vécu moins d'EMI.

Types d'EMI

> Toute ma vie jusqu'à ce jour était comme disposée devant moi en une sorte de revue panoramique, en trois dimensions, et chaque événement semblait accompagné d'une conscience du bien et du mal, ou d'une compréhension des causes et des effets. Non seulement je percevais tout depuis mon propre point de vue, mais je connaissais aussi chaque pensée de tous les protagonistes impliqués dans l'événement, comme si leurs pensées se trouvaient en moi. Ce qui signifie que je percevais non seulement ce que j'avais fait ou pensé, mais aussi de quelle manière cela avait influencé les autres.
>
> RÉCIT D'EMI PAR UNE PERSONNE AYANT SURVÉCU À UNE CRISE CARDIAQUE

Van Lommel a classé les expériences rapportées par ses patients selon différents types :

- **Expérience hors-du-corps.** Expérience au cours de laquelle la personne a la sensation de flotter en dehors de son propre corps, tout en conservant son identité et une conscience très claire. La plupart des patients rapportent avoir perçu depuis un point de vue élevé. Comme nous l'avons vu, des patients ont rapporté dans certains cas des informations qui ont pu être vérifiées ensuite.

- **Revue de vie holographique.** Selon la formule populaire « J'ai vu ma vie défiler devant mes yeux. » Ainsi que van Lommel le décrit :

> Tout ce qui a été fait et pensé semble signifiant et enregistré. On acquiert une compréhension sur l'amour que l'on a donné ou au contraire retenu. Dans la mesure où l'on est connecté aux souvenirs, aux émotions et à la conscience d'une autre personne, on ressent les conséquences de ses propres pensées, mots et actions envers cette autre personne, telles qu'elles se sont produites dans le passé.

- **Rencontre avec des parents ou amis décédés.** Les personnes décédées sont reconnues par le souvenir de leur apparence, mais la communication semble s'opérer par transfert direct ou par la pensée.[48]

- **Retour dans le corps.** Certains patients apprennent, à travers une communication sans mots avec un Être de Lumière ou un proche décédé, qu'ils doivent retourner à la vie, en particulier s'ils ont une tâche à accomplir. Ce choix, conseil ou injonction est souvent suivi à contrecœur.

- **Disparition de la peur de la mort.** Pratiquement toutes les personnes ayant vécu une EMI n'ont plus peur de la mort. Ceci est en partie lié au fait qu'ils s'attendent à survivre à la mort, mais aussi au fait qu'ils ont ressenti amour et acceptation plutôt que condamnation et incertitude. La revue de vie n'est pas la manifestation extérieure d'une colère divine, mais un besoin de ressentir les véritables conséquences de leurs choix. En général, les témoins d'EMI ont des cultures religieuses différentes mais vivent des expériences similaires.

Curieusement, des aveugles rapportent parfois avoir été capables de voir au cours d'une EMI. Vicki Umipeg, une femme de quarante-cinq ans, est née aveugle après que son nerf optique fut entièrement détruit à la naissance à cause d'un excès d'oxygène dans la couveuse. Pourtant, hormis l'impossibilité de distinguer les couleurs, l'EMI de Vicki s'est déroulée de la même façon que pour une personne voyante.[49] Bien que cela semble surprenant, il faut noter que les aveugles de naissance sont souvent capables de distinguer le monde qui les entoure avec beaucoup d'acuité par l'intermédiaire du toucher au lieu de la vue. Ils ne peuvent percevoir les couleurs (comme ce fut le cas pour Vicki), les arrière-plans ou les changements de position des objets, mais dans le cadre de ces limitations, leur connaissance de l'environnement est précise.[50]

Comme Pim van Lommel, le cardiologue américain Michael Sabom a commencé à étudier les EMI parmi ses patients en 1994. Il s'inquiétait du succès de livres tels que *La vie après la vie* de Raymond Moody (1975), qui avait popularisé le terme d'expérience de mort imminente (Near-Death Experience) mais ne se lisait pas comme un travail scientifiquement valide. Sabom tenait absolument à placer l'étude des EMI sur un socle professionnel. Il a notamment évité d'interroger des survivants qui avaient raconté leur histoire devant de larges publics, ou participé à d'autres recherches.

Au cours d'une période de deux ans, Sabom a interrogé et étudié 160 patients, principalement dans le cadre de sa propre pratique clinique. Il a découvert que 47 d'entre eux avaient eu une EMI selon les critères de l'échelle de Greyson[51], liée à un épisode de détresse physique quasi fatale et à une perte de conscience[52]. 28 témoins étaient des femmes et 19 des hommes ; leur âge variait de trente-trois à quatre-vingt deux ans et ils venaient de tous horizons professionnels. Un peu moins de la moitié d'entre eux étaient des chrétiens traditionnels, mais tous affirmaient une forme de croyance en Dieu. Un groupe de patients n'ayant pas vécu d'EMI a permis d'établir des comparaisons.[53] Pour l'essentiel, les patients de Sabom à Atlanta ont décrit des EMI similaires à celles des patients néerlandais de van Lommel.

EMI négatives

> Je me suis dit à moi-même que j'aurais pu devenir tout ce que j'avais voulu. Je venais de détruire tout cela.[54]
>
> Survivant d'une tentative de suicide racontant une EMI angoissante

Seule une minorité des EMI rapportées sont angoissantes. Les chercheurs Bruce Greyson et Nancy Bush ont mis dix ans à réunir 50 cas de ce type.[55] Sabom a finalement trouvé deux cas dans son étude d'Atlanta. L'un d'eux était un suicidant qui avait vomi la dose fatale de médicament pendant l'EMI. Une constatation primordiale est que les personnes qui vivent une EMI consécutive à une tentative de suicide abandonnent toute idée suicidaire par la suite. Ceci est très significatif car la plupart de ceux qui font une EMI ne souhaitent pas particulièrement être ramenés à la vie. Et pourtant, perdre la peur de la mort semble signifier aussi perdre la peur de la vie.[56]

Certaines EMI semblent équivoques. Par exemple, le philosophe athée A. J. Ayer (1910-1989) a décrit une EMI vécue en 1988 :

> Je me trouvais face à une lumière rouge, extrêmement brillante et également très douloureuse même lorsque je m'en détournais. J'avais conscience que cette lumière était responsable du gouvernement de l'univers. Parmi ses prêtres se trouvaient deux créatures qui avaient la charge de l'espace. Ces prêtres inspectaient périodiquement l'espace et ils venaient de réaliser une telle inspection. Ils avaient toutefois échoué à faire leur travail correctement et il en résultait que l'espace, comme un puzzle mal ajusté, était légèrement disloqué... Je sentais qu'il me revenait de remettre les choses à leur place.

Ayer a fini par échapper à cette douloureuse lumière rouge. Il est semble-t-il resté athée jusqu'à sa mort l'année suivante, mais il est devenu, selon les mots de sa femme, beaucoup plus gentil et intéressé par les autres.

Le dramaturge William Cash, qui avait monté une pièce de théâtre d'après le récit d'Ayer pour le festival d'Edimbourg, a toutefois recueilli un compte-rendu sensiblement différent de la réaction d'Ayer, auprès de son médecin de l'époque, Jeremy George. George se souvient qu'Ayer lui a raconté la chose suivante : « J'ai vu un être divin. J'ai bien peur de devoir réviser tous mes livres et mes opinions. » Il ne l'a pourtant pas fait. Proche de la fin, cependant, il a fait du philosophe jésuite Frederick Copleston – un ancien partenaire de débat – son ami le plus proche. Bien que l'expérience de Ayer ait été équivoque, il a manifesté une plus grande compassion, ce qui est l'un des archétypes de l'EMI.

Les répercussions des EMI

> En cette fin de XXe siècle, nous avons un tel besoin d'être unique, d'être spécial, d'être différent. Vous savez ce qui réunit tant de ces personnes – elles sont tellement narcissiques. C'est « Regardez-moi. J'ai vu Dieu. J'ai vu Jésus. Je suis différent. »
>
> PROFESSEUR SHERWIN B. NULAND, FACULTÉ DE MÉDECINE DE L'UNIVERSITÉ DE YALE

> Le but de la vie, comme la plupart des témoins d'EMI s'accordent à le penser, est la connaissance divine et l'amour. Les études sur les effets transformateurs de l'EMI montrent que les valeurs culturelles de richesse, de statut et de possessions matérielles deviennent beaucoup moins importantes, alors que les valeurs religieuses éternelles d'amour, d'attention aux autres et de connaissance du divin prennent une importance bien plus grande.
>
> NEAL GROSSMAN, PHILOSOPHE

Van Lommel et Sabom ont tous deux constaté que les témoins d'EMI tels que Ayer deviennent d'habitude plus compatissants. Mais il est raisonnable de se demander si la plupart des survivants d'une rencontre rapprochée avec la mort n'accorderaient pas davantage d'importance aux relations aux autres, avec ou sans EMI. Bien sûr, les témoins d'EMI sont l'objet de plus d'attention, surtout s'ils racontent leur histoire à un large public, et en particulier sur une chaîne de télévision religieuse comme il en existe plusieurs aux États-Unis.

Afin de recueillir une information plus précise, van Lommel a suivi ses témoins d'EMI deux ans, puis huit ans après, et comparé avec un groupe contrôle de personnes qui n'avaient pas vécu d'EMI. Il a trouvé

> une différence significative entre les patients avec et sans EMI. Le processus de transformation a pris plusieurs années à se consolider. Les patients « EMI » ne manifestaient plus aucune peur de la mort, ils croyaient fermement en une après-vie, et leur compréhension de ce qui est important dans la vie avait changé : l'amour et la compassion envers soi-même, les autres et la nature... En outre, les effets transformateurs à long terme d'une expérience qui dure seulement quelques minutes ont constitué un résultat surprenant et inattendu.[57]

Sabom a lui aussi observé que les témoins d'EMI avaient tendance à donner plus d'importance à leurs relations avec les autres. Via un questionnaire portant sur les transformations intervenues dans leur vie[58], les personnes manifestaient typiquement une augmentation de la foi, de leur compréhension du sens de la vie, de leur capacité à aimer, et de leur engagement envers la famille. Autant de manifestations significativement plus marquées que chez les personnes n'ayant pas vécu d'EMI.[59]

La science matérialiste et les EMI

> Si vous entendez par « âme » quelque chose qui soit immatériel et immortel, quelque chose qui existe indépendamment du cerveau, alors les âmes n'existent pas. C'est une vieille lune pour la plupart des psychologues et des philosophes, des choses qu'on dit en introduction des conférences.[60]
>
> PAUL BLOOM, PSYCHOLOGUE ET AUTEUR DE *DESCARTES' BABY* *(LE BÉBÉ DE DESCARTES)*

De façon générale, la science matérialiste ne rend pas compte des EMI de façon convaincante. Certains de ses partisans suggèrent que les témoins d'EMI sont en fait conscients au sens habituel du terme. Se pourrait-il que des fragments de conscience perdurent d'une façon ou d'une autre dans le cerveau, ou que des moments de conscience lucide disparaissent puis reviennent au cours d'une réanimation ?

Ces hypothèses ne rendent pas compte des EMI car des états de conscience fragmentaire, défaillante ou renaissante produisent des souvenirs confus, alors que les récits d'EMI sont typiquement lucides. Certains estiment que les modifications sont simplement le résultat de l'anoxie cérébrale (absence d'oxygène dans le cerveau). Pourtant les 344 patients de l'étude de van Lommel ont été cliniquement morts. S'il s'agit de la bonne explication, tous ou presque auraient donc dû rapporter une EMI, alors que seulement 18 % l'ont fait.

Certains cherchent des explications du côté des expériences fugaces et fragmentaires induites par certaines drogues, par l'hypogravité ou la stimulation électrique du cerveau[61] de patients qui ne sont ni inconscients, ni proches de la mort. Mais, ainsi que van Lommel le constate, ces mémoires induites hors EMI

> se composent de souvenirs fragmentaires et aléatoires, contrairement à la revue de vie panoramique des EMI. En outre, des processus de transformations sont rarement décrits après de telles expériences induites.[62]

Il est exact qu'un état inhabituel de conscience peut résulter d'une prise de drogues, d'une stimulation ou d'une hypogravité. Mais les EMI se produisent lorsque les patients sont en état de mort clinique et conduisent habituellement à des transformations significatives dans leur vie. C'est bien cela qu'il convient d'expliquer.

Certains affirment que les témoins d'EMI ne font qu'enjoliver au fil du temps les souvenirs qu'ils ont rapportés d'un épisode médical critique. Mais les patients de van Lommel ont été interrogés quelques jours seulement après leur réanimation, un temps probablement trop court pour que le temps n'enlumine les souvenirs. Et pourtant, le journaliste scientifique canadien Jay Ingram note que le point de vue de van Lommel continue à « rebuter beaucoup » et insiste : « Qui peut dire que certaines EMI ne sont pas des faux souvenirs apparus dans les jours ou les semaines suivant l'hospitalisation des patients ? »

Qui, en effet ? Oui les patients peuvent affabuler pour attirer l'attention ou faire plaisir aux médecins – sauf pour une chose. Les témoins d'EMI ont montré des taux élevés de changements profonds d'attitude des années après l'expérience (par exemple, la disparition de la peur de la mort) par comparaison avec des patients non-EMI. Une conclusion plus raisonnable est que ces personnes font l'expérience d'un état lucide qui conduit à de véritables transformations – et cet état lucide mérite une investigation complémentaire.

La psychologue Susan Blackmore s'en prend également aux changements de vie induits par l'EMI, expliquant :

> Le peu de données disponibles suggère que cette transformation résulte simplement du fait d'avoir frôlé la mort, et non de vivre une EMI, mais quand les témoins se comportent de façon altruiste, cela aide à propager les mèmes de l'EMI – « Je suis une bonne personne, désormais je ne suis plus aussi égoïste, croyez-moi. Je suis vraiment allé au paradis. » L'envie d'être d'accord avec cette personne tout à fait sympathique conduit à propager les mèmes. Et si le témoin d'EMI vous aide réellement, vous pouvez adopter ces mèmes comme une façon de retourner cette gentillesse. Ainsi, les mèmes de l'EMI se répandent, et notamment l'idée que les personnes qui ont eu une EMI se comportent de façon plus altruiste.[63]

L'explication de Blackmore n'explique rien du tout. En premier lieu, le fait d'être confronté à la mort n'induit pas les changements profonds de l'existence comme l'EMI. Si c'était le cas, pratiquement tous les survivants d'une crise cardiaque devraient changer de vie, et les recherches montrent qu'il n'en est rien. Ensuite, elle affirme simplement que l'esprit humain est gouverné par des « mèmes » – des unités hypothétiques de pensée qui se répliquent elles-mêmes (voir chapitre 7), qui sont les équivalents intellectuels des « gènes égoïstes » de Dawkins. C'est-à-dire un concept entièrement superflu et impossible à tester. Au contraire, la mort clinique, les récits vérifiables et les changements de comportements après une EMI sont tous testables.

La façon dont le neurologue Jeffrey Saver et le médecin John Rabin traitent la question illustre bien les difficultés de la position matérialiste. Citant les EMI d'alpinistes victimes de chutes en montagne, ils identifient correctement les facteurs clés communs : « Bien que certaines expériences de mort imminente soient angoissantes ou infernales, la plupart sont sereines et joyeuses, et elles peuvent entraîner des transformations profondes et durables en termes de croyances et de valeurs. » Afin de rendre compte de l'expérience, ils suggèrent : « Un mécanisme biologique moteur sous-jacent apparaît probable. » Ils estiment que l'EMI pourrait être un mécanisme de survie, une « activité du système limbique endorphino-induite, ou un blocage des récepteurs NDMA [N-methyl d-aspartate, un neurotransmetteur excitateur du système nerveux mammalien] du glutamate par des molécules 'putatives' neuroprotectrices endogènes, qui pourrait supprimer l'excitotoxicité dans les structures hypoxique-ischémique. »

Mais leurs suggestions n'expliquent pas ce qui a le plus besoin d'explication, à savoir le fait que les patients rapportent des informations qui ont ensuite été vérifiées, et racontent des expériences transformatrices de la vie survenues alors qu'ils se trouvaient dans un état de mort clinique. Réalisant peut-être qu'ils n'avaient pas traité le principal problème, Saver et Rabin poursuivent en invoquant un modèle explicatif désormais familier, la psychologie évolutionniste (notre comportement est tel qu'il est car c'est celui qui a permis à nos ancêtres de survivre) :

> Pour une proie traquée par un prédateur, l'immobilisation et la simulation de la mort peuvent permettre de survivre. Plus généralement, la clarté de perception et la compréhension associées à la dissociation (sic) pourrait permettre aux individus d'identifier et d'engager des stratégies nouvelles afin d'échapper à des situations désespérées menaçant la vie.

Simuler la mort ? Les opossums effrayés sombrent dans une profonde inconscience, et les prédateurs qui dédaignent la charogne passent éventuellement leur chemin. Il est également vrai que certains êtres humains ont survécu à des massacres en prétendant être mort. Mais les états proches de la mort ne peuvent avoir été une stratégie de survie dans un lointain passé puisque les techniques sophistiquées permettant à beaucoup de revenir d'un tel état, et raconter leur expérience, ont quelques dizaines d'années seulement. Au cours d'une EMI, la personne se trouve au contraire dans un état non simulé de mort clinique que l'on peut constater médicalement. Dès lors ils sont difficilement en position de concevoir d'habiles stratégies de survie. Loin d'avoir une quelconque stratégie de survie, les témoins d'EMI sont souvent déçus lorsqu'on les ramène à la vie.

L'EMI évoque quelque chose qui dépasse la seule notion de survie, que Saver et Rabin conçoivent à tort comme le but de toute existence. Leurs propositions montrent avant tout que le matérialisme a tellement de difficultés à rendre compte des EMI que les matérialistes sont même incapables d'en traiter les éléments les plus basiques, et se mettent alors à parler d'autre chose – par exemple, la façon dont un mammifère primitif rendu inconscient par la frayeur est pris pour de la charogne. Il s'agit là d'une caractéristique fréquente des explications matérialistes des EMI.

Religion et EMI

> Nous devons nous rappeler que Satan a la capacité d'apparaître comme un « ange de lumière » et comme un « servant de la probité »... Son but est bien sûr d'écarter les hommes du droit chemin. Il se satisfait de passer pour un être de lumière s'il peut finalement éloigner les hommes du véritable Christ des Écritures.
>
> RON RHODES, « *COMMENT RAISONNER À PARTIR DES ÉCRITURES* » (TEXTE DES TÉMOINS DE JÉHOVAH), À PROPOS DES DANGERS DE L'EMI

Les matérialistes ne sont pas les seuls à être gênés par les EMI. Comme le philosophe Neal Grossman l'a souligné, un témoignage confirmé d'EMI peut ne pas conforter la doctrine de certains groupes religieux. Pire, il peut corroborer les doctrines d'un groupe concurrent. Par exemple, si l'identité et le sens de la mission d'un groupe religieux est de prêcher un Dieu vengeur ou impénétrable, ce groupe ne se satisfera probablement pas de l'idée qu'

> il existe certes une forme de jugement, mais les récits semblent s'accorder sur le fait que ce jugement vient de l'intérieur de l'individu, et non de l'Être de Lumière. En fait, il semble que tout ce que Dieu est capable de nous donner est l'amour inconditionnel.

D'un autre côté, certaines personnes ressentent une angoisse au cours de leur EMI. Ceci peut contredire les affirmations d'un autre groupe disant qu'il est impossible d'être tourmenté par des choix du passé, même si ce tourment est auto-infligé. Ainsi, les deux groupes peuvent en venir à éviter ou nier la réalité des EMI afin de continuer à répandre leur doctrine à l'abri de la menace des preuves. Leurs inquiétudes sont probablement infondées pour plusieurs raisons.

Les personnes interprètent leur EMI en utilisant un langage et des concepts disponibles. Comme l'observe van Lommel, « la nature subjective de l'expérience et l'absence de cadre de référence conduisent à ce que des facteurs individuels, culturels, et religieux déterminent le vocabulaire utilisé pour décrire et interpréter l'expérience. »[64]

Combien de langages connus disposent-ils d'un vocabulaire adéquat pour les EMI ? Les langues sont développées pour interpréter des expériences communes et non inhabituelles. Elles peuvent donc simplement échouer sur certains points. Toutes les sources de savoir ne sont pas également pertinentes ou utiles à l'interprétation d'une expérience donnée, et tout le monde ne tire pas de conclusions raisonnables d'une source de savoir, fut-elle pertinente et utile. Mais les témoins d'EMI ne sont pas les seuls à affronter cette difficulté. Les mystiques déplorent fréquemment que le langage soit inapte à décrire les expériences mystiques, comme nous le verrons au chapitre 7.

Les transformations fondamentales dans l'attitude des témoins d'EMI sont stables dans le temps, par comparaison avec un groupe contrôle. Ces évolutions doivent être prises en compte. Personne ne donne à sa vie une orientation plus spirituelle sur la base d'illusions furtives ou de banalités.

Les témoins d'EMI confirment en général les valeurs essentielles des religions. Comme le relève Grossman, ils ont tendance à intérioriser les valeurs de leur propre religion, car ils commencent à les voir non plus comme des spéculations ou des dogmes, mais comme des faits vérifiés. Il commente : « L'une des conséquences de la revue de vie est qu'il semble très dommageable pour soi-même de faire du mal à autrui, que ce soit physiquement ou psychologiquement, dans la mesure où toute douleur infligée à l'autre est ressentie contre soi-même lors de la revue de la vie. »

La recherche sur l'EMI et la médecine

> Quand ils m'ont ramené à la vie, j'ai ressenti une grande culpabilité de ne pas avoir souhaité revenir car je m'étais sentie si bien. Par la suite, j'ai travaillé là-dessus avec mon médecin et mon pasteur car j'étais vraiment très perturbée par le fait de n'avoir pas voulu revenir... Mon fils avait deux ans à l'époque et ma fille cinq ans.[65]
>
> UNE PATIENTE DÉCRIVANT SES SENTIMENTS MÉLANGÉS APRÈS UNE EMI

Les EMI sont plus fréquentes que le corps médical peut le penser. La plupart des changements dans l'attitude et la personnalité sont positifs, mais certains peuvent représenter un défi. De nombreux témoins rapportent par exemple des sentiments mêlés après le retour à la vie. Nous ignorons combien de témoins d'EMI – malheureux à l'idée de revivre – ne font pas les efforts requis et succombent finalement peu de temps après leur opération ou leur réanimation. Pim van Lommel a ainsi constaté qu'un nombre sensiblement plus élevé de patients ayant vécu une EMI profonde mouraient dans le mois suivant leur réanimation, par rapport aux patients n'ayant pas vécu d'EMI.[66] Les professionnels de santé qui détectent que le patient a jugé la mort attirante peuvent sans doute mieux l'aider à reprendre une vie normale. Un soignant peut soutenir le patient post-EMI sans nécessairement épouser son point de vue sur la nature même de l'expérience.

Les EMI dans un cadre matérialiste

Le philosophe Grossman a remarqué que le fait de discuter des EMI avec des matérialistes convaincus est en général une perte de temps. Rapportant le fragment d'un dialogue frustrant, il raconte :

> Exaspéré, je demandai : « Que faudrait-il, à moins de vivre vous-même une expérience de mort imminente, pour vous convaincre que c'est réel ? »
>
> Très nonchalamment, et sans battre d'un cil, il me fit la réponse suivante : « Même si je vivais une expérience de mort imminente, j'en conclurais que j'ai halluciné, plutôt que de croire que mon esprit puisse exister indépendamment de mon cerveau. »

Plus tard, Grossman a reconnu : « Ce fut une expérience capitale pour moi, car j'étais devant un homme instruit et intelligent qui me disait qu'il n'abandonnerait jamais son point de vue matérialiste, quoi qu'il advienne. Même l'évidence de sa propre expérience ne l'amènerait pas à renoncer au matérialisme. »

Les matérialistes semblent persuadés que les EMI ne peuvent pas entrer dans le cadre matérialiste, et que nous devrions les laisser seuls en juger. Il y a pourtant de bonnes raisons de penser que l'esprit, la conscience et le soi perdurent lorsque le cerveau cesse de fonctionner et, par conséquent, que des ERSM peuvent se produire alors que le cerveau est cliniquement mort. Mais ceci a une autre conséquence – à savoir que l'esprit peut agir de sa propre initiative. Si c'est le cas, l'esprit peut-il agir sur d'autres esprits ou sur des objets ?

Psi : l'effet qui refusait d'être discrédité

Ces phénomènes troublants semblent contredire toutes nos conceptions scientifiques classiques. Comme nous aimerions les discréditer ! Malheureusement, les preuves statistiques, au moins en ce qui concerne la télépathie, sont écrasantes. Il est très difficile de réorganiser nos conceptions pour y faire entrer ces nouveaux faits.

A. M. Turing, pionnier de l'intelligence artificielle

Turing a trouvé une « faible consolation » dans l'idée que les phénomènes paranormaux pourraient d'une certaine façon être réconciliables avec les théories scientifiques les mieux établies. Nous divergeons de son point de vue. Nous pensons que si des phénomènes tels que la télépathie, la précognition et la psychokinèse s'avèrent possibles (et se révèlent posséder les propriétés remarquables que l'on dit), les lois de la physique ne devraient pas seulement être disposées à les accueillir ; seule une révolution majeure de notre vision scientifique de la réalité pourrait leur faire justice.[67]

Douglas R. Hofstadter et Daniel C. Dennett, The Mind's I (Le Je de l'Esprit)

Au milieu de toutes les absurdités et bêtises excessives proférées au nom des phénomènes psychiques, de l'usage malencontreux du terme

« parapsychologie » par des « investigateurs du paranormal » autoproclamés, et de la risée perpétuelle dont ils sont l'objet par les magiciens et les illusionnistes... Il s'agirait d'une réalité ? Pour faire court, la réponse est Oui.

DEAN RADIN, *LA CONSCIENCE INVISIBLE*

En 2004, le magazine New Scientist a publié un article de fond intitulé « Le pouvoir du paranormal : pourquoi il ne se rendra pas à la science. » Les lecteurs qui s'attendaient à lire des histoires de faux médiums utilisant les hautes technologies furent déçus. Le problème têtu en question s'avérait être un effet statistique de faible amplitude mis en évidence dans des études contrôlées en laboratoire, l'effet psi, un terme générique pour désigner les phénomènes télépathiques et psychokinétiques. Il apparaît que des êtres humains peuvent communiquer avec d'autres sans contact physique (télépathie), et déplacer des objets sans les toucher (psychokinèse), par exemple en influençant le motif de diffraction d'un rayon de lumière – et ce dans des proportions systématiquement supérieures au hasard.

John McCrone écrivait alors dans le *New Scientist* : « Un artefact statistique sera peut-être identifié pour expliquer ceci. » Peut-être en effet, mais ce motif persiste depuis des décennies. McCrone poursuit : « Par bien des aspects, c'est la communauté sceptique qui est sur la défensive, incapable de justifier ces résultats en termes de tricherie, d'artefact ou de coup de chance. Ils en sont réduits à nouveau à des rumeurs de soupçons sur la façon dont les tenants parviennent à ces résultats. »

Comme nous l'avons vu, le terme « sceptique » a pris un sens assez restrictif. Il ne signifie plus « appliquer un jugement critique rigoureux », mais plutôt « défendre le matérialisme ». En ce sens, les sceptiques se montrent rarement sceptiques sur les arguments favorables au matérialisme, même quand ils ne tiennent aucun compte des observations. Mais quelles sont les observations qui rendent McCrone et les autres nerveux ?

Implicitement, le *New Scientist* reconnaissait une évolution importante dans l'approche des effets psi depuis quelques années. Comme le souligne le chercheur de la conscience Dean Radin : « Il existe des désaccords sur la façon d'interpréter les données, mais le fait est que pratiquement tous les scientifiques qui se sont penchés sur les données, y compris les sceptiques indécrottables, reconnaissent désormais qu'il y a quelque chose d'intéressant qui se passe et qui mérite une attention scientifique rigoureuse. »[68]

Il est intéressant de noter que le philosophe Sam Harris, peu suspect de complaisance en la matière, le reconnaît dans son livre *The End of Faith: Religion, Terror, and the Future of Reason* (La fin de la foi : la religion, la terreur et le futur de la raison, 2004), quand il admet l'existence d'un « corpus de données attestant la réalité des phénomènes psychiques, et dont l'essentiel a été ignoré par la science matérialiste. » Il concède :

> L'assertion selon laquelle « des affirmations extraordinaires requièrent des preuves extraordinaires » reste une boussole raisonnable dans ces domaines, mais ça ne veut pas dire que l'univers n'est pas beaucoup plus étrange que beaucoup d'entre nous le supposent. Il est important de réaliser qu'un scepticisme sain et scientifique est compatible avec une ouverture d'esprit fondamentale.

Harris n'a pas grand-chose à craindre, et ce pour deux raisons. Un scepticisme sain et scientifique est *par définition* compatible avec une ouverture d'esprit fondamentale. Et quoi qu'il en soit, la parapsychologie, c'est-à-dire l'étude des phénomènes psi, est de plus en plus reconnue comme une discipline scientifique légitime.

La Parapsychological Association, une association scientifique internationale, a été admise en 1969 au sein de l'American Association for the Advancement of Science (AAAS, Association américaine pour l'avancement de la science). Des séminaires sur les recherches psi ont été régulièrement inclus dans les programmes des conférences annuelles de l'AAAS, de l'American Psychological Association (Association américaine de psychologie) et de l'American Statistique Association (Association américaine de statistique). Des conférenciers ont été invités à présenter l'état de la recherche psi devant des publics hautement qualifiés aux Nations Unies, à Harvard ou au sein des Laboratoires Bell (télécommunications). Plusieurs organismes américains ont rédigé des rapports sur la question : Congressional Research Service (Service de Recherche du Congrès), Army Research Institute (Institut de Recherche de l'Armée), National Research Council (Conseil national de la Recherche), Office of Technology Assessment (Bureau d'évaluation des technologies), American Institutes for Research (Instituts américains pour la recherche, accrédités par la CIA). Ces cinq rapports ont tous conclu, sur la base de données expérimentales, que certaines formes de phénomènes psychiques nécessitaient des études scientifiques plus approfondies.

Mais le signe le plus fort d'un changement culturel est peut-être la nouvelle façon dont les effets psi sont présentés dans les livres universitaires, qui n'enseignent en général que des positions orthodoxes et validées. Dans *Introduction à la psychologie*, Richard L. Atkinson et trois co-auteurs notent dans la préface de l'édition de 1990 :

> Les lecteurs constateront l'ajout d'une nouvelle section dans le chapitre 6, intitulée « Phénomènes Psi ». Nous avons évoqué la parapsychologie dans les éditions précédentes mais nous sommes restés très critiques sur les recherches, et sceptiques quant aux affirmations faites dans ce domaine. Et bien que nous ayons toujours d'importantes réserves sur la plupart des recherches en parapsychologie, les récents travaux sur la télépathie nous semblent dignes d'une considération attentive.[69]

En dépit des mises en garde, ces commentaires reflètent une nette évolution : le passage d'une approche qui considérait avant tout les phénomènes psi comme la manifestation d'une tendance de certains individus à croire des choses fausses, à une approche qui s'interroge raisonnablement sur ce que les données suggèrent.

Célébrités et fraudes psychiques

« J'ai un homme plus âgé ici » est à la fois une question, une suggestion et une supposition faite par le « lecteur » (psychique), qui escompte

> une réaction du sujet, et l'obtient en général. Cette réaction peut n'être qu'un signe de la tête, le nom de la personne, ou une identification (frère, mari, grand-père), mais elle est fournie PAR LE SUJET, et non par le lecteur.
>
> LE MAGICIEN RANDI, EXPLIQUANT UN « TRUC » CLASSIQUE

Le psi est un effet stable, de faible intensité, typiquement juste un peu trop élevé pour être seulement dû au hasard. Ainsi, un chauffeur de bus scolaire dont les résultats sont systématiquement supérieurs au hasard lors de tests de psychokinèse – quel que soit l'intérêt qu'il présente pour les chercheurs – ne gagnera pas la guerre de l'audience à la télévision. Un médium célèbre a besoin d'effets spectaculaires pour se maintenir dans le show-business, et il peut avoir recours à la psychologie des foules ou à des « trucs » pour entretenir l'illusion de prouesses incroyables. Le magicien James Randi et d'autres se sont spécialisés dans l'identification de ces techniques de manipulation. Mais les techniques grâce auxquelles un médium célèbre peut capter et conserver son public ne démontrent rien à propos du psi observé en laboratoire. En science, seules comptent les études contrôlées.

En réalité, la plupart des magiciens ne contestent pas les phénomènes psychiques uniquement sur la base de l'engouement médiatique qui entoure certains médiums. La majorité des magiciens sondés dans le cadre de deux études distinctes expliquent croire à la réalité de l'effet psi.[70] Ils ne vont pas cependant jusqu'à clamer que le psi est à la base de leur carrière dans le spectacle.

Une autre idée fausse encore largement répandue est que le psi devrait pratiquement conférer des pouvoirs magiques, ou garantir un très bon caractère. Dans un communiqué de presse concernant le recours aux médiums par les forces de police, une association humaniste laïque a demandé à savoir, à propos de cas récents d'enfants disparus :

> Où étaient (les médiums) quand les parents et la police avaient désespérément besoin d'informations précises ? S'ils peuvent faire ce qu'ils disent, pourquoi ces détectives psychiques ne sont-ils pas là à sauver des vies au lieu d'apparaître dans des émissions de télévision et de promouvoir leurs livres ?

Le psi n'est *pas* une forme de magie. C'est un effet de faible amplitude mis en évidence dans de nombreuses études en laboratoire – un de ceux dont le matérialisme est impropre à rendre compte. Que des médiums célèbres aident la police ou fassent leur autopromotion de façon irresponsable est une autre question.

Études contrôlées sur l'effet psi

> Il est tout juste possible que certaines de ces revendications paranormales puissent un jour être confirmées par des données scientifiques fiables. Mais il serait stupide d'accepter n'importe laquelle d'entre elles sans les preuves adéquates.
>
> CARL SAGAN, *THE DEMON-HAUNTED WORLD (LE MONDE HANTÉ PAR LE DÉMON)*

> Prendre de l'aspirine réduit la probabilité d'une crise cardiaque seulement de 0,8 % par rapport à l'absence d'aspirine (soit huit dixièmes d'un point de pourcentage). Cet effet est environ dix fois plus faible que l'effet psi ganzfeld observé selon une méta-analyse de 1985.
>
> DEAN RADIN, *LA CONSCIENCE INVISIBLE*

L'existence d'un effet psi est bien validée. En ce qui concerne la télépathie, de 1974 à 1997, les résultats de 2550 sessions ganzfeld (isolation sensorielle) ont été publiés dans au moins quarante revues par des chercheurs du monde entier, y compris des études utilisant des images sélectionnées par ordinateur (autoganzfeld) pour éviter la « contamination » de l'intervention humaine (l'effet « doigt gras »). De façon générale, les études montrent que des individus obtiennent de petites quantités d'information spécifique à distance et sans utiliser les cinq sens ordinaires[71]. Une méta-analyse (i.e., une technique permettant de synthétiser les résultats d'études en utilisant différentes méthodes statistiques pour extraire, sélectionner et combiner les résultats d'études distinctes mais portant sur le même objet) de toutes les études ganzfeld sur la télépathie réalisées jusqu'en 1997 a conduit à la probabilité d'une chance sur un million de milliards pour que les résultats soient dus au hasard.[72]

En matière de psychokinèse, les travaux récents utilisent un générateur de nombres aléatoires (GNA), c'est-à-dire un circuit qui joue à pile ou face avec une « pièce » électronique et qui enregistre les résultats. Dans une expérience moderne type, les « pointes » aléatoires de bruit électronique ou de décomposition radioactive se produisant plusieurs milliers de fois par seconde interrompent une horloge à quartz qui compte jusqu'à 10 millions de cycles par seconde. Lorsqu'elle est interrompue, l'état de l'horloge indiquera soit 1 soit 0. On demande au sujet de l'expérience d'influencer les résultats du GNA en « souhaitant » plus de 1 ou plus de 0. Un effet réduit mais stable a été mis en évidence tout au long de soixante années de recherches à l'aide de dés et de GNA. Cet effet est fiable quel que soit le sujet ou l'expérimentateur, et il persiste lorsque des chercheurs indépendants ou même sceptiques participent à l'étude. Une méta-analyse des résultats de 832 études réalisées au cours des dernières décennies a montré une probabilité d'une chance contre un billion (un million de millions) qu'ils soient dus au hasard.[73]

Il y a enfin le cas curieux des corrélations entre deux personnes qui sont isolées l'une de l'autre. Dans une étude publiée dans *Neuroscience Letters* (2003), Jiri Wackermann et son équipe ont découvert que deux êtres humains peuvent coordonner les états électriques de leurs cerveaux alors qu'ils se trouvent à distance l'un de l'autre.[74] Il est intéressant de noter que le fait qu'ils soient liés émotionnellement n'a pas d'importance, et l'effet ne s'est pas non plus manifesté dans un endroit du cerveau en particulier. Les auteurs écrivent : « Nous sommes face à un phénomène qui n'est ni facile à écarter par une faille méthodologique ou un artefact technique, ni compréhensible quant à sa nature. Aucun mécanisme biophysique n'est connu à l'heure actuelle comme pouvant être responsable des corrélations observées entre les EEG de deux sujets séparés. »

Dans l'ensemble, plus les expériences deviennent sophistiquées et plus l'effet, faible mais stable, apparaît clairement ; et il devient de plus en plus difficile de lui trouver une explication.

Explication matérialiste du psi

En dépit de déclarations permanentes et d'anecdotes dans la presse populaire, et malgré le flot constant de recherches sérieuses sur ces sujets, il n'existe aucune preuve significative ou digne de confiance que de tels phénomènes existent vraiment. Le vaste fossé qui sépare les convictions populaires sur ce thème et les véritables preuves est quelque chose qui demande à être étudié en lui-même. Car il n'existe pas un seul phénomène parapsychologique qui puisse être produit de façon répétée ou fiable dans un laboratoire correctement équipé pour réaliser et contrôler l'expérimentation. Pas un seul.[75]

PAUL CHURCHLAND, PHILOSOPHE MATÉRIALISTE

La science ne peut vraiment rien dire de choses telles que la télépathie, la croyance, etc., de quelque façon que ce soit... Tout ce que nous savons des lois physiques dirait de manière complètement irréfutable que cela ne se produit pas, que ce n'est pas ainsi que les choses fonctionnent.

URSULA GOODENOUGH, BIOLOGISTE ET NATURALISTE RELIGIEUSE

Peu à peu au cours des années 1990, (le scepticisme) est passé du stade des controverses sur le fait que l'effet existe ou non, à la façon de l'expliquer... Les sceptiques qui ne font que répéter les vieilles affirmations disant que la parapsychologie est une pseudoscience, ou qu'il n'existe pas d'expériences reproductibles, sont désinformés non seulement sur la situation de la parapsychologie, mais aussi sur l'état actuel du scepticisme !

DEAN RADIN, *LA CONSCIENCE INVISIBLE*

En général, les matérialistes ont quatre type de réponses au psi : dénégation catégorique, affirmation que la science est incapable de le traiter, déclaration qu'il s'agit d'un effet insignifiant, et proposition d'hypothèse alternatives qui restent non testées. Paul Churchland, cité plus haut, douterait qu'aucun laboratoire produisant des preuves du psi ne soit « correctement équipé ». Ursula Goodenough, également citée plus haut, n'explique pas comment elle sait, sans aucune preuve, que la télépathie ne fait pas partie de « la façon dont les choses fonctionnent ». Une discussion utile doit dépasser ce genre de considérations.

Le philosophe positiviste A. J. Ayer a proposé l'idée de « l'effet insignifiant » lorsqu'il a remarqué en 1965 (alors que la structure des effets psi était manifeste) :

> La seule chose remarquable à propos d'un sujet crédité de perception extrasensorielle est qu'il est systématiquement plutôt meilleur pour deviner des cartes qu'un groupe de personnes ordinaires. Le fait qu'il fasse également « mieux que le hasard » ne prouve rien en soi.

Il s'agit là d'une dérobade. Ce que démontre la notion « mieux que le hasard » est qu'il existe un effet psi, et c'est précisément ce que les chercheurs tentaient de déterminer. Bien que faible, l'effet est important car il montre que la description matérialiste de l'univers n'est pas exacte.

En science, des effets faibles mais persistants ne peuvent être ignorés. Ils obligent parfois à une révision des paradigmes dominants. Lord Kelvin avait ainsi remarqué en 1900 que seuls « deux petits nuages noirs » obscurcissaient l'horizon de la physique classique newtonienne de l'époque, à savoir la mesure par Michelson et Morley de la vitesse de la lumière et le phénomène de rayonnement du corps noir. Kelvin était persuadé que ces petits nuages gênants seraient bientôt dissipés[76]. Et pourtant, toute la physique moderne – relativité et mécanique quantique – provient des ces deux petits nuages noirs.

La quatrième option, qui consiste à proposer des hypothèses alternatives en omettant toutefois de les tester, est abordée par Dean Radin. Cette façon de « tirer des penalties assis dans un fauteuil », relève-t-il, a deux conséquences : cela décourage les scientifiques sérieux, mais encourage les « croyants » dont les engagements émotionnels justifient la méfiance :

> Si les scientifiques sérieux sont réticents à enquêter sur les affirmations du psi de peur d'entacher leur réputation, alors qui le fera ? Des sceptiques extrémistes ? Non, car il se trouve que la plupart des extrémistes ne font pas de recherche ; ils se spécialisent dans la critique. Des croyants extrémistes ? Non plus, car en général conduire des études scientifiques rigoureuses ne les intéresse pas.[77]

Bien sûr, inutile de croire que personne ne se satisfait d'une telle situation, puisque cela freine la progression du psi jusqu'au premier plan des preuves contre le matérialisme.

Un cadre scientifique pour le psi

> La parapsychologie n'est pas la quête fourvoyée de quelque mystère, ou la recherche religieuse à peine voilée de l'âme. Au lieu de cela, la recherche psi est l'étude d'une question très ancienne et toujours sans réponse : L'esprit est-il causal ou causé ? Sommes-nous des zombies avec « rien » à l'intérieur, ou bien sommes-nous des créatures automotivées et libres de faire valoir notre volonté ?
>
> DEAN RADIN, *LA CONSCIENCE INVISIBLE*

Le psi doit trouver sa place au sein d'un paradigme fondé sur des preuves en physique, en psychologie et en neurosciences. Cependant, tenter de comprendre et tester une hypothèse du psi dans un environnement matérialiste recèle plusieurs obstacles.

Considérons par exemple le sort de l'effet placebo. Bien que l'effet soit établi au-delà de tout doute possible en médecine, il est traité soit comme un mystère, soit comme une insupportable nuisance. La raison en est simple : en science matérialiste, une hypothèse valide pour l'effet placebo doit justifier soit son existence, soit son efficacité. Il en va de même pour le psi. Une hypothèse acceptable examine les données en vue d'éliminer le psi en tant qu'effet réel. L'étude du psi devrait ressembler à l'exobiologie (l'étude des formes possibles de vie extraterrestre), c'est-à-dire une étude sans objet – sauf que l'exobiologie aura peut-être un jour un objet d'étude, contrairement au psi.

Radin a suggéré une relation entre le psi et le phénomène d'intrication quantique qui peut conduire à des hypothèses testables, réclamant toutefois des compétences élevées. Une théorie adéquate du psi, explique-t-il, ne relèvera très probablement pas de la théorie quantique telle qu'elle est comprise aujourd'hui.

> Au lieu de cela, la théorie quantique actuelle sera finalement considérée comme un cas particulier de la façon dont la matière *non-vivante* se comporte dans certaines circonstances. Les systèmes vivants pourraient nécessiter une toute nouvelle théorie. La théorie quantique ne dit rien de concepts élaborés comme le *sens* ou le *but,* et pourtant les phénomènes psi « bruts » du monde réel semblent intimement liés à ces concepts.[78]

De son point de vue, la science « a peu à peu perdu l'esprit » du fait de la séparation de l'esprit et de la matière qui débuta voici environ trois siècles. Le problème s'est aggravé au début du XXe siècle avec la querelle entre la psychanalyse et le behaviorisme, la première se révélant « intestable » et le second contrefactuel[79]. Puis vint l'ère de « l'esprit en tant que machine » dans les années 1950. Mais les modèles informatiques ont échoué à répondre aux questions importantes car les ordinateurs sont des objets conçus par l'esprit humain et ne sont pas conscients par eux-mêmes. Bien sûr, de nos jours il nous faut choisir entre deux idées fausses : soit l'esprit et la conscience n'existent pas, soit ils existent mais n'ont aucune influence. À ce stade, de nouvelles orientations devraient être bienvenues.

Radin suggère que la parapsychologie pourrait indiquer de nouvelles directions en forgeant des liens entre la psychologie (qui à l'origine est une discipline centrée sur l'esprit), les neurosciences et les sciences cognitives (qui sont à l'origine des disciplines centrées sur la matière). La parapsychologie suppose que la méthode scientifique peut aborder la question de l'esprit, dans la mesure où les hypothèses avancées reconnaissent à la fois l'existence de l'esprit et son efficacité.

Le psi et la fin de la science

> Ce sont les données qui sont l'arbitre ultime des hypothèses.[80]
>
> HARALD WALLACH ET STEFAN SCHMIDT, *JOURNAL OF CONSCIOUSNESS STUDIES (JOURNAL DES ÉTUDES SUR LA CONSCIENCE)*

La reconnaissance du psi conduirait-elle à la fin de la science, comme d'aucuns le redoutent ? Les effets psi mis en évidence dans les études en laboratoire ne confirment pas nécessairement les anecdotes sensationnelles ou les croyances traditionnelles comme des descriptions pertinentes de la réalité. Le psi suggère seulement que l'esprit est moins étroitement lié à l'espace et au temps qu'on l'a supposé, et que ses effets ne sont pas confinés aux limites du cerveau et du corps. Il est compatible avec des effets quantiques bien identifiés, bien que la science ne puisse en dire plus pour l'instant.[81]

Le psi prouve-t-il que des miracles peuvent se produire ? Les affirmations concernant les miracles (interventions directes de Dieu dans les temps anciens) restent extérieures à la science expérimentale par définition, puisque Dieu ne peut venir déposer comme témoin ni être contraint de servir de sujet dans une expérience reproductible. Si l'on suppose (comme la plupart des Américains) que Dieu existe, qu'Il soit impliqué ici et maintenant est une question d'opinion sur laquelle la science n'a aucune expertise particulière. Certains matérialistes, malheureusement, trichent en affirmant que leurs théories contredisent les enseignements religieux à propos des miracles historiques. Ce qui crée un conflit contreproductif avec les autorités religieuses.

Dans la mesure où un événement est explicitement identifié comme une intervention divine, la science ne peut rien dire de sa véracité ni dans un sens ni dans l'autre. Pour ces raisons parmi d'autres, les appréhensions matérialistes sur les dangers d'accepter l'existence du psi peuvent être écartées. Certaines études du paranormal se sont attaquées à la question de la guérison spirituelle (guérison par le pouvoir de la foi). Les affirmations sur ce thème sont abordées au chapitre 8, mais la guérison spirituelle implique quoi qu'il en soit une hypothèse différente, et bien plus complexe, sur la nature de l'effet psi. Dans la guérison spirituelle, *A* fait appel pour la guérison de *B* à une source de puissance spirituelle C.

Autrement dit, le processus envisagé est triangulaire – il implique trois parties. *A n'essaie* même pas d'influencer *B* directement. Si la guérison spirituelle est confirmée, elle pourrait fonctionner selon des principes différents du psi.

Harald Wallach et Stefan Schmidt proposent quelques suggestions utiles pour franchir une étape supplémentaire dans la recherche scientifique non-matérialiste, dans un texte intitulé « Réparer le canot de sauvetage de Platon avec le rasoir d'Occam » (2005). Le Rasoir d'Occam est un principe scientifique bien établi qui stipule que, de deux explications, la plus simple devrait être retenue. Mais les rasoirs, comme tout instrument tranchant, doivent être utilisés avec précaution. À ce jour, nous n'avons pas de bonne théorie pour le psi ou d'autres phénomènes immatériels que la science commence seulement à investiguer. Wallach et Schmidt proposent un principe complémentaire, « Le canot de sauvetage de Platon »[82], qui nous permet de sauvegarder des données valides mais conflictuelles en vue d'une réévaluation ultérieure. Nous pouvons donc mettre dans le canot de sauvetage de Platon des phénomènes pour lesquels il existe au minimum des données d'observation fiables, bien que nous ne sachions pas à l'heure actuelle où les placer dans le schéma global. À propos du psi, ils suggèrent :

> Dans l'état actuel de nos connaissances, il est difficile d'asseoir la télépathie ganzfeld comme un fait. Néanmoins, il existe trop d'études dont les résultats sont positifs pour nier le fait que ce type de télépathie est au moins parfois possible. Nous pensons que les données sont suffisamment intéressantes pour placer la télépathie ganzfeld dans le canot de sauvetage de Platon.

Ils suggèrent également de secourir l'efficacité de la prière et de la guérison à distance, les interactions mentales directes entre systèmes vivants, les interactions entre l'intentionnalité et les GNA (micro-psychokinèse), la précognition, la télépathie et la macro-psychokinèse (la « force de Pauli »)[83]. Il existe assez de données dans chaque cas pour justifier le sauvetage de ce que nous savons et tenter de le résoudre plus tard.

Le psi est-il un phénomène surnaturel ?

Dire qu'un événement est surnaturel revient à dire qu'il vient d'au-dessus ou de l'extérieur de la nature. Les religions théistes supposent – comme point de départ – que Dieu est au-delà de la nature (surnaturel).

Ainsi les événements causés par l'action directe et sans intermédiaire de Dieu sont surnaturels par définition. Cependant, ainsi que le cosmologiste de l'université de Chicago, Rocky Kolb, l'a récemment souligné, nous ne comprenons pas 95 % de ce qui constitue la nature (matière noire et énergie sombre). Dans ces circonstances, il est spécieux de qualifier un phénomène identifié en laboratoire de « surnaturel » uniquement parce qu'il n'entre pas dans le paradigme matérialiste dominant.

De nombreux matérialistes ont affirmé que toute action à distance est impossible ; et donc que le psi ne peut être que surnaturel. Mais ils disent dans le même temps que le surnaturel n'existe pas, et donc le psi non plus. Ainsi les résultats de laboratoire doivent nécessairement être faux. De fait, la principale motivation qui sous-tend de nombreuses tentatives de discréditer le psi semble bien être la peur du surnaturel.

Peut-être devrions-nous plutôt demander quelle *est* la nature de la nature ? Peut-elle inclure des événements qui ne sont pas surnaturels au sens indiqué plus haut, mais qui sont difficilement intégrés par le matérialisme ?

En ce qui concerne le psi, nous pouvons supposer l'une parmi deux propositions : 1) chaque occurrence du psi est une interférence directe dans la nature, sans doute en provenance d'une puissance divine se trouvant à l'extérieur de l'univers ; 2) l'univers autorise davantage d'enchevêtrement que ne le fait le paradigme matérialiste.

La seconde supposition crée beaucoup moins de problèmes que la première. Nous n'avons pas besoin de supposer qu'à chaque fois qu'un conducteur de métro quadragénaire fait mieux que le hasard lors d'une expérience sur le psi, l'univers a été envahi de l'extérieur ; et encore moins, comme certains sceptiques bornés l'ont souvent affirmé, que « la science » est en danger ou que « la religion envahit la science », ou qu'un « nouvel âge des ténèbres » nous menace.

La recherche est capable d'établir les circonstances dans lesquelles l'intrication peut survenir au niveau macroscopique, donnant l'apparence d'une action à distance.

Valeur pratique de l'étude du psi

Certaines controverses sans fin ni solution proviennent directement de l'inconfort du matérialisme face aux effets psi. Par exemple, la question de savoir si des médiums ont déjà aidé la police à retrouver un enfant disparu est souvent subordonnée en pratique au dessein matérialiste visant à démontrer que l'effet psi est une chimère. Les échecs apparents des médiums viennent ensuite appuyer les déclarations *sans rapport* affirmant que les effets psi ne se produisent pas. Des médiums bien connus peuvent ensuite être tentés d'exagérer leurs succès pour contrecarrer ces offensives matérialistes. Quoi qu'il en soit, si le psi est reconnu comme un effet stable, de faible intensité – comme les données de laboratoire semblent le suggérer – la question de savoir si, où, et quand, le psi pourrait aider la police peut être résolue par de simples décisions concernant le meilleur usage de ses ressources.

Une interprétation du psi fondée sur les preuves pourrait également aider à lutter contre la superstition. Un sondage Gallup a montré en juin 2005 que les trois-quarts des Américains croyaient en une forme de paranormal, une proportion stable depuis 2001. Il n'existe pas de différence significative basée sur l'âge, le sexe, le niveau d'instruction ou la localisation géographique[84], mais le pourcentage a semble-t-il augmenté au cours du dernier quart de siècle.

Certains matérialistes répandent l'affirmation sans fondement que les effets psi ont été discrédités. Les personnes qui attribuent leurs expériences inhabituelles au psi réagissent simplement en se détournant de la science. Par conséquent, ils courent le risque d'être abusés par des superstitions pour lesquelles il n'existe effectivement aucune preuve[85]. Les chercheurs non-matérialistes ont un avantage évident car ils n'ont pas un dessein secret visant à discréditer toutes les affirmations concernant le psi. Ils peuvent ainsi aider à distinguer entre des hypothèses qui sont – *ou non* – appuyées par des observations scientifiques.

Le non-matérialisme est-il un antimatérialisme ?

La physique quantique contredit l'ontologie matérialiste.[86]

MARIO BEAUREGARD

Pour les personnes ayant l'esprit scientifique et qui cherchent une base rationnelle à l'idée que l'action éthique vraie est possible, l'épigramme de William James : « L'effort de volonté est un effort de l'attention » doit remplacer le *Cogito ergo sum* en tant que description fondamentale de la façon dont nous percevons nous-mêmes et notre vie intérieure. L'esprit crée le cerveau. Nous avons la capacité à amener la volonté, et donc l'attention, à influer sur une potentialité unique luttant pour naître dans le cerveau, et transformer ainsi cette potentialité en réalité et en action.

JEFFREY M. SCHWARTZ ET SHARON BEGLEY, *THE MIND AND THE BRAIN (L'ESPRIT ET LE CERVEAU)*

En 2006, lors du congrès annuel du principal groupe de réflexion matérialiste, « The Edge », la question posée était : « Quelle est votre idée dangereuse ? » (en référence au livre de Daniel Dennett *L'idée dangereuse de Darwin*). Cent dix-sept réponses sont parvenues, presque toutes venant d'éminents matérialistes. En les parcourant, on est frappé de voir à quel point leurs idées sont finalement peu dangereuses. L'institution académique réprimera difficilement un bâillement à l'idée que « nous ne sommes qu'un paquet de neurones » (Ramachandran, citant Crick), ou « qu'il n'y a pas d'âmes » (Bloom, Horgan, Provine), qu'il n'y a pas de libre arbitre (Dawkins, Metzinger, Shirky), ou encore que le soi est un zombie (Clark). Personne ne sera revigoré d'entendre que « le monde naturel est tout ce qui existe » (Smith), que Dieu est probablement un conte de fées (Weinberg), ou que « tout est vain » (Blackmore).

Non seulement ces idées ne sont pas dangereuses pour le monde universitaire contemporain, mais elles sont sans surprise et sans intérêt – ni même, à ce stade, particulièrement bien étayées. Non sans ironie, les articles qui ont fait la une des médias en 2005 étaient des controverses à propos de différentes conceptions de la science. Par exemple, il y a eu la controverse sur le dessein intelligent.[87] Un scientifique voulant dire quelque chose de vraiment dangereux pourrait laisser entendre que l'univers ou les formes de vie montrent des signes évidents de conception intelligente. De même, le président d'Harvard Larry Summers a fini par céder aux commentaires avançant que les différences de représentation des deux sexes dans les facultés des sciences reflétaient d'authentiques différences entre les hommes et les femmes, et non simplement un biais. Ni les partisans du dessein intelligent ni Summers n'ont eu longtemps à attendre avant d'être submergés par la fureur de leurs opposants.

Si l'on veut dire quelque chose de vraiment dangereux, il faut créer le risque là où l'on vit. La perception par les matérialistes de leurs propres idées comme « dangereuses » dans le climat actuel n'est qu'un marquage sans fondement. Le véritable danger est que leurs idées sont lentement mais sûrement en passe d'être infirmées. Mais il ne s'agit pas d'un danger qu'ils ont envie d'affronter.

Nous l'avons vu, une argumentation scientifiquement cohérente peut être faite en faveur d'une conception non matérialiste de l'esprit et de la conscience. Mais le non-matérialisme n'est pas un antimatérialisme. À savoir, *une science non matérialiste peut intégrer tous les phénomènes ayant montré leur nature uniquement matérielle. Mais elle n'implique pas que tous les phénomènes doivent se présenter ainsi – une différence cruciale avec la science matérialiste.*

Une science non matérialiste évite de nombreux projets improductifs, comme essayer de démontrer que toutes le ERSM sont explicables par un circuit neuronal tordu, un gène, ou un épisode dans l'histoire de l'évolution ; que la conscience et le libre arbitre n'existent pas ; que les témoins d'EMI sont de simples mythomanes ; ou que les phénomènes psi ne se produisent jamais. Si une conception non matérialiste s'avère exacte, ces impasses resteront closes (en dépit de quelques brefs instants de gloire dans les médias scientifiques grand public), car *les chercheurs sont sur la mauvaise piste*. À mesure que les preuves s'accumulent, une telle conception doit être prise en compte et non écartée.

Ainsi que nous l'avons vu, une approche non matérialiste a des applications pratiques et ouvre d'intéressantes voies de recherche, en particulier en médecine.

Elle peut :

- ramener des troubles mentaux auparavant incurables dans le champ du traitement ;

- exploiter le pouvoir de l'effet placebo au lieu de le traiter comme un problème ;

- aider les professionnels de santé à mieux comprendre les défis auxquels sont confrontés les patients qui vivent des EMI ;

- et permettre une approche des effets psi qui soit fondée sur les preuves.

En fait, à travers l'histoire, la plupart des êtres humains se sont comportés comme si le non-matérialisme correspondait à la réalité. Beaucoup ont eu des ERSM ; certains sont devenus des mystiques profonds. À quoi ressemble un mystique profond ? Quelles expériences ont-ils (elles) rapportées ? C'est ce que nous allons voir au chapitre 7.

CHAPITRE 7

Qui vit des expériences mystiques et qu'est-ce qui les provoque ?

> L'étude des mystiques, tenant compagnie aussi humblement que possible à leurs esprits, amène avec elle, tout comme la musique ou la poésie – mais à un degré bien plus profond – une étrange euphorie, comme si nous étions conduits auprès d'une puissante source d'Être, si nous étions enfin au bord du secret que tous recherchent. Les symboles manifestés, les mots exacts employés, lorsque nous les analysons, ne suffisent pas à rendre compte d'un tel effet. Il est plus juste de dire que ces messages en provenance du soi éveillé transcendant d'un autre ébranlent nos « moi » profonds dans leur sommeil.[1]
>
> WILLIAM JAMES, PSYCHOLOGUE AMÉRICAIN PIONNIER

Le mysticisme compte parmi les mots les plus galvaudés du langage populaire. Voici plus d'un siècle, le psychologue américain William James a remarqué qu'il était devenu une épithète péjorative appliquée à « toute opinion que nous jugeons vague, vaste et sentimentale, et sans ancrage dans les faits ni dans la logique. »[2] Pire, selon la chercheuse britannique spécialiste du mysticisme Evelyn Underhill, le mysticisme avait été perçu comme « une excuse pour toute sorte d'occultisme, de transcendantalisme dilué, de symbolisme futile, de sentimentalité religieuse ou esthétique, et de mauvaise métaphysique. D'un autre côté, il a été librement employé comme marque de mépris par ceux-là qui ont critiqué ces sujets. »[3]

Qu'est-ce donc vraiment que le mysticisme ? Heureusement, au cours du siècle dernier, plusieurs universitaires qui n'étaient pas eux-mêmes des mystiques ont entrepris de l'étudier sérieusement.

Le mysticisme comme voie de connaissance

> L'un des bénéfices d'orienter l'humanité vers une perception juste du monde est la joie qui en résulte en découvrant la nature mentale de l'Univers. Nous n'avons pas idée de ce que cette nature mentale implique, mais – c'est l'aspect extraordinaire – elle est authentique.[4]
>
> RICHARD CONN HENRY, PHYSICIEN

W.T. Stace (1886-1967), un universitaire spécialiste du mysticisme du milieu du XXe siècle, s'est demandé si une part du malentendu provenait d'une confusion entre « misty » (brumeux) et mysticisme. Le terme « mysticisme » provient en fait du mot grec *muo* signifiant « cacher ». La brume cache parce qu'elle restreint la visibilité. En ce sens, le mysticisme n'a rien de brumeux.[5] Les mystiques profonds cherchent à accéder à des niveaux de conscience qui sont « cachés » à l'existence ordinaire. Ou peut-être plus encore ignorés que cachés. Les niveaux de conscience qui ne sont d'aucune aide dans nos carrières ou nos relations tendent à tomber à l'abandon. Si l'accès à ces niveaux avait le pouvoir de nous transformer, nous n'en saurions jamais rien.

Plus exactement, pour emprunter une formule de G. K. Chesterton, quelque chose d'aussi largement désavoué et dans des termes aussi contradictoires doit bien avoir quelque mérite. Alors, qu'est-ce vraiment que le mysticisme ? Stace explique :

> Le plus important, la caractéristique centrale sur laquelle s'accordent toutes les expériences pleinement développées, et qui en dernière analyse les définit et permet de les distinguer d'autres expériences, est qu'elles impliquent l'appréhension d'une unité ultime et non-sensuelle de toutes choses ; un tout ou un Unique que ni les sens ni la raison ne peuvent pénétrer. En d'autres termes, cela transcende entièrement notre conscience sensori-intellectuelle.[6]

Il a également noté que l'expérience mystique ne doit pas être confondue avec la télépathie ou la psychokinèse (qui, comme nous l'avons vu, impliquent des interactions esprit-matière spécifiques), et encore moins avec les différentes revendications concernant « l'occulte ». Les expériences mystiques peuvent être regroupées en plusieurs catégories générales : la plupart relèvent de l'un des trois types suivants : mysticisme moniste, mysticisme panthéiste, mysticisme théiste. Le mysticisme moniste est l'expérience mystique consistant à ressentir que l'univers créé tourne autour d'un centre d'où provient toute chose. Dans le mysticisme panthéiste, les mystiques ressentent le monde externe dans son ensemble comme la puissance ultime, et celui qui en fait l'expérience relève de cette puissance également. Dans le mysticisme théiste, la présence d'une puissance supérieure dans l'univers est ressentie, ou une puissance provenant d'au-delà de l'univers.

Le mysticisme et la science

Comme l'explique Dean Radin, les mystiques ressemblent aux scientifiques par plusieurs aspects surprenants :

> La science se focalise sur les phénomènes extérieurs, objectifs, là où le mysticisme se focalise sur les phénomènes intérieurs, subjectifs. Il est intéressant de noter que de nombreux scientifiques, universitaires et sages ont montré au fil des années de profondes similarités latentes entre les objectifs, les pratiques et les découvertes de la science et du mysticisme. Certains parmi les plus grands scientifiques ont écrit en des termes pratiquement indistinguables d'écrits de mystiques.[7]

Des scientifiques ont décrit leurs propres expériences mystiques. Allan Smith, un médecin chercheur âgé de trente-huit ans, se trouvait assis seul chez lui à Oakland en Californie, un soir de 1976, lorsqu'il a fait l'expérience d'un état qu'il décrit comme une « Conscience cosmique » :

> Il n'y avait aucune séparation entre moi et le reste de l'univers. En fait, dire qu'il existait un univers, un moi, ou même quelque « chose » serait fallacieux – il serait tout aussi juste de dire qu'il n'y avait « rien », ou qu'il y avait « tout ». Dire que le sujet fusionnait avec l'objet serait une description presque adéquate de l'arrivée dans la Conscience cosmique, mais il n'y avait plus au cours de cette Conscience cosmique ni « sujet » ni « objet ». Tout mot ou pensée discursive avait disparu, et il n'y avait

> plus la notion d'un « observateur » pour commenter ou catégoriser ce qui « arrivait ». En fait, plus aucun événement distinct « n'arrivait » – rien qu'un état d'être intemporel et unitaire.[8]

Ainsi, d'un point de vue scientifique la proposition est assez simple. Soit il existe des niveaux de conscience grâce auxquels nous obtenons un aperçu plus vaste de notre relation à la réalité sous-jacente de notre univers, soit il n'existe rien de tel. S'ils existent, soit nous pouvons y accéder, soit nous ne le pouvons pas. Si nous pouvons y accéder, soit nous en apprenons quelque chose, soit nous n'apprenons rien. Les mystiques sont semblables aux pionniers de la science, aux plongeurs en eaux profondes ou aux astronautes qui se portent volontaires pour l'exploration et en acceptent l'issue. Underhill s'exclame : « Les grands mystiques nous disent et redisent non pas de quelle façon ils ont spéculé, mais comment ils ont agi. Leurs symboles préférés sont ceux de l'action : le combat, la quête et le pèlerinage. »[9]

Pourquoi vouloir accéder à des niveaux de conscience profonds et peu communs ? Les explications des mystiques dépendent de leurs engagements spirituels et sur d'autres plans, mais il existe un trait commun. Ils pensent que certains faits essentiels à propos de la réalité ne pourront jamais être pleinement compris en dehors d'observations faites à ce niveau. Si l'esprit est une caractéristique fondamentale de l'univers, comme le pensent les mystiques, alors la quête de connaissance doit intégrer pour au moins une part des expérimentations impliquant l'esprit – et le seul esprit que les mystiques peuvent engager dans cette démarche est le leur.

Underhill l'explique en ces termes dans son œuvre de référence, *Mysticisme* (1911) :

> Le mysticisme... n'est pas une opinion : ce n'est pas une philosophie. Il n'a rien de commun avec la recherche d'un savoir occulte. D'un côté il n'est pas uniquement le pouvoir de contempler l'Éternité : et de l'autre, il ne doit pas être identifié à une quelconque bizarrerie religieuse. C'est le nom de ce processus organique qui implique le parfait accomplissement de l'Amour de Dieu : la réalisation ici et maintenant de l'hé-

ritage immortel de l'homme. Ou bien, si l'on préfère – car cela veut dire exactement la même chose – c'est l'art d'établir sa relation consciente avec l'Absolu.

Les mystiques sont motivés par l'amour autant que par la curiosité intellectuelle. Mais l'amour n'engendre pas vraiment de conflit d'intérêt ; c'est un mobile que les mystiques partagent avec la plupart des pionniers. Peu d'entre eux risqueraient leur propre « soi » s'ils n'aimaient ce qu'ils entreprennent – et n'étaient prêts à accepter ce qu'ils trouveront. Underhill met en garde :

> On ne peut dire en aucune façon que le désir d'amour n'est qu'une partie du désir de savoir parfait : car cette ambition intellectuelle à elle seule ne comporte aucune adoration, aucun don de soi, aucune réciprocité du sentiment entre le Connaissant et le Connu. La simple connaissance, en elle-même, est une question de recevoir et non d'agir : d'yeux, et pas d'ailes : une entreprise de mort-vivant tout au plus.

L'étude formelle du mysticisme

> Alors que la conscience erre dans le no man's land entre religion et science, que l'une et l'autre réclament mais qu'aucune ne comprend, peut-être renferme-t-elle aussi la clé du conflit apparent entre ces deux grandes entreprises humaines.
>
> B. ALAN WALLACE, *THE TABOO OF SUBJECTIVITY (LE TABOU DE LA SUBJECTIVITÉ)*

La plupart des écrits sur le mysticisme ont été conçus comme de simples guides pour les mystiques. Cependant, dans les traditions à la fois orientales et occidentales, l'étude formelle de la conscience contemplative et mystique remonte au moins au IVe siècle av. J.-C. Elle a reçu une plus grande attention au XIXe siècle avec l'avènement de la psychologie en tant que discipline universitaire, et dont trois chercheurs essentiels furent William James, Evelyn Underhill et W. T. Stace.

William James (1842–1910). James, qui a fondé le premier laboratoire de psychologie aux États-Unis en 1875, a influencé des générations de penseurs à travers le monde grâce à ses efforts pour tenter de comprendre la conscience ainsi que d'autres phénomènes mentaux, dont la spiritualité. Dans *Les Formes Multiples de l'Expérience Religieuse* (1902), il a examiné de nombreuses ERSM. Il a mis en lumière les aspects pathologiques de la personnalité de nombreux témoins d'expériences, car il a réalisé que « les phénomènes sont mieux compris lorsqu'ils sont disposés au sein de leur catégorie, étudiés en leurs états de germe et de décomposition, et comparés à leurs semblables excessifs et dégénérés. »[10]

Pourtant, aussi pragmatique fut-il, il ne succomba jamais à la tentation de supposer que les souffrances psychologiques des personnes vivant des ERSM étaient la cause même de leurs expériences. James a accepté l'éventualité que les mystiques accèdent réellement à une conscience au-delà d'eux-mêmes[11], et il a ainsi donné une légitimité à l'étude de la spiritualité, bien que sa compréhension des mystiques et de leur quête ait pu d'une certaine façon être entravée par sa fidélité au pragmatisme en tant que courant philosophique.

Le pragmatisme ne doit pas être confondu avec le matérialisme. Ce dernier affirme qu'il n'existe aucune réalité non-matérielle. Le pragmatisme questionne pour sa part l'usage pratique (la « valeur au comptant ») d'une idée. Les mystiques affirment la valeur de la conscience mystique en elle-même, pour la même raison que les physiciens quantiques affirment la valeur de la physique quantique en elle-même. La physique quantique avait une immense valeur au comptant, mais ce n'était guère la motivation des premiers théoriciens. Le pragmatisme n'est pas le meilleur point de départ pour comprendre une quête dont les pionniers eux-mêmes dédaignent l'utilité « pratique ».

Evelyn Underhill (1875–1941). Membre du King's College d'Oxford, Underhill fut l'une des premières femmes de la tradition britannique anglicane à se voir confier des responsabilités en matière d'enseignement spirituel. Peut-être parce qu'elle était « sans égal parmi les enseignants professionnels de son temps » en théologie, selon sa nécrologie dans le *Times*, et bien qu'elle n'ait pas eu les diplômes requis. Son ouvrage *Mysticisme* (1911), une étude méthodique des écrits de mystiques profonds dans la tradition occidentale, reste un classique et une source indispensable quant au point de vue des mystiques d'Occident.[12]

Walter Terence Stace (1886–1967). Stace fut fonctionnaire en Inde et enseigna ensuite la philosophie à Princeton. Il a écrit deux œuvres influentes, le très savant *Mysticism and Philosophy* (1960) et *The Teachings of the Mystics* (Les Enseignements des Mystiques, 1960), le second à l'intention d'un plus large public. Il a reproduit des écrits de philosophie mystique de plusieurs cultures et aidé à raviver l'intérêt académique pour cette question. R. M. Hood (1975) s'est inspiré du travail de Stace pour créer une *échelle* du mysticisme, une mesure que toutes les équipes de chercheurs travaillant sur un aspect en particulier peuvent utiliser et qui permet d'établir une comparaison qui serait impossible s'ils posaient tous des questions différentes.[13]

Malgré les contributions de ces chercheurs et d'autres encore, l'étude du mysticisme a été largement négligée au cours du XXe siècle, qui a vu l'apogée du freudisme, du behaviorisme et de la psychologie évolutionniste.

La question n'était plus : « Qu'éprouvent les mystiques ? », mais « Quel est leur problème ? Peut-on les guérir ? Ou peut-être est-ce positif parce que ce n'est qu'un moyen de propager leurs gènes ! »

De façon générale, depuis les Lumières la religion et les ERSM ont été considérées comme des phénomènes primitifs simplement appelés à disparaître avec l'avancée de la science et de la sécularisation. Émile Durkheim (1858–1917), pionnier de la sociologie des religions, estimait que la fonction de la religion est de stabiliser l'ordre social. « Fondamentalement, ce n'est rien d'autre qu'un corpus de croyances et de pratiques collectives dotées d'une certaine autorité », a-t-il expliqué.[17] Le rite et le rituel ont fait l'objet de recherches sérieuses car les croyances étaient supposées provenir de la performance des rituels qui maintenaient la société unie.[18] La sociologie de la religion, en quête de données essentielles, s'est concentrée sur la religion institutionnelle, facile à étudier. Elle a eu tendance à ignorer les effets de la spiritualité en elle-même, alors que les observations suggéraient que c'est là le plus important.

Identifier une expérience mystique

Selon le pionnier de la psychologie William James (1902),[14] les caractéristiques principales d'une expérience mystique sont :

1. **Ineffabilité** : « Le sujet déclare immédiatement qu'elle défie toute description. »

2. **Qualité noétique** : « Bien que très proches d'états de ressenti, les états mystiques semblent à ceux qui les vivent être également des états de connaissance. »

3. **Caractère transitoire** : « Les états mystiques ne peuvent être maintenus longtemps... Souvent, une fois disparus, leur qualité peut être partiellement reproduite par la mémoire. » [Cette affirmation a été contestée.[15]]

4. **Passivité** : « Lorsque cette forme caractéristique de conscience s'est installée une fois, le mystique a la sensation que sa propre volonté est en suspens, parfois véritablement comme s'il était saisi et maintenu par une puissance supérieure. »

Evelyn Underhill (1911) a cependant proposé une liste sensiblement différente :

1. **Le mysticisme vrai est actif et pratique**, et non passif et théorique. C'est un processus de vie organique, quelque chose que fait le soi tout entier et non quelque chose à propos duquel l'intellect se forge une opinion.

2. **Ses buts sont entièrement transcendantaux et spirituels**. Il ne vise aucunement à ajouter, explorer, réarranger ou améliorer quoi que ce soit dans l'univers visible.

3. Ce « Un » est aux yeux du mystique non pas uniquement la Réalité de tout ce qui est, mais aussi un **Objet d'Amour vivant et personnel**, jamais un objet d'exploration.

4. **L'union vivante avec ce Un est un état défini**, ou une forme de vie sublimée.

Le philosophe W. T. Stace (1960)[16] a distingué l'expérience mystique *extravertie et introvertie* :

Extravertie : La nature, l'art, la musique ou les objets du quotidien facilitent la conscience mystique. Ils sont soudain transfigurés par la conscience de l'Un.

Introvertie : L'Un est découvert « au fond du soi, au fond de la personnalité humaine. »

Stace considérait généralement le mysticisme introverti comme beaucoup plus important au plan historique, car il échappe aux limitations des sens.

Ces listes sont utiles, mais pour différents objectifs. James, qui reconnaissait qu'il n'était pas mystique, décrit le mysticisme d'une façon plus détachée qu'Underhill, qui était pour sa part sensible au tempérament mystique. Quant à Stace, il était avant tout intéressé à distinguer la conscience mystique d'une variété d'affirmations concernant les états inhabituels de conscience.

Les analyses qui ont suivi ont suffisamment décrit le rôle des Églises établies, mais furent impropres à rendre compte du rôle joué par certains chrétiens américains blancs du Sud dans l'abrogation de la ségrégation raciale aux États-Unis dans les années 1960, ni les quatre jours de procession religieuse aux Philippines qui ont entraîné la chute de Marcos en 1986, ni les manifestations œcuméniques qui ont marqué la fin du régime des Ceausescu en Roumanie en 1989.[19] Ni même, pour le coup, le conflit entre les « investisseurs catholiques » (fonds d'investissement) et la firme Dupont à propos de questions environnementales en 2006. De tels événements surgissent du « S » dans ERSM – la spiritualité. Souvent, la spiritualité découle elle-même d'une expérience mystique chez quelqu'un – le « M ».

Comme l'explique le sociologue des religions Peter Berger, la théorie de la sécularisation estimait que « la modernisation conduit nécessairement à un déclin de la religion, à la fois dans la société et dans l'esprit des individus. »[20] Berger reconnaît que ses premiers travaux étaient fondés sur ses propres opinions, mais il pense aujourd'hui qu'il s'est trompé :

> Dans l'ensemble, les expérimentations en matière de religion sécularisée ont échoué ; les mouvements religieux dont les croyances et pratiques sont imprégnées de surnaturalisme réactionnaire (du genre totalement inacceptable dans les soirées d'universitaires respectables) ont largement réussi.[21]

La religion centrée sur la spiritualité a généralement survécu à la modernisation, bien qu'elle soit inévitablement devenue aliénée de la science matérialiste. L'une des raisons importantes est la prévalence des ERSM. Même quand elles sont acceptées dans le monde universitaire, les hypothèses matérialistes ne donnent pas une description satisfaisante de ces expériences. Par exemple, un article récent paru dans la revue *Medical Hypotheses* (2005) prétend que l'expérience mystique en montagne résulte du manque d'oxygène et de l'isolement social.[22] On se demande ce que les auteurs penseraient d'expériences mystiques survenant dans le désert, au bord de rivières, dans des cloîtres ou bien à bord de trains bondés.

Décrire les ERSM

> Dans mon extase Dieu n'a ni forme, ni couleur, ni odeur, ni goût ; de plus, le sentiment de sa présence n'était accompagné d'aucune localisation déterminée. C'était plutôt comme si ma personnalité avait été transformée par la présence d'un esprit spirituel. Mais plus je cherche des mots pour exprimer ce rapport intime, et plus je ressens l'impossibilité de le décrire par une de nos images habituelles. Au fond, l'expression la plus apte à rendre ce que j'ai ressenti est celle-ci : Dieu était présent bien qu'invisible ; il n'excitait aucun de mes sens et pourtant ma conscience le percevait.[23]
>
> RÉCIT D'UNE EXPÉRIENCE MYSTIQUE RAPPORTÉE AU PSYCHOLOGUE WILLIAM JAMES (1902)

> La cause de toutes choses n'est ni âme, ni intelligence ; elle n'a ni imagination, ni opinion, ni définition, ni pensée (discursive) ; elle n'est ni parole, ni pensée (intuitive)... Elle n'est ni science, ni vérité. Elle n'est ni royauté, ni sagesse. Elle n'est pas un, ni unité, ni déité, ni bonté. Elle n'est pas esprit comme nous pouvons le connaître...
>
> DENYS L'ARÉOPAGITE, Ier SIÈCLE AV. J.-C.

Il est connu que les mystiques ne peuvent trouver les mots pour exprimer ce qu'ils vivent dans leurs expériences. Il y a une certaine logique à cela. Si toutes les personnes que vous connaissez sont daltoniennes, comment allez-vous expliquer ce qu'est le rouge ? Vous allez probablement parler de choses que le rouge évoque – « spectaculaire », « amour », « violent », « stop ! », « sexy », « vie animale », « dangereux », « tentation », « la mort », etc. Bien sûr, vos interlocuteurs vous diront que vos explications sont à la fois vagues et contradictoires. Ils sous-entendront que peut-être vous ne faites qu'imaginer voir le rouge. Les psychologues peuvent facilement expliquer votre comportement : vous vous laissez aller à des sentiments dont par ailleurs vous ne reconnaissez pas l'existence, ni a fortiori n'exprimez, en vous persuadant que vous voyez cette couleur inexistante.

Naturellement, vous allez rapidement vous sentir très frustré. Si seulement vos interlocuteurs pouvaient voir le rouge, ne serait-ce qu'un court instant, les contradictions apparentes de votre vocabulaire disparaîtraient ! Ils pourraient aisément comprendre comment une partie du spectre coloré peut évoquer des sentiments contradictoires, tout en conservant sa qualité intrinsèque. D'un autre côté, aucune explication verbale ne suffit en elle-même.

Toutes les sources s'accordent sur le fait que les mystiques sont confrontés à ce problème de façon intense lorsqu'ils décrivent la conscience mystique. Cependant, ainsi qu'Underhill le relève, de nombreux mystiques s'expriment clairement et sont donc assez heureux de *tenter* d'expliquer. En fait, leurs explications peuvent devenir une partie du problème :

> Toutes sortes de langages symboliques viennent naturellement au mystique éloquent, qui est souvent tout autant un artiste littéraire: si natu-

rellement qu'il en oublie parfois d'expliquer que ses paroles sont seulement symboliques – une tentative désespérée de traduire la vérité de ce monde-là dans la beauté de celui-ci.

Rudolf Otto, auteur du livre *Le Sacré* (1917), qui comme Underhill et James a pris l'expérience mystique au sérieux, a suggéré que les mots choisis par les mystiques gagnent à être interprétés davantage comme des idéogrammes que comme des cartes ; en effet, prendre les mots des mystiques au sens littéral conduit souvent à des controverses théologiques inutiles.[24]

De même, les tentatives de traduction peuvent conduire à d'autres erreurs d'interprétation. Des freudiens ont ainsi détecté des perversions sexuelles, et des cliniciens ont diagnostiqué des formes de folie, chez des mystiques qui tentaient de décrire leurs expériences à l'aide du langage courant. Quelques termes utiles ont tout de même émergé des descriptions de mystiques. Trois types d'expériences semblent assez générales : la contemplation, « la nuit obscure de l'âme », et l'union mystique.

Dans la contemplation, appelée parfois méditation, réminiscence ou silence intérieur, la conscience est intentionnellement focalisée sur un objet ou une idée ; les sources de distractions sont simplement notées puis écartées dans l'espoir d'atteindre des niveaux cachés de la conscience. Le carmélite du XVIe siècle Jean de la Croix a inventé l'expression « nuit obscure de l'âme » pour décrire le sentiment d'abandon parfois ressenti par les mystiques lorsque la contemplation n'amène pas à la conscience mystique ; elle est souvent associée à un refus résiduel d'abandonner un faux sens du soi. Dans l'union mystique (*unio mystica*), le mystique fusionne avec Dieu, ou l'Absolu, dans l'amour.

Une question connexe que nous évoquerons brièvement est de savoir si un substrat commun relie les expériences mystiques à travers le monde. Ou bien de telles expériences sont-elles déterminées par le langage et la culture de sorte qu'elles ne peuvent être comprises en dehors de ces cadres ? Par exemple, les chrétiens et les bouddhistes font-ils des expériences identiques qu'ils décrivent différemment – ou bien vivent-ils des expériences différentes ?

Certains mystiques ont essayé de décrire leurs expériences par la négative. Cette tradition *apophatique* – l'explication par la négation – peut être efficace au plan rhétorique, comme dans « Aucun œil n'a vu, aucune oreille n'a entendu, aucun esprit n'a imaginé ce que Dieu a réservé à ceux qui l'aiment. »[25]

Il s'en est suivi nombre de malentendus. Les mystiques ne cherchent pas à éliminer la conscience en tant que telle, mais plutôt la conscience du quotidien qui génère des niveaux élevés de bruit mental, lequel est fatal aux expériences mystiques. Pour atteindre un niveau profond de conscience, les mystiques doivent systématiquement nier ou écarter les motifs de pensée gênants.[26] Ainsi, les difficultés de langage proviennent de deux sources distinctes : les mystiques rejettent les concepts aisément compréhensibles, mais ils ne peuvent décrire aisément la conscience mystique. James met sagement en garde : « Leur refus même de tout adjectif que vous puissiez proposer pour décrire la vérité ultime – Lui, le Soi, l'Atman, doit être décrit par Non ! Non ! seulement, disent les *Upanishad* – bien qu'il semble être en surface une fonction négative, est un refus effectué au nom d'un oui plus profond. »[27]

De même, les mystiques décrivent souvent leur quête de façons apparemment paradoxales. Le bouddhisme Zen enseigne ainsi à viser un état de l'esprit qui est au-delà de la pensée et de la « non-pensée ». Cependant, comme le précise Jerome Gellman, ceci ne doit pas être interprété comme un état intermédiaire entre la pensée et l'absence de pensée, ce qui est logiquement impossible ; au lieu de cela, « souvent l'intention consiste à viser un état de l'esprit dans lequel tout effort est absent, et où cesse la désignation des activités mentales. L'esprit de « non-effort » ne cherche ni la pensée ni l'absence de pensée. »[28] Les paradoxes informent l'auditeur que la conscience mystique est différente du courant habituel de la pensée humaine.

Qu'éprouvent les mystiques ?

En paix je m'oubliai
j'inclinai le visage sur l'ami
tout cessa, je cédai
délaissant mon souci
parmi l'oubli des fleurs des lys[29].

Jean de la Croix, mystique carmélite (1542-1591)
traduction par Gilles de Seze

Les expériences mystiques sont rares même pour les mystiques. L'une des raisons en est que le désir de vivre une telle expérience est lui-même un obstacle. Ainsi que l'explique sœur Diane du couvent carmélite de Montréal : « On ne peut la chercher. Plus on cherche ardemment, et plus on attendra longtemps. » La plupart des mystiques passent un temps considérable en prière et en contemplation ; ces pratiques réduisent le bruit mental et ouvrent la voie à la conscience mystique, bien qu'elles ne produisent pas directement cette conscience.

Dans les traditions mystiques à travers le monde, certains états de conscience sont assez familiers pour être décrits, parfois même de façon méthodique. Deux d'entre eux sont l'union mystique et l'abolition du soi. Dans *l'union mystique* (du latin *unio mystica*), le mystique ressent en général l'unité avec Dieu ou avec l'univers. Dans la tradition chrétienne, cela est habituellement décrit par des images telles que le « mariage mystique », ou bien une goutte d'eau absorbant le goût et la couleur du vin dans lequel elle tombe (Suso), ou encore « le fer dans le feu et le feu dans le fer » (van Ruysbroeck). De son côté, le cabaliste juif Isaac d'Acre a parlé de l'absorption dans Dieu « comme une cruche d'eau déversée dans une source ». Dans les traditions orientales, les images font le plus souvent référence à la notion de vide, qui est vue comme libérant l'esprit des illusions.[30]

L'abolition du soi ne doit pas être confondue avec l'abolition de la conscience. Comme l'explique Underhill : « Dans cet acte d'union transcendante, le mystique dit parfois qu'il n'est "conscient de rien".

Mais il est clair que cette expression est figurative, car si c'était le cas il n'aurait pas su qu'il y a eu un acte d'union : si son individualité avait été abolie, elle n'aurait pu être consciente de son accession à Dieu. » Cette idée signifie plutôt l'abolition de « cette franche séparation, ce "Je, Moi, Mon" qui fait de l'homme une chose finie et isolée ». Le mystique, qui cherche une conscience plus profonde, met de côté les « soi » artificiels qui jouent différents rôles dans la vie de tous les jours. Ou encore, comme l'exprime le poète indien Tagore (1861-1941), « le Nirvana n'est pas souffler sur la bougie. C'est l'extinction de la flamme car le jour a paru. »

L'expérience d'être « né de nouveau » (Born Again)

De nombreuses personnes dans la tradition chrétienne occidentale ont éprouvé une forme d'ERSM connue comme étant une conversion, ou une expérience appelée « né de nouveau », dans laquelle elles prennent d'abord conscience d'une dimension spirituelle dans leur vie et dans les choix qui s'offrent à elles. Bien qu'elle amène souvent des changements de vie, l'expérience n'implique pas nécessairement une conscience mystique. Selon Stace, ces expériences ont une « ressemblance familière » avec la conscience mystique, mais ne sont pas *stricto sensu* la même chose.[31]

En général, la formule « né de nouveau » fait référence à une expérience intense de conversion comme celles étudiées par William James et Alister Hardy. Elle est aujourd'hui associée aux croisades évangéliques et aux renouveaux charismatiques. D'après l'institut de recherches religieuses Barna, environ 35 % d'Américains déclaraient en 1991 avoir eu une expérience de ce type. Ce pourcentage s'élevait à 40 % en 2005. L'institut de sondage Gallup a posé une question semblable pendant des décennies : « Vous décririez-vous comme un chrétien "né de nouveau" (ou évangélique) ? » En 1976, 34 % des personnes interrogées avaient répondu oui, et ils étaient 47 % en 1998. La moyenne est de près de 39 %. La progression globale de ces chiffres peut être liée à l'essor des renouveaux et confessions charismatiques au cours des quarante dernières années.

La formule « né de nouveau » elle-même provient du Nouveau Testament (« Si quelqu'un n'est né de nouveau (d'en haut), il ne peut voir le royaume de Dieu », Jean 3:3). Elle n'a cependant été largement utilisée qu'à partir des années 1960 pour décrire une expérience de conversion, et elle reste aujourd'hui utilisée principalement parmi les chrétiens protestants plutôt que les catholiques. Les catholiques auront plutôt tendance à penser en termes de « devenir chrétien » (par le baptême) ou de « renouveler la foi de son baptême ». Cependant, les renouveaux charismatiques du catholicisme sont tout aussi susceptibles de faire référence et de mettre en valeur ces expériences intenses et transformatrices de la vie. Les versions protestantes comme catholiques se répandent rapidement dans les pays en développement.

Une des raisons pour lesquelles les Nord-américains ont tardé à adhérer au matérialisme philosophique est que beaucoup d'entre eux ont vécu, ou connaissent quelqu'un qui a vécu, une expérience de « re-naissance » qui les a convaincus que les principes du matérialisme sont tout simplement faux. La plupart de ces personnes ne deviennent pas des mystiques. Le mystique poursuit une quête plus stimulante : découvrir ce qu'est la vérité.

Idées fausses sur le mysticisme

> « Nous ne pouvons faire de distinction entre l'homme qui mange peu et voit les cieux, et celui qui boit beaucoup et voit des serpents. Chacun se trouve dans une condition physique anormale et a donc des perceptions anormales. »
>
> BERTRAND RUSSELL, PHILOSOPHE ANALYTIQUE (1872-1970)

Nous l'avons vu, les approches populaires du mysticisme sont parfois porteuses d'idées fausses, comme le fait que les mystiques entendraient généralement des voix, auraient des visions, et que la science aurait donné des explications matérialistes à tout cela. Écarter quelques-unes de ces idées fausses nous aidera à mieux comprendre les mystiques.

Quelques termes associés aux expériences de conversion

Charismatique : type de culte démonstratif et désinhibé, habituellement dans un contexte catholique.

Évangélique : type de croyance religieuse qui souligne, entre autres choses, le besoin d'expérience personnelle de conversion.

Pentecôtiste : type de culte démonstratif et désinhibé pouvant impliquer le « parler en langues » (glossolalie) ou des phénomènes similaires.

En principe, le mysticisme n'est pas lié au fait d'entendre des voix ou d'avoir des visions. Certains personnages religieux célèbres comme l'apôtre Paul ont eu des visions intenses qui ont transformé leur existence. Quelques-uns parmi ces visionnaires furent enclins à la mystique comme il l'était lui-même, mais d'autres non. En général, les mystiques profonds ne recherchent pas de telles manifestations, qu'elles soient perçues littéralement (visions matérielles) ou vues par l'œil de l'esprit (visions intérieures), car elles ne représentent pas la conscience mystique en tant que telle. De ce point de vue, la quête de visions détourne de la conscience mystique.[32]

Au passage, Freud n'a *pas* « découvert » que les désirs inconscients peuvent tromper les individus en leur faisant croire qu'ils voient ou entendent des choses. Les guides spirituels ne l'ont su que trop depuis des siècles ! Walter Hilton, qui écrivait au début du XVe siècle, a incité les mystiques faisant l'expérience de visions à « les refuser et n'y pas consentir. » Jean de la Croix a plus tard donné le même conseil, expliquant : « Ce qui vient en propre et en général de Dieu est une communication purement spirituelle. »[33] Stace suit cette voie, relevant qu'« une expérience mystique authentique est non-sensuelle. Elle est sans forme, sans contenance, sans couleur, sans odeur et sans bruit. »

Les mystiques ne sont pas, le plus souvent, des idéalistes dénués de sens pratique. De nombreux mystiques, tels que l'apôtre Paul, François d'Assise, Catherine de Gênes (qui a dirigé un hôpital) et Thérèse d'Avila furent des administrateurs compétents. Les mystiques passent un temps considérable en prière et en contemplation, mais il n'y a pas de relation inversement proportionnelle entre la capacité à contempler et celle d'agir efficacement.

Les mystiques vivent des existences ascétiques afin d'éviter les distractions, pas pour se punir eux-mêmes. Les mystiques profonds, comme les athlètes de haut niveau, doivent abandonner les choses bonnes comme les choses mauvaises. Underhill explique qu'ils cherchent à se libérer par une stricte autodiscipline des « effets de l'environnement et de l'éducation du monde, de la fierté et des préjugés, des préférences et des dégoûts. » En d'autres termes, ils cherchent à se libérer des contenus classiques de la conscience quotidienne. À travers l'histoire, certains mystiques ont eu des comportements d'autopunition – mais c'est également le cas de nombreuses personnes qui ne manifestent aucune tendance mystique.

Dans une ancienne allégorie bouddhiste, le maître itinérant et ses disciples s'engagent à ne posséder que le strict nécessaire. Ils transportent avec eux leur bol de riz en arpentant les routes. Mais quelques disciples insistent pour acheter un sac afin d'y mettre les bols. Le maître ne dit rien, attendant simplement que les disciples comprennent. Bientôt un trou se forme dans le sac et ils doivent s'arrêter dans une ville voisine pour le réparer. Alors un disciple suggère d'acquérir également un nécessaire à couture. Une discussion s'engage autour de la philosophie du nécessaire. Finalement, même le moins éveillé des disciples réalise que les distractions se multiplient. Aucun des articles n'est mauvais en lui-même, mais tous sont des distractions.

La science ne peut expliquer la conscience mystique. Au XXe siècle, les psychologues ont spéculé sur la conscience mystique, l'attribuant souvent à « l'inconscient », une sexualité réprimée, la réalisation d'un souhait, une pathologie ou à l'hystérie.[34] Certains sont allés jusqu'à affirmer que la conscience mystique provient d'un pouvoir social acquis par les mystiques accomplis – c'est-à-dire que l'importance que le mystique s'attribue est censée produire l'état modifié de conscience.

Cette dernière suggestion en dit plus sur les difficultés du matérialisme à rendre compte de toute forme de conscience que sur la conscience mystique en particulier. Peu de mystiques profonds recherchent des distractions aussi manifestement délétères que le pouvoir social. En outre, l'hypothèse du « pouvoir social » n'explique aucunement la façon dont la conscience mystique s'acquiert dans les faits. Jerome Gellman commente judicieusement : « Les propositions naturalistes de ce genre exagèrent l'étendue et l'influence des facteurs mentionnés, choisissant parfois de mettre l'accent sur l'étrange et le spectaculaire au détriment d'éléments plus communs. » Comme dans toute discipline scientifique, les éléments communs sont pourtant ce sur quoi la recherche doit se concentrer.

Pendant plus d'un siècle il était de bon goût d'estimer que toute spéculation portant sur le mysticisme était scientifique dès l'instant où elle était matérialiste et réductionniste. En réalité, dans la plupart des cas le réductionnisme a été une erreur tragique. Comme l'explique Underhill, en faisant la distinction entre conscience mystique et hystérie (que les matérialistes identifiaient souvent l'une à l'autre) :

> Le mysticisme et l'hystérie ont tous deux à voir avec la domination de la conscience par une idée ou une intuition fixe et intense, qui régit l'existence et s'avère capable de produire des résultats physiques et psychiques incroyables. Chez le patient hystérique, l'idée est souvent insignifiante ou morbide mais elle est devenue une obsession – à cause d'un état mental instable du soi. Chez le mystique, l'idée dominante est une grande idée : si grande d'ailleurs que lorsqu'elle est reçue dans sa totalité par la conscience humaine, elle supplante toutes les autres quasiment par nécessité. Ce n'est rien moins que l'idée ou la perception de la réalité transcendante et de la présence de Dieu. Il en découle que l'idéation exclusive du mystique est rationnelle alors que celle du patient hystérique est invariablement irrationnelle.[35]

Hormis le travail de pionniers tels que James, Underhill et Stace, il y eut peu de tentatives d'étudier les mystiques. On se contentait de spéculer sur la façon de décrire leur comportement. En termes scientifiques, des telles spéculations ne sont pas réfutables ; c'est-à-dire qu'il n'existe aucun moyen simple de savoir si une assertion donnée est erronée ou trompeuse.

Un autre problème est que les matérialistes s'estiment souvent qualifiés pour commenter l'expérience mystique en dépit d'une méconnaissance de ses principes de base. Ainsi, Edelman et Tononi écrivent :

> Il est paradoxal qu'en tant qu'êtres humains conscients, nous ne parvenions pas à nous débarrasser complètement de l'idée de conscience supérieure pour ne conserver que le flot de conscience primaire engendré par les événements du quotidien. Ce pourrait finalement être l'état vers lequel les mystiques dirigent leurs dévotions.[36]

La conscience primaire à laquelle Edelman et Tononi font référence – un courant continu d'événements mentaux éphémères et non-contrôlés – correspond peut-être à ce qu'éprouvent les chiens, mais ce n'est certainement pas l'objectif visé par les mystiques. Le mystique cherche à éprouver l'esprit qui sous-tend ou compose l'univers. Edelman et Tononi semblent trompés par le fait que les êtres humains ont des difficultés à atteindre un niveau de conscience qui soit supérieur *ou* inférieur à la norme cérébrale. Mais les deux directions ne sont pas équivalentes ; elles sont opposées.

Pour sa part, le zoologiste d'Oxford Alister Hardy (1896-1985) a choisi une approche complètement différente et plus fructueuse. Il a gagné sa notoriété de scientifique en élaborant une technique pour mesurer le nombre de formes de vie microscopiques dans l'océan, mais il a également étudié et recueilli des exemples d'ERSM pendant cinquante ans. À contre-courant de la tendance en biologie visant à réduire les ERSM à quelque fonction ou dysfonction des gènes ou des circuits neuronaux, il a ouvert un nouveau et fructueux domaine de recherche : Qui vit des ERSM ? Sont-elles les mêmes à travers les cultures, qu'est-ce qui les déclenche, et quels sont leurs répercussions ?

Rassembler des données sur les ERSM

On peut expliquer la croyance tout comme on explique le cancer. Je pense que le temps est venu de remiser notre tabou qui dit : « Oh, contournons discrètement cette question, nous n'avons pas à l'étudier. » Les gens pensent en savoir beaucoup sur la religion. Mais ils ne savent rien.

Daniel Dennett, philosophe matérialiste

J'ai toujours considéré la planification de mes recherches comme un exercice d'écologie humaine car, selon moi, l'une des plus grandes contributions que la biologie pourrait apporter à l'humanité serait de promouvoir une perspective écologique qui prendrait en compte non seulement les besoins économiques et alimentaires de l'homme, mais également son comportement émotionnel et spirituel.[37]

Alister Hardy, zoologiste et pionnier de la recherche en spiritualité

Alister Hardy, bien qu'il fût un zoologiste du milieu du XXe siècle, n'était pas un apôtre du réductionnisme. Il affirmait que les animaux doivent être étudiés en tant qu'entités vivantes dans leur environnement naturel. Les réduire à la physique et la chimie est une approche stérile. Il a rejoint les pionniers des neurosciences Charles Sherrington et John Eccles sur le fait que l'esprit est distinct du cerveau.

Il ne cherchait pas à démontrer la vérité d'une doctrine religieuse en particulier, mais cinquante années de recherche l'avaient amené à conclure que « l'homme est religieux par nature », et que l'attrait irrésistible pour la philosophie spirituelle qui trouvait son origine dans l'évolution humaine était étouffé dans le monde moderne. Mais il a eu du mal à trouver des travaux scientifiques consacrés à la spiritualité. Au milieu du XXe siècle, la recherche se focalisait sur la religion en tant qu'institution, même si quelques pionniers comme Stace avaient effectivement étudié le mysticisme. La spiritualité, excepté la conscience mystique, semblait passer entre les mailles du filet.

Le problème n'était pas le manque d'information. Certes, les groupes religieux avaient rassemblé un grand nombre de récits d'expériences spirituelles, mais toujours à l'appui d'une institution ou d'une doctrine donnée. Bien qu'honnêtes dans la plupart des cas, ces groupes n'avaient aucune intention de surmonter le problème du « dossier dans le tiroir », infâmant en science : c'est-à-dire qu'ils recueillaient intentionnellement des récits qui appuyaient leurs conceptions, et ignoraient ceux qui les contredisaient. Or, par un revirement profondément ironique, l'approche « scientifique » avait consisté pendant des décennies à concocter des théories matérialistes à partir de données rares ou inexistantes. Ainsi les personnes qui avaient ces données ne pouvaient les examiner de façon objective, et ceux qui pouvaient le faire préféraient la théorie aux données.

Fort logiquement pour un zoologiste, Hardy décida que la première étape incontournable était de partir dans « la nature », collecter un grand nombre d'authentiques « spécimens », puis de les décrire et de les classifier. Il a donc commencé en 1969 par passer un appel dans un journal et diffuser un tract dans la population générale de Grande-Bretagne demandant qu'on lui rapporte des récits d'expériences spirituelles. Cette approche a déplu à certains psychologues sociaux qui estimaient qu'il aurait dû commencer par élaborer un questionnaire. Hardy a tenu bon, déclarant : « Les spécimens que nous recherchons sont timides et fragiles et nous voulons les rassurer en les plaçant dans des conditions aussi naturelles que possible ; nous devons à tout prix éviter de les abîmer ou de les déformer en essayant de les piéger dans un cadre artificiel. »[38] Lui et ses collègues ont étudié attentivement les récits collectés, puis ont effectué un suivi à l'aide d'un questionnaire – une fois en mesure de décider ce qu'ils *devraient* demander.

Dans leur toute nouvelle Unité de recherche sur les expériences religieuses (RERU), au Manchester College d'Oxford, l'équipe d'Hardy a recueilli plus de quatre cents récits de première main « d'expériences transcendantes spécifiques et intensément vécues », au cours desquelles les témoins avaient pris conscience d'une « puissance bénéfique non-physique qui semble être en partie ou en totalité au-delà du soi individuel, et bien plus vaste que celui-ci » :

Ils ne la qualifient pas nécessairement de sentiment religieux, et elles ne surviennent pas uniquement chez ceux qui appartiennent à une institution religieuse ou pratiquent un culte quelconque. Elle se produit souvent chez des enfants, des athées et des agnostiques, et induit généralement chez la personne concernée une conviction que le monde ordinaire n'est pas toute la réalité : qu'il existe une autre dimension à l'existence. Certaines personnes ressentent une relation personnelle de piété avec cette puissance suite à leur expérience ; certains l'appellent Dieu, d'autres non. Quelques-uns la considèrent comme un aspect de leur moi profond à travers lequel une telle expérience a pu se produire, alors que d'autres y voient une partie de la conscience générale de l'homme.[39]

Hardy avait entamé son travail avec l'espoir qu'il parviendrait à classifier les récits d'expériences au sein d'une taxinomie appropriée. Mais très peu de récits ne comprenaient qu'un seul élément signifiant. Il a donc décidé avec ses collègues des les regrouper en douze catégories générales à des fins d'analyse.

Les expériences identifiées par Hardy

Je réalise que la forme de la vision et les mots que j'ai entendus étaient le résultat de mon éducation et de mon bagage culturel, mais la voix, bien qu'elle soit plus proche que le battement de mon propre cœur, était entièrement séparée de moi.

Une femme hospitalisée pour dépression,
se rappelant une ERSM réconfortante

Pendant que je regardais les ruines de l'abbaye, j'ai ressenti un profond sentiment de paix, comme si je me voyais dans le flot de l'Histoire et savais où se trouvait ma place en son sein... comme si j'étais vraiment en contact avec la Vie dans toute sa continuité et son dessein.

Un enseignant ayant tenté sans succès de « rationaliser » son ERSM

En rentrant par le bus ce soir-là, je me suis senti et j'étais en effet une personne complètement différente. Je me suis surpris moi-même à sourire aux gens, à leur faire de la place au lieu de les haïr d'être assis à côté de moi.

Personne ayant constaté un changement d'attitude à la suite d'une ERSM

Hardy et ses collègues ont identifié une variété de « déclencheurs » des ERSM, ainsi qu'ils les ont appelés, à savoir toutes sortes de choses depuis des lieux sacrés jusqu'au sexe en passant par un produit anesthésique. La décision qu'il avait prise de commencer par demander des récits à la première personne, plutôt que de soumettre un questionnaire, lui a donné raison car les déclencheurs les moins fréquents n'auraient certainement pas été identifiés à l'avance. Cette démarche a également illustré la sagesse de ne pas se reposer seulement sur des volontaires ou sur les informations fournies par des groupes religieux prônant une approche en particulier.

Le déclencheur unique le plus fréquent s'est révélé être la dépression ou le désespoir. La prière, ou la méditation, est arrivée en second, mais la beauté de la nature n'était pas loin derrière, mentionnée plus fréquemment que le culte religieux. Bien sûr, ces catégories ne sont pas mutuellement exclusives. Un sujet peut prier ou contempler la nature tout en étant déprimé. Certaines cultures recourent à une stimulation sensorielle et mentale via des percussions, des chants et des danses au cours d'états de transes chamaniques, ou encore à l'ingestion de substances psychédéliques (enthéogènes) mais, sans surprise, ces cas ont été très peu mentionnés parmi les expériences britanniques collectées par Hardy. Il a également remarqué l'absence notable de « superstitions, fantasmes et controverses théologiques » parmi les récits qu'il a recueillis.

De nombreux répondants ont ressenti une présence numineuse ou transcendante. Peu ont ressenti de l'effroi, de la culpabilité ou du remords. Certains ont perdu leur peur de la mort à la suite de leur expérience. Dans l'ensemble, les chercheurs ont constaté que :

> Les individus font l'expérience d'une puissance abstraite selon des modalités très variables. Certains peuvent décrire leurs sentiments en termes de confiance, profond respect, joie ou félicité ; il arrive exceptionnellement qu'ils atteignent les sommets de l'extase. D'autres peuvent avoir des impressions sensorielles, voir des lumières, entendre des voix, ou avoir la sensation d'être touchés.

Les ERSM ont souvent amené un sens du but ou une nouvelle signification de l'existence, ainsi que des transformations positives dans la façon d'être, que nous verrons plus en détail au chapitre 8.

Qui vit des ERSM ?

Ni les travaux pionniers de l'équipe d'Hardy, ni les résultats de travaux ultérieurs n'ont confirmé le point de vue exposé par le *Washington Post* (1993) selon lequel les ERSM sont corrélées au fait d'être « pauvre, inculte et influençable » :

- Dans l'étude de 1969, il est apparu que les femmes avaient deux fois plus de chances de rapporter une ERSM, mais il pourrait s'agir d'un biais dû au fait que les données provenaient de sujets à qui on avait demandé d'écrire une lettre descriptive.

- Les travaux ultérieurs de D. Hay et A. Morisy (1978) ont montré que les femmes interrogées lors d'un sondage d'opinion étaient légèrement plus susceptibles de se souvenir d'une ERSM.

- Selon Hay et Morisy, les répondants plus âgés avaient sensiblement plus de chances de rapporter une ERSM, mais Hay a souligné qu'il s'agit là d'un effet statistique. En effet, les personnes plus âgées ont eu plus d'années pour vivre une telle expérience.

- Les répondants des classes sociales élevées et les personnes ayant un haut niveau d'instruction étaient plus susceptibles de rapporter une ERSM, ce qui d'après Hardy contredit l'hypothèse selon laquelle les ERSM relèvent d'un mécanisme psychologique permettant de supporter l'injustice sociale.

- Les personnes rapportant une ERSM avaient « significativement plus de chances » que les autres d'obtenir un score élevé lors d'un test psychologique d'évaluation du bien-être.

Andrew Greeley a fait part d'observations similaires aux États-Unis (1975) et d'autres chercheurs ont dans l'ensemble répliqué ces résultats européens.

Mère Teresa

Je sais que Dieu ne me donnera rien que je ne puisse saisir. J'aurais seulement souhaité qu'Il ne me fasse pas autant confiance.

MÈRE TERESA, À PROPOS DE SON TRAVAIL AVEC LES MISÉREUX

Lorsque la jeune fille albanaise Agnes Bojaxhiu (1910-1997) embrassa la vie religieuse, elle choisit son nom d'après la mystique carmélite Thérèse de Lisieux, la « mystique des humbles ». Elle expliqua qu'elle ne se permettrait pas de se nommer d'après « la Grande Thérèse », la célèbre mystique carmélite appelée Thérèse d'Avila.

Cette Teresa nouvellement nommée servit avec bonheur au sein d'un ordre enseignant en Inde au milieu du XXe siècle. Mais suite à quatre expériences mystiques survenues en 1946 et 1947, elle partit dans les rues des villes les plus pauvres du monde et fonda son propre ordre, les Missionnaires de la Charité, basé à Calcutta, et dédié au service des plus pauvres parmi les pauvres. Elle fut rejointe par quelques-uns de ses anciens étudiants. Une de leurs premières activités fut de recueillir les miséreux sortis des hôpitaux et de les conduire au Foyer des Mourants qu'elle venait de fonder. Elle voulait que ces infortunés puissent mourir en présence d'un visage compatissant, même s'ils ne pouvaient être sauvés. Mère Teresa elle-même ne vécut pas d'autre expérience mystique après 1947, ce qui constitua une souffrance personnelle. Mais le travail de son ordre a été connu et apprécié dans le monde entier.

Expériences religieuses des enfants

Quinze pour cent des répondants de l'étude d'Hardy ont commencé leur explication par une référence à leur enfance, bien que cela ne leur avait pas été demandé. Le successeur de Hardy au RERU, Edward Robinson, a tenté par la suite d'étudier les vécus infantiles plus en détail, en demandant à ces personnes des compléments d'information. Bien entendu, une des difficultés d'évaluer ces souvenirs est que la mémoire s'altère avec le temps. Cependant, beaucoup ont déclaré avoir des souvenirs clairs d'expériences numineuses ou spirituelles dont il est difficile de ne pas tenir compte. Par exemple, en référence aux affirmations de Freud selon lesquelles les expériences religieuses des enfants naissent de l'idéalisation des parents, l'un des répondants a déclaré :

> Je ne pense pas que mon idée première de Dieu venait en aucune manière de ce que j'avais observé chez mes parents. Pour ce que j'en avais appris, Dieu était le grand Créateur de toutes choses, mystérieux, merveilleux, objet d'adoration, d'obéissance et d'amour. Il savait tout sur tout. Autant dire qu'on peut se faire une idée de ce qu'est un éléphant en observant une fourmi.

Il est intéressant de noter que les répondants de Hardy percevaient le plus souvent l'instruction religieuse reçue à l'école de façon négative. Peut-être en partie parce que l'instruction religieuse scolaire véhicule inévitablement des concepts rationnels, des préceptes moraux ou du catéchisme, et aborde très peu la notion de spiritualité qui était justement l'élément ayant amené les répondants à communiquer avec Hardy.

Au bout du compte, Hardy et ses collègues sont parvenus à la même conclusion que James, à savoir que « le monde visible fait partie d'un univers plus spirituel, duquel il tire sa signification essentielle », et avec lequel l'union est notre véritable but.

À la fin de son ouvrage *The Spiritual Nature of Man* (La Nature spirituelle de l'homme, 1979), Hardy répond à l'accusation disant que ses positions antérieures ont orienté sa réflexion. Il souligne qu'il est parvenu à ses conclusions pour la même raison que le pragmatique James – à savoir que les observations pointent clairement dans cette direction.

Selon lui, seul un *a priori* en faveur du matérialisme peut conduire à ignorer un tel ensemble de données. De fait, lorsque Hardy fait état de ses propres conceptions sur la prière et Dieu, il explique clairement qu'il s'accommode fort bien des hypothèses matérialistes là où il pense que les observations les confortent.[40] Mais sur la base des résultats accumulés, il conclut : « Je pense que nous devons réviser le point de vue partagé par tant d'intellectuels aujourd'hui », et de citer à l'appui de sa thèse l'ouvrage de Bronowski *Science and Human Values* (La Science et les valeurs humaines, 1964) :

> Aucune des théories scientifiques aujourd'hui reconnues n'existait lorsque, disons, la révolution industrielle a débuté autour de 1760. Le plus souvent les théories contemporaines contredisent catégoriquement celles de 1760 ; beaucoup contredisent celles de 1900. En cosmologie, en mécanique quantique, en génétique, en sciences sociales, qui continue à défendre les idées qui semblaient si bien établies voici soixante ans ?

Les éléments de base issus des observations faites il y a trente-cinq ans par Hardy et ses collègues en Grande-Bretagne ont depuis lors été répliqués dans de nombreux cadres, et suscitent un intérêt croissant de nos jours. Un sondage Beliefnet pour *Newsweek* en 2005 a ainsi révélé que 57 % des Américains interrogés estimaient que la spiritualité était « très importante » dans leur vie quotidienne. Mais nous devons nous demander ce qu'il en est dans les autres cultures. Quelle est l'influence de la culture dans les ERSM ?

Expériences mystiques à travers le monde

Pratiquement tout système religieux qui encourage l'amour céleste est un foyer potentiel de mystiques.

Evelyn Underhill, *Mysticisme*

> Quelle part du monde que Tu m'accordes, accorde-la à Tes ennemis, et quelle part du monde prochain que Tu me donnes, donne-la à Tes amis. Tu es assez pour moi !

Rabi'a de Basra, « *L'Amante mystique d'Allah* » (717-801)

> Pas un ni deux, Subhuti, pas un ni deux, mais tous les êtres – hommes, femmes, animaux, oiseaux, arbres, pierres. Tous les êtres du monde. L'on doit se forger une détermination telle que « Je les conduirai tous au nirvana ».[41]

Gautama Bouddha (563-483 av. J.-C.)

Les ERSM sont une caractéristique de l'expérience humaine à travers le monde et l'Histoire. Elles ne sont pas le résultat d'une culture ou d'un système de croyance en particulier.[42] Cependant, toute expérience humaine est interprétée dans un contexte. Dans la tradition chrétienne, l'Absolu est habituellement éprouvé comme une Personnalité transcendante, pleine d'amour et de compassion, avec laquelle la personnalité du sujet fusionne temporairement et s'en trouve transfigurée en une personnalité similaire, bien que finie. Dans la tradition bouddhiste, l'Absolu est conçu comme impersonnel – cependant il ne peut être éprouvé sans compassion pour toute chose vivante. Par exemple, le vœu du Bodhisattva pour les bouddhistes tibétains qui visent l'illumination mystique est : « Puissé-je atteindre l'état de Bouddha pour le bien de tous les êtres sensibles. » En somme, les récits que font les mystiques de leurs expériences indiquent des directions semblables, mais les modalités d'expression dépendent du langage et de la culture.

Philosophie éternelle et mysticisme

Une école de pensée, appelée *pérennialisme* ou philosophie éternelle, a tenté d'identifier le socle commun aux expériences mystiques. La formule a été proposée par le mathématicien Gottfried Leibniz (1646–1716), co-inventeur du calcul infinitésimal. Elle a été popularisée par l'écrivain Aldous Huxley (1894-1963), plus connu pour son roman visionnaire *Le Meilleur des mondes*, dans lequel il mettait en garde contre les tentatives de débarrasser la société des valeurs spirituelles.

Les pérennialistes soutiennent l'existence d'une réalité sous-jacente que les mystiques parviennent à percevoir (au contraire d'une illusion créée par des états modifiés de conscience). Huxley pensait qu'une même réalité sous-tend à la fois la matière et l'esprit, mais

> la nature de cette Réalité Unique est telle qu'elle ne peut être directement ou immédiatement appréhendée, excepté par ceux qui ont choisi de se soumettre à certaines conditions, devenant eux-mêmes amour, au cœur pur et pauvre en esprit.[43]

De façon générale, les pérennialistes considèrent que :

- Le monde de la conscience individuelle et de la matière n'est qu'une réalité partielle qui reflète l'existence d'un fondement divin sous-jacent.

- Le fondement, ou l'essence divine, peut être découvert par l'intuition directe dans laquelle celui qui sait s'unit à ce qui est su. (Supposer que l'esprit sous-tend l'univers résout l'apparent paradoxe né de l'affirmation des mystiques disant qu'ils perdent leur « soi » dans l'expérience mystique, tout en restant conscient de ce qui se produit. Une conscience unifiée reste une conscience.)

- Les êtres humains possèdent à la fois un soi extérieur (*phénoménal*) et un soi profond. La plupart du temps, nous sommes seulement conscients de notre « soi » extérieur, qui correspond aux multiples façons dont nous percevons notre environnement ou notre propre conscience, et qui joue souvent de multiples rôles en même temps. L'unification de toutes ces expériences est un soi profond, celui qui peut atteindre le fondement divin. Il est d'ordinaire assez difficile de révéler ce soi profond sous les nombreuses couches du soi extérieur.

- La valeur essentielle de l'existence est d'identifier son véritable soi. Les religions traditionnelles donnent à ces états les noms de vie éternelle, de salut, ou d'illumination.

Les pérennialistes pensent que tous les êtres humains possèdent la capacité de discerner la vérité spirituelle, bien qu'elle soit souvent sous-développée. Les connaissances acquises à partir des facultés spirituelles sont tout aussi fiables que celles obtenues par les autres sens.

Le chercheur W.T. Stace était un pérennialiste, et la distinction qu'il opérait entre mysticisme extraverti et introverti[44] visait en partie à combler les fossés culturels dans l'interprétation des expériences mystiques. Il croyait également, de façon plus controversée, que les mystiques théistes sont incités par leur culture à interpréter des expériences réellement monistes ou panthéistes d'une façon qui ne contredise pas le théisme. Comme d'autres chercheurs l'ont cependant souligné, on peut tout aussi facilement renverser l'argument et dire que les panthéistes et les monistes sont incités à interpréter leurs expériences d'une façon qui ne contredisent pas leur culture.[45]

La conception qui s'oppose au pérennialisme est le *constructivisme*, qui prétend que la culture et les attentes modèlent l'expérience mystique à un degré tel que les mystiques bouddhistes et chrétiens n'atteignent pas la même réalité. Certains constructivistes (« durs ») vont jusqu'à nier qu'il existe un substrat commun aux expériences mystiques. Ils estiment que l'expérience est entièrement modelée par la culture et les attentes. Une telle position est bien plus radicale encore que celle consistant à affirmer que le *vocabulaire* avec lequel le mystique décrit son expérience est modelé par la culture et les attentes.

Afin de mieux comprendre l'opposition entre pérennialistes et constructivistes, on peut se demander à quelle expérience correspond exactement la conscience mystique. S'agit-il d'une expérience particulière comme par exemple un choc électrique ? Supposons qu'il existe deux écoles de pensée quant à la douleur occasionnée par un choc électrique modéré. L'une prétend que la douleur est entièrement liée à la culture et aux attentes, et l'autre qu'elle est due à une authentique souffrance. La première, l'école des « constructivistes durs » estime que les descriptions très différentes faites par les sujets montrent que les récits ne renvoient pas à un seul type d'expérience. La seconde, l'école « pérennialiste », avance qu'une authentique expérience sous-tend effectivement les récits, mais que différentes cultures et attentes produisent différentes descriptions.

Dans certaines cultures, les enfants sont amenés au long de leur éducation à ignorer la douleur pour démontrer leur courage, mais dans d'autres contextes culturels ils apprennent que l'expression de soi permet de se relier aux autres. Des témoignages différents soulignent l'importance de prendre en compte les aspects culturels lorsqu'on interprète des récits à la première personne, mais cela n'exclut pas que ces récits renvoient finalement à une expérience universelle. Tous les chercheurs sérieux dans ce domaine tentent finalement de cartographier une zone dont l'exploration a à peine commencé. Ce livre soutient la position pérennialiste.

ERSM ET PSYCHOLOGIE ÉVOLUTIONNISTE

> De deux nations barbares, la plus superstitieuse était généralement la plus unie, et par conséquent la plus puissante.
>
> FRANCIS GALTON, EUGÉNISTE, SUR L'ORIGINE DE LA RELIGION (1894)

> L'individu est préparé par les rituels sacrés à l'effort suprême et à l'autosacrifice. Subjugué par les mantras, les costumes spéciaux, les danses et musiques sacrées qui stimulent si précisément ses centres émotionnels, il vit une « expérience religieuse ».[46]
>
> EDWARD O. WILSON, SOCIOBIOLOGISTE, SUR L'ORIGINE DE LA RELIGION

Les ERSM ne sont-elles qu'un caprice de l'évolution matérialiste ? Pendant plus d'un siècle, les scientifiques ont considéré les ERSM relativement à l'évolution humaine. Malheureusement, sous l'influence matérialiste, le projet a davantage consisté à les justifier qu'à les explorer.

Evelyn Underhill a constaté au tournant du XXe siècle que la conscience mystique en particulier constituait « une situation déconcertante pour les philosophes déterministes, qui ne peuvent échapper au dilemme auquel ils sont confrontés qu'en appelant ces expériences « illusions », et en gratifiant leurs propres illusions plus plausibles du titre de « faits ». » Elle a formulé le conflit du mystique et du matérialiste en quelques mots :

> Qu'il existe un point extrême auquel la nature de l'homme touche à l'Absolu : que sa raison, ou substance, son être véritable, est pénétré de la Vie Divine qui constitue la réalité latente des choses ; c'est la base même sur laquelle doit reposer en totalité l'affirmation mystique disant que l'union avec Dieu est possible.[47]

William James, contemporain d'Underhill, a vu que cette « évolution » elle-même devenait une nouvelle religion, rivale du christianisme. James n'aimait pas cette nouvelle religion, non pas parce qu'il doutait de l'évolution, mais parce que les spéculations sur les sensations des animaux ou des premiers hominidés lui apparaissaient comme un substitut médiocre à l'étude des profondeurs de la conscience humaine contemporaine. Il a mis en garde : « Une carte de menu sur laquelle on trouverait un vrai raisin sec au lieu du mot 'raisin sec', un véritable œuf au lieu du mot "œuf", serait certainement peu appétissante, mais ce serait au moins un début de réalité. »[48]

À la même époque, l'essor du positivisme logique dans les années 1920 a renforcé le scientisme, la conception qui veut que seules les méthodes des sciences naturelles comme la physique et la chimie permettent d'acquérir de réelles connaissances. La relativité et la mécanique quantique avaient tout juste commencé à influencer la réflexion, et d'un point de vue pratique, les « sciences naturelles » désignaient donc le matérialisme du XIXe siècle. Le scientisme est la source première du projet moderne visant à décrire les ERSM à partir de cette nouvelle discipline qu'est la psychologie évolutionniste, en tentant de démontrer que les ERSM peuvent être comprises comme les produits d'une évolution non orientée.[49]

Comme toujours dans ce domaine, les enjeux sont élevés. Si les ERSM ont une explication matérialiste évidente, les affirmations des mystiques sont infondées. Au premier abord cependant, la psychologie évolutionniste n'est pas une voie prometteuse. L'évolution repose sur le fait d'engendrer des descendants fertiles, mais les mystiques et les maîtres spirituels font habituellement vœu de célibat ou, en tout cas, ne voient pas la réussite matérielle comme un objectif dans la vie. Plusieurs hypothèses alternatives en psychologie évolutionniste ont été avancées ces dernières années pour prendre en compte ce problème : les ERSM ont été vues comme des « produits dérivés » accidentels d'états mentaux utiles, ou comme une « stratégie » permettant aux gènes d'être reproduits, ou même comme un vague programme neuronal de copie (un mème). Toutes ces idées ont été proposées au nom de la science, et sous la bannière de la psychologie évolutionniste.

Comportement humain selon la psychologie évolutionniste

> Que devons-nous alors faire des buts et des desseins manifestement choisis par des êtres humains ? Selon l'interprétation darwinienne, ce sont des processus qui ont évolué en tant qu'outils d'adaptation sous l'effet d'une sélection naturelle qui n'a par ailleurs aucun but.
>
> EDWARD O. WILSON, SOCIOBIOLOGISTE

> La science nous révèle maintenant que l'amour est addictif, que la confiance est gratifiante et que la coopération nous fait du bien. L'évolution a produit ce système de récompense car il augmente la survie des membres de notre espèce de primates sociaux.
>
> MICHAEL SHERMER, *MAGAZINE SCIENTIFIC AMERICAN*

La psychologie évolutionniste avance que les cerveaux humains sont constitués d'adaptations ou de mécanismes psychologiques évolués. Ces adaptations ont évolué par sélection naturelle pour permettre la survie et la reproduction de l'organisme. D'après la psychologie évolutionniste, les ERSM sont l'un de ces mécanismes.

Cependant, cette proposition implique plusieurs suppositions : 1) que le cerveau de chaque individu contient plusieurs modules isolés mais semblables qui sont hérités des parents et exécutent certaines fonctions spécifiques, 2) que ces modules sont adaptés au mode de vie chasseur-cueilleur de nos ancêtres du pléistocène, 3) qu'une nature humaine universelle en résulte, qui s'avère crédule en ce qui concerne les ERSM.

En d'autres termes, des personnes vivent des ERSM parce que de telles expériences nous aident à survivre et laisser une descendance fertile. Les ERSM n'ont aucun lien avec une réalité cachée derrière les apparences, et elles n'apportent aucune véritable connaissance sur le réel – ou bien si c'est le cas, ce n'est qu'un effet accidentel.

Le philosophe des sciences David J. Buller fut un partisan convaincu de la psychologie évolutionniste. « Quand j'ai commencé à lire sur ce sujet, tout cela me semblait intuitivement exact », a-t-il expliqué au magazine *Scientific American* en 2005. De fait, son expérience a été largement partagée. Depuis les années 1970, les psychologues évolutionnistes ont affirmé avoir expliqué non seulement les ERSM, mais aussi l'altruisme, le crime, l'économie, les émotions, la fidélité à un groupe, l'infidélité, le rire, le droit, la littérature, l'amour, le marketing, la musique, la « bosse des maths », l'obésité, le patriotisme, l'orientation sexuelle, la violence, le vote conservateur, la guerre, et la raison pour laquelle les États-Unis ne déclarent pas la guerre au Canada, sans oublier celle pour laquelle les enfants n'aiment pas les légumes – et la liste n'est pas exhaustive. La psychologie évolutionniste est l'arrière-plan théorique de la neurothéologie, qui « étudie les bases biologiques de la spiritualité » et « traite des fondements neurologiques et évolutifs des expériences subjectives habituellement classées comme spirituelles. »

Comme nous l'avons vu au chapitre 2, les médias grand public adorent la psychologie évolutionniste. Comment en irait-il autrement ? Dans un monde obsédé par les ragots sur les « stars », comment une rubrique scientifique un peu délaissée pourrait-elle résister à un « papier » de Saint-Valentin sur « les gènes de l'infidélité » ? Il en découle que la psychologie évolutionniste dans son ensemble a été l'objet d'un intérêt public hors de proportion avec sa rigueur théorique. Ceci est particulièrement gênant pour une discipline non-expérimentale fondée sur l'interprétation de la préhistoire, et dans laquelle tant de choses sont tout simplement impossibles à tester ou vérifier.[50]

Nous ne savons pas ce que les premiers hommes pensaient de beaucoup de questions importantes car ils n'ont laissé que très peu d'objets manufacturés. Nous savons que certains enterraient leurs morts en position fœtale, avec des objets personnels, ou dans des endroits sacrés, ce qui suppose qu'ils s'attendaient à ce que les défunts renaissent. Les peintures rupestres de Lascaux[51] (15 000 av. J.-C.) et la Vénus de Willendorf (25 000 av. J.-C.) témoignent de l'extrême ancienneté du chamanisme et des cultes de la fertilité. Mais hormis cela, nous avons surtout des spéculations – souvent bien étayées par des idées originales – mais spéculations tout de même.

Malgré les efforts soutenus de chercheurs tels que Dean Hamer, aucun lien ne peut être clairement établi entre la religion et des gènes spécifiques. Ainsi, en l'absence de preuves issues du génome, les psychologues évolutionnistes retiennent en général l'un des deux arguments suivants. Soit nos ancêtres chasseurs-cueilleurs étaient plus aptes à survivre lorsqu'ils avaient des croyances religieuses, soit leur capacité à développer de telles croyances était un effet secondaire d'autres capacités. Ces deux types d'arguments nous amènent dans des directions différentes.

Les ERSM comme adaptation à la survie

> Pourquoi notre besoin de Dieu persiste-t-il ? Il se pourrait qu'il nous soit utile à quelque chose. Il se pourrait que nous n'en ayons pas besoin, mais qu'il subsiste de ce que nous avons été. Il y a de nombreuses possibilités biologiques.
>
> DANIEL DENNETT, PHILOSOPHE MATÉRIALISTE

Rendre compte des ERSM à l'aide de la psychologie évolutionniste oblige à se reposer fortement sur le « R » des ESRM, la composante religieuse. Il est en général vrai que les religions modèlent la société et jouent ainsi un rôle dans la survie des individus. Quelle que soit la façon dont elle est née, une religion tend en effet à partager certaines caractéristiques de son époque. Par exemple, les chasseurs-cueilleurs étaient initiés dans des clans-totems. Les bouddhistes tibétains ont un lama dont ils pensent qu'il est la réincarnation de précédents lamas. Certaines confessions chrétiennes d'Amérique nées dans le cadre de spectaculaires renouveaux des camps d'autrefois (vastes rassemblements sous des tentes), ont tout de même des présidents et des administrations très développées. Les anthropologues sociaux ont fait un travail très utile en identifiant les nombreuses manières dont les institutions religieuses façonnent les sociétés.

Cette tentative d'explication des ERSM souffre toutefois d'une faiblesse importante. Étudier le mysticisme ou la spiritualité comme s'ils dérivaient de la religion, c'est inverser le cours normal des événements. La religion est un développement secondaire, qui naît en principe d'expériences mystiques ou d'un événement spirituel important. Cette ERSM originelle est en principe sans intérêt pour la survie ; la religion qui provient de cet événement va probablement prospérer si elle aide à la survie de ses membres et disparaîtra si ce n'est pas le cas. Mais le sort de la religion en question ne nous dit quasiment rien de l'origine de l'ERSM.

Les explications qui attribuent une soi-disant valeur de survie aux ERSM ont également tendance à confondre mysticisme et magie. Les chamans traditionnels pratiquent nécessairement les deux, mais les quêtes sont distinctes : le mystique recherche l'illumination ; le magicien recherche le pouvoir.

Ayant décidé que la religion est mieux comprise au regard de son utilité au temps des chasseurs-cueilleurs, les psychologues évolutionnistes se demandent si elle est adaptative ou non adpatative à travers les époques historiques (époques pour lesquelles nous disposons de traces écrites). Différents théoriciens proposent différentes réponses.

Programmés pour la mauvaise vision du monde

> La croyance religieuse elle-même est une adaptation qui a évolué car nous sommes programmés pour former des religions tribales.
>
> EDWARD O. WILSON, SOCIOBIOLOGISTE

Edward O.Wilson estime dans son livre *La Sociobiologie* (1980) que la religion est adaptative, car elle promeut l'organisation sociale, qui à son tour favorise la survie. Le problème demeure, ainsi qu'il l'explique dans *L'Unicité du Savoir* (en anglais *Consilience*, 1998) :

> L'essence du dilemme spirituel de l'humanité est que nous avons évolué génétiquement pour accepter une vérité, et nous en avons découvert une autre. Existe-t-il une façon d'effacer ce dilemme, de résoudre les contradictions entre les conceptions transcendantalistes et empiricistes ? Malheureusement non, il n'y en a aucune.[52]

Pourquoi ? « L'idée centrale de la conception de *consilience* est que tous les phénomènes tangibles, de la naissance des étoiles au fonctionnement des institutions sociales, sont basés sur des processus matériels qui sont finalement réductibles – quelle que soit la longueur et la complexité des séquences – aux lois de la physique. » Ou bien, ainsi qu'il l'a expliqué à Steve Paulson du magazine en-ligne *Salon* en 2006 : « La connaissance du monde provient au bout du compte de la chimie, de la biologie et – par-dessus tout – de la physique ; les gens ne sont que des machines extrêmement compliquées. » Wilson a également suggéré à Paulson le besoin d'un « athéisme spirituel » (tout comme André Comte-Sponville en France N.d.T.), mais il regrette, citant Camille Paglia, que trois mille ans de Yahvé l'emportent sur une génération de Foucault.

Cela dit, les physiciens ne sont pas aussi convaincus que les biologistes de la nécessité d'adhérer au matérialisme. Quoi qu'il en soit, on doit se demander pourquoi l'humanité aurait évolué ou serait « câblée » pour accepter une vision du monde qui est inexacte. Pour des raisons mentionnées plus haut (voir chapitre 5), la façon dont les hommes peuvent être programmés pour une vision du monde donnée n'est absolument pas claire. Mais si c'est le cas, pourquoi une vision du monde qui contredit la réalité ? Si Foucault disparaît en une génération alors que Yahvé dure éternellement, l'explication qui avance que les cerveaux sont mal « câblés » est-elle la meilleure ? Ou bien devrions-nous en examiner une autre ?

Pour voir jusqu'où « l'adaptationnisme » peut conduire, considérons par exemple les positions de Casper Soeling et Eckert Voland, qui expliquent dans la revue spécialisée *Neuroendocrinology Letters* en 2002 la façon dont ils comprennent le mysticisme :

> Les ontologies intuitives sont la base des expériences mystiques. Elles servent normalement à classifier la réalité en objets animés ou inanimés, animaux ou plantes, par exemple. Pour des raisons psychologiques différentes, les expériences surnaturelles proviennent d'un mélange de différentes catégories ontologiques... Nous pensons qu'il apparaît justifié d'attribuer à la religiosité le statut évolutionniste d'une adaptation.

Comme si les mystiques avaient été très préoccupés de distinguer entre animaux et plantes...

Raisonnement factuel versus pratique

> L'adaptation est l'étalon-or à l'aune duquel la rationalité doit être jugée, de même que toutes les autres formes de pensée.[53]
>
> DAVID SLOAN WILSON, BIOLOGISTE ET ANTHROPOLOGUE

David Sloan Wilson, biologiste et anthropologue, a proposé une approche sensiblement différente. Il ne prétend pas que les êtres humains soient programmés d'une façon ou d'une autre pour accepter une conception fausse de la réalité. Sa position est plus sophistiquée. Dans

Darwin's Cathedral (La Cathédrale de Darwin, 2002), il fait la distinction entre deux types de raisons, l'une factuelle (basée sur des correspondances littérales) et l'autre pratique (basée sur l'adaptativité comportementale).

Les croyances religieuses, nous dit Wilson, ne sont pas factuellement raisonnables, mais elles sont pratiquement raisonnables. C'est-à-dire qu'elles nous aident à avancer dans la vie. Par conséquent, il n'est pas irraisonnable de les adopter. En effet, poursuit-il, « si un historien athée comprenait la vraie vie de Jésus mais que sa propre vie était un désastre à cause de ses croyances, il serait factuellement attaché et pratiquement détaché de la réalité. »[54] Mais la distinction que nous sommes invités à opérer entre le réalisme factuel et pratique a un coût élevé : la rationalité n'est pas si précieuse que nous le pensions. « La rationalité, insiste D. S. Wilson, n'est pas l'étalon-or à l'aune duquel toute forme de pensée doit être jugée. »

Mais que devient la science dans ce contexte ? Wilson défend la science de la manière suivante : « La science est unique à un seul égard : elle explicite l'engagement en faveur du réalisme factuel. Pratiquement tout autre système humain d'unification inclut le réalisme factuel en tant qu'élément important, voire essentiel, mais le subordonne au réalisme pratique lorsque c'est nécessaire. » Il doute que les valeurs du réalisme factuel soient à même de soutenir un système d'unification, mais il pense que les valeurs du réalisme pratique en sont capables.

Pourtant l'histoire des sciences ne soutient guère l'assertion de D. S. Wilson selon laquelle le réalisme factuel l'emporte sur tout le reste. La vérité finit par s'imposer en science, mais tout le reste prévaut avant cela, parfois pendant des décennies voire des siècles. Comme l'observe Thomas Khun :

> L'état de l'astronomie de Ptolémée était un scandale avant l'annonce de Copernic. Les contributions de Galilée à l'étude du mouvement se sont grandement appuyées sur les difficultés mises au jour dans la théorie d'Aristote par les critiques scholastiques. La nouvelle théorie de la lumière et des couleurs de Newton est née de la découverte qu'aucune des théories du paradigme précédent ne rendait compte de la longueur

> du spectre, et la théorie ondulatoire qui a remplacé celle de Newton fut annoncée au beau milieu d'interrogations grandissantes sur les anomalies de la relation des effets de diffraction et de polarisation avec la théorie newtonienne. La thermodynamique provient de la collision de deux théories physiques du XIXe siècle, et la mécanique quantique de plusieurs difficultés entourant la radiation des corps noirs, les chaleurs spécifiques, et l'effet photoélectrique. De plus, dans tous les cas évoqués sauf celui de Newton... on peut dire à juste titre que les domaines concernés se trouvaient en état de crise croissante.[55]

De ce point de vue, la science n'est pas très différente de la politique ou de la religion. Souvent, le changement intervient seulement lorsque des systèmes défendus bec et ongles s'effondrent sous l'effet de leur propre incapacité à fonctionner. Mais ce que D. S. Wilson entend par « science » n'est rien d'autre que le matérialisme, qu'il traite comme le réalisme factuel. Dans la mesure où il a défini ses termes de cette façon, il est impossible d'argumenter avec lui sur cette question.

Mais le principal problème avec sa thèse est que les mystiques qui ont fondé les religions sont bien en quête d'un réalisme factuel. C'est précisément leur objectif. Sur la base de leurs expériences, ils tendent à décrire la réalité ultime comme *supra-rationnelle*, et non *infra-rationnelle*. Là où les matérialistes voient l'univers orienté de bas en haut (de la boue à l'esprit, ou de la monade à l'homme), les mystiques le conçoivent de haut en bas (de l'esprit à l'esprit/matière). Ils n'abandonnent pas la raison mais estiment que la controverse classique n'est en rien porteuse de conscience mystique, alors même qu'ils souhaiteraient le contraire. Comme nous l'avons vu au chapitre 6, les matérialistes n'apportent aucune preuve qu'ils aient raison et que les mystiques aient tort.

Si la religion confère en effet un avantage adaptatif supérieur à l'absence de religion, l'explication la plus probable est celle-ci : les mystiques ont raison. Le matérialisme est faux, mais *la plupart des systèmes non-matérialistes contiennent au moins quelques éléments qui sont exacts*. Comme on pourrait s'y attendre, certains contiennent bien plus d'éléments exacts que d'autres. Si cela est vrai, nous devrions observer que les personnes qui vivent des ERSM sont en général bien adaptées à la vie, et – comme nous le verrons au chapitre 8 – c'est en effet ce que nous constatons.

Toutefois, la thèse de D. S. Wilson pose encore un autre problème, relevé par Leon Wieseltier dans sa critique du livre du philosophe matérialiste Daniel Dennett *Breaking the Spell* (Briser le sort, 2006). Elle est autocontradictoire : « Vous ne pouvez réfuter une croyance à moins de réfuter son contenu. Si vous pensez que vous pouvez la réfuter de toute autre façon, en décrivant ses origines ou ses conséquences, alors vous ne croyez pas en la raison. » Et d'ajouter :

> Si la raison est un produit de la sélection naturelle, alors quelle confiance pouvons-nous accorder à un argument rationnel en faveur de la sélection naturelle ? Le pouvoir de la raison est dû à l'indépendance de la raison et à rien d'autre. (À cet égard, le rationalisme est plus proche du mysticisme que du matérialisme.) La biologie évolutionniste ne peut invoquer le pouvoir de la raison alors même qu'elle la détruit.

D. S. Wilson tente de contourner ce problème, comme nous l'avons vu plus haut, en déclarant que la science est en quelque sorte au-dessus de la mêlée dans son soutien au réalisme factuel. Un argument fallacieux car la vraie science a beaucoup de difficultés avec le réalisme factuel dès lors qu'il infirme ses paradigmes, et dans ces circonstances la science se comporte de façon très semblable à d'autres institutions humaines. Enfin, dans la mesure où D. S. Wilson entend par « science » la philosophie du matérialisme, cela n'aide pas vraiment sa cause d'affirmer que la rationalité n'est pas un étalon-or.

Mais il nous faut également considérer la seconde approche de la psychologie évolutionniste : les ERSM ne sont aucunement adaptatives mais seulement des épiphénomènes accidentels d'autres systèmes utiles. Dans ce cas, elles pourraient donner l'impression d'être associées à une bonne santé mentale ou physique, ou à une authentique capacité à connaître la nature du réel, quand bien même elles n'auraient aucun sens dans un monde purement matériel et ne contribuent en rien aux bienfaits qu'on leur octroie.

La spiritualité en tant que produit dérivé accidentel

> Les concepts religieux... réalisent le prodige d'être exactement ce que les personnes vont transmettre uniquement parce que les autres variantes ont été créées puis oubliées ou abandonnées le long du chemin. La magie qui semble produire de tels concepts parfaits pour les esprits humains est uniquement l'effet de la répétition d'événements sélectifs.[56]
>
> PASCAL BOYER, *ET L'HOMME CRÉA LES DIEUX, COMMENT EXPLIQUER LA RELIGION*

L'anthropologue Pascal Boyer, qui étudie les concepts d'action et d'identité, recourt assez peu aux tropes et truismes classiques de la psychologie évolutionniste, ce qui est somme toute reposant. Dans son livre au titre ambitieux *Et l'Homme créa les Dieux, comment expliquer la religion* (2001), il rejette le déterminisme génétique simpliste. « Avoir un cerveau humain normal n'implique pas que l'on soit religieux. Cela implique seulement que l'on puisse le devenir, ce qui est très différent. »

Écartant également l'inépuisable conte de la psychologie évolutionniste concernant des événements censément intervenus à l'ère pléistocène – pourquoi les hommes des cavernes qui avaient une religion étaient plus à même de survivre que ceux qui n'en avaient pas, et ont ainsi transmis leurs gènes – il propose un argument à la fois plus réfléchi et plus sophistiqué. Il avance que seuls certains types de concepts religieux sont susceptibles d'être acquis ou transmis, et ces concepts sont cohérents avec un raisonnement normal, qu'il soit factuel ou pratique (au sens de D. S. Wilson). Par exemple, une religion qui enseignerait que Dieu existe chaque jour sauf le mardi aurait peu de sympathisants.

Ainsi, il estime que les idées religieuses sont de simples parasites dans les façons habituelles que nous avons de juger les événements quotidiens. Les croyances spirituelles sont « un produit dérivé de l'architecture cognitive standard. » Parmi les systèmes qu'il juge pertinents se trouvent

> un ensemble d'espérances ontologiques intuitives, une propension à diriger l'attention vers ce qui est contre-intuitif, une tendance à s'en

souvenir si l'on peut en tirer des conclusions enrichissantes, un système pour détecter et re-détecter les façons d'agir, un ensemble de systèmes de conscience sociale qui rendent la notion d'agents bien informés particulièrement pertinente, un ensemble d'intuitions morales qui semblent n'avoir aucune justification claire.

En fait, non seulement la thèse de Boyer est une explication réductionniste des ERSM, mais elle est également au service d'une cause. Dans un article publié dans le *Skeptical Inquirer* (l'Investigateur sceptique), il propose un tableau pratique des explications réductionnistes ou négatives pour les croyances religieuses. Par exemple, il suggère qu'au lieu de dire aux gens que « la religion apaise l'anxiété » (elle est donc un faux espoir), on devrait plutôt souligner que la religion génère autant d'anxiété qu'elle en apaise (elle est donc une fausse peur).

Et comment savons-nous que l'espoir et la peur sont faux ? Parce que, explique-t-il à ses lecteurs qui ne sont pas tous sceptiques, nous savons désormais, parmi d'autres choses, que « nos esprits ne sont que des milliards de neurones qui déchargent de façons ordonnées. » Ceci revient bien sûr à dire que l'esprit est la même chose que le cerveau. Boyer n'argumente donc pas en faveur de cette position ; il suppose à l'avance qu'elle est vraie. (C'est la « pétition de principe. »)

Mais le problème principal avec l'approche de Boyer est qu'elle est hors de propos. Personne ne doute que les ERSM soient normalement corrélées à l'architecture cognitive standard (voir chapitre 9). Mais cela ne les « explique » pas car, comme nous l'avons vu, l'esprit n'est pas identique au cerveau. Le travail de Boyer se fonde largement sur l'étude des croyances de sorcellerie en Afrique équatoriale et d'autres domaines annexes tels que les conceptions de jeunes enfants. Ainsi, les expériences normalement considérées comme religieuses ou spirituelles – par exemple, la conversion[57] – n'entrent pas réellement dans son explication. Il s'agit pourtant précisément du type d'expériences auxquelles on recherche des explications.

Où tout cela nous amène-t-il ? Les tentatives pour localiser les ERSM dans les gènes (adaptativité) ou le cerveau (produits dérivés de l'architecture cognitive) ne fonctionnent pas. Supposons cependant que nous adoptions une approche plus large de la notion de gène. Au contraire de Dean Hamer, nous ne chercherons pas un seul gène, mais nous attribuerons certaines caractéristiques aux gènes en général.

Les « gènes égoïstes » et la spiritualité

> Nous avons été fabriqués pour servir les intérêts de nos gènes, et non l'inverse... La raison pour laquelle nous existons est que le fait de nous créer a servi leurs fins dans le passé.[58]
>
> KEITH E. STANOVICH, *THE ROBOT'S REBELLION (LA RÉVOLTE DES ROBOTS)*

> « Ce que Jones veut vraiment » est ce que ses ancêtres ont été sélectionnés pour vouloir il y a bien longtemps dans la savane. Le problème étant bien sûr que Jones ne veut rien de tel – ni consciemment ni inconsciemment.
>
> JERRY FODOR, PHILOSOPHE

En 1976, Richard Dawkins a animé la discussion avec son livre *Le Gène égoïste*. Il était convaincu que l'évolution se produit parce que les gènes parviennent à être transmis ; les vrais immortels, ce sont eux et pas nous. Bien que Dawkins ait toujours nié attribuer des motivations ou un déterminisme aux gènes de façon anthropomorphique, son vocabulaire est souvent ambigu. Le scientifique cognitiviste Steven Pinker a récemment défendu l'ambiguïté de Dawkins dans un essai écrit en l'honneur du trentième anniversaire de la parution du *Gène égoïste*. Ridiculisant la philosophe Mary Midgley pour avoir opposé que « les gènes ne peuvent être ni égoïstes ni généreux, pas plus que les atomes ne peuvent être jaloux, les éléphants abstraits ou les biscuits téléologiques », il écrit :

> Si le traitement de l'information nous offre une bonne explication des états de savoir et de vouloir qui sont incarnés dans ce paquet de matière qu'on appelle un cerveau humain, il n'y a aucune raison de principe pour éviter d'attribuer les états de savoir et de vouloir à d'autres paquets de matière.

Il apparaît ainsi que le problème n'est pas que Dawkins attribue un mobile aux gènes, mais que nous autres êtres humains en attribuons un peu trop vite à notre conscience, qui peut se réduire au « traitement d'information ». Ni Pinker ni Dawkins n'expliquent clairement comment nous pouvons dans ce cas ancrer notre liberté à partir du gène égoïste ; aucun des deux ne semble croire au libre arbitre.[59]

Cela mis à part, le concept du gène égoïste a énormément séduit. Attribuer une volonté d'action aux gènes distingue l'action du mobile. Une explication reposant sur le gène égoïste a seulement besoin de proposer une façon dont un comportement permettrait de propager les gènes. Par exemple, les femmes qui pensent que Dieu désire qu'elles restent chastes aident peut-être vraiment leurs frères et sœurs à élever plus d'enfants, les amenant ainsi à propager davantage leurs propres gènes partagés (selon la théorie centrale du néodarwinisme de la « valeur adaptative élargie », ou *inclusive fitness*). Il est impossible d'infirmer une telle proposition puisque l'évident désintérêt de la religieuse chaste à propager ses gènes est totalement hors de propos. Ses gènes, et non elle-même, sont les acteurs présumés de cette pièce. À cet égard, la théorie du gène égoïste a été un grand progrès par rapport à la théorie freudienne. Celle-ci affirmait systématiquement que le célibat religieux relevait de mobiles sexuels inconscients. C'est peut-être le cas, mais la plupart des religieux célibataires ont également de fortes motivations conscientes, et on n'a jamais vraiment compris pourquoi les mobiles inconscients devraient prendre le dessus. Éliminer toute motivation humaine simplifie grandement la tâche du matérialiste réductionniste.

Bien entendu, beaucoup ont trouvé la théorie du gène égoïste simpliste, irréfutable et – c'est le gros problème – non représentative de ce que nous savons vraiment de la nature humaine. Ainsi que l'écrit le philosophe Jerry Fodor :

> Au fil des années, les gens continuent à proposer des théories qui commencent ainsi : « Ce que tout le monde désire est... » (choisissez la suite). Parmi les versions qui ont eu leur instant de gloire, citons : l'argent, le pouvoir, le sexe, la mort, la liberté, le bonheur, la Mère, le Bien, le plaisir, le succès, le prestige, le salut, l'immortalité, la réalisation

personnelle, l'approbation, un pénis (dans le cas des femmes), un plus grand pénis (dans le cas des hommes), etc. Les retombées de telles théories n'ont pas été positives ; rétrospectivement, elles semblent souvent stupides, vulgaires, sinon les deux à la fois. Peut-être en ira-t-il autrement avec « ce que tout le monde désire est de maximiser sa contribution relative au patrimoine génétique. » Mais je ne vois aucune raison que ce soit le cas, et je ne vous conseillerais certainement pas de parier là-dessus.

Il faut bien sûr reconnaître que Dawkins ne prétend pas que tout le monde souhaite propager ses gènes, mais que les gènes de tout le monde veulent être propagés. Par ailleurs, insiste-t-il, les gènes n'ont pas réellement des buts. Il concède également que les humains peuvent avoir des objectifs qui n'ont rien à voir avec la reproduction. Mais cela soulève la question suivante : quel *est* l'intérêt conceptuel du gène égoïste ? Que permet-il de prédire, plutôt que de « post-dire » ? Comme le relève Fodor :

> La conception scientifique du monde n'implique pas qu'écrire *La Tempête* (Shakespeare) a procédé d'une stratégie de reproduction ; c'est le genre de bêtise qui conduit à la tourner en ridicule. À première vue, il semble y avoir toutes sortes de choses que nous aimons, et aimons faire, sans raison en particulier, et non pour une raison que nous-mêmes, ou nos gènes, aurions ; ni une raison qu'aurait le Lapin de Pâques. Peut-être sommes-nous simplement ce genre de créature.

En effet, comme le philosophe australien David Stove l'a souligné, nous sommes ce genre de créature. Les êtres humains n'ont pas eu systématiquement pour but de propager leurs gènes.

> La religion n'est certainement pas la seule chose dans la vie humaine qui manifeste une tendance marquée à réprimer ou anéantir la reproduction, ni à mortifier le désir sexuel lui-même. La réflexion intense et prolongée, chez les quelques individus qui en sont capables, a cette même tendance. Il en va de même de la grande créativité artistique. En fait, chacune des ces activités est, de façon générale, bien *plus* fortement et uniformément défavorable à la reproduction que ne l'est la religion au sens large.[60]

On pourrait ajouter que la prospérité à elle seule, déconnectée de tout talent particulier, conduit en principe tout autant à une chute du taux de natalité. Mais Dawkins avait une autre carte dans sa manche au cas où le gène égoïste se révélait récessif. Dans le même livre, il a proposé le corrélat psychique du gène, à savoir le *même*, qui semblait en fait encore plus prometteur pour décrire les ERSM sur un mode réductionniste.

Les ERSM en tant que « mèmes »

> La valeur de survie du mème de Dieu dans le patrimoine « mèmétique » provient de son grand attrait psychologique. Il fournit une réponse en apparence plausible aux questions profondes et angoissantes sur l'existence. Il suggère que les injustices dans ce monde pourront être compensées dans le prochain. « L'armée de l'éternel » tend à nos propres insuffisances un coussin moelleux qui, comme le placebo du médecin, n'est pas moins efficace parce qu'il est imaginaire.[61]
>
> RICHARD DAWKINS, LE GÈNE ÉGOÏSTE

> Nous pourrions penser que nous autres humains avons conçu tous ces ordinateurs et ces connexions téléphoniques pour notre propre plaisir, mais du point de vue des mèmes nous ne sommes que leurs photocopieurs, et ils nous utilisent pour construire un vaste système planétaire pour leur propre propagation.
>
> SUSAN BLACKMORE, *TIMES* (SUPPLÉMENT ENSEIGNEMENT SUPÉRIEUR)

> L'idée générale des mèmes a été séduisante ; les gens veulent y croire.
>
> WILLIAM L. BENZON, PHILOSOPHE

Les ERSM peuvent-elles être comprises en termes de « mèmes », qui se copient eux-mêmes automatiquement ? Ce que sont exactement les mèmes reste obscur. Selon Susan Blackmore, « les mèmes sont des histoires, des chansons, des habitudes, des aptitudes, des inventions et des façons de faire certaines choses que nous copions de personne en personne par imitation. La nature humaine peut être expliquée par la théorie évolutionniste, mais seulement lorsque nous considérons des mèmes évolutifs tout comme des gènes. »[62] Cette dernière phrase ne laisse pas de surprendre venant d'une fervente partisane de la psychologie évolutionniste. Si le concept de mème ne peut pas être validé, alors la psychologie évolutionniste ne peut expliquer la nature humaine.

La meilleure façon de décrire le mème est de parler d'unité théorique d'information autoréplicante, pendant du supposé gène égoïste. En fait, comme l'explique Blackmore, « nous faisons partie d'un vaste processus évolutif dans lequel les mèmes sont le réplicateur évolutif, et nous sommes les machines à mèmes. » Les mèmes fonctionnent comme les gènes – à moins qu'ils ne soient des « mèmes viraux », comme les religions, auquel cas ils fonctionnent comme des virus.

En tant qu'approche réductionniste des ERSM, le mème est d'une utilité bien plus grande que le gène égoïste. Les gènes, quelle que soit la façon dont nous souhaitions les envisager, sont des séquences de nucléotides dans les cellules vivantes qui dupliquent l'information essentielle à la continuité des processus vivants dans les cellules filles. Les circonlocutions autour de la question de savoir si les gènes, en tant que tels, peuvent avoir des objectifs propres ne proviennent pas de l'observation des gènes eux-mêmes. Elles découlent des théories matérialistes de l'évolution et de l'esprit. En tout cas, comme nous l'avons vu, les ERSM ne sont pas systématiquement utiles à la propagation des gènes. Ainsi le concept de mème est analogue à *l'idée* de gènes et, au besoin, à *l'idée* de virus[63], ou même de phénotypes[64], mais il n'est pas tenu d'adopter les fonctions prosaïques ou les modes d'actions d'aucune de ces entités bien identifiées. Comme l'explique Dawkins :

> Une fois que les gènes ont équipé leurs machines à survivre avec des cerveaux capables d'imitation rapide, les mèmes vont prendre automatiquement le relais. Il n'est même pas nécessaire d'attribuer un avantage génétique à l'imitation, bien que ce serait certainement utile. Il est seulement nécessaire que le cerveau soit capable d'imitation : les mèmes vont alors évoluer pour exploiter cette capacité au maximum.[65]

Fort bien, les cerveaux sont capables d'imitation. Et selon le point de vue de Blackmore, ceci explique « notre incurable nature religieuse, nos formes rares de coopération et d'altruisme, notre usage du langage, et notre capacité à défier nos gènes avec le contrôle des naissances et le génie génétique. » Selon elle, les ERSM reposent non seulement sur les mèmes mais sur des combinaisons de mèmes :

> Lorsque nous considérons les religions du point de vue du mème, nous pouvons comprendre pourquoi elles ont eu autant de succès. Ces mèmes religieux n'ont pas débuté avec une intention de réussir. Ils n'étaient que des comportements, des idées et des histoires qui furent copiés d'une personne à une autre au cours de la longue histoire des tentatives de l'homme pour comprendre le monde. Ils ont eu du succès parce qu'ils en sont venus à s'assembler en groupes de soutien, comprenant toutes les manœuvres propres à les conserver à l'abri dans des millions de cerveaux, de livres et de bâtiments, et ont ainsi continué à être transmis à davantage de personnes.[66]

Comme pratiquement tous ceux qui partagent ses conceptions, Blackmore raye la science de sa liste des groupes de mèmes manipulateurs. Elle est persuadée de faire de la science. Et ce qu'elle aime le plus dans la science est le fait que l'on puisse tester les hypothèses. Les théories religieuses, au contraire, peuvent prospérer « quand bien même elles sont fausses, horribles ou cruelles. » On peut donc se demander si les mèmes et leurs assemblages sont « testables ». Pourrions-nous savoir s'ils constituent ou non une bonne explication ?

Dans la mesure où les idées de Blackmore reposent principalement sur celles de Darwin, le théologien Alister McGrath pense que non. Dans son livre *Dawkins' God: Genes, Memes, and the Meaning of Life* (Le Dieu de Dawkins : les gènes, les mèmes et le sens de la vie, 2005), il constate : « Si toutes les idées sont des mèmes ou les effets de mèmes, Dawkins se retrouve dans la position vraiment inconfortable de devoir accepter que ses propres idées doivent également être reconnues comme les effets de mèmes. » Dawkins s'est vigoureusement opposé à cette interprétation, expliquant que « les idées scientifiques, comme tous les mèmes, sont soumises à une sorte de sélection naturelle, qui pourrait prendre l'aspect du fonctionnement des virus. Mais les forces sélectives qui examinent les idées scientifiques ne sont pas arbitraires ou capricieuses. Ce sont des règles exigeantes et bien affûtées qui n'avantagent pas les comportements inutiles et intéressés. »

Mais McGrath ne lâche pas Dawkins aussi facilement, ajoutant :

> Ceci représente un cas d'argument spécieux, par lequel Dawkins fait une tentative infructueuse de se sortir du piège de l'autoréférentialité. Quiconque est familier de l'histoire intellectuelle en identifiera immédiatement le motif. Le dogme de tout le monde est faux sauf le mien. Mes idées sont exemptées des règles générales que j'ai identifiées pour les autres idées, ce qui m'autorise à les écarter, laissant les miennes dominer le terrain.

Tout ceci serait anecdotique si quelqu'un pouvait démontrer que le même existe réellement, tout comme il a été démontré que le gène existe réellement. Le travail de Gregor Mendel au XIXe siècle a démontré que le gène devait exister ; c'était la seule explication raisonnable aux régularités prédictibles observées lors d'expérimentations contrôlées sur le croisement de plantes. Des recherches ultérieures comme celles de James Watson et Francis Crick ont montré la façon dont le génome est organisé. Par contraste, le simple mot de « même » a pris une existence propre dans la culture populaire anglo-saxonne. Il désignait à l'origine un engouement, une mode ou une inclination de pensée à laquelle quelqu'un s'estimait supérieur, mais il semble que son sens s'atténue désormais pour désigner un synonyme générique du mot « idée ».[67]

Le langage mis à part, en quel sens peut-on dire qu'un même existe ? Est-ce une version bas de gamme de l'idée platonicienne ? Non, car c'est précisément le genre de concept que Dawkins et Blackmore rejetteraient. Il nous faut donc chercher les mêmes dans le cerveau. Le neurobiologiste Juan Delius a imagé sa propre interprétation d'un même comme « une constellation de synapses neuronales activées. » Mais comme le relève McGrath, une image n'est pas une preuve que les mêmes existent :

> J'ai vu quantité d'images de Dieu lors de mes visites dans les galeries d'art. Cela valide-t-il le concept ? Ou bien le rend scientifiquement plausible ? La proposition de Delius disant qu'un même sera doté d'une

structure unique localisable et observable est purement conjecturale et n'a toujours pas été soumise à l'investigation expérimentale rigoureuse. On peut spéculer sur ce à quoi quelque chose pourrait ressembler ; la vraie question est de savoir si cette chose existe réellement.

Au plan pratique, une difficulté majeure avec la possibilité que le mème ait une structure localisable et observable est que les cerveaux des individus reçoivent et traitent l'information de différentes façons. Par exemple, quand Jirí Wackermann et son équipe ont montré (en 2003) que deux êtres humains séparés peuvent coordonner leurs états cérébraux, l'effet ne se manifestait pas invariablement en un endroit précis du cerveau du « récepteur ».[68] Ainsi, il n'y a pas de terrain d'opération apparent pour les mèmes.

Le mème a-t-il jamais été autre chose qu'une analogie ? Si ce n'est pas le cas, avertit McGrath, « il y a un immense fossé entre l'analogie et l'identité – et, comme l'illustre douloureusement l'histoire des sciences, la plupart des fausses pistes en science concernent des analogies qui furent abusivement assimilées à des identités. »

Des observateurs bienveillants, tout comme d'autres plus hostiles, ont également commencé à questionner la notion de mème. L'anthropologue biologiste Robert Aunger, auteur du livre *The Electric Meme* (Le Mème électrique, 2002), a également publié l'anthologie *Darwinizing Culture* (Culture darwinisante, 2001), dans laquelle il se demande si la mèmétique est une véritable discipline. Il identifie un certain nombre de problèmes : pas de corrélation claire avec des états cérébraux, pas de réplication de haute-fidélité, pas d'indépendance, et aucun moyen clair d'en retracer les origines étant donné que plusieurs personnes peuvent avoir la même idée en même temps. Il résume ainsi son propos : « Cette brève incursion à elle seule dans les tentatives de définir les mèmes suggère une confusion au niveau fondamental de cette notion. »

Susan Blackmore rejette de telles critiques en expliquant :

Robert Aunger nous a mis au défi d'apporter des preuves de l'existence des mèmes, ou de faire des prédictions étayées et spécifiques issues de la théorie des mèmes. Je suggère qu'il n'y aucunement besoin de preuves de cette existence puisque les mèmes sont définis en tant qu'information qui est copiée d'une personne à l'autre. Dès lors, si l'on admet que l'imitation est une réalité, ils doivent nécessairement exister.

Dans ce cas, les mèmes ne sont finalement pas des gènes psychiques ou des virus, mais le simple facteur d'imitation. Pour ceux qui ne seraient pas convaincus que ceci confère aux mèmes une légitimité indépendante, elle poursuit en affirmant que le cerveau humain a été conçu par l'évolution tant pour le profit des gènes que pour celui des mèmes. Dans ces circonstances, cela revient à dire que la Terre a été conçue tant pour le profit des hommes que pour celui des farfadets.

Dawkins a maintenant pris quelque distance avec les mèmes, comme l'a relevé Daniel Dennett. Ce dernier suggère que Dawkins a dû faire marche arrière car la sociobiologie (la discipline qui a précédé la psychologie évolutionniste) est aujourd'hui impopulaire, mais McGrath pense pour sa part que « cela résulte d'une prise de conscience de plus en plus nette de la sous-détermination flagrante de la thèse. »

Les mèmes pour eux-mêmes et autres exotismes variés

Les virus de l'esprit et toute la science de la mèmétique représentent un changement de paradigme majeur dans la science de l'esprit.[69]

RICHARD BRODIE, *VIRUS OF THE MIND (VIRUS DE L'ESPRIT)*

La mèmétique est certainement une science très immature en l'état, si toutefois c'est une science.

ROBERT AUNGER, *DARWINIZING CULTURE (CULTURE DARWINISANTE)*

En fait, dans une culture matérialiste, le mème avait seulement besoin d'être proposé ; il n'avait pas besoin d'être démontré. Par exemple, Robert Aunger avait caressé l'idée d'une nouvelle discipline appelée « neuromimétique » dans *The Electric Meme* (le Mème électrique, 2002). Comme l'a relevé le philosophe William L. Benzon, la littérature neuroscientifique ne traite aucunement des mèmes, ils sont donc sans intérêt pour le projet d'Aunger. Qu'à cela ne tienne, l'idée était trop bonne pour être abandonnée. De même, Joseph Giovannoli dans *The Biology of Belief* (La Biologie de la croyance, 2000) voulait nous persuader de l'existence des psychogènes, des croyances ayant les propriétés des gènes. Quant à Howard Bloom, dans *Le Principe de Lucifer* (1997), il estime que « les mèmes sont des idées, des bribes de néant qui sautent d'esprit en esprit » et se transforment d'une certaine manière en une force qui rend la société « affamée » – affamée de problèmes, apparemment.[70]

Le concepteur du logiciel Microsoft Word, Richard Brodie, propose un modèle du genre dans *Virus of the Mind* (Virus de l'esprit, 1996). Annoncé comme le premier ouvrage grand public sur les mèmes, le livre de Brodie tient en partie de la vulgarisation scientifique et en partie de l'auto-assistance. Dans la confusion générale, initiée par Dawkins lui-même, sur le fait qu'un mème ressemble à un gène (auquel cas on ne peut l'éviter) ou un virus (auquel on peut et on doit l'éviter), la théorie de Brodie « attendue de longue date, unifiant la biologie, la psychologie et les sciences cognitives », penche vers la conception virale. Il nous assure que « les gens qui comprennent la mèmétique en tireront un avantage croissant dans la vie, particulièrement en se protégeant contre les manipulations ou les tentatives de profiter d'eux. »

Bien sûr, Brodie sait quoi faire des ERSM – il s'agit « de l'un des plus puissants virus de l'esprit dans l'univers. » Pas de quoi s'inquiéter cependant :

> On peut se programmer consciemment avec des mèmes qui aident à atteindre ses objectifs dans la vie quels qu'ils soient. C'est l'un des principaux mèmes stratégiques dans le paradigme mèmétique. Il s'oppose à la stratégie qui consiste à croire un dogme religieux sans l'avoir consciemment choisi pour investir sa propre vie. Il est également contraire au paradigme mèmétique de croire que les mèmes religieux ou tout autre mème soient Vrais, plutôt qu'une demi-vérité utile dans un contexte donné.

Les « mèmes religieux » de Brodie se divisent si facilement entre ceux qui « investissent » et les autres. « C'est tout ! C'est tout ce qu'on peut en dire ! » s'exclame-t-il. « Aucune des religions n'est la Vraie religion ; elles sont toutes des variations sur un thème – ou un mème. Mais examinons plus attentivement ce que font les mèmes pour le succès d'une religion. »

On peut se demander ce que ferait Jean de la Croix ou Subhuti, le disciple de Bouddha, d'une « religion à succès ». Ceci n'est pas sans rappeler la sévère dénonciation séculaire que fit William James de la maladie nationale de son pays – la sordide « déesse-chienne », la réussite (ou le succès). James était un pragmatique mais il connaissait des lieux où le pragmatisme évite soigneusement de mettre les pieds.

Mais qu'en serait-il si la psychologie évolutionniste faisait des prédictions vérifiables ? Ceci pourrait apporter des preuves de ses déclarations sur les ERSM – pas nécessairement des preuves définitives, si d'autres approches prédisaient les mêmes résultats avec un identique succès, mais au moins un début de preuve.

La psychologie évolutionniste et la société moderne

Les psychologues évolutionnistes ont donné certaines informations « testables » en matière de problèmes sociaux contemporains. Par exemple, l'affirmation très répandue selon laquelle les beaux-pères sont plus susceptibles d'abuser sexuellement des enfants que les pères naturels. Comme l'explique Sharon Begley dans un portrait du philosophe des sciences David Buller publié dans le *Wall Street Journal* :

> Un homme de l'âge de la pierre qui aurait accordé toute son attention et son soutien à ses enfants biologiques, plutôt qu'à ceux que sa partenaire aurait eu de précédentes liaisons, aurait obtenu un meilleur « score » en termes d'évolution (le nombre de descendants qu'il aurait laissés) qu'un homme qui se serait occupé de ses beaux-fils et belles-filles. Avec cet état d'esprit, un beau-père est bien plus susceptible d'abuser des enfants qui ne sont pas les siens. Un manuel affirme que les enfants vivants avec un parent et un beau-parent ont quelque 40 fois plus de risques d'être abusés que ceux qui vivent avec leurs parents biologiques.

Les données de ce genre aideraient à établir la psychologie évolutionniste en tant que discipline valide – si elles étaient confirmées. Pourtant lorsque Buller a examiné les données en détail, il a constaté que les beaux-pères étaient bien plus souvent *accusés* d'abus sexuel que les pères naturels – dans la vie comme dans les contes de fées – mais n'étaient pas davantage susceptibles d'abuser effectivement des enfants.[71]

Une autre prédiction de la psychologie évolutionniste selon laquelle les hommes préfèrent les jeunes femmes fertiles qui peuvent propager leurs gènes, n'a pas non plus été confirmée. En fait, les hommes (tout comme les femmes) préfèrent des partenaires appartenant à peu près au même groupe d'âge qu'eux-mêmes. Les statistiques sont faussées car les hommes qui sont encore *à la recherche* d'une partenaire sont jeunes. Comme Buller l'a précisé dans le magazine *Scientific American* :

> J'ai pensé qu'il était important de porter à la connaissance d'un large public certains des problèmes méthodologiques liés à ces découvertes largement médiatisées que la psychologie évolutionniste prétend avoir effectuées ; ces histoires que l'on retrouve dans le *New York Times* pratiquement toutes les semaines. Je voulais que les gens sachent qu'il y a des raisons d'être sceptique.

Comme nous l'avons vu, Buller était initialement un partisan de la psychologie évolutionniste, mais il s'est mis à questionner ses affirmations péremptoires et a fini par l'appeler la théorie « Pierrafeu » de la nature humaine – une théorie satisfaisante tant que nous ne la prenons pas au sérieux.

Invérifiable au passé

De façon générale, les psychologues évolutionnistes ont défendu leurs interprétations des ERSM en estimant que toute hypothèse fondée sur l'évolution darwinienne doit avoir plus de valeur qu'une hypothèse qui minimise son importance. Mais comme le souligne David Stove, l'évolution darwinienne s'est révélée manifestement fausse en ce qui concerne les êtres humains à toute période pour laquelle nous disposons d'information spécifique.[72] La raison principale en est que la transmission des gènes, qui est le fondement de l'évolution darwinienne, ne procède pas d'une dynamique simple et prédictible chez les humains autant qu'elle peut l'être, disons, chez les oies. Il est vrai, comme nous le verrons au chapitre 8, que les personnes qui vivent des ERSM jouissent en général d'une bonne santé physique et mentale, mais la théorie darwinienne, dont le moteur est la sélection naturelle, repose sur l'engendrement d'une descendance viable, ce qui n'est pas la même chose qu'obtenir un bénéfice personnel.

Pour comprendre la difficulté, supposons qu'il existe deux façons d'élever une progéniture parmi les oies. Puisque les deux populations d'oies s'accouplent en accord avec des instincts fiables, nous pouvons étudier le résultat et déterminer quelle approche engendre une progéniture plus viable. Mais nous n'avons aucun moyen semblable de savoir combien de descendants survivants nos ancêtres récents auraient eu s'ils n'avaient pas exercé un contrôle volontaire sur la procréation. Ainsi les études de population qui pourraient nous permettre de comprendre si les personnes qui vivent des ERSM sont mieux ou moins bien adaptées – au sens purement darwinien – ne peuvent être réalisées. C'est la principale raison pour laquelle les affirmations de la psychologie évolutionniste sont difficiles à tester.

De plus, pratiquement toutes les civilisations connues – agissant le plus souvent sous la conduite de visionnaires spirituels – ont intentionnellement banni l'évolution darwinienne en éliminant la « lutte pour la survie » dans la plus large mesure possible. Ce qui rend encore plus difficile la comparaison de l'adaptation darwinienne entre des populations d'ancêtres récents.

Intérêt pour les ERSM

> Alors que le paradigme dominant en psychologie évolutionniste a produit des résultats douteux, l'étude évolutionniste de la psychologie humaine est toujours dans l'attente d'un paradigme clarificateur.
>
> David Buller, Trends in Cognitive Science (Tendances en sciences cognitives)

La psychologie évolutionniste présente-t-elle un intérêt pour l'étude des ERSM ? Une difficulté majeure avec les théories de la psychologie évolutionniste est que, tout comme les mathématiques fondamentales, la spiritualité n'a pas d'utilité au sens darwinien – que ce soit par hasard ou autrement. Le fait que les mathématiques fondamentales puissent conduire finalement à des mathématiques appliquées, ou que des communautés religieuses puissent à terme engendrer des endroits plus sûrs pour vivre est sans intérêt, puisque l'évolution darwinienne exclut *explicitement* la conscience de buts. Les ERSM constituent une caractéristique authentiquement nouvelle des êtres humains, qui est sans intérêt pour les algorithmes de la sélection naturelle.

En effet, le problème avec la psychologie évolutionniste n'est pas l'évolution ; c'est le matérialisme. Oui, l'évolution se produit, mais – selon la conception pérennialiste – l'évolution de la conscience humaine vers une compréhension de l'univers en tant que vaste pensée plutôt que vaste machine s'est produite parce que l'univers tient réellement plus d'une vaste pensée que d'une vaste machine. Les observations pointent assez clairement dans cette direction.

Il est juste de demander à ce stade quelle quantité de preuves nous sommes prêts à larguer afin de protéger le matérialisme du XXe siècle. Certains psychologues évolutionnistes sont préparés à abandonner l'idée même que la rationalité et la cohérence correspondent à une caractéristique réelle de l'univers. Le philosophe et théologien allemand Rudolf Otto a eu une meilleure idée.

Une meilleure façon de comprendre les ERSM

> Les meilleurs athées s'accordent avec les meilleurs défenseurs de la foi sur un point crucial : à savoir que le choix de croire ou de ne pas croire est au plan existentiel le plus important de tous les choix. Il modèle toute notre compréhension de la vie humaine et de ses buts, car il s'agit d'un choix que chacun de nous doit faire pour lui-même.
>
> ADAM KIRSCH, *NEW YORK SUN*

> La vérité de la religion réside moins dans ce que ses doctrines révèlent que dans ce que ses mystères dissimulent. Les religions ne révèlent pas leur signification directement car elles ne le peuvent pas ; leur sens doit être gagné par le culte et la prière, et par une vie d'obéissance silencieuse. Néanmoins les vérités qui sont cachées restent des vérités ; et peut-être pouvons-nous être guidés par elles seulement si elles sont cachées, comme nous sommes guidés par le soleil seulement si nous ne le regardons pas.
>
> ROGER SCRUTON, *THE SPECTATOR*

Rudolf Otto (1869–1937) a beaucoup réfléchi à l'évolution et à la spiritualité au cours de la Première Guerre mondiale. Son œuvre principale, *Le Sacré*,[73] offre une approche utile à l'étude des ERSM. Il a inventé le terme « numineux » pour désigner le type d'expérience – globalement l'équivalent d'une ERSM profonde – qui sous-tend le développement des traditions religieuses et spirituelles. Il insistait sur le fait qu'il n'existe « aucune religion dans laquelle il ne vit pas en tant que cœur le plus intime, et sans lui aucune religion ne serait digne du nom », et que

> toutes les prétendues explications de l'origine des religions en termes d'animisme, de magie ou de psychologie populaire sont vouées dès le départ à s'égarer et à manquer le véritable objectif de leur investigation, à moins qu'elles ne reconnaissent ce fait de notre nature – premier, unique, ne dérivant de rien d'autre – comme étant le facteur basique et l'élan essentiel qui sous-tend le processus tout entier de l'évolution religieuse.

Par expérience numineuse, Otto signifiait le sens d'une présence bien plus vaste que soi-même, quelque chose de Tout Autre, qui inspire la crainte mêlée de respect. Cette crainte, bien sûr, n'est pas la même chose que la peur ; elle n'est pas motivée par des préoccupations pratiques. Craindre l'attaque d'un ours dans la nature, et éprouver une crainte respectueuse en observant un « Ours Esprit » (ours Kermode) sur un versant de montagne distant, sont deux expériences très différentes.[74] Tous les efforts pour expliquer les ERSM en termes d'intérêt personnel ou de pulsions de « l'homme simplement naturel » échouent, a prédit Otto, car l'homme simplement naturel ne les comprend même pas :

> Au contraire, *dans la mesure où il le comprend,* il tend à trouver cela hautement fastidieux et inintéressant, parfois franchement déplaisant et répugnant à sa nature, comme il le trouverait par exemple de la vision béate de Dieu dans notre propre doctrine du salut, ou *l'henosis* (union) de « Dieu tout en tout » parmi les mystiques. Soulignons « dans la mesure où il le comprend » ; du reste, il ne le comprend pas le moins du monde.

Puisque les hommes sont des faiseurs de mythes par nature, nous nous accrochons à une expérience numineuse en l'objectivant ou la rationalisant dans des mythes, des cultes et des dogmes. Les croyances préhistoriques concernant les esprits, selon Otto, sont une tentative préliminaire de rationaliser le numineux.[75] Mais toutes ces tentatives témoignent du fait que l'expérience numineuse elle-même s'est déjà évaporée. Les analyses poussées des répercussions sont intéressantes et parfois instructives mais, comme déjà mentionné, elles ne capturent pas l'effet premier.

Otto a judicieusement mis en garde contre la tendance moderne à rationaliser le noyau essentiel des ERSM en tant que moyen de produire des vertus morales, ou un intérêt pour la justice sociale. Il s'agit de conséquences normales de telles expériences, certes, mais elles n'en sont ni l'origine ni le but. Il était également visionnaire en déclarant que si le numineux est nié pendant une longue période dans une tradition donnée, il peut exploser en produisant des effets inattendus. La bénédiction de l'aéroport de Toronto (un renouveau charismatique chrétien soudain près de l'aéroport de Toronto qui a touché des milliers de personnes dans le monde en 1994), qui a été le théâtre d'effets discutables et bizarres à côté de retombées normales en termes de « transformation de vie », en est un exemple contemporain.[76]

Otto n'affirmait pas que « toutes les religions se valent », ou que « toutes les religions enseignent la même chose ». Sa position est plutôt que toutes les religions naissent au sein d'une expérience numineuse. Ce que les adeptes pensent, disent ou font ensuite est une tout autre question. L'approche d'Otto des ERSM fut éclipsée par l'investigation matérialiste des ERSM au cours de la deuxième moitié du XXe siècle, mais elle a été l'objet d'un renouveau dans les années 1990 avec l'essor d'une approche des ERSM fondée sur les preuves.

Tournons-nous maintenant de l'étude de la nature des ERSM à l'étude de leurs effets. Si la spiritualité est naturelle pour l'homme en tant qu'être conscient, observer au-delà de nous-mêmes est – toutes choses égales par ailleurs – la meilleure façon pour nous de vivre. Dans ce cas, nous devrions raisonnablement nous attendre à ce que cela coïncide avec une bonne santé mentale et physique. Au chapitre 8, nous allons examiner les données issues de la recherche sur la spiritualité et la santé.

CHAPITRE 8

Les expériences religieuses, spirituelles ou mystiques changent-elles la vie ?

Quelles sont donc les preuves expérimentales que Dieu est mauvais pour vous ? Dawkins suppose qu'il est largement accepté au sein de la communauté scientifique que la religion affaiblit les individus, réduisant leur potentiel de survie et de santé. Pourtant des recherches expérimentales récentes indiquent une interaction globalement positive entre la religion et la santé. Il est bien connu qu'il existe des types pathologiques de croyances et de comportements religieux ; mais cela n'invalide en rien l'estimation globalement positive de l'impact de la religion sur la santé mentale qui ressort d'études fondées sur les preuves.

ALISTER MCGRATH, THÉOLOGIEN

Daniel Dennett, directeur du Centre d'études cognitives de l'université de Tufts, a publié en fanfare son livre *Breaking the Spell: Religion as a Natural Phenomenon* (Briser le Sort : La Religion comme phénomène naturel, 2006). Sa révélation de la psychologie évolutionniste et des mèmes a été accueillie par les habituelles louanges[1] et dénonciations. Mais on notait une curieuse différence avec ce qui se serait produit une décennie plus tôt. Bien sûr, il a été sermonné du côté de la droite. Par exemple, l'éditeur Adam Kirsch l'avait défié en ces termes dans le *New York Sun* :

Au cœur de la religion instituée, qu'on l'accepte ou qu'on la rejette, se trouve la vérité selon laquelle l'expérience métaphysique fait partie de l'expérience humaine. Toute description adéquate de la religion doit partir de ce fait au plan phénoménologique. Puisque M. Dennett l'ignore, traitant au lieu de cela la religion au mieux comme un passe-temps pour les andouilles, au pire comme un regroupement de fanatiques, il ne se confronte jamais réellement aux choses sur lesquelles il pense écrire.

Mais dans un surprenant renversement de situation, l'entreprise de Dennett a également suscité des critiques venant d'un camp qu'on aurait cru allié à sa cause. Il a également été sermonné du côté de la gauche. Leon Wieseltier, rédacteur littéraire au journal *The New Republic*, a rejeté son opus comme du « psychoblabla évolutionniste » : « En fin de compte, son désaveu de la religion est un désaveu de la philosophie... Ce qu'établit le plus clairement ce livre superficiel et autosatisfait est qu'il y a bien des sorts qui doivent être brisés. »

De la même façon, le champion britannique du matérialisme Richard Dawkins a produit en 2006 un programme télévisé spécial en deux parties, sur la chaîne Channel 4, sur le thème de la religion, *The Root of All Evil ?* (La racine de tous les maux ?) Dawkins a manifesté son effarement que la religion gagne du terrain au XXIe siècle et l'a attribué au fait que les parents et les enseignants transmettent aux enfants leurs propres convictions concernant la réalité ultime.

De nouveau, selon un retournement semblable, Dawkins a été assailli par la gauche et la droite. On se serait attendu à ce que Roger Scruton réprimande Dawkins dans le *Spectator*, relevant que

> l'acte de foi lui-même – cette façon de placer nos vies au service de Dieu – est un saut par-dessus le bord de la raison. Cela ne le rend pas irrationnel, pas plus qu'il n'est irrationnel de tomber amoureux. Au contraire, c'est la soumission du cœur à un idéal, et une offre d'amour, de paix et de pardon que Dawkins recherche tout autant, puisque comme nous tous il a été créé ainsi.

Mais Madeleine Bunting, du *Guardian* (quotidien britannique de gauche), s'est montrée bien moins charitable que Scruton. Méprisant l'entreprise télévisuelle de Dawkins comme une « polémique intellectuellement paresseuse et indigne d'un grand scientifique », elle note :

> Il y a une anxiété latente de l'échec de l'humaniste athée. Au cours du XXe siècle, les régimes politiques athées sont parvenus à un niveau horrifiant (et jamais atteint) de violence. L'humanisme athée n'a pas

réussi à concevoir un discours populaire convaincant, ni une éthique de ce que cela signifie d'être humain et de notre place dans le cosmos ; là où la religion s'est retirée, le fossé a été comblé par le consumérisme, le football, Strictly Come Dancing (la « Star Academy »), et une fascination abêtissante pour des désirs passagers.

Pourquoi tant d'interrogations, de gêne, de désapprobation pour le matérialisme ? Les questions longtemps étouffées refont-elles enfin surface ? Dans une critique ambivalente d'un précédent livre de Dennett en 2003, *Théorie évolutionniste de la liberté*, le psychologue David P. Barash écrit :

> Je soupçonne que nous tous – même les matérialistes les plus bornés – vivons dans une hypocrisie inexprimée : bien que nous adoptions le matérialisme dans nos quêtes intellectuelles et nos vies professionnelles, nous éprouvons en fait nos vies subjectives comme si le libre arbitre régnait en maître. Au plus profond de nos cœurs, nous savons que cela compte dans la plupart des cas (et dans d'autres non), nous avons largement assez de libre arbitre, comme ceux qui nous entourent. Contradictoire ? Oui en effet. Mais tout comme la dénégation de la mort, c'est une contradiction utile, et elle est peut-être même essentielle.[2]

À ce stade, pour citer Wieseltier, les rabbins d'autrefois auraient demandé : « Est-ce que tes oreilles ont entendu ce que ta bouche vient de dire ? » La résolution du dilemme de Barash est que le matérialisme se trompe. Ce que nous savons au plus profond de nos cœurs est bien exact. Le libre arbitre – qu'il soit nié ou affirmé – est réel. En effet, le problème avec le projet matérialiste depuis l'origine est que, bien que le matérialisme exige d'être compris comme la seule réalité, de nombreux faits incontestables de l'expérience humaine ne sont compréhensibles que si nous considérons qu'il *n'est pas* vrai. L'un d'eux, qui n'a commencé que récemment à recevoir l'attention qu'il mérite, est le fait que les personnes qui développent leur spiritualité jouissent d'une meilleure santé physique et mentale.

Le lien entre spiritualité et santé

À partir de travaux récents et spéculatifs des théoriciens de l'évolutionnisme, M. Dennett esquisse une image de la façon dont la religion peut avoir émergé en tant qu'adaptation naturellement sélectionnée par l'environnement humain des premiers temps. Il suggère que les *Homo sapiens* crédules avaient peut-être un taux de survie plus élevé car ils étaient plus sensibles à l'effet placebo, et ainsi davantage susceptibles d'être « guéris » de leurs affections par l'intervention d'un chaman.

ADAM KIRSCH, *NEW YORK SUN*

Suivant cette balle rebondissante de la croyance comme nous l'avons fait à travers l'histoire, on constate que l'humanité a pris juste un peu plus de 150 ans pour boucler la boucle – pour abandonner puis racheter les croyances qui ont permis la survie des hommes et des femmes depuis le tout début.[3]

HERBERT BENSON ET MARG STARK, *TIMELESS MEDICINE (LA MÉDECINE ÉTERNELLE)*

Comme nous l'avons vu, dans un cadre matérialiste la science propose deux approches fondamentales à l'étude de la spiritualité. L'une d'elles la considère comme un épiphénomène accidentel du développement du cerveau humain, et donc tout lien entre spiritualité et santé est accidentel. De fait, de nombreux scientifiques ont estimé qu'il existe même une relation inverse, mais sans preuves convaincantes – voire sans preuve du tout. L'autre approche juge la spiritualité bonne pour les humains car elle encourage l'aptitude évolutive. Mais cette conception pose problème car, comme nous l'avons vu, l'aptitude spécifiquement évolutive[4] n'est pas nécessairement un but, ni une conséquence, de la spiritualité. Le problème a été que le matérialisme ne fournit pas de théorie qui rende compte sans les déformer des observations concernant la nature spirituelle des humains et ses effets sur la santé physique ou mentale.

Le Dr Herbert Benson, qui a fait sa carrière dans les hôpitaux de l'École de médecine de Harvard, fait partie de cette poignée de médecins investigateurs qui ont contribué à la reconnaissance du domaine scientifique désormais appelé médecine corps/esprit. En tant que professeur de médecine associé de l'École de médecine de Harvard, il a fondé l'Institut médical Corps/Esprit de Harvard à l'hôpital Deaconess de Boston. En observant la façon dont la santé de ses patients s'améliorait – ou pas – il a été convaincu que

> nos corps sont programmés pour profiter de l'exercice non seulement de nos muscles mais de notre riche « for intérieur » – nos croyances, valeurs, pensées et sentiments. J'étais réticent à explorer ces facteurs car les philosophes et les scientifiques ont, à travers les âges, considéré qu'ils étaient intangibles et impossibles à mesurer, rendant leur étude « ascientifique ». Mais je voulais essayer car, encore et encore, les progrès de mes patients et leurs guérisons semblaient souvent reposer sur leur esprit et leur désir de vie. Et je ne parvenais pas à m'expliquer comment l'esprit humain – et les croyances que nous associons si souvent à l'âme humaine – se traduisaient en manifestations physiques.[5]

Il s'est concentré sur l'effet placebo, que nous avons vu au chapitre 6. Il préfère l'appeler « bien-être remémoré », ou la propension du corps à traduire une croyance psychique en une commande physique. Après avoir passé en revue la littérature scientifique disponible dans les années 1970, il a conclu que cet effet est bien plus puissant contre beaucoup d'affections que l'estimation classique de 30 %, établie à l'origine par Henry K. Beecher dans une étude de 1955, et encore utilisée comme référence aujourd'hui. Il a retrouvé de nombreux cas où l'effet placebo était plus proche de 70 à 90 % de l'effet total du traitement.

Une des observations qui ont intrigué Benson était que les traitements de maladies telles que les angines ou l'asthme bronchique marchaient souvent bien tant que le patient et le médecin croyaient en leur efficacité, quand bien même le traitement était par la suite abandonné après investigation plus poussée comme étant médicalement inutile.

En effet, dans le cas de l'angine, l'efficacité des traitements déclinait quand les médecins cessaient d'y croire. Sans doute que l'incertitude du médecin était de façon subtile ou grossière transmise au patient. En fait, dans une étude publiée dans la revue médicale *Lancet* (1990), les hommes qui ne prenaient pas leur placebo régulièrement avaient plus de risque de mourir que ceux qui le prenaient.

Benson ne rejette pas la pharmacologie ou la chirurgie, et il n'adhère pas non plus à la médecine non scientifique, dont il attribue largement les succès à l'effet du « bien-être remémoré » (placebo). Au contraire, son image de la médecine optimale est un tabouret à trois pieds, qui vise la stabilité en ajoutant à la pharmacie et la chirurgie un troisième outil scientifiquement établi – une utilisation intentionnelle et efficace de l'effet placebo. Ce dernier est souvent utilisé sans intention et sans efficacité dans la pratique des soins. Il est parfois inversé par inadvertance, produisant un effet nocebo mortel, comme Benson l'a découvert par lui-même.

Au début du XXe siècle, la médecine s'est fermement opposée à l'idée que l'esprit influençait le corps et a cherché à identifier des origines uniques et spécifiques aux maladies. En effet, dans les années 1930, *l'Index Medicus* ne contenait pas une seule référence à l'effet des états mentaux sur la physiologie. Cependant, dans les années 1940, la « médecine psychosomatique » a été introduite pour encourager une meilleure compréhension et prise en charge de la relation entre l'esprit et le corps dans la santé. Mais la tendance à traiter le corps comme une machine et l'esprit comme un non-sens a énormément freiné les progrès dans ce domaine. Dans *Timeless Medicine* (Médecine éternelle, 1996), Benson illustre à quel point cette approche mécaniste a influencé la médecine. Une femme qui souffrait d'accès temporaires de paralysie et de faiblesse dans plusieurs parties du corps a dans un premier temps été soupçonnée d'imaginer purement et simplement ses symptômes. Cependant, un nouveau médecin a réalisé des examens complets et a diagnostiqué une sclérose en plaques, une maladie neurologique incurable qui l'handicapait et finirait par la tuer. Sa réponse ? « Oh, je suis tellement soulagée, je pensais que c'était entièrement dans ma tête. »

En effet, dans les années 1960, le matérialisme était si prégnant en médecine que Benson a eu du mal a persuader ses confrères que le stress pouvait contribuer à augmenter la tension artérielle. Des professeurs l'ont averti qu'il risquait sa carrière lorsqu'il a commencé à étudier la physiologie de la méditation afin de comprendre comment l'esprit influence le corps.

À la même époque, des médecins expliquaient aux premiers investigateurs de l'effet placebo que leurs confrères avaient probablement trois fois plus de chances qu'eux-mêmes d'employer cet effet.

Ces médecins ne cherchaient pas à tromper qui que ce soit ; en fait ils n'admettaient pas leur propre usage de l'effet placebo, quand bien même ils remarquaient que les autres médecins le faisaient. Comme nous l'avons vu au chapitre 6, l'effet placebo fait partie de la pratique clinique normale en médecine. Mais c'est une pratique dont les médecins n'auraient pas débattu facilement. Après tout, le système médical offrait peu de reconnaissance pour un travail efficace sur les états mentaux d'un patient. Un médecin qui annonçait : « Monsieur Y a accepté mon conseil de méditer lorsqu'il se sent accablé par le stress professionnel ; en conséquence ses crises d'ulcère ont diminué d'intensité et il peut réduire ses médicaments », risquait de se voir accusé de pratiquer une médecine « ascientifique » ou même « verser dans la religion ». Le fait que l'approche du médecin était efficace était secondaire dans un environnement focalisé sur la prescription de médicaments, de thérapeutiques ou de chirurgie.

De nombreux progrès ont clairement été réalisés au cours des dernières décennies dans la compréhension de la véritable influence de l'esprit sur le corps. En 2000, l'Institut national de la Santé américain a organisé une conférence sur le sujet. Bien que l'étude scientifique des états mentaux continue de générer de l'anxiété chez certains,[6] les influences mentales sur une tension artérielle élevée, par exemple, ne sont plus controversées.[7] En effet, une étude récente a montré que la solitude[8] augmentait significativement le risque de pression sanguine élevée, en particulier chez les personnes âgées. Richard Suzman, directeur du programme de Recherche comportementale et sociale au sein de l'Institut national du vieillissement, a exprimé sa surprise devant « l'importance de la relation entre solitude et hypertension artérielle dans cette étude transversale contrôlée. »

Pour mieux comprendre l'embarras de la médecine du XXe siècle face aux influences psychiques en général, sans même parler des ERSM, il nous faut reconnaître que la médecine du XIXe et du XXe siècle a triomphé dans de nombreux domaines tout en ignorant simplement les états mentaux. Les antiseptiques, la purification de l'eau, les vaccinations, les antibiotiques, les couveuses, les goutte-à-goutte en intraveineuse et les défibrillateurs ont grandement contribué à réduire les taux de mortalité sans en tenir compte ni leur accorder la moindre importance. Inévitablement, de nombreux chercheurs ont lié le fait d'ignorer les états mentaux avec l'amélioration des résultats des traitements. Mais ce fut une erreur. Toutes les courbes culminent, et il a commencé à être clair que de nombreuses maladies résistaient à des traitements efficaces quand les états mentaux étaient ignorés. On pense par exemple à la modération récente des propos en faveur de nombreux antidépresseurs, autrefois mis en avant.[9]

Benson a encouragé ses patients à se répéter une phrase afin de les aider à se détendre, et éviter ainsi d'interrompre le processus normal de guérison. Il a été intrigué par le fait que 80 % d'entre eux ont choisi les prières, qu'ils aient été juifs, chrétiens, bouddhistes ou hindous. Toutefois, lorsque Robert Orr et George Isaac ont étudié les 1066 publications de sept grands journaux américains de médecine de première intention en 1992, seulement 12 (1,1 %) abordaient les ERSM.[10] De même, David Larson a constaté que sur 2348 études expérimentales publiées dans quatre journaux psychiatriques réputés, seulement 2,5 % contenaient des mesures fiables. Malgré cela, des preuves considérables s'accumulaient montrant que les ERSM étaient associées à une meilleure santé physique et mentale.

Les effets de la spiritualité sur la santé

> [Les ESRM sont]... une régression, une fuite, une projection sur le monde d'un état primitif infantile.
>
> RAPPORT DU GROUPE POUR LE PROGRÈS DE LA PSYCHIATRIE SUR LES ERSM

Le plus surprenant à propos de ces opinions négatives des effets de la religion sur la santé mentale est peut-être l'absence frappante de

> données expérimentales pour appuyer ce point de vue. En effet, les mêmes scientifiques qui ont été formés à accepter ou rejeter une hypothèse sur la base de données objectives semblent se reposer seulement sur leurs propres opinions et préjugés lorsqu'il s'agit d'évaluer les effets de la religion sur la santé.
>
> DAVID LARSON, CHERCHEUR DANS LE DOMAINE SPIRITUALITÉ ET SANTÉ

> Les approches thérapeutiques dépourvues de sensibilité spirituelle peuvent fournir un cadre de valeurs étranger... Une majorité de la population préfère probablement une approche du suivi psychologique et de la psychothérapie qui soit bienveillante, ou au moins sensible, à une perspective spirituelle.
>
> ALLEN BERGIN, PSYCHOLOGUE

En plus d'effets tels que l'effet placebo – c'est-à-dire le pouvoir des états mentaux favorables à la guérison *en tant que tels* – il existe de nombreuses preuves que les ERSM en particulier sont liées à une bonne santé physique et mentale. Edward B. Larson (1947 – 2002), un épidémiologiste et psychiatre, a abordé cette question sous un angle légèrement différent de celui adopté par Benson. Là où Benson était troublé par le fait que la littérature médicale évitait d'évoquer la vraie importance de l'effet placebo, Larson, qui était un fervent chrétien, était troublé par l'évitement des ERSM et l'hostilité à leur égard.

Un problème est apparu dans la façon dont cette recherche était conduite. Les questionnaires sur le passé des patients demandant les affiliations religieuses, par exemple, ne peuvent faire la distinction entre la foi « intrinsèque » et « extrinsèque ». Le pionnier en sociologie des religions Gordon Allport a défini la foi intrinsèque comme une expérience intériorisée ; la foi extrinsèque renvoyant à l'appartenance à un groupe. La distinction est importante quand il s'agit de santé, car les bénéfices pour la santé viennent principalement de la foi intrinsèque, qui est également liée aux ERSM. De plus, on a rarement utilisé des instruments sophistiqués pour mesurer des comportements dans des recherches sur les ERSM, et les échantillons étaient souvent peu représentatifs de la population générale.

Mais Larson a constaté qu'il y avait aussi des biais considérables. Le *Manuel diagnostique et statistique des troubles mentaux* (DSM-III) a utilisé beaucoup d'exemples de cas qui caractérisaient les patients comme « psychotiques, délirants, incohérents, illogiques, et hallucinants », suggérant une psychopathologie générale qui ne représentait pas correctement l'expérience clinique. Quand cette édition du manuel était en usage, seules 3 des 125 écoles de médecine des États-Unis assuraient un enseignement sur les relations entre la santé et les ERSM – dans un pays où environ un tiers de la population affirme avoir vécu une ERSM. Malgré sa mort soudaine et prématurée en 2002, Larson a joué un rôle clé en aidant à la révision du DSM-III. Et, en partie grâce à son travail avec la Fondation Templeton, près des deux tiers des écoles de médecine proposent aujourd'hui des enseignements liés aux ERSM.

À la même époque, dans les années 1980, aidé de Jeff Levin et Harold Koenig, Larson a également été l'un des premiers à adopter une approche fondée sur les preuves de la relation entre la santé et les ERSM. Alors que de nombreuses critiques d'études se limitaient à des analyses des articles en fonction de ce qu'un évaluateur souhaitait mettre en avant, il a développé une méthode de « critique systématique » qui évite le biais de sélection en examinant tous les articles quantitatifs publiés dans un seul journal pendant plusieurs années. Cette méthode permet d'obtenir une étude globale des résultats à la fois objective et reproductible. Dans *The Faith Factor: An Annotated Bibliography of Clinical Research on Spiritual Subjects* (le Facteur Foi : une bibliographie annotée de la recherche clinique sur les questions spirituelles), Larson, Dale Matthews et Constance Barry ont effectué une revue détaillée de 158 études médicales sur l'effet de la religion sur la santé, dont 77 % faisaient mention d'un effet clinique positif. Ainsi, il n'est pas surprenant que les patients de Benson aient choisi le plus souvent des prières pour leur méditation ; ils avaient certainement déjà des preuves personnelles ou anecdotiques de leur valeur.

De même, une étude prospective portant sur 400 « seniors » (âgés de 64 à 101 ans) qui n'étaient pas handicapés mais vivaient dans une résidence entre 1986 et 1992 a montré que des activités religieuses personnelles telles que la méditation, la prière ou l'étude de la Bible étaient associées à de meilleurs taux de survie. Les chercheurs en ont conclu que les « adultes plus âgés qui participent à des activités religieuses personnelles avant l'apparition des premiers signes de handicap dans les activités du quotidien ont une meilleure espérance de vie que ceux qui ne le font pas. »[11]

Mais les croyances des seniors ne sont pas toujours aussi positives. Certaines sont des nocebos qui nuisent à la santé. Une étude a montré que des patients âgés et malades avaient plus de risque de mourir s'ils avaient une relation conflictuelle avec leurs croyances religieuses. Les chercheurs ont étudié 595 patients âgés de 55 ans ou plus dans les centres médicaux des universités de Duke et de Durham VA. Ils ont réalisé un suivi complet de 444 patients, dont 176 qui sont décédés. Les patients qui étaient en profond accord avec des idées comme « Je me suis demandé si Dieu m'avait abandonné ; je me suis senti puni par Dieu pour mon manque de dévotion ; je me suis demandé ce que j'avais fait à Dieu pour qu'il me punisse ; j'ai remis en question l'amour de Dieu pour moi ; je me suis demandé si mon Église m'avait abandonné ; j'ai décidé que c'était le diable qui était responsable de tout ça ; et j'ai questionné le pouvoir de Dieu », avaient significativement plus de risques de mourir (19-28 % de mortalité en plus au cours des deux ans après la sortie de l'hôpital. Les auteurs ont conclu :

- « Certaines formes de religiosité peuvent accroître le risque de décès. Les personnes âgées malades et les femmes qui livrent un combat religieux contre leur maladie semblent avoir un risque plus élevé de mourir, même après avoir éliminé des raisons liées à la santé générale, à la santé mentale ou aux facteurs démographiques. »

- Que la croyance engendre l'espoir ou le désespoir fait donc une nette différence. Mais le Dieu que l'on prie fait-il une différence ? Dale Matthews, un médecin associé avec Larson, constate : « Même si la science a démontré que le fait d'être un chrétien dévot entraîne plus de bénéfices pour la santé que de ne pas l'être, nous n'avons pas montré qu'être un dévot chrétien vous gardera en meilleure santé qu'être un dévot bouddhiste. » Ceci ne veut bien sûr pas dire que la théologie est sans intérêt, mais suggère plutôt que l'*effet santé* des ERSM provient moins des croyances sur les causes que des états mentaux qui en découlent.

- Les résultats de ces travaux ne soutiennent pas pour autant que « l'esprit guérit tout » ou que « la foi guérit sûrement », et encore moins que les interventions médicales sont superflues. Ils démontrent seulement qu'à la fois les états mentaux et les choix de l'attention mentale sont importants dans le maintien et le rétablissement du bien-être – un rôle qui a commencé à recevoir une attention très tardive. En fait, ces dernières années, la discussion s'est nettement recentrée. À savoir que la question « La spiritualité fait-elle une différence quelconque ? » cède la place à « *Dans quelles circonstances la spiritualité fait-elle une différence ?* ». Certains travaux récents incluent notamment :

- **Des données montrant que les patients souhaitent souvent que leur médecin connaisse leurs préférences religieuses et en tienne compte.** Dans une étude de 2004 sur 921 adultes se rendant dans des cliniques de soins familiaux, 83 % souhaitaient que leur médecin les interroge sur leurs croyances religieuses « au moins dans certaines circonstances » afin d'augmenter la compréhension médecin-patient. Les situations de maladie menaçant la vie (77 %), d'affections graves (74 %) et de perte d'êtres proches (70 %) ont été les trois circonstances les plus citées, comme on pouvait s'y attendre. Les patients interrogés espéraient que, en conséquence, leur médecin pourrait être amené à « entretenir un espoir réaliste (67 %), donner un avis médical (66 %), et changer de traitement (62 %). »[12] Les patients déclarent cependant que de telles discussions ont rarement lieu. Les médecins déclarent qu'ils évitent le sujet pour plusieurs raisons : crainte de faire du mal, intrusion dans la vie privée, manque de connaissance, et difficulté de savoir quel patient veut parler. Cependant, les difficultés mentionnées se présentent dans toute discussion sensible (à propos d'abus sexuel ou de maltraitance, par exemple) ; peut-être que la question clé devrait être : Que risque de coûter le fait de ne pas avoir la discussion ?

- **Des données montrant que les médecins eux-mêmes sont plus susceptibles d'avoir des croyances spirituelles que les scientifiques universitaires ou chercheurs.** Dans une enquête récente auprès de plus de 1100 médecins américains, 55 % étaient d'accord avec l'affirmation « Mes croyances religieuses influencent ma pratique de la médecine. » Les médecins généralistes et les pédiatres étaient les plus croyants, et les psychiatres les moins croyants.[13] Cette observation soulève un point intéressant : si plus de la moitié des médecins disent que leurs croyances religieuses influencent leur pratique de la médecine, les patients pourraient souhaiter connaître ces croyances, tout comme ils voudraient que le médecin connaisse les leurs.

- **Des preuves supplémentaires que certaines attitudes/pratiques religieuses réduisent le stress post opératoire, mais que d'autres l'augmentent.** Les chercheurs ont interrogé 202 personnes en attente de chirurgie à cœur ouvert, avant et après l'intervention, au centre médical de l'université du Michigan entre 1999 et 2002. Les prières à une « puissance supérieure fiable » ont été corrélées à une réduction des souffrances postopératoires, mais pas la religiosité subjective, qui s'accompagne de doutes sur le fait que la puissance supérieure est bienveillante.[14]

Alors que l'influence de l'esprit sur la santé devient largement reconnue, les chercheurs continuent d'affiner le thème car les réponses aux questions actuelles en amènent inévitablement d'autres. Une des questions que nous n'avons pas encore abordées est la prière d'intercession (prier pour la guérison d'une autre personne). Est-ce efficace ? Comment dans ce cas mesurer cette efficacité ?

Prier pour les autres peut-il aider ?

Une étude portant sur plus de 1800 patients qui ont eu une opération cardiaque n'a pas permis de montrer que les prières spécifiquement orientées vers leur guérison avaient un effet quelconque, ont déclaré les chercheurs mardi. En fait, l'étude a montré que certains des patients qui savaient qu'on avait prié pour eux allaient plus mal que d'autres auxquels on avait seulement dit qu'on allait peut-être prier pour eux – bien que les auteurs de l'étude ont déclaré ne pas savoir expliquer pourquoi.

MICHAEL CONLON, *REUTERS*

Si une personne croyante proposait de prier pour vous la prochaine fois que vous tombez malade, vous pourriez vouloir leur demander poliment de ne pas se donner la peine. La plus grande étude scientifique sur les effets de la prière sur la santé semble suggérer que cela pourrait en effet aggraver les choses.

OLIVER BURKEMAN, *THE GUARDIAN*

Les chercheurs doivent être vigilants en posant la question de savoir si une prière de guérison bien intentionnée, aimante et sincère ne pourrait pas par inadvertance blesser ou tuer des patients vulnérables dans certaines circonstances.[15]

M. KRUCOFF ET AL., *AMERICAN HEART JOURNAL*
(JOURNAL AMÉRICAIN DE CARDIOLOGIE)

Je pense que la prière fonctionne absolument et que Dieu répond à la prière et que nous pouvons continuer à prier pour nos être chers.

HAROLD, KOENIG, CHERCHEUR SUR LA FOI ET LA SANTÉ

Début 2006, le *American Heart Journal* a publié les résultats d'une étude portant sur l'effet thérapeutique de la prière d'intercession (étude STEP), une vaste étude « cordon bleu » sur les effets de la prière pour des tiers (prière d'intercession), principalement financée par la Fondation Templeton et conduite par Herbert Benson.[16] Quatre études précédentes méritant l'attention n'avaient pas permis de conclure quant à un effet de la prière, le défi était donc d'extraire le véritable effet de la prière.

Certaines études avaient déjà montré que la prière d'intercession produit un effet. Par exemple, William Harris et ses collègues ont montré que « la prière d'intercession, complémentaire, à distance, en aveugle, produit une amélioration mesurable des indicateurs médicaux chez les patients gravement malades » (1999).[17] Dans leur étude, les prénoms des patients admis au sein d'une unité de soins coronaires ont été indiqués à un groupe de prière d'intercesseurs chrétiens de différentes Églises, qui ont prié pour eux tous les jours pendant quatre semaines. Ces patients ne savaient pas que l'on priait pour eux, et les intercesseurs ne les avaient jamais rencontrés. Les patients pour lesquels les chercheurs avaient sollicité des prières sont restés aussi longtemps que les autres dans l'unité de soins, mais ils ont eu moins de suites négatives. Cependant, Dale Matthews et ses collègues (2000) ont observé un effet significatif de la prière d'intercession chez des femmes âgées atteintes de polyarthrite rhumatoïde seulement si la prière était réalisée par l'intercesseur à l'intérieur de l'hôpital.[18] Dans ce cas, il était difficile de démêler l'effet spécifique de la prière d'intercession et l'effet placebo ou un effet ERSM (la propre spiritualité du patient).

Dans leur étude, saluée comme la plus vaste et la mieux conçue sur le sujet, Benson et ses collègues n'ont pas cherché à examiner Dieu, les miracles, la foi qui guérit, ou la prière pour des êtres chers. Rien de ce qu'ils découvriraient ne serait une preuve à l'encontre d'aucun de ces concepts. Ils cherchaient à étudier une variable bien plus spécifique : le fait que le patient sache ou non si on prie pour lui a-t-il une influence sur les suites postopératoires ? Ils ont ainsi réparti 1802 patients en attente d'une opération de pontage de l'artère coronaire dans six centres médicaux en trois groupes :

- **Groupe 1**, les patients étaient informés qu'ils pourraient ou pas recevoir des prières d'intercession, et ils en ont reçu.
- **Groupe 2**, les patients étaient informés qu'ils pourraient ou pas recevoir des prières d'intercession, et ils n'en ont pas reçu.
- **Groupe 3**, les patients étaient informés qu'ils allaient recevoir des prières d'intercession, et ils en ont eu.

Les groupes choisis par les chercheurs pour faire les prières se sont acquittés sérieusement de leur tâche. Il y avait deux congrégations catholiques romaines et une communauté protestante de prière. Les groupes ont prié de une à quatre fois par jour pendant quatorze jours, en commençant juste avant l'opération, pour « une chirurgie réussie avec un prompt et franc rétablissement et aucune complication. » Cependant, les membres de ces groupes n'ont jamais rencontré aucune des personnes pour lesquelles elles priaient. On leur a seulement donné leurs prénoms et l'initiale de leurs noms.

Les résultats ? Après trente jours, les trois groupes ont présenté la même mortalité, et le taux de complication n'a pas montré de différence statistiquement significative entre les deux premiers groupes. Le pourcentage le plus élevé de complications postopératoires (59 %, contre 51 % et 52 %) a été observé parmi les patients qui savaient qu'un groupe priait pour eux :

> La prière d'intercession en elle-même n'a pas eu d'effet sur la guérison sans complications du pontage coronarien, mais la certitude de recevoir des prières a été associée à davantage de complications.[19]

Comme le résument les directeurs de la rédaction du *American Heart Journal*, « la supposition implicite du programme d'analyse était que la prière en aveugle serait efficace et la prière en non aveugle encore plus efficace, avec des taux de complications attendus de 50 % dans le groupe contrôle, 40 % dans le groupe en prière aveugle, et 30 % dans le groupe en prière non aveugle – exactement le contraire de ce qui a été observé. »

Pouvons-nous dès lors écarter la prière d'intercession ? Pas du tout, car le résultat central est qu'un effet négatif *statistiquement significatif* a été observé parmi les patients qui savaient qu'un groupe désigné par les chercheurs priait pour eux. Il nous faut donc nous demander, avec les patrons du *American Heart Journal*, ce qui s'est passé ? L'effet placebo et l'effet ERSM sont tous deux acceptés et reconnus comme puissants, et auraient dû produire un signal, étant donné que les deux tiers des patients avaient déclaré qu'ils croyaient fermement en la guérison spirituelle. Et un effet a bel et bien été produit – négatif, un effet nocebo. Mais pourquoi ? Les sceptiques de la prière d'intercession (une minorité dans cette étude) pensent qu'elle est sans influence mais pas nuisible.

Les chercheurs dépités ont suggéré que le résultat « pouvait être le fruit du hasard », s'attirant une critique sévère des responsables du *American Heart Journal* :

> Culturellement, le mal résultant de la prière est en général attribué à des prières ouvertement négatives, telles que des prières de haine, vaudou, des sorts et autre magie noire. Des prières d'intercession avec des intentions positives sont a priori considérées comme seulement capables de faire du bien, si elles font effectivement quelque chose. Mais cette dichotomie culturelle est médicalement problématique et éthiquement inacceptable dans le cadre d'une étude clinique qui réalise une expérimentation structurée sur des sujets humains.

Autrement dit, un bon remède pour la science doit s'appuyer sur des forces qui peuvent potentiellement faire le mal comme le bien. Un effet placebo, inversé, devient un effet nocebo précisément parce que c'est un effet puissant. Comme le disent les responsables du *American Heart Journal*, « dans l'histoire de la médecine, jamais un remède n'a été réellement efficace sans présenter de potentiels effets secondaires ou des toxicités. »

Les patrons de cette revue suggèrent de possibles effets nocebos. Les patients certains que des groupes choisis par les chercheurs priaient pour eux devaient également *cacher* ce fait au personnel soignant qui les prenait en charge. De plus, « approcher un patient dans le cadre d'une étude sur la prière juste avant une opération pouvait alarmer le patient. "Vous voulez dire que je suis si malade que j'aurais besoin de prières ?" » Ceci est particulièrement probable dans un environnement où, comme nous l'avons vu, les médecins et les patients sont le plus souvent réticents à parler de spiritualité.

Il n'est pas difficile de comprendre pourquoi les responsables du *American Heart Journal* ont critiqué la conception de l'étude. Ils ont conclu que le taux de complication plus élevé pouvait signifier que la conception de l'étude elle-même, et non le hasard, était en cause. Se souvenant de cela, dans l'étude de Harris (1999) qui a montré un effet favorable de la prière, les patients n'avaient pas été informés que les chercheurs avaient recruté des intercesseurs, une augmentation de l'anxiété était ainsi peu probable (et n'a pas été observée).

Si Benson et ses confrères étaient déçus par les résultats de leur étude, ils pouvaient au moins se féliciter que les sujets qu'ils abordent soient désormais pris au sérieux, et non simplement écartés – une évolution significative par rapport aux décennies précédentes. Mais l'étude de la prière d'intercession est difficile dans son principe même. Le plus souvent, la prière pour soi-même doit marcher parce que l'effet placebo et l'effet ERSM suivent des motifs connus, dont nous en avons exploré certains dans ce livre : en particulier, une concentration de l'attention sur des états mentaux positifs qui se conforment à la véritable nature de l'univers peuvent produire des transformations dans le cerveau et dans le corps qui en annulent d'autres, moins positifs.

Par contraste, la prière pour la guérison des autres requiert au minimum la possibilité d'action à distance. L'action à distance suppose qu'une personne *A* tente d'influencer directement la santé d'une personne *B* à travers la prière (supposément, au moins en influençant l'état mental de *B*). Il existe de solides observations d'actions à distance, comme nous l'avons vu, mais il s'agit d'un effet de faible amplitude, beaucoup moins bien connu et donc plus controversé. Cependant, il y a encore une autre difficulté. Les prières pour la guérison dans la plupart des traditions sont en fait des triangulations : *A* demande la guérison de *B* à travers une source de pouvoir spirituel *C*. Dans toute triangulation, le nombre de complications possibles augmente considérablement, et les éliminer toutes nécessite un protocole d'étude très sophistiqué.

Nouvelles questions soulevées par les travaux actuels

Parmi les questions soulevées par des chercheurs à la suite de l'étude STEP, citons :

- **Comment définit-on une prière à la base ?** Toutes les formes ou traditions de prière sont-elles également efficaces ? Est-il important que les personnes qui prient soient vertueuses, selon leurs traditions religieuses ? Est-ce que la façon dont ils prient, où, quand et comment, a une importance ? Est-ce que cela fait une différence si l'intercesseur connaît ou s'inquiète du sort de la personne pour laquelle il prie ? Est-ce que le nombre de personnes qui prient pour un même objectif a de l'importance ? Comment distinguer une prière d'intercession de l'effet placebo dans une étude conçue en respectant les règles éthiques ?[20] Une évaluation scientifique de la prière d'intercession devrait commencer par trouver des façons de répondre à ces questions.

- **Comment peut-on éliminer les prières qui pourraient interférer avec l'étude ?** Approximativement 95 % des patients de l'étude STEP, dont le groupe pour lequel aucune prière n'avait été demandée par les chercheurs, pensaient que des amis, des proches, et des membres de leur communauté religieuse priaient pour eux. Dans un pays où la grande majorité des gens pense qu'une forme d'organisation religieuse sous-tend l'univers, toute recherche sur la prière d'intercession doit se soucier des effets de la prière « sauvage ». Elle doit aussi prendre en compte le fait que les patients prient pour leur propre santé (43 % des Américains, selon une enquête de 2004).

- **Devrait-on répondre à des questions plus simples d'abord ?** Harold Koenig, un confrère et ami du défunt Edward B. Larson, a suggéré que les chercheurs commencent plus simplement par poser des questions comme : « Les patients qui ont la visite d'un aumônier avant l'opération vont-ils mieux après l'opération ? », ou encore : « Si un médecin s'intéresse à l'histoire spirituelle des patients en plus de leur histoire médicale et qu'il soutient leurs croyances religieuses, cela fera-t-il une différence au plan médical ? »

- **Devrions-nous supposer que le patient pense que la survie est la meilleure issue dans tous les cas ?** Les responsables du **American Heart Journal** qui ont critiqué la conception de l'étude STEP ont souligné que de nombreuses prières traditionnelles pour les malades demandent également une mort douce, si c'est là la meilleure issue que l'on peut espérer. Les patients qui ont des opérations cardiaques sont généralement des adultes dans la cinquantaine, la soixantaine et plus, qui peuvent anticiper de terribles souffrances s'ils survivent, ce qui complique la question des effets de la prière dans le domaine de la chirurgie cardiaque – actuellement le plus populaire pour les études sur la prière. Si, par exemple, le domaine retenu avait été la circoncision des nourrissons mâles en bonne santé, ce problème n'interviendrait probablement pas.

- **Comment les études sur la prière respectent-elles les impératifs éthiques à la fois vis-à-vis du consentement éclairé et de la nécessité d'éviter de générer de l'anxiété ?** Harris et ses collègues n'ont simplement pas mentionné aux patients l'existence des intercesseurs et ont obtenu de bons résultats. Certains patients STEP étaient informés mais devaient garder le silence (certainement pour ne pas induire de changement de comportement ou de jugement de la part du personnel soignant), mais ces patients ont eu des résultats statistiquement moins bons. Les protocoles des études sur la prière doivent trouver un moyen de recruter des patients de façon transparente sans provoquer d'effet nocebo.

Il doit être souligné que l'étude STEP n'a *pas* montré que la prière des proches était sans objet ou nuisible puisque, comme nous l'avons vu, les groupes de prières des chercheurs ne savaient pas pour qui ils priaient. Quoi qu'il en soit, il y a des raisons de croire que la conception de l'étude elle-même a introduit un effet nocebo que les prières des proches ne provoqueraient probablement pas.

Certains estiment bien sûr que la prière ne devrait pas être étudiée du tout, car il s'agit de « mauvaise science, de soins bas de gamme, et cela banalise la religion, » ou cela revient à s'immiscer dans les affaires de Dieu, ou d'essayer de contrôler Dieu, ou encore que la science n'est pas équipée pour étudier ces questions. Cependant, il n'y a pas de façon simple de déterminer, hormis par la recherche authentique, ce qui pourrait banaliser la religion, quelles affaires appartiennent exclusivement à Dieu, ou quelle science est équipée pour étudier.

Ce domaine a considérablement progressé au cours des dernières décennies. En 1990, Gary P. Posner s'est senti libre de débuter la critique d'une étude de 1988 qui montrait des effets positifs de la prière d'intercession en disant : « Le jour de la parution de l'édition de juillet 1988 du *Southern Medical Journal* (Journal médical du Sud) a dû être une journée d'enfer pour l'information, littéralement. » La critique de Posner soulève des questions conventionnelles légitimes quant à la conception des études. Mais son idée sous-jacente est que la prière d'intercession doit être inefficace par principe, et donc les questions de conception ne sont que des obstacles à la recherche. Mais c'est loin d'être la position adoptée par les responsables du *American Heart Journal* en 2006, qui n'ont pas discuté des effets attribués à la spiritualité, mais ont insisté pour que les défenseurs de la prière analysent les résultats de leur propres choix conceptuels de recherche.

De nombreuses personnes tireraient bénéfice à savoir si et comment la prière d'intercession joue un rôle dans des situations qui les concernent grandement. Peut-être les recherches actuelles devraient-elles se concentrer sur des problèmes spécifiques tels que ceux mentionnés par Koenig ci-dessus, en vue de concevoir des études qui mesurent des effets plus précisément et avec moins d'intrusion. Mais compte tenu de la complexité relative de la prière d'intercession, le prochain grand défi est de concevoir des protocoles d'études qui sont assez sophistiqués pour mesurer ces effets.

Les ERSM changent-elles la vie ?

> En 1966, j'étais seule un jour dans la maison quand soudainement je suis devenue consciente de ma propre attitude dans la vie. J'ai réalisé que j'étais enveloppée dans un profond apitoiement sur moi-même, que mes pensées étaient entièrement tournées vers moi et mes propres peines, que je n'avais aucune pensée pour les autres. J'ai pensé à la façon dont les autres dans le monde souffraient aussi. J'étais assez choquée de mon attitude égoïste et j'étais emplie de compassion pour les autres ; puis, sans même y penser, je me suis agenouillée dans la pièce et j'ai fait à Dieu le serment qu'à partir de maintenant et pour le reste de ma vie j'allais aimer et servir l'humanité.[21]
>
> Récit d'expérience spirituelle rapporté au biologiste Alister Hardy

> La compassion a bel et bien une source spirituelle et elle est plus que la passion humaine conflictuelle de l'amour et du chagrin. Un autre terme pour la compassion est la pitié, et la véritable pitié est réellement un attribut divin.
>
> EDITORIAL NON SIGNÉ, CHRISTIAN SCIENCE MONITOR

Les ERSM nous disent-elles quelque chose de la vraie nature de l'univers ? Si c'est le cas, elles nous disent que l'univers est fondamentalement habité par le sens et le but, et non dénué de sens et de but. Nous ne sommes pas des animaux en compétition les uns contre les autres pour la survie, mais des êtres spirituels reliés à la source de notre nature spirituelle. Les connaissances dérivées des ERSM doivent conduire à l'empathie, la capacité de « sentir avec » d'autres êtres spirituels ou sensibles. De nombreuses traces historiques documentent cet accroissement de l'empathie, conduisant à des transformations majeures dans la vie. Généralement, la personnalité profonde n'est pas transformée, mais plutôt les priorités du témoin. Mais de tels changements sont-ils vrais seulement des mystiques ou de personnes particulièrement spirituelles ?

Preuves de vies transformées

> Il devrait constituer un avantage sélectif chez les jeunes enfants d'être autocentré et relativement peu enclin à réaliser des actes altruistes à partir de principes personnels.[22]
>
> EDWARD O. WILSON, SOCIOBIOLOGISTE

> L'une des premières émotions que manifestent même les très jeunes bébés est, de façon assez remarquable, l'empathie. En fait, l'attention pour les autres est peut-être programmée dans le cerveau des bébés. Placez un nouveau-né à côté d'un autre enfant qui pleure, et il y a de bonnes chances qu'ils se retrouvent rapidement à hurler tous les deux de concert.[23]
>
> PAT WINGERT ET MATHA BRANT, NEWSWEEK

En 2003, Hope Stout, une jeune fille de douze ans de Caroline du Nord, luttait contre un cancer des os (ostéosarcome). Des représentants de la Fondation Make-a-Wish (Faites-un-Vœu) sont venus lui demander, au milieu de sa famille, avec des fleurs et des images, de faire un dernier vœu, pour oublier quelque temps sa maladie. Voudrait-elle par exemple assister à un défilé de mode ? Dîner avec une star du cinéma ? Aller dans un parc d'attraction ?

Elle demanda : « Combien d'enfants attendent que leur voeu soit réalisé ? » Apprenant que l'agence avait connaissance de 155 enfants dans son secteur de la Caroline du Nord, elle déclara : « Alors mon vœu est de collecter de l'argent pour financer tous leurs vœux. »

Hope ne vécut pas assez pour assister à la grande manifestation qui fut organisée pour lever les fonds, car elle mourut quelques jours avant. Mais dans une interview enregistrée avant sa mort elle déclarait : « J'ai vu que Dieu m'avait beaucoup donné, j'ai déjà vu Disney World et d'autres choses. Mais je me suis dit que beaucoup d'autres enfants ne l'avaient pas fait. »

En général, l'empathie est un développement naturel chez l'être humain et le sens d'une présence divine conduit à une augmentation de cette empathie, même chez les enfants. En effet, l'éditorialiste du *Guardian*, Roy Hattersley, qui se présente lui-même comme athée, affirme que l'athéisme inhibe l'empathie. Réfléchissant aux conséquences de l'ouragan Katrina, il déclare : « La foi engendre la charité : nous les athées devons reconnaître que la plupart des croyants sont de meilleurs êtres humains. » Il poursuit :

> L'Armée du Salut s'est vue octroyée le statut spécial de fournisseur-en-chef de l'opération de secours du désastre américain. Mais son action se trouve renforcée par toutes sortes d'autres groupes. Pratiquement tous ont une origine et un caractère religieux. Des équipes venant de sociétés rationalistes, de clubs de libres-penseurs et d'associations d'athées brillent par leur absence.

Les travaux d'Alister Hardy ont montré que les principales conséquences d'une ERSM rapportée étaient un sens du but ou un nouveau sens de la vie, et une évolution vers des croyances religieuses plus significatives au plan personnel accompagnées d'une attitude plus compatissante avec les autres. Le contenu précis de la croyance n'a peut-être pas été si important que le suppose Hattersley. Dans un cas, la répondante semblait extérieurement avoir abandonné la religion – qu'elle a décrite comme « églisologie » (« churchianity ») –, mais Hardy note : « Elle s'était déplacée d'une forme devenue sans signification pour elle à une autre qui lui apportait un sens profond de la réalité spirituelle. » Si nous nous rappelons la distinction d'Allport entre religion extrinsèque (appartenance à un groupe) et religion intrinsèque (expérience spirituelle personnelle), on pourrait dire que les témoins d'ERSM ont tendance à se concentrer sur la seconde. S'ils conservent leur identité religieuse actuelle, ils la réinterprètent à la lumière de l'expérience personnelle.

De façon générale, les individus qui affirment être « religieux » (et peuvent donc avoir vécu des ERSM) ont sensiblement plus de chances de donner du temps ou de l'argent – quels que soient leurs revenus effectifs – à des causes caritatives, à la fois religieuses et non religieuses. Mais certains ont estimé que les ERSM ne font pas suffisamment la différence. Ron Sider, un activiste en justice sociale, chrétien évangélique américain, prétend que le matérialisme pratique s'est imposé dans les vies de beaucoup de personnes qui affirment ne pas croire au matérialisme. Sider n'est ni sceptique, ni cynique. En effet, il a déclaré à *Christianity Today* : « Les statistiques me brisent le cœur. Elles me font pleurer. » Il note que bien que les croyants aux États-Unis donnent plus que les autres, leurs dons ont décliné depuis quelques décennies, alors même que leurs revenus ont augmenté.

En 2005, le paléontologiste Gregory S. Paul a réalisé une enquête sur les données issues de dix-huit pays, expliquant que les croyances religieuses entraînent un niveau élevé de désordres sociaux, dont le meurtre, le suicide, et les maladies sexuellement transmissibles (MST). Il a reçu une large publicité, comme on pouvait s'y attendre, avec des titres tels que « Les sociétés sont pires "Quand ils ont Dieu à leurs côtés" ».[24]

Un des aspects du travail de Paul qui n'a pas été aussi médiatisé était le fait qu'il n'a pas utilisé les outils sociologiques standard tels que la régression et les analyses multivariées. Ce qui rend ses résultats particuliers et impossibles à comparer avec le vaste ensemble de données qui pointent dans l'autre direction. Le sondeur George H. Gallup, Jr., a interrogé sèchement :

> Peut-il identifier une seule autre étude publiée dans une grande revue scientifique comparant les résultats de plusieurs pays et qui n'ait pas employé l'analyse multivariée pour pondérer les différences entre les pays ? Non, car l'analyse à variables multiples est requise pour ce genre de comparaisons transnationales.

Pour l'essentiel, les chercheurs en sciences sociales s'accordent sur l'usage de méthodes statistiques pour s'assurer que les comparaisons entre populations rendent compte des informations significatives importantes. Par exemple, on doit s'attendre à ce qu'un pays dans lequel l'âge moyen est de dix-huit ans présente un taux de criminalité par les gangs plus élevé qu'un pays dans lequel l'âge moyen est de quarante ans. Bien entendu, les croyances jouent un rôle clé, mais en vue d'évaluer ce rôle nous devons nous demander : qui est seulement *tenté* de rejoindre le gang local ? Selon Gallup :

> Une montagne de données d'enquêtes de Gallup et d'autres instituts d'enquête montre que lorsque le cadre éducatif et les autres variables sont maintenus constants, les personnes qui sont « profondément engagés spirituellement » sont bien moins à même d'adopter des comportements antisociaux que ceux qui sont moins engagés. Ils présentent des taux inférieurs en matière de crimes, d'abus d'alcool, et d'addictions aux drogues que les autres groupes.

De façon générale, note-t-il, les travaux montrent que plus une personne est engagée spirituellement, plus il ou elle donnera du temps, de l'énergie et de l'argent pour aider les autres.

Bien des idées fausses ont constitué des obstacles à la compréhension des ERSM. Par exemple, une croyance largement répandue parmi les universitaires (qui ont bien moins de chances d'être religieux que la population générale) veut que la plupart des chrétiens évangéliques américains – dont la majorité disent avoir vécu des ERSM – soient des partisans indéfectibles de la droite chrétienne. En réalité, comme Chip Berlet le souligne dans *The Public Eye Magazine*, seuls 14 % des électeurs américains se présentent comme membres de la droite chrétienne, alors que 33 % ou plus, selon les sondages, se considèrent comme « nés de nouveau » (*born again*). En outre, près de la moitié de ceux qui revendiquent leur appartenance à la droite chrétienne n'ont pas voté à l'élection de 2000. Les chrétiens évangéliques noirs qui votent choisissent massivement des candidats « de gauche ». La caractéristique propre de ceux qui s'affirment évangéliques, charismatiques, ou nés de nouveau est en fait sans signification politique : c'est la croyance qu'une expérience spirituelle personnelle est essentielle à une vie épanouie.[25]

Si nous voulons la vérité pour autre chose qu'elle-même, nous ne voulons pas la vérité. Dès lors, comme Harald Wallach et K. Helmut Reich mettent en garde, une approche purement utilitaire de la spiritualité est finalement impossible :

> La spiritualité ne peut être forcée à produire des résultats souhaités à l'avance. En tant que voie vers une meilleure connaissance de soi-même, vers un ancrage cosmique, vers une vie plus saine, et vers la communauté et la solidarité, elle demande l'humilité, la patience, la persévérance et l'engagement personnel de parvenir à des résultats positifs, quel que soit le moment où ils viennent. Ceci ne veut pas dire que l'on ne peut ou ne doit pas faire des efforts conscients pour développer sa spiritualité, mais seulement qu'une telle entreprise a ses propres « lois », qui sont assez différentes, disons, de l'apprentissage de l'informatique.

Ainsi, certaines conséquences sociales désirables peuvent raisonnablement être attendues des ERSM, mais ce n'est pas la raison pour laquelle elles se produisent et elles ne sauraient être produites pour de tels buts.

Spiritualité et retrait de la vie

> Le plus grand défi d'aujourd'hui est : Comment amener une révolution du cœur, une révolution qui doit commencer par chacun d'entre nous ?
>
> DOROTHY DAY, ACTIVISTE SOCIALE CATHOLIQUE (1897–1980)

> Soyez le changement que vous voulez voir dans le monde.
>
> MAHATMA MOHANDAS GANDHI, SAGE INDIEN (1869–1948)

Certains prétendent que les ERSM sont une fuite des exigences de la vraie vie. Il était à la mode au siècle dernier d'opposer la spiritualité au réalisme ou même aux exigences de justice sociale. Bien sûr, les observations consignées montrent le contraire, à la fois pour le passé et le présent. De nombreux militants et réformateurs, de Gandhi à Dorothy Day, ont été motivés par des ERSM, ce qui n'est pas surprenant quand on considère que les personnes qui travaillent en faveur de la justice sont confrontées à des risques importants et ont donc de fortes raisons pour persister dans leur action.

Une autre idée fausse assez répandue veut que les vrais mystiques s'isolent eux-mêmes du monde car ils se désintéressent de ses problèmes. Il n'en est rien ; les mystiques veulent arrêter de penser, de parler et d'agir à partir d'états de fausse conscience, c'est-à-dire arrêter d'être l'un des *problèmes* du monde et commencer à être le *changement* désiré, comme l'a dit Gandhi. Le mystique croit qu'aucune autre approche ne peut réellement fonctionner à long terme. Mais quand les mystiques sont sûrs qu'ils agissent à partir d'un véritable instinct, ils deviennent très actifs.

Underhill, par exemple, invite ses lecteurs à s'intéresser au ministère public de la mystique Catherine de Sienne (1347-1380), qui a joué un rôle central dans la réforme de la papauté, un exploit pour cette femme du Moyen-Âge d'origine modeste et qui est morte à l'âge de trente-trois ans. Elle exhorte également à :

> Se souvenir des accomplissements, plus humbles mais pas nécessairement moins beaux ni moins signifiants, de son homonyme de Gênes, [Catherine de Gênes[26]] : les vies actives de St François d'Assise, St Ignace, Ste Thérèse, ostensiblement chargées de moult services, respectant une infinité de détails exténuants, établissant des règles, créant des fondations, ne négligeant aucun aspect de leur activité pouvant en assurer le succès, et « tout à la fois s'éternisant en Dieu dans une réalisation silencieuse. » N'a-t-on pas là de suprêmes exemples de l'état dans lequel le soi, enfin pleinement conscient, connaît la réalité car il est pleinement réel, et paie sa dette ?[27]

Il est toutefois vrai que les mystiques tendent à considérer l'action sociale de façon quelque peu différente de nombreuses autres personnes. Ils se méfient des idéologies car ils y décèlent typiquement la fausse conscience. Thomas Merton (1915–1968), un moine trappiste qui était à la fois un mystique et un œcuméniste interreligieux, a conseillé un jeune ami qui se trouvait en danger de s'épuiser dans son combat pour la paix :

> Il est si facile d'être fasciné par des idées, des slogans et des mythes, qu'au bout du compte on se retrouve à tenir le sac, vide et sans trace de sens à l'intérieur. Et la tentation est alors de hurler plus fort que jamais pour faire revenir le sens comme par magie.

Merton a conseillé à son ami d'envisager sa mission de façon différente :

> Tu dois progressivement lutter de moins en moins pour une idée et de plus en plus pour des personnes en particulier. Le champ tend à se réduire, mais il devient plus réel. À la fin, la réalité des relations interpersonnelles sauve l'ensemble.[28]

Certes, si les mystiques ont raison à propos de la nature de l'univers, c'est précisément ce que nous devrions nous attendre à observer. Le transpersonnel ne se réduit pas uniquement à l'abstrait, et le personnel ne se réduit pas uniquement au matériel. Nous ne pouvons pas échapper à nous-mêmes ni nous réfuter, et nous devons donc vivre avec nous-mêmes, advienne que pourra.

> L'impiété est-elle en train de déménager d'un bout à l'autre du campus ?
>
> DAVID GLENN, CHRONICLE OF HIGHER EDUCATION
> (CHRONIQUE DE L'ENSEIGNEMENT SUPÉRIEUR)

En 2005, Elaine Howard Ecklund et Christopher P. Scheitle ont présenté les résultats préliminaires d'une étude en cours portant sur les croyances religieuses de 1646 universitaires, lors de l'assemblée annuelle de l'Association pour la sociologie de la religion. Leurs résultats principaux peuvent éclairer la question qui nous intéresse :

Pourquoi les scientifiques s'accrochent-ils au matérialisme face à une accumulation de preuves du contraire, allant jusqu'à accepter des explications douteuses de phénomènes comme la conscience ou le psi ?

En 1969, une étude de la Commission Carnegie pour l'enseignement supérieur avait montré que les chercheurs en sciences naturelles étaient bien plus enclins à se qualifier de religieux que ceux des sciences sociales. Cependant, au fil des décennies le motif s'est semble-t-il inversé. Ainsi 55,4 % des chercheurs en sciences naturelles (physique, chimie, biologie) interrogés dans l'enquête se sont déclarés athées ou agnostiques, contre seulement 47,5 % des chercheurs en sciences sociales (sociologie, économie, sciences politiques, et psychologie). Les biologistes étaient les moins religieux de tous à 63,4 %.[29]

On constate que les économistes étaient les « moins non-croyants » à 45,1 %. Ce qui est peut-être lié au fait que depuis peu les économistes semblent davantage tenir compte de la nature humaine telle qu'elle se manifeste. Craig Lambert écrit dans *Harvard Magazine* : « L'Homme Économique n'a qu'un défaut, il n'existe pas. Quand nous nous tournons vers les vrais êtres humains, nous trouvons, au lieu d'une logique de robot, toutes sortes de conduites irrationnelles, autodestructrices, et même altruistes. »

De nombreux détracteurs des ERSM viennent comme nous l'avons vu des rangs de la biologie. On peut se rappeler que les chercheurs pionniers des ERSM William James (psychologue) et Alister Hardy (zoologiste) étaient fermement ancrés dans les sciences naturelles et ont fait de grands progrès dans l'étude des ERSM précisément pour cette raison. James, par exemple, a saisi l'importance d'identifier une vaste gamme d'exemples, et pas seulement les exemples classiquement approuvés ; Hardy a insisté sur la nécessité de trouver des cas sans les « déranger » dans leur environnement naturel. Et tous deux en sont revenus convaincus que les témoins d'ERSM se confrontent à des faits réels concernant le cosmos.

Religion et violence

Les ERSM peuvent-elles propulser les croyants vers la haine et l'autodestruction ? Des événements mondiaux récents tels que les attentats suicides et les décapitations d'otages entretiennent l'affirmation selon laquelle « la religion conduit à la violence ». La réalité est plus complexe. Lorsque des personnes immatures éprouvent une forte passion – le désir, l'avidité, la jalousie – elles peuvent facilement être incitées à la violence. Un contexte religieux pour de telles passions, en lui-même, ne change pas ces personnes. L'évolution personnelle vient seulement du contact avec une véritable réalité spirituelle. Sans cela, les croyants immatures ne font que citer la religion comme une justification.

Récemment, un spécialiste canadien des sciences politiques, Salim Mansur, a voyagé le long de la frontière entre l'Algérie et la Tunisie, là où six cents ans plus tôt le grand penseur chrétien Augustin (354-430) servit comme évêque. Mansur, qui est musulman et étudie la littérature comparée, transportait un exemplaire des *Confessions* d'Augustin (une autobiographie centrée sur l'état de l'âme). Il voulait mieux comprendre l'essor de la violence religieuse au Moyen-Orient et en Afrique du Nord. Mansur a aussi emporté avec lui les écrits de l'historien et philosophe arabe Ibn Khaldun (1332–1406), qui naquit un millénaire plus tard dans la même région qu'Augustin.

En étudiant Augustin et Ibn Khaldun ensemble, Mansur a conclu que leurs écrits « apportaient plus de lumière sur les causes du terrorisme que tous les écrits récents des experts de ce sujet. » Ces deux anciens penseurs se sont concentrés sur ce qu'Augustin appelait la « disposition intérieure » – par exemple, la probabilité qu'une personne frustrée ait recours à la violence. « Un homme éveillé à sa réalité intérieure ne peut faire le mal – par exemple en devenant terroriste – puisque, empli du bien, il n'y aurait pas de mal en lui », explique Mansur. À propos de certains de ses coreligionnaires, il ajoute :

Les terroristes islamistes ont fermé hermétiquement leur propre « disposition intérieure ». Pour eux, la croyance se réduit à de voyants rituels de conformité, elle sert la quête de pouvoir sur les autres hommes, plutôt qu'un éveil à l'infinité à travers eux, emplis de Dieu à l'image duquel ils ont été faits. Par conséquent ils font le mal car ils sont déficients en bonté, malgré leur insistance à en appeler à Dieu selon leur tradition.

La religion qui a divorcé du désir personnel de transformation spirituelle devient un grand théâtre des passions, du genre très dangereux.

Mais dans les dernières décennies, alors que les sciences naturelles sont devenues captives du matérialisme radical, les approches naturaliste des ERSM ont abouti essentiellement non pas à des données fiables mais à des concepts douteux tels que des structures ou des circuits neuronaux purement théoriques, des syndromes douteux tels que la « personnalité lobe temporal », les gènes égoïstes, et les gangs de mèmes. Une tâche essentielle des neurosciences aujourd'hui est d'utiliser le pouvoir des sciences naturelles de façon efficace, tout en contournant ces idéologies stériles. Une approche prometteuse est d'étudier les ERSM dans des conditions qui permettent aux neurosciences de capturer l'information. C'est ce que nous allons voir au chapitre 9.

CHAPITRE 9

Les études des carmélites : une nouvelle direction ?

Les neurosciences, plus que toute autre discipline, se trouvent à l'interface de la philosophie et de la science. On ne devrait donner aucune opportunité à quiconque d'utiliser les neurosciences pour promouvoir des conceptions transcendantes du monde.

ZVANI ROSSETTI, NEUROSCIENTIFIQUE, OPPOSANT À LA CONFÉRENCE DU DALAÏ LAMA

Cette recherche est une première étape sur un nouveau sujet, et on ne peut pas faire de la science parfaite à la première tentative. On devient curieux de quelque chose et on s'égare. La science est comme cela au début, on s'égare.

ROBERT WYMAN, NEUROBIOLOGISTE, FAVORABLE À LA CONFÉRENCE DU DALAÏ LAMA

Ma confiance en m'aventurant dans la science repose sur ma croyance fondamentale qu'il en va de la science comme du bouddhisme, c'est-à-dire que l'on tente de comprendre la nature de la réalité au moyen d'une recherche critique.

LE DALAÏ LAMA, *L'UNIVERS DANS UN SEUL ATOME*

Dans sa lettre d'information de l'automne 2005, la Société des neurosciences (Society for Neuroscience) a informé ses membres d'une nouvelle attraction lors du prochain congrès annuel de Washington, D.C., puisque le Dalaï Lama avait accepté d'être le premier orateur d'une série annuelle de conférences intitulée « Dialogues entre les neurosciences et la société ».

Le Dalaï Lama encourage l'étude scientifique de la conscience, ce qui n'est guère surprenant puisque les bouddhistes étudient ce sujet depuis deux millénaires et demi. Le Lama actuel a toujours été intéressé par la science ; il a été l'ami de personnalités telles que le philosophe des sciences Karl Popper et les physiciens Carl von Weizsäcker et David Bohm. Il a adopté avec enthousiasme les nouveaux outils de la recherche neuroscientifique. Il a également contribué à fonder et reste président honoraire de l'Institut Esprit et Vie (Mind & Life Institute), qui soutient des recherches en neurosciences et organise des échanges approfondis entre bouddhisme et science. Il a même encouragé ses moines à participer à des recherches. Tout cela considéré, le Lama de soixante-dix ans semblait bien un choix idéal pour donner le tempo à cette série de conférences sur les neurosciences et la société.

Les protestations politiques auraient pu être anticipées. Le Dalaï Lama, qui a obtenu le Prix Nobel de la Paix en 1989, n'est pas seulement le chef spirituel du bouddhisme tibétain, mais aussi une figure révérée du mouvement tibétain pour l'autonomie vis-à-vis de la Chine. (Il a fui les troupes chinoises en 1959 et vit exilé en Inde depuis.) Mais la présidente de la Société des neurosciences, Carol Barnes, a été assaillie par une campagne de protestation qui est allée bien au-delà de la politique.

Certains neuroscientifiques ont poussé la Société à annuler la conférence, ne voyant dans l'étude neuroscientifique de la méditation bouddhiste « guère plus que du charabia. » Une pétition a été lancée, annonçant :

> Il est ironique pour des neuroscientifiques d'offrir une tribune, avec leur soutien implicite, à un chef religieux dont la légitimité repose sur la réincarnation, une doctrine qui s'oppose aux fondements mêmes des neurosciences. Le Dalaï Lama actuel clame explicitement la séparation de l'esprit et du corps, ce qui est essentiel à la reconnaissance du Dalaï Lama à la fois comme un chef religieux et un responsable politique.[1]

Cette déclaration fut pour le moins révélatrice. Les neurosciences n'ont pas d'observations à faire sur la doctrine de la réincarnation du bouddhisme tibétain, pas plus qu'elles n'en ont sur la doctrine chrétienne de l'incarnation. Une discipline scientifique ne livre des observations que sur des sujets qu'elle étudie vraiment. Par exemple, les états neuronaux associés à la conscience mystique peuvent être étudiés, d'où l'intérêt croissant pour ce domaine. Quant à la question de la relation entre l'esprit et le cerveau, le moins que l'on puisse dire est qu'elle est à peine établie.

Quoi qu'il en soit, la controverse a rapidement atteint les médias scientifiques. Le grand journal scientifique *Nature* a pris parti en faveur du Dalaï Lama, rappelant qu'il était invité parce qu' « il a essayé pendant de nombreuses années d'encourager la recherche expérimentale sur ses déclarations concernant l'intérêt de la méditation. » Le journal a suggéré que les protestataires soient patients et expriment leurs interrogations lors du forum d'après conférence.[2]

À son crédit, la Société des neurosciences n'a pas reculé. Le Dalaï Lama a lu le texte prévu. En effet, a-t-il insisté :

> Je parle de ce que j'appelle « l'éthique laïque » qui recouvre les principes éthiques clés, comme la compassion, la tolérance, l'attention et la considération pour les autres, et l'usage responsable de la connaissance et du pouvoir – des principes qui transcendent les barrières entre les croyants religieux et les non-croyants, et entre les croyants de telle ou telle religion.

Au bout du compte, il nous reste à nous demander ce que la méditation a finalement de si effrayant ? Pourquoi des questions scientifiques sur la méditation ne pourraient-elles être traitées de façon classique, en utilisant les outils scientifiques conventionnels ? L'offre de collaboration du Dalaï Lama est une excellente opportunité de recherche. Une population de moines ou de méditants contemplatifs qui souhaitent permettre à des neuroscientifiques d'étudier leurs états méditatifs n'est pas facile à trouver ni à retenir ! À cet égard, il n'est guère étonnant que la Société ait voulu souligner la contribution du Dalaï Lama dans ce domaine.

Les critiques des recherches sur la méditation soulèvent souvent des questions légitimes, mais certains sont clairement gênés que ce domaine soit étudié. Par exemple, le neuroscientifique Richard Davidson, qui a aidé à organiser la conférence du Dalaï Lama, a participé à une étude publiée il y a quelques années et qui suggère que les réseaux de neurones des méditants expérimentés sont mieux coordonnés que ceux des personnes non entraînées. Cette découverte, publiée dans un journal prestigieux, est corrélée avec l'impression subjective du méditant d'accéder à une conscience élargie.[3] Cependant, les détracteurs ont affirmé que les travaux de l'équipe de Davidson ne sont pas valides car les moines méditants étaient comparés à des étudiants universitaires bien plus jeunes :

> Les moines observés étaient de 12 à 45 ans plus âgés que les étudiants, et l'âge aurait pu rendre compte de certaines différences. En tant que débutants, les étudiants ont pu se sentir anxieux ou tout simplement pas assez doués pour atteindre un état méditatif dans le temps imparti, ce qui a pu altérer les motifs de leurs ondes cérébrales. Et il n'y avait aucun moyen de savoir si les moines étaient capables de générer une forte activité d'ondes gamma avant d'avoir commencé à méditer dans leur vie.

Cela dit, c'est une bonne question – que l'on peut d'ailleurs étudier. Est-ce que l'âge ou les variations au hasard des ondes gamma jouent un plus grand rôle que l'aptitude (à méditer) ?

Les observations anecdotiques actuelles suggèrent que le temps passé en méditation ou en prière est bien le facteur clé, plutôt que l'âge ou le hasard – mais les méditants plus âgés ont manifestement eu plus de temps pour s'entraîner. Pour sa part, le neuroscientifique de l'université de Floride, Jianguo Gu, qui a signé la pétition contre le Dalaï Lama, a répondu aux problèmes soulevés en menaçant d'annuler sa propre présentation. D'autres neuroscientifiques protestataires ont menacé de boycotter la rencontre.

La préoccupation mise en avant par les opposants était d'éviter « l'imbroglio avec la religion et la politique ». Pourtant, en ignorant les opportunités de recherche et en se concentrant sur une dénonciation implicite ou explicite de la doctrine tibétaine de la réincarnation, ils créaient précisément le problème de l'intrication avec la religion qu'ils entendaient dénoncer.[4] Leur désaccord de principe constitue *a minima* un point d'accord avec par exemple le pape Benoît XVI, qui nie la réalité de la réincarnation. Mais ils n'ont aucune information qui justifie leur implication *en tant que neuroscientifiques* dans de telles questions.

> La réincarnation… fait partie de l'histoire des origines de l'Homme. Elle est la preuve de la capacité du continuum de conscience à conserver une connaissance des activités physiques et mentales. Elle est reliée à la théorie de l'origine interdépendante et à la loi de cause et effet.[5]
>
> LE DALAÏ LAMA, PRÉFACE À L'ÉDITION ANGLAISE DE *LA RÉINCARNATION : IL FAUT S'INFORMER*

> Il n'y a pas de réincarnation après la mort.[6]
>
> *CATÉCHISME DE L'ÉGLISE CATHOLIQUE,* SUPERVISÉ PAR LE PAPE BENOÎT XVI

> Dire que les conceptions du Dalaï Lama sur la réincarnation sont « contre les fondements mêmes des neurosciences modernes » est tout simplement faux et montre un grave défaut de compréhension de ce que sont les fondements en question et de là où ils se trouvent.
>
> JOHN H. HANNIGAN, NEUROBIOLOGISTE CELLULAIRE

On peut légitimement se demander si quelque chose de plus est en jeu ici. Les outils des neurosciences ont-ils été conçus pour démontrer que l'esprit n'existe pas ? Dans ce cas, la source d'angoisse devient plus évidente : l'étude de la conscience méditative ou mystique peut menacer le confort que beaucoup trouvent dans le matérialisme. Qu'en serait-il si nous pouvions obtenir une image du cerveau, neurone par neurone, et *continuer* à ne pas démontrer que le matérialisme est exact ?

Le fait que les opposants ne soient pas parvenus à impliquer les neurosciences pour le compte du matérialisme est peut-être l'indicateur d'un changement lent mais réel. Protestations ou pas, la recherche continue. Des nonnes chrétiennes contemplatives, par exemple, ont elles aussi accepté d'aider les neurosciences. Citons en particulier les nonnes franciscaines qui ont collaboré aux études d'Andrew Newberg, Eugene D'Aquili et d'autres.

L'activité du cerveau pendant la prière

> Après des années de recherche... notre compréhension de plusieurs structures clés du cerveau et de la façon dont l'information est transmise le long des chemins neuronaux nous a conduit à faire l'hypothèse que le cerveau possède un mécanisme neurologique pour l'autotranscendance. L'esprit se souvient de l'expérience mystique avec le même degré de clarté et de sens de la réalité qu'il en accorde aux souvenirs de « vrais » événements passés. On ne peut pas dire la même chose des hallucinations, illusions ou rêves. Nous pensons que ce sens de la réalité suggère fortement que les récits des mystiques ne sont pas l'indication d'esprits confus, mais reflètent les vrais résultats neurologiques prévisibles d'un esprit cohérent et stable cherchant à s'élever vers un niveau spirituel supérieur.[7]
>
> Andrew Newberg et al., Pourquoi Dieu ne disparaîtra pas

Il y a quelques années, Andrew Newberg, un radiologue de l'université de Pennsylvanie, a lancé un programme de recherche pour identifier les correspondances neuronales de différents états méditatifs et contemplatifs. Inspiré par le fait qu'un de ses confrères était un méditant bouddhiste expérimenté, il a avec quelques collègues scanographié huit méditants bouddhistes[8] et trois nonnes franciscaines[9] en utilisant la tomographie par émission de simple photon (SPECT ou TEMP), une technique qui permet de cartographier le flux sanguin et le métabolisme après une injection de substances radioactives. Le cadre de ce livre ne permet pas une évaluation de grande envergure de toutes sortes d'états contemplatifs, nous allons donc examiner seulement l'étude des religieuses franciscaines.

Les nonnes ont été scanographiées alors qu'elles étaient en état de « prière centrée » pour s'ouvrir à la présence de Dieu. Au plan subjectif, elles ont rapporté « une perte du sens habituel du temps. » Les données neuroscientifiques correspondaient à la description qu'elles ont faite.

Cette étude pilote a montré que les états méditatifs et contemplatifs peuvent être étudiés en utilisant les techniques de neuro-imagerie ; fait qui n'était pas facilement admis dans certains cercles. Comme l'ont reconnu Newberg et ses collègues, la principale difficulté est que leur échantillon était très réduit (seulement trois sujets). De plus, les chercheurs n'ont pas tenté d'analyser et de quantifier de façon rigoureuse et systématique les expériences subjectives des nonnes lors de leur « prière centrée ». C'est-à-dire qu'ils n'ont pas interrogé les nonnes en utilisant les instruments de mesure standard comme l'échelle du mysticisme de Hood (1975). En d'autres termes, Newberg et ses collègues ne pouvaient pas déterminer si le fait de se concentrer sur une phrase d'une prière pendant un certain temps amenait vraiment les nonnes à ressentir la présence de Dieu. Bien qu'intéressant, le travail de l'équipe de Newberg est donc d'une valeur limitée pour déterminer si les nonnes franciscaines ont bien contacté une réalité spirituelle au-delà d'elles-mêmes.[10]

Un autre problème avec cette étude est la faible résolution temporelle et spatiale de la technique de neuro-imagerie utilisée. En effet, les images troubles produites par un SPECT peuvent conduire à des erreurs substantielles de la mesure de l'activité cérébrale locale. Ainsi, il est probable que des foyers d'activation (ou désactivation) n'ont pas été détectés dans plusieurs régions du cerveau. Aujourd'hui, l'IRMf (qui a une très bonne résolution anatomique et une bien meilleure résolution temporelle que le TEMP ou TEP) est l'outil de choix pour étudier les corrélats neuraux des fonctions perceptives, cognitives et affectives. C'est pourquoi nous avons décidé d'utiliser cette technique d'imagerie pour identifier les régions cérébrales impliquées dans ces états et expériences mystiques.

Le point de vue des neurosciences

L'analyse des données TEMP a montré un accroissement significatif du flux sanguin cérébral local (FSCl) dans le cortex préfrontal, les lobes pariétaux inférieurs et les lobes frontaux inférieurs. De plus, une corrélation positive significative a été observée entre les modifications du FSCl dans le cortex préfrontal droit et celles observées dans le thalamus droit. Les modifications du FSCl dans les cortex préfrontaux ont montré une forte corrélation inverse avec celles observées dans le lobe pariétal supérieur homolatéral.

L'approche de Newberg et le matérialisme

Newberg et son défunt collègue Eugene D'Aquili s'éloignent des matérialistes stricts en soutenant l'hypothèse qu'il existe en effet un état d' « Être Unitaire Absolu » (EUA), dans lequel il n'y a plus de conscience de l'espace ni du temps, et que les mystiques atteignent. De fait, ils rompent avec le modèle « pathologique » des ERSM que nous avons abordé au chapitre 3 :

> Nous ne pensons pas que les expériences mystiques authentiques puissent être expliquées en tant qu'effets d'hallucinations épileptiques ou, pour le coup, en tant que produit d'autres états hallucinatoires spontanés liés à la prise de drogues, à la maladie, à l'épuisement physique, au stress émotionnel ou à la privation sensorielle. Les hallucinations, quelle que soit leur source, ne sont tout simplement pas capable de gratifier le cerveau d'une expérience aussi convaincante que celle de la spiritualité mystique.

A l'issue de leurs travaux, Newberg et D'Aquili concluent : « Au cœur de notre théorie se trouve un modèle neurologique qui établit un lien entre l'expérience mystique et les fonctions cérébrales observables. En termes les plus simples, le cerveau semble disposer d'une capacité de transcender la perception du soi individuel. Nous avons proposé que cette capacité pour l'autotranscendance soit la base même du sentiment religieux.» Leur approche est compatible avec celle proposée dans ce livre, qui a conduit aux études d'imagerie cérébrale des nonnes carmélites.

Études d'imagerie cérébrale de nonnes contemplatives

> Sœur Diane compare son amour pour Dieu à la façon dont deux personnes s'aiment. Quand elles tombent amoureuses, elles ressentent un afflux physique. Elles rougissent. Elles se sentent émoustillées. C'est là, dit-elle, la sorte d'amour que les jeunes nonnes ressentent pour Dieu lorsqu'elles éprouvent l'*unio mystica*. Mais avec le temps, l'amour s'approfondit et mûrit. Ce n'est plus aussi palpitant, dit-elle. Cela devient davantage une relation au quotidien.
>
> Sœur Diane, à propos d'*unio mystica*

> Être un mystique c'est seulement participer ici et maintenant à cette vie réelle et éternelle ; au sens le plus plein, le plus profond possible... en tant qu'acteur libre et conscient.[11]
>
> EVELYN UNDERHILL, SPÉCIALISTE DU MYSTICISME

Une question ayant intrigué certains neuroscientifiques au fil des années est de savoir si des états cérébraux spécifiques sont associés à la contemplation mystique. Souvenons-nous que nous ne pouvons déterminer ce à quoi une personne pense réellement – les états cérébraux sont bien trop complexes pour cela. Nous pouvons cependant déterminer quel type d'activité cérébrale est généré et à quel endroit.

Mon étudiant de doctorat Vincent Paquette et moi-même voulions en particulier étudier l'union mystique (*unio mystica*), un état dans lequel on se sent totalement uni à Dieu, et qui est l'objectif ultime des mystiques contemplatifs chrétiens. En principe, une expérience mystique très intense ne survient qu'une fois ou deux au cours d'une vie de contemplation.[12] Elle peut également inclure d'autres éléments comme le sentiment d'avoir touché le fond ultime de la réalité, le sens d'incommunicabilité de l'expérience, le sens de l'unité, la sensation d'absence de temps et d'espace, le sens d'une union avec l'humanité et l'univers, de même que des sentiments positifs de paix, de joie et d'amour inconditionnel.[13] Il en résulte une profonde transformation de la vie, faisant place à la compassion, l'amour inconditionnel et à des changements à long terme dans l'attitude et le comportement.[14] Quelles images du cerveau pourrait-on capter au cours de tels épisodes ? Nous voulions tout particulièrement utiliser l'imagerie par résonance magnétique (IRMf) et l'électroencéphalographie quantitative (EEGq) pour en apprendre davantage sur l'activité cérébrale pendant une expérience mystique.[15] L'IRMf produit une image des modifications dans le cerveau au moyen d'ondes radio plongées dans un champ magnétique puissant (voir chapitre 6), et l'EEGq mesure les motifs électriques à la surface du crâne qui reflètent les motifs des ondes cérébrales, et qui peuvent ensuite être analysés statistiquement puis figurés sur une carte en couleur.

Nous étions en situation favorable d'entreprendre une telle étude pour deux raisons. Nous travaillons au Centre de recherche de l'Institut universitaire de gériatrie de Montréal (CRIUGM) et au Centre de recherche en neuropsychologie et cognition (CERNEC) à l'université de Montréal.[16] Nous avions ainsi accès à de puissantes techniques de neuroimagerie et nous pouvions compléter l'étude avec des entretiens personnels avec nos sujets. Le plus important est que nous ayons pu nous assurer la collaboration de nonnes carmélites du Québec, des religieuses qui passent une grande partie de leur temps en contemplation et en prière. Ce dernier point est délicat car on pourrait penser qu'une sœur contemplative ne serait pas forcément désireuse de participer à un projet de recherche éventuellement controversé qui ne soit pas directement le fruit de sa vocation.

À la recherche de mystiques dans le Montréal moderne

> Dieu vient seulement à ceux qui lui demandent de venir ; et il ne peut refuser de venir à ceux qui l'implorent longtemps, souvent et ardemment.
>
> SIMONE WEIL, PHILOSOPHE ET MYSTIQUE

Les nonnes carmélites vivent une vie de prière silencieuse. Quand elles ne sont pas en train de prier, elles cuisinent, jardinent, préparent des hosties, cousent, lavent et réparent les vêtements. Elles produisent un peu d'artisanat pour subvenir à leurs besoins. Elles ne se parlent qu'au cours de deux périodes de vingt minutes, après le déjeuner et le souper. Si une carmélite a quelque chose d'important à dire dans la soirée, elle écrit une note. De façon générale, les carmélites ont entretenu une relation fructueuse avec le mysticisme au cours de leur histoire de neuf siècles. Par exemple, les 15 nonnes de notre étude avaient collectivement passé environ 210 000 heures en prière. Dès lors, si la prière et la contemplation peuvent conduire à la conscience mystique, ces femmes devraient certainement pouvoir en faire la démonstration.

Bien sûr, s'assurer la coopération des religieuses n'a pas été facile. Nous avons dû les rassurer sur le fait que nous n'explorions pas ce domaine juste pour « prouver » que la conscience mystique n'existe pas. Nous avons pu leur dire en toute vérité que nous n'étions pas des matérialistes et que nous n'allions pas essayer de discréditer les expériences mystiques qui les avaient conduites à devenir nonnes. Nous n'avons pas contesté, sur le principe, qu'une nonne contemplative puisse par moment contacter une réalité au-delà d'elle-même, ou qu'un tel contact puisse changer l'orientation de sa vie de façon positive. Mais nous voulions savoir en particulier si les techniques de neuro-imagerie peuvent identifier les corrélats neuronaux de telles expériences, et les nonnes faisaient partie des quelques personnes susceptibles de nous aider. Heureusement, le cardinal archevêque de Montréal Jean-Claude Turcotte a accepté d'écrire une lettre aux nonnes, les informant qu'il n'y avait pas d'objection religieuse à travailler avec nous si elles décidaient de le faire.

Malgré cela, nous avons tout de même eu certaines difficultés. Comme nous l'avons vu, en principe les contemplatives telles que les carmélites ne quittent pas le couvent et ne s'impliquent pas dans des recherches scientifiques. Aussi, avant d'adresser une lettre demandant des fonds à la Fondation John Templeton, j'ai appelé le couvent carmélite à Montréal et j'ai parlé à la prieure, sœur Diane. Après avoir bafouillé une explication de mon projet d'étude, j'ai eu droit à un long silence à l'autre bout du fil. Mais au final, sœur Diane n'a pas dit non. Elle a simplement dit qu'il lui faudrait parler de ma proposition avec les autres nonnes. Quand j'ai rappelé quelques jours plus tard, elle m'a dit que quelques-unes des sœurs participeraient si Templeton acceptait de financer le projet. La fondation m'a averti en mars 2003 que les fonds étaient disponibles, et je n'ai eu qu'à m'assurer que les nonnes étaient toujours intéressées. En fin de compte, 15 nonnes carmélites âgées de vingt-trois à soixante-quatre ans (l'âge moyen était d'environ cinquante ans), de plusieurs couvents du Québec, ont accepté de participer à l'étude. Toutes disaient avoir vécu au moins une fois une intense union mystique.

Objections à l'étude

Le Dr Beauregard ne croit pas, en fait, qu'il existe un « centre de Dieu » neurologique. Au lieu de cela, ses observations préliminaires impliquent un réseau de régions cérébrales dans l'*Unio Mystica*, dont celles qui sont associées au traitement des émotions et de la représentation spatiale du soi. Mais cela nous conduit à une autre critique, qui pourrait nous sembler plus difficile à réfuter. C'est qu'il ne mesure pas une véritable expérience mystique – uniquement une expérience émotionnellement intense. Et ceci parce que les nonnes, pour ainsi dire, font semblant.

"MYSTICAL UNION," *THE ECONOMIST*

Si leurs expériences ont quelque substance, ils ne les oublieront jamais ; et si elles sont du genre à pouvoir être oubliées, il n'est pas utile d'en prendre note.[17]

THÉRÈSE D'AVILA, À PROPOS DES RÉCITS D'EXPÉRIENCES SPIRITUELLES

Les objections à notre projet de recherche n'ont pas tardé à faire surface. Bien entendu nous avons eu droit aux objections prévisibles des matérialistes, du même acabit que celles qui ont entraîné la controverse à propos de la conférence du Dalaï Lama à la convention des neurosciences en 2005. Beaucoup de nos confrères ne pensent pas que la spiritualité devrait être étudiée scientifiquement et ils n'ont pas mis longtemps à le faire savoir. Les matérialistes qui occupent des postes de décision sont connus pour refuser les autorisations de recherches dans ce domaine.[18] Cependant, nous avons eu de la chance de sécuriser le financement de notre travail.

Nous avons également reçu des objections du côté religieux. Par exemple, le Révérend Raymond Lawrence, Jr., de l'hôpital presbytérien de New York, s'est plaint dans *Science and Theology News* que notre travail « n'a rien à voir avec la vérité de la religion », ajoutant « au bout du compte, vous n'avez qu'une expérience. Cela ne prouve pas l'existence de Dieu. » Il a poursuivi en prédisant que la réplication d'une expérience mystique « serait une catastrophe pour la religion », car elle altèrerait le sens du religieux.

Mais nous n'avons jamais envisagé l'idée de prouver l'existence de Dieu ! Nos objectifs sont bien plus modestes. La seule chose que les neuroscientifiques peuvent réellement déterminer est de savoir si les neurosciences contemporaines délivrent des informations utiles sur les états et les expériences mystiques. Nous voulions particulièrement savoir deux choses : l'activité cérébrale au cours de la conscience mystique est-elle localisée dans le lobe temporal, comme certains l'ont avancé ? Et la contemplation mystique produit-elle des états cérébraux qui ne sont pas associés à la conscience ordinaire ?

Quoi qu'il en soit, les mystiques eux-mêmes, loin de donner raison à l'idée répandue selon laquelle ils souhaitent que la conscience mystique reste un mystère, sont souvent assez heureux de s'impliquer dans une étude formelle de la conscience tant qu'elle n'interfère pas avec leur vocation. Depuis des millénaires, des mystiques ont écrit de longs traités détaillés sur les états de conscience. La spécialiste du mysticisme Evelyn Underhill cite une source du XIXe siècle qui précise :

> Examinez nous autant que vous le voulez : nos rouages, notre véracité, nos résultats. Nous ne pouvons pas promettre que vous verrez ce que nous avons vu, car ici chaque homme doit s'aventurer par lui-même, mais nous vous défions de stigmatiser nos expériences comme impossibles ou invalides.

Le développement majeur de ces dernières années est représenté par les nouveaux outils neuroscientifiques permettant d'étudier les corrélats neuronaux d'états éprouvés subjectivement. Un reproche que nous entendons parfois en société est que la contemplation mystique est une idée mythique. Les religieuses sont simplement des névrosées qui imaginent des choses, ou même « font semblant ». Un article récent dans *The Economist* a utilisé cette même expression et proclamé que nous trouverions une telle critique plus « difficile à réfuter » que d'autres objections à notre travail.

En fait, cette critique ne nous semble absolument pas difficile à réfuter. Dans une étude neuroscientifique, la personne qui « simule » va générer beaucoup d'ondes bêta (typiques d'une activité consciente éprouvante) et peu d'ondes thêta[19] (typiques des états méditatifs profonds). Il se trouve qu'il y a des choses qu'on ne peut justement *pas* simuler ! La proposition même montre en réalité à quel point les neurosciences sont mal comprises.

Une autre inquiétude que nous avons parfois entendue était que certains allaient vouloir pour ainsi dire commercialiser les expériences mystiques, peut-être en concevant une pilule qui les provoquerait. S'ils le faisaient, ce ne serait pas vraiment nouveau et n'aurait pas besoin de s'appuyer beaucoup sur les neurosciences. À travers l'histoire, de nombreuses cultures ont développé des « technologies » (percussions, plantes sacrées, jeûne, méditation) qui impliquent un entraînement aux états modifiés, ou non ordinaires, de conscience en vue d'interagir avec le monde spirituel. De toute évidence, les hommes peuvent se rendre plus réceptifs aux ERSM en réalisant certaines actions précises.

Mais ce n'est jamais une question simple. Une modification significative du fonctionnement électrochimique du cerveau est indispensable pour qu'une ESRM se produise et soit consciemment éprouvée. Et ce n'est encore que la moitié du chemin. Pour qu'une ERSM se produise, le soi spirituel qui vit au plus profond de chaque individu doit être d'accord pour danser un peu, si l'on peut dire.

Mais bien entendu notre véritable problème n'était pas ces diverses objections ; c'était de savoir comment capturer l'expérience mystique. À l'origine, nous avions naïvement espéré que les nonnes pourraient vivre une telle expérience au laboratoire, mais sœur Diane s'est esclaffée quand nous l'avons suggéré. « Dieu ne peut être convoqué à la demande », a-t-elle répondu. En fait, a-t-elle prévenu, « on ne peut rechercher (cet état). Plus fort on le recherche et plus longtemps on attendra. » Bien sûr, avec le recul nous avons commencé à comprendre ce qu'elle voulait dire : la demande elle-même de l'expérience génère un bruit mental qui doit être dépassé.

Cependant, le cerveau humain tend à utiliser les mêmes zones et liaisons cérébrales quand les personnes se souviennent et revivent une expérience que lorsqu'ils l'ont vécue la première fois. Ainsi, lorsqu'on demande à des personnes de se rappeler une expérience significative, nous pouvons observer les régions et les chemins les plus actifs.

Shelley Winters, l'une des plus grandes actrices au monde, a dit qu'un acteur doit vouloir « jouer avec vos cicatrices. » Traduit simplement (ce qui n'est pas facile car elle n'était pas une personne simple),

> cela veut dire que lorsqu'il est temps pour l'acteur de révéler les expériences les plus profondes, les plus effrayantes ou douloureuses écrites par l'auteur pour le personnage qu'il a créé, l'acteur qui utilise notre approche du travail doit retrouver des expériences semblables dans sa propre vie, et être pleinement disposé puis capable de revivre ces expériences sur scène en tant que « personnage ».
>
> MÉTHODE DU TRAVAIL D'ACTEUR DU ST LOUIS'S THEATRGROUP

Notre groupe avait déjà étudié cet effet à l'aide de l'IRMf avec des acteurs professionnels[20], qui ont appris à utiliser les circuits neuronaux associés à leurs émotions comme une technique, enseignée par leurs professeurs. Les acteurs peuvent se souvenir d'un événement personnel émotionnellement sensible quand ils jouent un rôle qui leur demande d'exprimer une semblable émotion. Ils ne sont pas tricheurs, comme on le pense parfois ; ils expriment de véritables émotions dans un cadre fictionnel. Dans notre étude, nous avons comparé les régions cérébrales activées lorsque les acteurs devaient se remémorer et revivre des épisodes tristes ou heureux de leur vie, avec celles activées lorsqu'ils regardaient des scènes de film émotionnellement chargées. De la même façon, nous avons décidé de demander aux nonnes de se souvenir et de revivre, les yeux fermés, l'expérience mystique la plus intense qu'elles aient ressentie dans leur vie en tant que membre de l'ordre des carmélites.

Étude 1 : Activité du cerveau pendant une expérience mystique

> Seul quelque chose d'extraordinaire pouvait conduire les nonnes carmélites de Montréal à briser leur vœu de silence et sortir de leur cloître. Elles ont joint leurs efforts à la science pour chercher un signe concret de Dieu – dans le cerveau humain.
>
> ANN MCILROY, *THE GLOBE AND MAIL*

Dans l'étude 1, nous avons scanographié les nonnes avec l'IRMf pour déterminer quelles zones du cerveau étaient actives au cours d'une expérience mystique. Le but principal de cette étude était de tester l'hypothèse de la présence d'un « module de Dieu » dans le lobe temporal, proposée par certains chercheurs.[21]

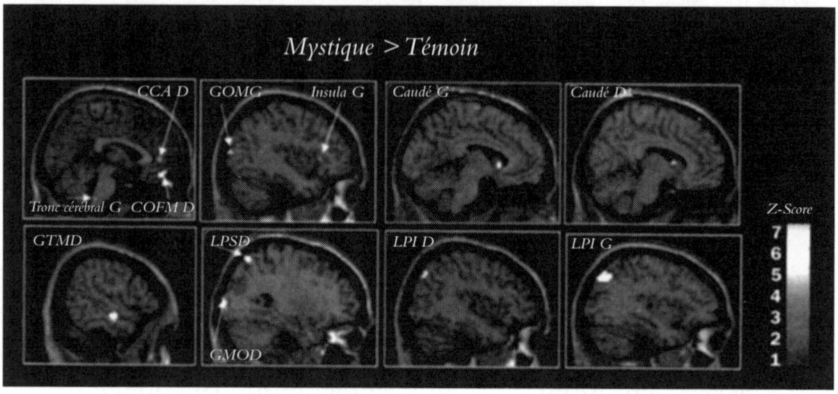

Patrons d'activation cérébrale IRMf chez les nonnes carmélites.

Les quinze nonnes ont été scanographiées pendant qu'elles se remémoraient et revivaient leur expérience mystique la plus significative (*condition mystique*), de même que l'état d'union à un autre être humain le plus intense (*condition contrôle*) jamais ressenti en tant que membre de l'ordre carmélite.[22] Nous les avons également scanographiées au cours d'une *condition témoin*, un simple état de repos, pour mesurer l'activité du cerveau durant un état normal de conscience. Dans toutes les conditions les yeux étaient fermés.

Pourquoi se préoccuper d'un état contrôle, c'est-à-dire non spirituel ? La raison est que l'IRMf, qui reflète le niveau d'oxygénation dans le cerveau, n'est pas très sensible aux différences qualitatives entre différents états et expériences. En effet, comme nous l'avons vu, certains ont déclaré que les ERSM sont des expériences émotionnelles et rien de plus. Il serait utile de distinguer une fois pour toutes entre deux types d'état. Non, cela ne nous dira pas si Dieu existe mais pourrait nous aider à déterminer si les personnes qui vivent des expériences mystiques atteignent un état de conscience modifiée qui est principalement lié aux émotions. Ou bien en irait-il autrement ?

Ainsi, nous avons demandé à nos sujets de ressentir différents états impliquant le traitement cognitif ou l'émotion, de sorte que nous pouvons être sûrs d'identifier un patron significatif. De la même façon, quand les neuroscientifiques étudient la vision, ils peuvent demander à leurs sujets de regarder un point dans la condition contrôle, et une figure géométrique plus complexe pour la condition expérimentale. Autrement dit, nous voulions être sûrs d'observer un état mental spécifique, et non pas n'importe quel état mental impliquant une importante activité cérébrale.

Étude 2 : Les corrélats neuroélectriques de l'union mystique

Les mêmes nonnes ont participé à l'étude 2, et nous avons utilisé les mêmes conditions expérimentales (mystique, contrôle, témoin). Mais cette fois nous avons enregistré les ondes cérébrales en utilisant l'EEGq. Nous avons demandé aux nonnes de s'asseoir dans une chambre d'isolement, une pièce petite, sombre et insonorisée – autrement dit, elles étaient totalement isolées à la fois aux plans acoustique et électromagnétique (hormis une caméra infrarouge qui nous permettait d'observer le sujet en continu). Dans cet environnement, un sujet peut se tourner vers l'intérieur sans être dérangé. Au cours des trois conditions, nous avons mesuré à la surface du crâne les patrons électriques EEGq, qui reflètent l'activité cérébrale. Ces patrons peuvent être analysés statistiquement, puis traduits en nombres et exprimés ensuite sous forme de carte en couleur.

Échelle d'intensité subjective

L'échelle utilisée pour évaluer l'intensité subjective de l'expérience à la fin de l'étude 1 et de l'étude 2 était la suivante :

0 Pas d'expérience d'union avec Dieu
1 Très faible expérience d'union avec Dieu
2 Faible expérience d'union avec Dieu
3 Expérience d'union avec Dieu d'intensité moyenne
4 Forte expérience d'union avec Dieu
5 L'expérience de Dieu la plus intense que j'ai eue dans ma vie

La photo qui faillit annuler le projet

La recherche avançait comme prévu, avec des résultats intéressants, mais un événement médiatique catastrophique a presque coulé tout le projet. Nos études avaient quelque peu attiré l'attention. Hélas, c'est toujours l'histoire de « la science contre la religion » qui, intentionnellement ou non, instille les concepts basiques du matérialisme dans l'esprit des lecteurs. Par exemple, le fait que les expériences et états mystiques puissent avoir des corrélats neuronaux identifiables (qui est le seul aspect que les neurosciences peuvent effectivement étudier) a systématiquement été interprété par les journalistes comme suggérant que les expériences sont une forme d'illusion. En soi, cette idée est source de confusion car elle revient à supposer que si le fait de marquer un but a des corrélats neuronaux identifiables, alors le but est une illusion. Et bien sûr, les résultats de notre travail sont censés être une charge pour ou contre Dieu.

Dans l'ensemble, tout cela nous était égal. Nous-mêmes sommes intéressés par ce domaine, donc il tombe sous le sens que d'autres le soient aussi. Toutefois, en décembre 2003, un article a été publié dans le journal canadien de référence *The Globe and Mail*, incluant une photo de la prieure carmélite sœur Diane ! Les nonnes, qui étaient toujours un peu réticentes à travailler avec nous, avaient spécifiquement demandé qu'il y ait aussi peu de publicité que possible, et en tout cas aucune photo qui permette de les identifier publiquement. Les couvents traditionnels n'ont même pas de miroirs facilement accessibles. Nous ne savons pas exactement comment cette photo s'est retrouvée imprimée. Mais nous pensions que nous avions tout perdu ; les nonnes allaient cesser de nous faire confiance et ne voudraient plus travailler avec nous – et nous n'allions jamais avoir assez de données pour terminer nos études.

Les nonnes ont de bonnes raisons pour éviter strictement tout type de publicité personnelle. La décision de devenir une moniale ou un moine cloîtré signifie, entre autres choses, abandonner toute intention d'influencer le monde autrement qu'à travers le pouvoir de la prière et de la contemplation – ou le pouvoir de souffrir, jusqu'au martyre si nécessaire. La prière et la contemplation sont considérées comme efficaces seulement si la nonne n'a aucun désir d'attirer l'attention sur elle. Ainsi les nonnes s'occupent d'elles-mêmes et aident les autres, mais elles limitent le contact avec le monde extérieur et protègent jalousement leur vocation.

Heureusement, l'admirable diplomatie de Vincent Paquette a persuadé les nonnes de poursuivre malgré cet écart. De façon générale, lorsque nous montrons désormais nos installations aux médias, nous utilisons des figurants et pas les vraies nonnes. Par exemple, lorsque l'étude EEGq a été mentionnée dans l'émission *Daily Planet* de Discovery Channel diffusée le vendredi saint de 2004, une comédienne remplaçait l'un de nos sujets.

Étude 1 : Résultats

> Je ne sais pas combien de temps avait passé. C'est comme un trésor, et une intimité. C'est très, très personnel. C'était le centre de mon être, mais plus profond encore. C'était un sentiment de plénitude, plénitude, plénitude.
>
> UNE NONNE CARMÉLITE DÉCRIVANT L'*UNIO MYSTICA*

La pièce du scanner n'a rien à voir avec un centre de retraite spirituelle ; elle ressemble plus à quelque chose qu'on trouverait à la NASA. Malgré cela, les nonnes ont réussi à atteindre des états mystiques au cours de la condition mystique. Immédiatement après l'expérience, nous leur avons demandé d'évaluer leur propre expérience. Toutes les études ne le font pas, mais nous souhaitions comparer les perspectives objective et subjective. Autrement dit, le sujet était-il conscient de quelque chose qui corrélait avec les données de l'IRMf ?

En plus de demander aux nonnes de décrire leur expérience avec leurs propres mots, nous avons utilisé l'échelle du mysticisme de Hood pour permettre les comparaisons avec d'autres recherches. Nous avons fait un ajustement : l'échelle de Hood n'a pas été conçue spécifiquement pour le mysticisme chrétien, ce qui veut dire que toutes les questions ne sont pas utilisables. Les mystiques chrétiens considèrent en principe qu'ils entrent en contact avec une entité transpersonnelle plutôt qu'une entité impersonnelle, et ils décrivent le plus souvent leurs expériences en disant qu'ils ressentent un amour immense. Nous avons donc utilisé les quinze questions qui nous semblaient les plus compatibles avec une interprétation chrétienne de l'expérience mystique.

Les principaux items de l'échelle du mysticisme de Hood associés à l'expérience des nonnes ont été :

- J'ai eu une expérience dont je savais qu'elle était sacrée.

- J'ai eu une expérience au cours de laquelle quelque chose de plus vaste que moi semblait m'absorber.

- J'ai ressenti une joie profonde.

Lors des entretiens qualitatifs conduits à la fin de l'expérience, les nonnes ont dit qu'elles avaient senti la présence de Dieu, son amour inconditionnel et infini, de même que la plénitude et la paix. On note avec intérêt que toutes ont rapporté, depuis une perspective à la première personne, que les expériences vécues au cours de la condition mystique étaient différentes de celles utilisées pour auto-induire un état mystique. Elles ont aussi mentionné la présence d'une imagerie visuelle et motrice pendant les conditions mystique et contrôle. De plus, les sujets ont éprouvé un sentiment d'amour inconditionnel au cours de la condition contrôle. Ces observations ne font pas à proprement parler partie de l'échelle de Hood, mais nous les avons mentionnées du fait de leur consistance.

Au plan neurologique, le résultat clé de l'étude 1 a été que plusieurs régions cérébrales, et non seulement les lobes temporaux, sont impliquées dans les expériences mystiques. Cela comprend notamment le lobule pariétal inférieur, le cortex visuel, le noyau caudé et le tronc cérébral gauche, ainsi que bien d'autres régions.

Nos observations démontrent qu'il n'y a pas un unique « point de Dieu » dans le cerveau localisé dans les lobes temporaux. Nos données objectives et subjectives suggèrent plutôt que les ERSM sont complexes et multidimensionnelles, et qu'elles sont associées à plusieurs régions cérébrales normalement impliquées dans la perception, la cognition, les émotions, la représentation corporelle et la conscience de soi.

Éléments de l'échelle du mysticisme de Hood

J'ai eu une expérience qui était sacrée.
J'ai eu une expérience au cours de laquelle quelque chose de plus vaste que moi a semblé m'absorber.
J'ai eu une expérience au cours de laquelle je n'avais plus de notion de temps ni d'espace.
J'ai eu une expérience qui ne peut être exprimée par des mots.
J'ai eu une expérience au cours de laquelle j'ai senti que toute chose dans le monde fait partie d'un même tout.

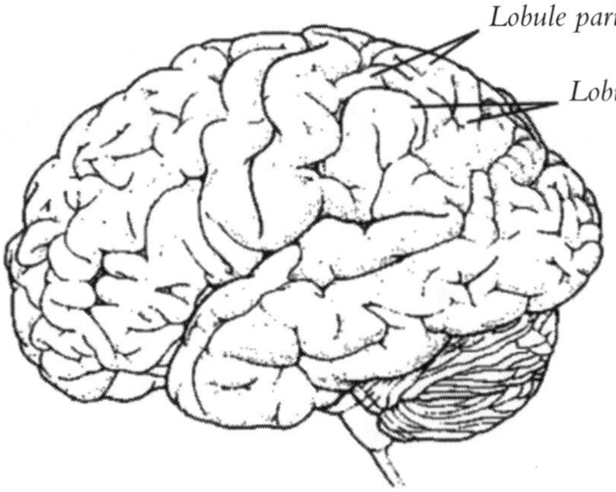

Représentation sagittale du lobule pariétal inférieur et du lobule pariétal supérieur, deux régions du cortex pariétal.

Étude 2 : Résultats

Dans l'étude 2, nous avons également demandé aux nonnes d'évaluer l'intensité de leur expérience subjective sur une échelle d'auto-évaluation graduée de 0 (« aucune expérience d'union ») à 5 (« la plus intense expérience d'union jamais ressentie ») et nous avons utilisé les items de l'échelle du mysticisme de Hood qui sont les mieux adaptés au mysticisme traditionnel chrétien. Les principaux éléments de l'échelle de Hood associés aux expériences des nonnes dans l'étude 2 ont été :

- J'ai eu une expérience dont je savais qu'elle était sacrée.

- J'ai eu une expérience au cours de laquelle quelque chose de plus vaste que moi a semblé m'absorber.

- J'ai ressenti une joie profonde.

- J'ai eu une expérience qui ne peut être exprimée par des mots.

- J'ai eu une expérience au cours de laquelle j'ai senti que toute chose dans le monde fait partie d'un même tout.

- J'ai eu une expérience qui est impossible à communiquer.

Le point de vue des neurosciences

Nous avons trouvé des foyers d'activation significatifs dans la condition mystique, par rapport à la condition témoin, dans le lobule pariétal inférieur (LPI ; aire de Brodmann —AB—7, 40), le cortex visuel (AB 18, 19) et le noyau caudé. D'autres foyers d'activation significatifs ont été observés dans le cortex orbitofrontal médian droit (COFM ; AB 11), le cortex temporal médian droit (CTM ; AB 21), le lobule pariétal supérieur droit (LPS ; AB 7), le tronc cérébral gauche, l'insula gauche, et le cortex cingulaire antérieur gauche (CCA ; AB 32). De plus, nous avons trouvé d'autres activations significatives dans la condition mystique par rapport à la condition témoin, dans le COFM droit (AB 11), le cortex préfrontal médian droit (CPFM ; AB 10), le CTM droit, le CCA droit, le LPI gauche (AB 40) et le LPS gauche (AB 7).

Nous avons fait l'hypothèse que l'activation du CTM droit est reliée à l'impression subjective de contacter une réalité spirituelle. Nous avons également proposé que les foyers d'activation détectés dans le noyau caudé, le COFM droit (AB 11), le CPFM gauche (AB 10), le CCA gauche (AB 32), l'insula gauche (AB 13), et le tronc cérébral gauche reflètent des changements dans différents aspects (cognitifs, physiologiques, feeling) liés à l'état émotionnel des sujets.[23] En ce qui concerne les activations du cortex visuel, nous avons proposé qu'elles étaient liées à l'imagerie de type visuel. Enfin, pour ce qui est des foyers d'activation notés dans le cortex pariétal, compte tenu que le LPS droit est également impliqué dans la perception spatiale du soi, nous avons proposé que l'activation de cette région pariétale au cours de la condition mystique reflète une modification du schéma corporel associé à l'impression que quelque chose de plus vaste que les sujets semble les absorber. De plus, il est démontré que le LPI gauche fait partie d'un système neuronal impliqué dans le processus de représentation visio-spatiale du corps. Ainsi, l'activation du LPI gauche au cours de l'état mystique était possiblement liée à une altération du schéma corporel. Cependant, le LPI joue un rôle important dans l'imagerie motrice (image mentale des mouvements). Il est ainsi possible que les activations dans les LPI droit (AB 40) et gauche (AB 7) étaient liées à l'imagerie motrice éprouvée pendant la condition mystique.

Comme dans l'étude 1, plusieurs nonnes ont mentionné qu'elles avaient ressenti au cours de la condition mystique la présence de Dieu, son amour inconditionnel et infini, ainsi que la plénitude et la paix. Elles ont aussi ressenti un abandon à Dieu.

Notre stratégie expérimentale avait parfaitement fonctionné. Au début de la condition mystique, les nonnes avaient tenté de se remémorer et de revivre une expérience mystique (auto-induction). Ce qui a finalement amené l'expérience d'une condition mystique subjectivement différente de la procédure d'auto-induction. Plusieurs nonnes ont atteint des états mystiques profonds alors que nous observions ce qui se déroulait au plan électrique dans leurs cerveaux. Par exemple, sœur Nicole a expliqué d'une voix rêveuse et comblée qu'elle entendait le « *Canon* » de Pachelbel. L'*unio mystica* qu'elle se souvient avoir connue étant enfant et l'état mystique qu'elle a ressenti au cours de l'expérience EEGq se sont mêlés dans son esprit. En quittant la pièce insonorisée dans laquelle l'expérience se déroulait, elle a ajouté : « Je ne me suis jamais sentie aussi aimée. »

Les résultats de l'expérience indiquent clairement que la vie de prière silencieuse et de contemplation permet aux nonnes carmélites d'atteindre des états mystiques profonds simplement en se rappelant et en revivant intensément une expérience mystique antérieure. C'est là quelque chose qu'elles n'avaient pas anticipé en participant au projet.

Conclusions des études

Nous avons appris deux choses importantes de ces études. Les résultats des deux études, considérés ensemble (EEGq et IRMf), permettent d'écarter l'idée qu'il existe un point de Dieu dans les lobes temporaux du cerveau, qui serait en quelque sorte « l'explication » des ERSM. Les résultats de nos études d'IRMf et de EEGq suggèrent que les ERSM sont neurologiquement actualisées par différentes régions cérébrales impliquées dans plusieurs fonctions telles que la conscience de soi, les émotions, la représentation corporelle, l'imagerie visuelle et motrice, et la perception spirituelle. Cette conclusion rend bien compte des descriptions par les sujets des ERSM en tant qu'expériences complexes et multidimensionnelles.

Comme formulé dans l'abstract de notre article publié dans *Neuroscience Letters* (2006) :

> L'objectif principal de cette étude d'imagerie par résonance magnétique fonctionnelle (IRMf) était d'identifier les corrélats neuronaux de l'expérience mystique. L'activité du cerveau de nonnes carmélites a été mesurée alors qu'elles se trouvaient subjectivement dans un état d'union avec Dieu. Cet état était associé à des foyers d'activation significatifs dans le cortex orbitofrontal médian droit, le cortex temporal médian droit, les lobules pariétaux supérieur et inférieur droits, le noyau caudé droit, le cortex préfrontal médian gauche, le cortex cingulaire antérieur droit, le lobule pariétal inférieur gauche, l'insula gauche, le noyau caudé gauche, et le tronc cérébral gauche. D'autres foyers d'activation significatifs ont été observés dans le cortex visuel extra-strié. Ces résultats suggèrent que les expériences mystiques sont associées à plusieurs régions et systèmes cérébraux.[24]

Le point de vue des neurosciences

En ce qui concerne les données d'EEGq, nous avons observé une activité thêta significativement plus importante (les ondes thêta se trouvent entre 4 et 7 Hz) dans la condition mystique, par rapport à la condition témoin, dans l'insula (AB 13), le lobule pariétal inférieur droit (LPI ; AB 40) et le lobule pariétal supérieur (LPS ; AB 7), et dans les cortex temporaux inférieur et médian droits (AB 20). De plus, il y a eu significativement plus d'activité thêta lors de la condition mystique, par rapport à la condition contrôle, dans le cortex cingulaire antérieur (CCA ; AB 24) et le cortex préfrontal médian (CPFM ; AB 9,10).

En second lieu, quand les nonnes se rappelaient des souvenirs autobiographiques, l'activité du cerveau était différente de celle de l'état mystique. Nous savons donc de manière formelle que l'état mystique est quelque chose d'autre qu'un état émotionnel. L'abondance d'activité thêta au cours de la condition mystique indique une altération marquée de la conscience des nonnes. Il est important de noter que des études antérieures d'EEGq ont montré une augmentation de l'activité thêta dans le cortex frontal lors d'une méditation de type zen appelée Su-soku, et lors d'un état de plénitude au cours d'une méditation (Sahaja Yoga).

Les nonnes nous ont expliqué grâce aux échelles d'évaluation et aux entretiens conduits à la fin des expérimentations que les états mystiques qu'elles avaient ressenti pendant le scan d'IRMf et l'enregistrement d'EEGq étaient différents en qualité des souvenirs qu'elles gardaient de leur expérience mystique d'origine (lorsqu'on leur a demandé, au début de l'expérimentation, d'essayer d'auto-induire un état mystique). En d'autres termes, nous avions réussi à mesurer l'activité du cerveau des nonnes alors qu'elles atteignaient un authentique état mystique.

Nos résultats prouvent-ils que les mystiques contactent une puissance au-delà d'eux-mêmes ? Non, car il n'y a aucun moyen de prouver ou d'infirmer cela depuis un seul côté seulement. Si vous veniez en tant que sujet dans notre laboratoire, nos études ne pourraient pas montrer que vous vous souvenez d'une conversation avec un agent de police, votre idole au lycée, ou un proche en train de mourir, sans indication de votre part et sans donnée sur la façon dont vous réagissez habituellement dans ces circonstances.

Ce que nous *pouvons* faire, en revanche, est de déterminer les patrons qui sont cohérents avec certains types d'expériences. Ainsi nous pouvons exclure certaines explications puisque, par exemple, un modèle complexe n'est pas cohérent avec une explication simple. Dans la mesure où les expériences spirituelles sont des expériences au cours desquelles nous contactons la réalité de notre univers, ne devrions nous attendre à ce qu'elles soient complexes. Nous pouvons dire avec certitude que les modèles des mystiques profonds le sont incontestablement.

Science et spiritualité

De mon propre point de vue, je peux espérer que cette longue histoire triste arrivera à sa fin un jour dans le futur et que cette procession de prêtres et pasteurs et rabbins et mollahs et imams et bonzes et bodhisattvas prendra fin, de sorte que nous ne voyions plus aucun d'entre eux. J'espère que c'est quelque chose à quoi la science peut contribuer et si c'est le cas, alors je pense que c'est la plus importante contribution que nous puissions faire.

Steven Weinberg, Prix Nobel de physique

Je suis incapable de voir comment le fait de la conscience morale, et en particulier le fait de l'opposition entre « est » et « devrait », entre le désir et le devoir, peut être expliqué en termes de causalité purement naturelle... [Ils] ne peuvent être expliqués qu'en supposant que, en plus du naturel, il existe aussi un ordre non naturel de l'univers qui lui est immanent et s'immisce parfois activement dans le naturel.

C. E. M. Joad, The Recovery of Belief (Le Rétablissement de la croyance)

Mon mari, un physicien des lasers, me raconte que les scientifiques qui étudient la physique des particules sont plus à même de devenir religieux. Les scientifiques sont notoirement difficiles à convaincre de quoi que ce soit. Pourtant, lorsque ces scientifiques sceptiques voient l'ordre naturel parfait du monde ils en concluent, du très petit au très grand, que ce monde a été programmé. La conception merveilleuse qui se trouve devant eux devient le miracle dont ils doivent se convaincre.

TAMAR SOFER, CONCEPTRICE DE LOGICIEL

Il est inutile de choisir entre science et spiritualité. Mais il est certainement besoin, il l'a toujours été, de choisir entre le matérialisme et la spiritualité.

La science ne peut prouver ou infirmer l'existence de Dieu, et elle ne peut se prononcer sur les controverses entre les doctrines religieuses. Mais elle peut exclure des théories inadéquates sur les ERSM concoctées par les matérialistes.

Les observations présentées dans ce livre ont montré que les ERSM ne sont pas le résultat de gènes particuliers ou de troubles neuraux, et qu'elles ne peuvent être créées uniquement à l'aide d'une technique (bien que de nombreuses cultures tentent de les provoquer en utilisant différentes méthodes et techniques). Elles montrent également que le « problème difficile » de la conscience est tout simplement impossible à résoudre dans un cadre de référence matérialiste.

Mais le problème difficile cesse d'être un problème une fois que nous comprenons l'univers lui-même comme un produit de la conscience. Nous devrions nous attendre à ce que les êtres vivants évoluent vers la conscience si la conscience sous-tend l'univers. La conscience est une qualité irréductible. L'étude de la conscience au XXIe siècle promet d'être une entreprise exaltante. Mais elle sera entravée si le seul objectif est de réduire la conscience à quelque chose qu'elle n'est pas, ou de démonter qu'elle est une illusion.

Nous avons également vu que le cerveau humain ne peut pas être compris à part de l'esprit qu'il manifeste. En effet, comprendre correctement la relation nous donne des outils neuroscientifiques valables pour traiter efficacement des troubles psychologiques tels que les TOC et les phobies, dont certains étaient jugés autrefois incurables. De même, nous avons besoin d'une meilleure compréhension des phénomènes liés à la mort comme les EMI. Par exemple, le travail de van Lommel a montré qu'un nombre disproportionné de témoins d'EMI ne survivent pas à la salle de réveil. En d'autres termes, soit les EMI sont l'indicateur fiable d'une mortalité plus élevée, soit les chances de survie du patient sont réduites à cause d'une réponse actuellement inefficace à ces expériences. Il serait certainement utile de savoir quelle explication est la plus probable car, à mesure que la médecine de haute technicité se répand dans les sociétés autour du globe, une plus grande proportion de patients peuvent être ramenés d'états de mort clinique. Quelle que soit la façon dont nous interprétions ces phénomènes, nous devons mieux les comprendre.

Comme nous l'avons vu, les personnes qui ont des ESRM, loin d'être hors d'atteinte, sont le plus souvent saines mentalement et physiquement. Les ERSM sont des expériences normales qui sont positivement corrélées à la santé physique et mentale, car elles expriment une fonction spirituelle naturelle des êtres humains. Bien qu'on ne puisse pas le démontrer depuis un seul côté, les données sont consistantes avec une expérience dans laquelle les sujets contactent une réalité spirituelle indépendante de leur propre esprit.

Au vu des nombreux problèmes abordés dans ce livre, une question clé est : Qu'entend-on par le terme « scientifique » ? Si par « scientifique » nous voulons dire « seulement les découvertes qui entretiennent la vision matérialiste du monde », notre compréhension de l'être humain sera pour toujours tronquée. Cependant, si par « scientifique » nous voulons dire « utiliser les méthodes et les standards de la science », alors les études des corrélats neuronaux des états méditatifs et contemplatifs sont scientifiques. Les neurosciences en particulier peuvent apporter des informations utiles à une discussion sur ces états. Et dans la mesure où les ERSM sont habituellement associées à une meilleure santé physique et mentale, on peut attendre un bénéfice de santé publique du soutien financier de recherches en neurosciences qui permettent de mieux les comprendre. Le véritable but de la science est-il de nous aider à mieux comprendre le monde dans lequel nous vivons ou de soutenir une vision du monde particulière et étroite ? À nous de choisir.

Les carmélites : du mont Carmel à nos jours

Maintenant appelle les peuples d'Israël à se rassembler sur le mont Carmel.[25]

LE PROPHÈTE ELIE

Il est plus facile de comprendre la vocation mystique des carmélites si nous regardons brièvement comment l'ordre est né, a lutté, s'est réformé et a survécu malgré une adversité considérable. Une vocation mystique n'est pas une recette pour l'ennui, comme nous allons le voir.

Les carmélites originels

L'ancien ordre des carmélites, fondé en Palestine, tient son nom du mont Carmel, une basse chaîne de montagnes, d'où un promontoire près de la ville d'Haïfa en Israël s'élève brusquement à 185 mètres au-dessus de la mer Méditerranée. Carmel est un site religieux depuis des millénaires, un endroit où les prophètes (en hébreu *nabis*) « ont fait l'expérience de Dieu d'une façon inhabituelle ou immédiate. »[26] Sur le mont Carmel, le prophète biblique Élie a fait face aux prophètes du dieu de la fertilité Baal, probablement au IXe siècle av. J.-C...[27] Le successeur d'Élie, Élisée et ses autres disciples, « les fils des prophètes », ont vécu là, comme l'ont fait les premiers moines chrétiens, des siècles plus tard, priant dans ses grottes.

La légende fait remonter les carmélites jusqu'à Élie lui-même, mais l'ordre qui existe aujourd'hui a pris forme autour de 1150 quand les pèlerins européens et les croisés, informés de l'histoire du mont Carmel, s'y sont installés pour vivre une vie solitaire de prière. Ils se considéraient eux-mêmes comme les enfants des prophètes ; leur vocation prophétique était modelée selon les vies rapportées d'Élie et de la mère de Jésus, Marie. Les carmélites considéraient Marie comme la figure idéale pour que la vocation prophétique, parfois associée à la violence et au fanatisme, soit accomplie de façon pleinement chrétienne.

La vie solitaire de l'ordre ne voulait pas dire ne pas s'engager dans la société. Au contraire, les carmélites émergeaient de la contemplation et de la prière pour enseigner, mettre en garde ou aider, comme Élie et Marie l'auraient fait. Ces premiers prophètes sentaient qu'il était essentiel de modeler leurs propres vies par la contemplation et la prière pour apporter un vrai savoir aux autres, et que la force des événements eux-mêmes indiquait le bon moment pour parler ou agir. Il n'était pas besoin de sortir pour le rechercher.

L'ordre des carmélites pour les hommes a été confirmé dans l'Église catholique en 1226, avec une règle qui a été appelée « règle du mysticisme », orientée sur la prière continue, le silence, l'ascétisme et une vie simple. Les carmélites ont peu à peu migré de la Palestine à l'Europe à cause de l'hostilité croissante des musulmans qui voulaient débarrasser la zone des Européens pendant et après les Croisades. Ils sont devenus connus en Europe sous l'appellation de Moines Blancs à cause de leur grande cape de laine blanche. Ils ont eu quelques difficultés à s'habituer à une société plus urbaine, et leur règle stricte a été changée en 1247 pour autoriser l'enseignement supérieur. Thérèse d'Avila (1515-1582), la plus connue des carmélites, a plus tard averti : « Ceux qui entrent dans la voie de la prière ont besoin d'apprendre, et plus ils sont spirituels, plus grand est le besoin. »

Mais comme le note l'historien Peter-Thomas Rohrbach, leur travail était en général

> Individuel et inspiré, plutôt qu'organisé et institutionnel. On relève une volonté affirmée d'éviter une implication avec une école organisée ou un hôpital ou un arrangement paroissial, hormis quelques cas isolés. La tradition prophétique réclamait une approche plus libre et moins institutionnelle des problèmes humains – le prophète émergeant de sa solitude pour prêcher l'instant et le message nécessaire, pour apporter aide et réconfort là et quand c'était nécessaire.

Les ordres carmélites féminins

À l'époque médiévale, il existait plusieurs ordres religieux féminins, mais beaucoup de femmes, appelées *béguines*, ont également tenté de vivre une vie contemplative de façon informelle et indépendamment de l'Église, soit seules soit en groupe. Les pères carmélites ont encouragé ces femmes à adopter la tradition carmélite, qui autorisait l'indépendance dans le cadre d'une vie contemplative disciplinée.

Les ordres de nonnes carmélites (seconds ordres[28]) ont été formellement établis au milieu du XVe siècle, non sans difficultés toutefois. Frances d'Amboise, par exemple, une jeune veuve de noble famille, souhaitait entrer dans un couvent carmélite en 1459, mais sa famille l'en a empêchée car un second mariage leur serait financièrement profitable. Pendant trois ans Frances a refusé les avances de ses prétendants. Puis un jour à la messe, alors que le prêtre distribuait l'hostie, elle s'est levée et a prononcé à haute voix un vœu public de chasteté perpétuelle, de sorte que les espoirs familiaux de la voir se trouver un riche époux se sont évanouis sur le champ. Ils ont cédé et l'ont autorisée à faire son choix et entrer dans un couvent carmélite.

D'autres ordres ouverts aux laïcs (tiers ordres) furent également fondés au milieu du XVe siècle. L'un des vêtements carmélites emblématiques depuis le milieu du XIIIe siècle a été le scapulaire brun, qui symbolise la protection particulière de Marie.[29] Cette tradition de piété est ensuite devenue un moyen de faire venir des millions de catholiques chrétiens laïcs à la tradition carmélite de la spiritualité.

Perte de la vision originelle

L'ordre a traversé des jours difficiles aux XIVe et XVe siècles, comme de nombreux ordres religieux. L'un des facteurs a été la peste bubonique, qui a débuté en 1349 et qui a tué environ un tiers de la population en Europe. Dans ces circonstances, les ordres religieux ont accueilli de nombreux jeunes garçons, espérant qu'ils développeraient une vocation religieuse. Ces garçons ont prononcé leurs vœux définitifs en tant qu'adolescents. Nombre d'entre eux, bien sûr, n'étaient pas faits pour la vie contemplative, et ils ont réagi en amendant progressivement la règle de l'ordre. En 1435, la règle du Carmel a été formellement assouplie. Après que le vœu de pauvreté fut amendé, il s'en est suivi des divisions de classe, amenant conflits et mécontentement. Pour certains, l'habit carmélite n'était rien d'autre qu'une couverture au sens propre pour une oisiveté à la mode – ils portaient des vêtements civils en dessous.

L'un de ces plus fameux orphelins de la rue, devenu moine carmélite, a été l'artiste renommé Frère Filippo Lippi (1406? – 1469). Lippi fut reconnu à la fois pour son style de peinture naturaliste révolutionnaire et un mode de vie scandaleux. Son mode de vie était assez répandu parmi les artistes de cette époque ; le scandale était qu'il était un carmélite déclaré. Le poète anglais Robert Browning (1812-1889) a écrit à son propos :

> On ne devrait pas prendre un garçon de huit ans,
> Et lui faire jurer de ne jamais embrasser les filles.

Au moins un carmélite, Thomas Connecte (mort 1433), appelé parfois le « Savonarole carmélite », a réagi au déclin de façon opposée. Rompant avec la tradition de l'ancienne et féconde devise prophétique de l'ordre, il a déclenché un tollé massif contre le vice sexuel, réel et imaginé, qui l'a finalement conduit à son exécution. L'infortuné parcours de Connecte souligne l'importance que les traditions contemplatives matures accordent à réformer le soi avant toute tentative de s'occuper des problèmes de autres.

Controverses orageuses autour de la Réforme

De nombreuses femmes n'ayant ni d'attirance particulière, ni d'aptitude pour une vie contemplative végétaient également dans les couvents. En 1550 à Avila, en Espagne, les familles mettaient un point d'honneur à faire entrer une fille au couvent local bondé, comme la réformatrice Thérèse d'Avila l'a découvert. De la même façon, en Italie, le fameux Galilée (1564-1642) a placé ses deux filles illégitimes dans un couvent des Pauvres de Claire, où elles ont prononcé leurs vœux en tant que très jeunes adolescentes. L'aînée, Suor Marie-Céleste, s'est bien adaptée et a continué à assister son père dans son travail, mais la plus jeune, Suor Arcangela, était très malheureuse en tant que nonne.[30]

Dès lors, Thérèse et Jean de la Croix ont découvert que restaurer la tradition carmélite originelle était extrêmement difficile et dangereux. La plupart des gens qui donnaient aux œuvres charitables des couvents souhaitaient qu'ils accueillent les hommes sans terre et les femmes sans mariage. La contemplation et la spiritualité n'étaient que de basses priorités à l'époque. En 1573, une princesse espagnole récemment veuve est arrivée dans l'un des couvents réformés de Thérèse, accompagnée d'une longue suite de courtisans et de serviteurs. Elle a entrepris d'insister pour que les anciennes pratiques monastiques qui interféraient avec sa vie sociale soient modifiées. Lorsque la prieure (sœur supérieure) a fait savoir que la vie sociale de la princesse s'épanouirait bien mieux dans la haute société que dans un couvent, la grande dame est partie vexée. Elle a ensuite harcelé les nonnes jusqu'à ce que Thérèse soit forcée de les reloger dans une autre région.

Il est cependant remarquable que Thérèse et Jean aient réussi, à la fois par l'exemple et la persuasion, à restaurer la tradition contemplative mystique au sein de l'ordre. Depuis lors, la tradition carmélite s'est répandue en Amérique du Nord et en Extrême-Orient, et il y a aujourd'hui des milliers de carmélites dans le monde. Ils sont une influence spirituelle majeure dans la tradition chrétienne, avec des membres aussi distingués à l'époque moderne que Thérèse de Lisieux et Edith Stein.

Thérèse d'Avila (1515–1582)

Sois assuré que plus tu progresses dans l'amour que tu portes à ton prochain, plus grand sera ton amour pour Dieu. Sa Grandeur nous aime tant qu'il nous gratifie d'aimer notre voisin en augmentant notre amour pour lui de mille façons. Je ne peux douter de cela.[31]

THÉRÈSE D'AVILA

Thérèse, née en Espagne dans une famille prospère, a manifesté un intérêt précoce pour la spiritualité. Quand elle avait sept ans, elle a convaincu son frère de onze ans de s'enfuir avec elle dans une communauté musulmane, espérant être tuée parce qu'elle « voulait voir Dieu ». (Les deux enfants furent trouvés par un oncle sur la route de Salamanque et ramenés à la maison). Pleine de vie et appréciée de ses proches, elle affectionnait les romans d'amour et ne voulait pas renoncer à l'excitation offerte par le monde. Mais elle fut inspirée par une nonne de quatre-vingts ans à l'école du couvent, puis attirée par la vie intérieure que de nombreuses nonnes appréciaient. Son père s'est opposé à ses vœux, pensant qu'il serait plus approprié pour sa jolie et extravertie fille de dix-neuf ans de se marier. Elle s'est donc « secrètement » présentée comme candidate au couvent local, et la publicité qui s'en est suivie a forcé le consentement de son père.

Thérèse ne trouvait pas la vie non-réformée au couvent très stimulante. Elle a passé plus de dix-huit ans dans un environnement agréable et vieillot, bavardant avec des gens de la ville de tout et de rien, proposant ses conseils, et s'inquiétant de sa santé. Pourtant, au-delà des murs du couvent, l'Europe était déchirée par les controverses théologiques et parfois même la guerre, comme lors de la Réforme protestante (1517-1530) et de la Contre-Réforme catholique (1545-1563). Elle a réalisé qu'elle manquait à son appel. À l'âge de trente-huit ans, elle s'est soudainement mise à ressentir une transformation radicale, incluant plusieurs expériences mystiques. Elle s'est trouvée faisant écho au cri du cœur d'Augustin au IVe siècle : « Quand ? Demain, demain ? Pourquoi pas aujourd'hui ? » Elle a décidé de fonder des couvents sur la base de la règle de vie carmélite originelle, qui encourageait à la contemplation.

La dynamique Thérèse n'a plus eu à choisir entre l'exaltation et le couvent. Une fois qu'elle s'est engagée dans la réforme[32] de l'ordre carmélite, elle a eu abondance des deux. Bien que l'Espagne fut un pays catholique dévot – en fait militant – Thérèse et ses associés eurent de grandes difficultés à fonder des couvents réformés. En 1571, Thérèse fut ordonnée par une autorité ecclésiastique de servir comme prieure d'un couvent dans sa ville natale d'Avila, et lorsqu'elle arriva :

> Le provincial tenta de la conduire jusqu'au chœur pour l'installer à son office, mais il trouva l'entrée bloquée par un groupe de nonnes hostiles et en colère. Il marcha alors vers une autre entrée,

pour tomber sur un autre groupe de nonnes menaçantes qui leur crièrent de quitter le couvent. Quelque part à l'intérieur du chœur, un petit groupe de nonnes favorables à la nomination commença à chanter un *Te Deum* en action de grâce, mais leurs voix étaient couvertes par les cris et les sifflets des autres.

Finalement, la police a dû intervenir pour rétablir l'ordre. Le comportement des nonnes semble étrange aujourd'hui, mais nous devons garder à l'esprit que de nombreuses femmes à l'époque de Thérèse entraient au couvent pour résoudre de façon respectable un problème économique ou social. Ces femmes ne souhaitaient pas changer radicalement un mode de vie confortable uniquement parce que quelqu'un d'autre avait eu une expérience mystique.

Et pourtant, le groupe réformateur de Thérèse avait également raison d'insister sur le fait que la raison d'être des carmélites était une vocation prophétique qui remontait à travers les millénaires jusqu'au prophète Élie. Ainsi, le conflit était insoluble par principe. Mais de façon plus menaçante, Philippe II d'Espagne était régulièrement en désaccord avec le Pape, à une époque où peu distinguaient clairement entre politique et religion. Par conséquent, les thèmes religieux du moment devenaient vite hautement politisés. Thérèse fut destituée des chaires de sa ville natale, ouvertement dépeinte par un évêque de haut rang comme « une aventurière agitée, une femme désobéissante et insubordonnée », et menacée par l'Inquisition.

Thérèse s'est moquée de ces problèmes, elle les a ignorés ou contournés. Elle était une femme de grand bon sens qui aimait le rire et l'amusement. Un historien carmélite raconte que lorsqu'elle fut présentée à un groupe de bigots bien-pensants, elle confia : « Ils étaient saints de leur propre point de vue, mais quand je les ai mieux connus ils m'ont effrayée davantage que tous les pécheurs que j'ai rencontrés. » Elle fut pionnière dans l'instauration de petits groupes de prière, qui sont aujourd'hui utilisés dans la tradition chrétienne à travers le monde, et dans lesquels des personnes aux parcours de vie différents s'aident mutuellement à développer leur spiritualité. Son propre groupe se composait d'un homme marié, d'une veuve laïque, de deux prêtres et d'elle-même.

Thérèse a fondé plusieurs couvents et monastères carmélites réformés qui existent encore aujourd'hui. Elle a également pris le temps d'écrire plusieurs classiques de la spiritualité, dont *Le Château intérieur*. Et, ainsi que l'historien Peter-Thomas Rohrbach l'a noté, elle « a la caractéristique unique d'être la seule femme dans l'histoire de l'Église à avoir jamais réformé un ordre d'hommes. »

Jean de la Croix (1542-1591)

Bergers qui monterez,
là-haut sur les collines, aux bergeries,
si par hasard voyez
celui que j'aime tant,
dites-lui que je languis, peine et meurs.[33]

JEAN DE LA CROIX, LORS DE SON EMPRISONNEMENT À TOLÈDE

Jean est né dans la pauvreté. Son père avait été déshérité à cause d'un imprudent mariage d'amour – puis était mort jeune. Jean, un homme petit et discret, aidait à l'hôpital local, distrayant souvent les patients de leur douleur en composant et chantant des chansons. Il était nettement attiré par la vie contemplative mais il dut devenir carmélite secrètement car ses bienfaiteurs espéraient que le talentueux garçon allait choisir une vocation plus matérielle. Il fut rapidement entraîné dans la réforme de Thérèse. En tant que prêtre et fin psychologue, il fut le directeur spirituel de nombreux jeunes gens hésitants qui se sentaient attirés par la vie méditative. Le psychiatre Gerald May écrit :

> Les intuitions psychologiques de Thérèse se comparent favorablement à celles de Freud et de ses disciples du XXe siècle. Les descriptions par Jean de l'attachement valorisent brillamment la théorie moderne de la dépendance. Leur imagerie a une qualité universelle qui parle au cœur des chercheurs spirituels d'aujourd'hui.

Mais Jean a payé le prix fort pour son intuition et sa dévotion. En décembre 1577, il fut kidnappé, menotté, et secrètement emprisonné dans un monastère de Tolède. En dépit de promesses et de menaces, il refusa de renoncer à la réforme. Dès lors, il fut battu rituellement trois nuits par semaine pendant des mois. Thérèse fit de son mieux pour lui venir en aide, mais sans succès. Personne ne savait exactement où il était détenu.[34] Une conséquence de son malheur et de son désespoir fut qu'il commença à avoir de profondes expériences mystiques, qu'il exprima dans des poèmes parmi les plus beaux jamais écrits en espagnol.

Finalement, en août 1578, Jean saisit une opportunité pour tenter une évasion risquée. Franchissant le mur, il partit se cacher dans un couvent de nonnes réformées. Quand ses anciens geôliers prirent le couvent d'assaut pour le chercher, la prieure déclara de façon ambiguë : « Ce serait un miracle si vous voyiez un moine ici. » Un tel miracle ne survint pas ; elle avait caché Jean de façon trop astucieuse.

En 1580, on attribua aux couvents réformés une juridiction distincte, qui aida à résoudre le conflit qui avait rendu la vie de Jean si difficile. Son œuvre, Les Cantiques spirituels, La Nuit obscure et La Montée du Carmel… a continué à guider les chercheurs spirituels de la tradition chrétienne pendant des siècles, bien que la plupart de ses lettres de conseils spirituels aient été détruites par leurs destinataires par crainte de représailles.

Les martyrs carmélites de Compiègne

Ce que le futur garde en réserve, quel destin nous attend, je l'ignore. J'attends du paradis, dans sa générosité, seulement ces bénédictions modestes que les riches et puissants de ce monde regardent de haut et tiennent en mépris : bienveillance pour toutes choses vivantes, patience infinie et tendre conciliation.[35]

UNE PRIEURE CONFORTANT DE JEUNES NONNES LORS DU RÈGNE DE LA TERREUR

Au cours du règne de la Terreur (1792-1794) de la Révolution française, de nombreux religieux ont été persécutés. Lorsque les quatorze nonnes carmélites et les deux servantes du couvent de Compiègne ont été emprisonnées en 1793, elles n'ont pas tenté de s'évader. Elles ont offert leurs vies chaque jour pour la paix de la France.

Accusées de crimes contre l'État, elles ont été condamnées à mort. Privées de leur tenue carmélite, elles ont fabriqué des habits de fortune à partir de vêtements de récupération. À l'ombre de la guillotine, le 17 juillet 1794, là où se trouve désormais la Place de la Nation, elles se sont agenouillées et ont chanté un cantique, renouvelant publiquement leurs vœux de baptême et religieux, et s'en sont allées calmement vers la mort. D'habitude bruyante, la foule était cette fois totalement silencieuse.

Les martyrs carmélites ont été commémorés dans de nombreuses œuvres, y compris un opéra, *Dialogues des carmélites*, par Francis Poulenc et Emmet Lavery.[36] Mais le mémorial qui aurait compté pour elles était la fin du règne de la Terreur, qui survint quelque dix jours plus tard.

Edith Stein (1891-1941)

Ceux qui cherchent la vérité cherchent Dieu, qu'ils en aient conscience ou non.

EDITH STEIN, PHILOSOPHE CARMÉLITE

Edith Stein, brillante jeune fille juive née à Breslau, en Allemagne, était attirée par l'existentialisme et se considérait comme athée. Elle est pourtant restée éveillée toute une nuit pour lire la biographie de la mystique carmélite Thérèse d'Avila. À la fin de sa lecture elle a déclaré : « Voilà, ceci est la vérité ! » Elle est devenue une chrétienne catholique l'année suivante. Sa dévouée – et dévote – mère juive n'a bien sûr pas vu la vérité comme sa fille, ce qui fut l'un des douloureux dilemmes qui ont marqué la vie de Stein. Elle a écrit et enseigné dans un institut de formation des maîtres ; elle n'a pas pu travailler à l'université à cause d'un préjugé répandu contre les femmes philosophes. Elle fut cependant hautement reconnue comme un modèle pour la femme catholique de son époque.

Une ombre bien plus noire se trouva sur son chemin quand Hitler interdit aux juifs d'enseigner.[37] On lui offrit la sécurité d'une chaire dans une université Sud-américaine, mais elle sentait qu'elle devait souffrir avec les autres personnes d'ascendance juive. En 1933, elle entra au Carmel (couvent carmélite) de Cologne, se renommant elle-même Thérèse Bénédicte de la Croix, un nom qui était non seulement une reconnaissance de l'œuvre de Thérèse d'Avila, mais exprimait également l'appréhension de la nouvelle Thérèse pour son propre futur. Au Carmel, elle continua à écrire des livres et à suivre l'évolution du terrorisme contre les Juifs. Quand la solution finale de Hitler se fit imminente en 1938, sa présence devint un danger pour les autres sœurs. Le 31 décembre elle fut alors secrètement emmenée au Carmel d'Echt, en Hollande.

Quand les Pays-Bas furent envahis par les nazis, des projets furent élaborés pour faire passer Stein clandestinement en Suisse. Mais en juillet 1942, l'Église catholique néerlandaise édita une lettre pastorale, lue dans toutes les chaires, condamnant la persécution des Juifs. Les nazis répondirent en arrêtant tous les juifs convertis de Hollande, y compris Thérèse Bénédicte et sa sœur Rosa (qui l'avait rejointe au Carmel d'Echt). Elles furent rapidement dirigées vers les camps d'extermination. Thérèse avait anticipé cela, et elle s'y prépara. Un témoin, un homme d'affaires juif, se souvient :

> Sœur Bénédicte sortait du lot parmi ceux amenés au camp de prisonniers du fait de son grand calme et de sa mémoire. Les pleurs, la détresse et l'état de confusion des nouveaux arrivants étaient indescriptibles. Sœur Bénédicte allait parmi les femmes comme un ange de miséricorde, les calmant et les aidant. De nombreuses mères étaient au bord de la folie, succombant à une mélancolie noire et morbide. Elles négligeaient leurs enfants et étaient seulement capables de pleurer en un muet désespoir. Sœur Bénédicte a pris soin des petits enfants, les lavant et peignant leurs

cheveux, leur apportant de la nourriture et s'occupant de leurs autres besoins essentiels.

Stein fut gazée à Auschwitz en 1942, avec sa sœur. Si elle avait vécu en des temps plus heureux et plus sûrs, elle aurait encouragé l'engagement des femmes en politique, une cause qui fut toujours chère à son cœur. Elle a ainsi écrit : « La Nation... n'a pas seulement besoin de ce que nous avons. Elle a besoin de ce que nous sommes. »

Docteurs carmélites de l'Église

Trois mystiques carmélites, Thérèse d'Avila (1970), Jean de la Croix (1926) et Thérèse de Lisieux (1997), ont reçu le titre de « docteur de l'Église » au sein de l'Église catholique. Le titre, accordé en tout à trente-trois personnes au cours des deux derniers millénaires, signifie que la vie et l'enseignement de la personne manifestent à la fois une éminente érudition et un haut degré de sainteté spirituelle, et que par conséquent tous les chrétiens peuvent bénéficier de leurs enseignements. (Le titre n'implique pas que leurs enseignements soient exempts d'erreurs ou infaillibles ni que ces mystiques aient toujours vécu de façon parfaite.)

Thérèse d'Avila et Thérèse de Lisieux sont deux parmi seulement trois femmes à avoir été déclarées docteurs de l'Église. La troisième est la mystique dominicaine Catherine de Sienne (1347-1380, nommée docteur en 1970). Malgré ses racines modestes, Catherine a critiqué sans vergogne les dignitaires de la violente société italienne de son époque. Par exemple, elle a pu se permettre de dire au pape Urbain VI de contrôler son tempérament dur et violent, de peur qu'il ne sape ses efforts pour résoudre les conflits.

> Vous savez que vous faites mal, mais comme une femme malade et passionnée, vous vous laissez être guidée par vos passions.[38]
>
> LE MESSAGE DE CATHERINE À LA REINE DE NAPLES, SOUPÇONNÉE D'AVOIR ASSASSINÉ SON ÉPOUX.

Le fait que ces trois femmes docteurs étaient des mystiques souligne un paradoxe de la vie de nombre d'entre eux. D'une part, ils (elles) vivent une vie ascétique, selon l'ancienne règle, évitant le pouvoir matériel ou la publicité. Aucune de ces trois femmes n'aurait pu occuper un rôle formel dans la hiérarchie de l'Église catholique, par exemple. Et d'autre part, les mystiques jouissent souvent d'une grande liberté intellectuelle et sociale, ce qui conduit à des réalisations significatives.

CHAPITRE 10

Dieu a-t-il créé le cerveau ou le cerveau crée-t-il Dieu ?

> La plus belle et la plus profonde émotion que nous puissions éprouver est la sensation mystique. Là est le germe de toute science véritable. Celui à qui cette émotion est étrangère, qui ne sait plus être saisi d'admiration ou éperdu d'extase, est comme mort.[1]
>
> ALBERT EINSTEIN, PHYSICIEN

Comme nous l'avons vu au long de cet ouvrage, les neuroscientifiques et philosophes matérialistes considèrent que l'esprit, la conscience et le soi sont des épiphénomènes des processus électriques et chimiques qui se déroulent dans le cerveau, et que les ERSM « ne sont que » des états cérébraux ou des illusions créées par l'activité neuronale. Par conséquent, ces scientifiques et philosophes croient qu'il n'existe aucune source spirituelle aux ERSM, c'est-à-dire qu'ils pensent que le cerveau humain crée ces expériences et, ainsi, crée Dieu. Ce livre ayant été une réfutation de leurs conceptions depuis plusieurs angles, je me dois à mon tour d'exposer ma propre conception.

Nous avons déjà vu que les ERSM et leurs corrélats neuronaux ne constituent pas une preuve directe de l'existence de Dieu et du monde spirituel. Il est peu probable que quoi que ce soit constitue une telle preuve aux yeux d'une personne déterminée à nier leur existence. Cependant, démontrer que des états cérébraux spécifiques sont associés aux ERSM ne montre pas que de telles expériences « ne sont que » des états cérébraux. Et le fait que les ERSM aient des substrats neurologiques ne signifie pas qu'elles sont de simples illusions. Les pensées et les émotions sont également associées à des régions et des circuits cérébraux, mais seuls les matérialistes radicaux diraient qu'elles sont des illusions simplement parce qu'elles ont un socle neuronal.

Les neurosciences matérialistes ne peuvent réduire l'esprit, la conscience, le soi et les ERSM à de la « simple neurobiologie ». Je pense que les observations appuient la conception selon laquelle les individus qui vivent des ERSM entrent bien en contact avec une « force » objectivement réelle qui existe au-delà d'eux-mêmes.

> Il est très probable, en fait quasi certain, que ces anciens récits (d'expériences mystiques), formulés en termes de révélation surnaturelle, furent en fait des expériences paroxystiques parfaitement naturelles du type de celles que l'on peut facilement étudier aujourd'hui.
>
> Abraham Maslow, psychologue

La nature spirituelle de l'homme

L'appel transcendantal à se connecter à Dieu et au monde spirituel représente l'une des forces les plus fondamentales et puissantes chez *Homo sapiens sapiens*. Pour cette raison, les ERSM indiquent une dimension fondamentale de l'existence humaine. Ces expériences sont au cœur des grandes religions dans le monde. Sans surprise, les ERSM sont fréquemment rapportées au sein de toutes les cultures. Par exemple, un sondage de l'Institut Gallup en 1990, évaluant la fréquence des ERSM au sein de la population américaine adulte, a révélé que plus de la moitié (54 %) des personnes interrogées répondaient oui à la question suivante : *Avez-vous déjà été conscient de, ou influencé par, une présence ou une puissance – que vous l'appeliez ou non Dieu – qui est différente de votre soi ordinaire ?* Les ERSM peuvent avoir des effets transformateurs de la vie et conduire à une métamorphose psychospirituelle marquée. Dans la même lignée, l'Enquête sociale générale américaine de 1998 a montré que 39 % des personnes interrogées ont eu une ERSM qui a changé leur vie. Cette fréquence élevée des ERSM dans la population américaine adulte indique que de telles expériences devraient être considérées comme normales plutôt que pathologiques. Il s'agit d'un point important puisque la psychiatrie a historiquement tenté de « pathologiser » les ERSM.[2] L'un des principaux contributeurs de cet état de choses a été Sigmund Freud, qui a affirmé que les expériences des mystiques pouvaient être réduites à une « régression au narcissisme primaire. »[3]

S'élevant fermement contre cette conception, Abraham Maslow – l'un des fondateurs de la psychologie transpersonnelle, cette branche de la psychologie qui reconnaît que les expériences mystiques/spirituelles apportent des connaissances importantes sur la nature de la réalité et peuvent être étudiées scientifiquement – a fait l'hypothèse que les ERSM sont un signe de santé mentale. Cette hypothèse est appuyée expérimentalement par les résultats d'études montrant que les personnes qui rapportent des ERSM ont des scores moins élevés lors d'évaluations psychopathologiques, et plus élevés sur des échelles d'évaluation du bien-être, que ceux qui ne rapportent pas de telles expériences.

La transformation psychospirituelle qui résulte souvent des ERSM peut comporter des modifications de la pensée, des émotions, des attitudes, des croyances essentielles concernant le soi et le monde, et des comportements. Le travail de Maslow et celui d'autres pionniers tels que James et Hardy ont montré que les ERSM sont communément associées à la transcendance de l'identité personnelle, ainsi qu'à un sens développé de la connexion et de l'unité avec les autres et le monde. Ce processus d'autotranscendance éveille la personne à son soi transcendantal ou spirituel.

Il est intéressant de constater que des changements semblables sont souvent constatés chez les témoins d'EMI suite à leur expérience.[4] Ainsi, les valeurs spirituelles d'amour et de compassion pour soi-même, les autres et la nature, et l'acquisition de connaissances sur le divin prennent souvent beaucoup d'importance après une EMI, alors que les valeurs telles que la richesse, le statut et les possessions matérielles deviennent beaucoup moins importantes. Dans la tradition chrétienne, deux exemples bien connus d'individus profondément transformés par une ERSM sont l'apôtre Paul et François d'Assise. Paul était un persécuteur violent qui s'est attaqué aux premières églises chrétiennes de Palestine et de Syrie, et a participé à au moins une mort par lapidation. Pourtant, à la suite de sa vision transformatrice sur le chemin de Damas, au cours de laquelle il fut jeté à terre et aveuglé par une lumière (Actes 9:1-9), Paul a passé le reste de sa vie à servir la communauté chrétienne qu'il avait persécutée (Gal. 1:12). Quant à François d'Assise, satisfait de sa vie de jeune noble, personne n'aimait les plaisirs autant que lui. Aucunement intéressé par la piété, François était décrit comme beau, joyeux, galant et jouisseur. Au cours d'une maladie, alors qu'il avait une vingtaine d'années, il a eu la vision d'un immense couloir dans lequel étaient suspendues des armures marquées de la croix. Puis il a entendu une voix lui dire : « Elles sont pour toi et tes soldats. » À la suite de cette vision, François a abandonné les plaisirs pour une vie simple de prière silencieuse et de services aux pauvres. Il est devenu l'un des saints les plus aimés de tous les temps, vénéré pour son attention aux pauvres et à la nature. Il était particulièrement réputé pour son empathie aux souffrances des animaux.[5]

L'erreur de la psychologie évolutionniste, qui a été critiquée dans ce livre, n'est pas son soutien au fait de l'évolution, mais plutôt sa tentative d'ancrer l'expérience spirituelle dans les qualités dont la nature animale a besoin pour survivre. De telles interprétations n'expliquent en rien les observations les plus significatives concernant la spiritualité, et ne le feront probablement jamais.

Le cerveau actualise mais ne produit pas les ERSM

Il n'existe aucune preuve scientifique montrant que les illusions ou hallucinations produites par un cerveau dysfonctionnel peuvent induire le type de modifications positives à long terme et de transformation psychospirituelle qui découlent souvent d'une ERSM. En fait, les illusions et hallucinations constituent habituellement des expériences négatives, depuis une perspective subjective.

Les neuroscientifiques matérialistes n'ont pas réussi à élaborer une théorie neurobiologique satisfaisante de la façon dont l'esprit, la conscience, le soi et les ESRM surviennent à partir de l'interaction entre plusieurs régions cérébrales, circuits neuronaux et neurotransmetteurs. De mon point de vue, cette entreprise est vouée à l'échec. Pourquoi ? À cause de l'immense fossé épistémologique qui sépare le domaine psychologique (*psyché*) et le domaine physique (*physis*). Cartographier l'activité du cerveau correspondant à la découverte du théorème d'incomplétude de Gödel révèlerait très peu de choses quant à son contenu mathématique. En vertu de cette différence cardinale, la *psyché* ne peut être réduite à la *physis*. Néanmoins, *psyché* et *physis* représentent des aspects complémentaires du même principe sous-jacent ; aucun ne peut être entièrement ignoré au profit de l'autre.

Ainsi que nous l'avons relevé, les résultats d'études sur les EMI, et en particulier le cas de Pam Reynolds, suggèrent que l'esprit et la conscience peuvent perdurer lorsque les critères cliniques de la mort ont été atteints et que le cerveau ne fonctionne plus. Ces résultats indiquent également que les ERSM peuvent se produire lorsque le cerveau n'est pas fonctionnel. De telles constatations m'amènent à proposer que le pouvoir de transformation des ERSM provient d'une rencontre avec une force spirituelle objectivement réelle qui existe indépendamment des individus vivant l'expérience.

Cette conclusion est compatible avec l'hypothèse de William James selon laquelle le cerveau ne génère pas mais transmet et exprime les processus/événements mentaux. Selon cette perspective, le cerveau peut être comparé à un poste de télévision qui transforme les ondes électromagnétiques (qui existent indépendamment du poste de télévision) en images et en sons. Dans le même ordre d'idée, Henri Bergson[6] et Aldous Huxley[7] ont proposé que nos cerveaux ne produisent pas l'esprit et la conscience, mais agissent plutôt comme des valves de réduction nous permettant de faire l'expérience d'une portion étroite de la réalité perceptible. Cette perspective implique que le cerveau limite en temps normal notre expérience du monde spirituel. En phase avec cette approche, les résultats de nos études de neuro-imagerie avec les nonnes carmélites suggèrent que des modifications neuroélectriques, neurochimiques et neurométaboliques sont nécessaires à la survenue d'une ERSM.

Une conception non matérialiste

Dans la dernière partie de ce chapitre conclusif, je souhaite présenter, très brièvement, les éléments clés d'une conception non matérialiste de l'esprit, de la conscience, du soi et des ERSM. Ce point de vue personnel – qui rejette avec force la version extrémiste de la doctrine matérialiste qui veut que les êtres humains soient des automates biologiques (« marionnettes de chair ») contrôlées par leurs gènes et leurs neurones – se fonde non seulement sur les découvertes de plusieurs disciplines scientifiques (dont certaines sont présentées dans ce livre), mais aussi sur une série d'expériences mystiques que j'ai vécues depuis l'enfance. Certaines de ces expériences ont inclus des états que le psychiatre Richard Maurice Bucke a appelé « Conscience cosmique ».

L'une de ces expériences est survenue il y a une vingtaine d'années alors que j'étais allongé dans mon lit. J'étais alors particulièrement faible car je souffrais d'une forme sévère de ce que l'on appelle aujourd'hui le syndrome de fatigue chronique. L'expérience a commencé par une sensation de chaleur et de picotement dans la colonne vertébrale et la poitrine. Tout à coup, j'ai fusionné avec l'Intelligence cosmique (ou l'ultime Réalité), source d'amour infini, et je me suis retrouvé uni à tout ce qui existe dans le cosmos. Cet état d'être unitaire, qui transcende la dualité sujet/objet, était sans durée et s'accompagnait d'une intense félicité et extase. Dans cet état, j'ai ressenti l'interconnexion fondamentale de toutes choses dans le cosmos, cet océan de vie sans limites. J'ai également réalisé que tout provient et fait partie de cette Intelligence cosmique. Cette expérience m'a transformé psychologiquement et spirituellement, et m'a donné la force nécessaire pour surmonter ma maladie et guérir.

Selon la conception non matérialiste, la mort du cerveau ne signifie pas l'annihilation de la personne, c'est-à-dire l'éradication de l'esprit, de la conscience et du soi. Les esprits et les « soi » individuels sont liés ensemble par un Fondement d'existence divin (ou matrice primordiale). Il s'agit de l'Esprit omniprésent, éternel et infini, qui est la source perpétuelle de l'ordre cosmique, la matrice de l'univers entier, incluant à la fois la *physis* (nature matérielle) et la *psyché* (nature spirituelle). L'esprit et la conscience représentent une propriété fondamentale et irréductible du Fondement d'existence. Non seulement l'expérience subjective du monde phénoménal existe dans l'esprit et la conscience, mais l'esprit, la conscience et le soi influencent profondément le monde physique.

En temps normal, les « soi » individuels n'ont pas conscience de ce Fondement d'existence. Cependant, dans certaines circonstances, impliquant en général des états modifiés de conscience, les « soi » individuels peuvent prendre conscience et même s'unir à ce Fondement d'existence, qui sous-tend à la fois les domaines physique et psychologique, et constitue le fondement ultime du soi. De tels états mystiques impliquent l'expérience intuitive directe de l'unité « organique » et de l'interconnexion de toutes choses dans l'univers. Cette unité fondamentale et cette interconnexion permettent à l'esprit humain d'agir causalement sur la réalité physique. Elles autorisent l'interaction psi entre les êtres humains et entre ces derniers et des systèmes physiques ou biologiques. Sur ce sujet, il est intéressant de noter que les physiciens quantiques reconnaissent de plus en plus la nature mentale de l'univers.[8]

> Les concepts qui apparaissent aujourd'hui fondamentaux à notre compréhension de la nature... me semblent être des structures de pensée pure... L'univers commence à ressembler davantage à une gigantesque pensée qu'à une gigantesque machine.[9]
>
> JAMES JEANS, PHYSICIEN (1877-1946)

Un nouveau cadre de référence scientifique

Si nous voulons faire des progrès significatifs au plan de notre compréhension de l'esprit humain et de la conscience, de même qu'en matière de développement du potentiel spirituel de l'humanité, nous avons besoin d'un nouveau cadre de référence. Un tel cadre montrera que le matérialisme scientiste dogmatique n'est pas synonyme de science. Un cadre de référence scientifique doit réunir l'intérieur et l'extérieur, le subjectif et l'objectif, la perspective à la première personne et celle à la troisième personne. L'expérience mystique issue de nombreuses traditions spirituelles indique que la nature de l'esprit, de la conscience et de la réalité, de même que le sens de la vie, peuvent être appréhendés à travers une forme intuitive, unifiante et expérientielle du savoir. Un cadre de référence scientifique doit prendre en compte de telles observations. Un tel environnement stimulerait grandement l'investigation scientifique des conditions neurologiques, physiologiques, psychologiques et sociales favorables à la survenue des ERSM, ainsi que des effets des ERSM et des pratiques spirituelles sur la santé et sur le fonctionnement psychologique et social.

On observe une tendance dans l'évolution humaine vers une spiritualisation de la conscience. Le nouveau cadre de référence scientifique proposé peut accélérer notre compréhension de ce mouvement de spiritualisation et contribuer significativement à l'émergence d'un type de conscience planétaire.[10] Le développement de ce type de conscience est absolument essentiel à la résolution par l'humanité des crises globales auxquelles nous faisons face (par ex. la destruction de la biosphère, l'extrême pauvreté et l'extrême richesse, l'injustice et l'inégalité, les guerres, les armes nucléaires, les intérêts politiques antagonistes, les croyances religieuses opposées, etc.), et à la création en toute sagesse d'un futur qui profitera à tous les êtres humains et à toutes les formes de vie sur la planète Terre.

Notes de l'auteur

Chapitre 1er : Les neurosciences spirituelles

1. Cette approche philosophique de la nature est appelée « matérialisme », « naturalisme » ou « naturalisme métaphysique ». Dans ce livre, le terme « matérialisme » est utilisé le plus souvent, mais certaines sources utilisent le terme « naturalisme ».

2. « La sélection naturelle, le processus aveugle, inconscient, automatique, découvert par Darwin, et dont nous savons aujourd'hui qu'il explique l'existence de la vie et son apparence d'avoir été conçue dans un but précis, n'a pas de but précis en tête. Elle n'a pas d'esprit, et elle n'a pas « d'œil de l'esprit ». Elle ne prévoit pas le futur. Elle n'a pas une vision, un pouvoir d'anticipation ; elle ne peut rien voir. Si l'on peut dire qu'elle joue le rôle de l'horloger, alors c'est un horloger aveugle. » (*L'Horloger aveugle* – Robert Laffont, 1999).

3. Article de Ricki Lewis pour *The Scientist* (juin 2005). Examiner en détail les affirmations concernant les origines de façon générale va bien au-delà de l'objectif de ce livre, qui se concentre sur la nature spirituelle des êtres humains. Cependant, il y a actuellement de nombreuses controverses sur la façon dont l'évolution se produit. Par exemple, Lewis note : « Le *niveau* auquel agit la sélection naturelle reste une question sans réponse. » Si, après 150 ans, le niveau auquel agit la sélection naturelle reste une question sans réponse, il y a manifestement de la place pour de nouvelles approches sur le thème de l'évolution. On peut dire la même chose des origines de la cellule, à propos de laquelle le biologiste Franklin Harold écrit : nous n'avons qu'une « variété de spéculations hasardeuses ».

4. Phillip E. Johnson, *Le Darwinisme en question. Science ou métaphysique ?* (Exergue, 1997).

5. Daniel Dennett, *La diversité des esprits* (Hachette, 1998).

6. 14. *Ibid.*

7. Dennett a tenté, dans son livre, *Théorie évolutionniste de la liberté* (Odile Jacob, 2004), de bâtir une description du libre arbitre fondée sur l'évolution darwinienne, mais il n'est pas reconnu pour avoir réussi. Le darwinien David Barash écrit, dans une interview par ailleurs exubérante : « Je ne suis pas convaincu que la distinction de Dennett entre "déterminé" et "inévitable" est aussi significative qu'il le maintient triomphalement », ce qui casse le cœur même de la thèse de Dennett (article dans *Human Nature Review*, 2003). De façon accablante, Roger William Gilman sous-entend dans la revue *Logos* que la notion de libre arbitre selon Dennett est au libre arbitre tel qu'on l'entend ce que les repas minceur sont à la gastronomie. Tout ce qu'on peut dire à propos de ces repas « allégés » est qu'on peut légalement les vendre comme de la nourriture.

8. Bien sûr, cette observation sous-entend qu'aucun aspect de l'expérience religieuse ne peut faire l'objet d'une approche scientifique fondée sur les preuves. Aujourd'hui, de nombreux scientifiques étudient divers phénomènes religieux.

9. Cette valeur est cite par Ronald Aronso dans un livre non traduit d'Alister McGrath, *The Twilight of Atheism: The Rise and Fall of Disbelief in the Modern World* (Le crépuscule de l'athéisme : grandeur et décadence de l'incroyance dans le monde moderne, New York: Doubleday, 2005). Nous devons garder à l'esprit que la plupart des ces gens vivaient dans des États officiellement athées qui étaient intolérants vis-à-vis de la religion ; leurs véritables idées ne peuvent pas facilement être mises à jour.

10. Le chercheur Paul Pettitt, du Keble College d'Oxford, pense que les pratiques funéraires de Neandertal sont probablement très anciennes. De fait, l'idée même d'enterrement implique à la fois une idée du soi et une conscience de la mort.

11. La plupart des traditions spirituelles ne voient pas Dieu comme un père ; le christianisme est le seul à le faire parmi les grandes religions. En ce qui concerne la survie personnelle, de nombreuses traditions soit n'y insistent pas (judaïsme), soit découragent l'intérêt pour le soi en général car il est censé entraver l'évolution spirituelle (bouddhisme).

12. Dawkins, *L'Horloger aveugle, op. cit.*

13. Jerry A. Coyne, "The Fairy Tales of Evolutionary Psychology," *New Republic, 4 Mars, 2000*, une critique de *A Natural History of Rape: Biological Bases of Sexual Coercion*, par Randy Thornhill et Craig T. Palmer (Cambridge, MA: MIT Press, 2000). Le Dr Coyne enseigne au département d'écologie et d'évolution à l'université de Chicago. Il dénonçait que le livre propose une explication du viol en tant qu'avantage évolutif pour les hommes.

14. Evelyn Underhill, *Mysticisme* (Association Rosicrucienne, 1999). Première parution de la version anglaise en 1911.

15. George Meredith, « Les Bois de Westermain » (1883).

16. Stephen Jay Gould, *Darwin et les grandes énigmes de la vie* (Seuil, 1984).

17. Le genre *Homo* inclut l'homme moderne (*Homo sapiens*) et l'homme de Neandertal désormais éteint (*Homo neanderthalensis*). Deux espèces de chimpanzés, comprennent le genre *Pan*, le chimpanzé commun (*Pan troglodytes*) et le bonobo (*Pan paniscus*). Une étude publiée en juin 2003 dans *Proceedings of the National Academy of Sciences* avançait que « les humains sont comme des singes de type chimpanzé légèrement remodelés », citant le chiffre de 99,4 % de proximité génétique. La motivation politique est claire : « Faire entrer les chimpanzés dans le genre humain nous aiderait à réaliser notre grande ressemblance et ainsi à chérir davantage et mieux traiter nos plus proches cousins », a expliqué l'un des auteurs de l'étude, Morris Goodman.

18. Carl Sagan, *Les Dragons de l'Éden* (Seuil, 1980).

19. Dans une vaste étude sur les différences génétiques entre les humains et les chimpanzés, les analystes du génome sont tombés sur des centaines de gènes qui montraient un motif de changement de séquence chez les ancêtres humains dans le sens de l'odorat, la digestion, la croissance des os longs, la pilosité et l'ouie. (*Science*, décembre 2003). Une estimation donnée peut choisir d'inclure ou d'exclure une telle information, selon la façon dont elle est réalisée.

20. Andrew Newberg, Eugene D'Aquili et Vince Rause, *Pourquoi Dieu ne disparaîtra pas* (Sully, 2003).

21. Elaine Morgan, *Les Cicatrices de l'Evolution* (Gaïa, 1994). La théorie du singe aquatique proposée par Morgan semble avoir été d'abord suggérée par Alister Hardy.

22. Pour plus de prédictions de la part du gourou de l'intelligence artificielle Ray Kurzweil, voir en français *Humanité 2.0 : la bible du changement* (M 21 Editions, 2007) et *Serons-nous immortels ? : Oméga 3, nanotechnologies, clonage...* (Dunod, 2006).

23. Douglas Adams, *Le Guide du voyageur galactique* (Gallimard, réédition 2005), première parution en 1979 en anglais. La question trouve finalement une réponse à la fin du tome 2 : *Le dernier restaurant avant la fin du monde* (Flammarion, 2000).

24. Un philosophe qui défend l'intelligence artificielle peut être tenté d'avancer qu'un ordinateur pourrait produire des concepts de l'esprit trop complexes pour être compris par des humains. Mais s'il n'y a aucun moyen d'évaluer la signification des concepts informatiques, ils ne peuvent pas être considérés comme des concepts. Douglas Adams, dans son *Guide du voyageur intergalactique*, s'attaque à ce problème.

25. Robert J. Sawyer, *Expérience terminale* (J'ai Lu, science fiction, 1999).

26. Sagan, *Les Dragons de l'Eden*, *op. cit.*

27. McGrew note que les programmes informatiques tendent à avoir la vue courte, ce qui veut dire que les grands maîtres qui les utilisent ont une tendance « gourmande » à sauter sur un avantage, et les grands maîtres qui ne les utilisent pas ont appris à tirer profit du fait que le programme lui-même ne peut prévoir un futur désavantage.

28. Robert J. Sawyer, auteur canadien de science-fiction bien connu, suggère dans son livre *Calculating God* (J'ai Lu, science fiction, 2005) qu'un tel être est à l'origine de l'existence de l'univers.

29. Bertrand Russell. Publié en 1903 dans *A Free Man's Worship* (Le culte de l'homme libre).

30. Voir Karl Popper et John Eccles, *The Self and its Brain* (Le soi et son cerveau), Oxford : Routledge, 1984, non traduit.

31. Gonzalez n'était pas nommé dans la déclaration, mais le principal promoteur, le professeur associé d'études religieuses Hector Avalos, a admis qu'il en était bien la cible. Avalos a expliqué qu'il craignait que l'État de l'Iowa soit vu comme un « centre de la théorie du dessein intelligent ». Il n'est pas apparu que l'université de l'Iowa soit elle-même perçue ainsi du fait que Gonzalez y enseigne.

32. Des centaines de planètes ont été découvertes autour d'autres étoiles que notre soleil ; d'où l'intérêt récent pour l'habitabilité. Voir Michael Denton, *L'Évolution a-t-elle un sens ?* (Fayard, 1997).

33. Il est significatif qu'Avalos soit conseiller de la Société athée et agnostique de l'université alors que Gonzalez est conseiller d'une organisation étudiante chrétienne.

34. Le livre de Sawyer sur ce thème est *Calculating God*. En général, on appelle « coïncidences anthropiques » le grand nombre de coïncidences apparentes en faveur de l'existence de la vie sur terre.

35. Le cosmologiste Lee Smolin défend un point de vue semblable. Il compte sur l'évolution darwinienne pour trier les vainqueurs et les perdants. La simple existence d'autres univers ne permettrait pas, bien sûr, d'établir le point soulevé par Russell. Qu'en serait-il s'ils fonctionnent tous à partir des mêmes lois que le nôtre ? Ou des lois différentes, mais toutes fonctionnelles ? Seul un tas d'univers ratés apporterait la preuve que le nôtre est fonctionnel par accident.

36. Interview accordée à George Neumayr pour *The American Spectator* en janvier 2005. Wolfe a ensuite commenté : « Pensez à la théorie du Big Bang ou cette théorie ridicule sur la façon dont la première cellule est arrivée. Ils disent maintenant qu'elle est probablement venue du fin fond de l'espace quand un astéroïde a heurté la Terre (...). C'est à cause de ce genre d'âneries que le darwinisme finira dans les flammes. »

37. De nombreux scientifiques d'élite préfèrent la conception de Russell à celle de Gonzalez, mais ça ne constitue pas une preuve.

38. Dans un article sur le mensonge, paru dans *Scientific American* en 2005, David Livingstone Smith compare le mensonge chez l'homme au fait que certaines orchidées imitent l'aspect et l'odeur des guêpes femelles, amenant les mâles à les polliniser. Smith explique clairement qu'il pense que des processus semblables pilotent le comportement des formes de vie qui ont un esprit et celles qui n'en ont pas.

39. John Eccles, *Évolution du cerveau et création de la conscience* (Flammarion, 1993).

40. Certains philosophes de la conscience estiment que nous avons besoin d'un nouveau langage pour rendre compte du fait que nous ne faisons pas réellement des choix ni ne prenons des décisions, car le langage courant renforce l'illusion populaire que c'est le cas. Ce point est discuté au chapitre 5.

41. Lucrèce, *De rerum natura* (De la nature), (Flammarion, 1999).

42. «Quantum» signifie approximativement «paquet». Le quantum est un paquet, comme le réglage à 50 watts de l'ampoule. Pour avoir plus de lumière, il faut accéder au paquet suivant, par exemple 100 watts. Une autre façon de réfléchir au problème est de considérer les œufs vendus au supermarché. On peut acquérir une boîte de six œufs ou douze œufs, mais on ne peut acheter sept ou onze œufs.

43. Paul A. M. Dirac, « Le développement de la mécanique quantique », article présenté à la conférence de l'Accademia Nazionale dei Lincei de Rome (1972).

44. Cet effet tient son nom de Zénon, un philosophe stoïcien, qui estimait qu'une flèche observée en continu ne devrait jamais atterrir. Peut-être a-t-il eu tort à propos de la flèche (c'était le paradoxe de Zénon, après tout), mais les particules quantiques lui ont finalement donné raison.

45. Voir l'article "Quantum Theory in Neuroscience and Psychology: A Neurophysical Model of Mind/Brain Interaction", par J. M. Schwartz, H. Stapp, et M. Beauregard. Publié dans *Philosophical Transactions of the Royal Society B : Biological Sciences* 360 (2005): 1309–1327.

46. Voir par exemple l'étude "Neural Circuitry Underlying Voluntary Suppression of Sadness", par J. Lévesque et al., publié dans *Biological Psychiatry* (mars 2003), dans laquelle la tristesse a été volontairement réprimée. "Change the Mind and You Change the Brain': Effects of Cognitive-Behavioral Therapy on the Neural Correlates of Spider Phobia", par V. Paquette et al., publié dans *Neuroimage* (février 2003), dans laquelle la phobie des araignées a été volontairement surmontée. "Separate Neural Circuits for Primary Emotions ? Brain Activity During Self-Induced Sadness and Happiness in Professional Actors", par M. Pelletier et al., publié dans *Neuroreport* (juin 2003), dans laquelle des acteurs professionnels ont montré qu'ils séparaient les émotions scéniques et personnelles. Ces données sont étudiées plus en détail dans les prochains chapitres.

47. Schwartz, Stapp, et Beauregard, "Quantum Theory in Neuroscience and Psychology."

48. Le physicien empêche la particule de se désintégrer simplement en continuant à la mesurer. Dans d'autres expériences, les physiciens ont amené des électrons à modifier leur état de façon à correspondre à d'autres électrons avec lesquels ils ne pouvaient pas avoir été en contact. Ce sont là des exemples de causalité non-mécanique.

49. William James a été confronté à un problème de définition de ce type et a commenté : « Avec les états qui ne peuvent être appelés religieux que par politesse, nous ne devons rien avoir à faire, notre seule activité profitable concernant ce que personne ne peut se sentir tenté d'appeler autrement. » Il a choisi d'observer des phénomènes extrêmes afin de se concentrer sur les domaines spécifiques qu'il souhaitait étudier. Voir William James, *Les formes multiples de l'expérience religieuse* (Exergue, 2001).

50. Ce livre ne traitera pas des phénomènes qui peuvent être considérés comme des pratiques magico-religieuses. James estime (Les formes multiples de l'expérience religieuse) que la magie peut aussi bien être appelée science primitive que religion primitive. On pourrait encore plus justement la considérer comme une technologie primitive ; la magie vise à contrôler le monde naturel. Les ERSM visent la compréhension ou l'illumination ; le sujet ne recherche pas directement à obtenir un bénéfice ou à exercer un contrôle sur le monde physique.

Chapitre 2 : Y a-t-il un programme divin ?

1. Edward O. Wilson, *L'Humaine Nature* (Stock, 1979), chapitre 1.

2. Matthew Alper, *The "God" Part of the Brain: A Scientific Interpretation of Human Spirituality and God* (New York: Rogue, 2001) Non traduit.

3. Pascal Boyer, *Et l'homme créa les dieux : Comment expliquer la religion* (Robert Laffont, 2001).

4. Au XXe siècle, quelques peuplades mélanésiennes du Pacifique Sud croyaient que les biens manufacturés occidentaux (cargo) avaient été créés par les esprits des ancêtres pour eux et que les Blancs en avaient injustement pris le contrôle.

5. Nous avons vu brièvement au chapitre 1 les pratiques primitives d'enterrement qui reflètent cette conception.

6. James George Frazer, *Le Rameau d'or* (2 tomes, Robert Laffont, 1998).

7. Frazer, *Le Rameau d'or.* De façon générale, dans les traditions primordiales, même les arbres sont censés avoir un esprit. Le courroux des dieux s'abat sur celui qui coupe un arbre sans apaiser au préalable son esprit.

8. Article de Jeffrey Kluger, Jeff Chu, Broward Liston, Maggie Sieger, et Daniel Williams, "Is God in Our Genes?" dans *Time*, 25 octobre 2004. Le « chapeau » de l'article annonce : « Une étude provocante se demande si la religion est un produit de l'évolution. Au cœur d'une quête des racines de la foi. »

9. Le site internet de *BBC News* nous apprenait en novembre 2003 que des chercheurs ont trouvé un gène qui pourrait être responsable de l'obésité chez une personne obèse sur dix, mais « le professeur Philippe Froguel a expliqué que l'obésité est un problème complexe, qui ne peut être entièrement expliqué par un seul facteur. » On peut en effet penser que l'augmentation de la sédentarité et des régimes riches en graisses (et sucres) jouent un rôle.

10. L'épidémiologiste Tim Spector, qui suggère à partir de ses recherches sur les jumeaux qu'un tel gène pourrait exister, n'avait même pas publié son étude sur ce thème que les médias s'en étaient déjà emparés.

11. Horgan explique dans son livre "*Do Our Genes Influence Behavior ?*" (Nos gènes influencent-ils notre comportement ?, non traduit) que les écrivains scientifiques savent très bien que les histoires en faveur du déterminisme génétique sont appréciées par les éditeurs et qu'ils sont donc encourager à aller dans ce sens.

12. Dans un article consacré à une revue des études sur les jumeaux, la psychologue Lea Winerman explique : « Les chercheurs qui travaillent sur les jumeaux... supposent que les jumeaux vrais ou faux qui sont élevés dans le même foyer font l'expérience exactement du même environnement. Mais certains chercheurs suggèrent que les parents, les enseignants, les enfants du même âge et les autres traitent les vrais jumeaux comme s'ils étaient plus semblables que les faux jumeaux. » Bien que les experts en éducation déconseillent cette attitude, la culture populaire y encourage.

13. Un sondage réalisé début août 2005 pour *Newsweek* a révélé que 64 % des Américains se réclament d'une religion et 57 % considèrent que la spiritualité joue un rôle très important dans leur vie quotidienne.

14. La journaliste du *New York Times* Natalie Angier note que de nombreux vrais jumeaux séparés à la naissance qui participent à des études « se sont rencontrés régulièrement au cours de leur vie », ce qui pose des questions quant à la part génétique de leur ressemblance.

15. Dans le roman de l'écrivain américaine Toni Morrison, *L'Œil le plus bleu* (Poche 10/18, 1998), une jeune fille noire prie pour avoir les yeux bleus afin d'être plus séduisante dans un environnement raciste. Par ailleurs, certains stéréotypes culturels associent les yeux bleus à la froideur émotionnelle.

Chapitre 3 : Y a-t-il réellement un module de Dieu ?

1. Mark Salzman, *Lying Awake* (Étendu éveillé, New York: Knopf, 2000). Non traduit.

2. Ce genre d'affirmation apparaît dans l'article de Liz Tucker pour *BBC News* «*God on the Brain* »(Dieu dans le cerveau). Ce texte est un classique du genre décrit ici. Tucker assène ainsi : « Nous ne saurons jamais avec certitude si des figures religieuses du passé ont vraiment eu une ELT, mais les scientifiques pensent désormais que cette affection apporte beaucoup d'informations sur la façon dont l'expérience religieuse peut agir sur le cerveau. » Pourtant, soit les figures religieuses du passé sont sans intérêt, soit l'incertitude à leur propos réduit la portée de l'hypothèse ELT. Tucker ne semble pas relever ce problème et continue : « Ils pensent que ce qui se passe dans l'esprit des patients souffrant d'ELT pourrait être un cas extrême de ce qui se passe dans tous les esprits. » Dans ce contexte, cette affirmation n'a quasiment pas de sens, et elle est suivie par : « Chez tout le monde, malade ou non, il semble désormais que les lobes temporaux soient la clé des croyances religieuses et spirituelles. » Mais rien dans l'article ne justifie une affirmation aussi péremptoire quant au rôle des lobes temporaux par rapport aux autres régions du cerveau. Des articles comme celui-ci donnent au public une impression largement trompeuse de l'état des observations des neurosciences sur l'expérience religieuse. Les lecteurs critiques peuvent commencer à penser que les neurosciences, par leur nature même, sont aussi tendancieuses que ce qu'en disent les médias – ce qui n'aide pas vraiment la cause de la recherche.

3. Jeffrey L. Saver et John Rabin, "The Neural Substrates of Religious Experience," (Les substrats neuronaux de l'expérience religieuse) *Journal of Neuropsychiatry and Clinical Neurosciences 9* (1997): 498–510.

4. Saver et Rabin écrivent dans leur article : « L'hypothèse des marqueurs limbiques apporte une explication entièrement différente de l'ineffabilité de l'expérience religieuse. Les contenus perceptuels et cognitifs de l'expérience numineuse sont vus comme semblables à ceux de l'expérience (consciente) ordinaire, sauf qu'ils sont étiquetés par le système limbique comme ayant une importance particulière... En conséquence, les descriptions des contenus de l'expérience numineuse ressemblent aux descriptions des contenus des expériences ordinaires, et les sensations distinctes qui leur sont rattachées ne peuvent pas être pleinement capturées par des mots. »

5. Il y a bien sûr plusieurs façons de comprendre les ERSM, mais la tradition mystique chrétienne, qui est largement documentée, est celle des sujets de ma principale recherche, les nonnes carmélites du Québec. Ce livre se concentre principalement sur la tradition chrétienne.

6. D'après W. T. Stace, *Mysticism and Philosophy* (Los Angeles: Tarcher, 1960). Non traduit.

7. Une raison possible est que le diagnostic d'épilepsie peut amener non seulement un traitement mais aussi des limitations sociales (conduite automobile) ou professionnelles (refus de poste). Les épileptiques qui n'ont pas attiré l'attention peuvent hésiter à le faire savoir.

8. J. Hughes "The Idiosyncratic Aspects of the Epilepsy of Fyodor Dostoevsky," (les aspects idiosyncrasiques de l'épilepsie de Fedor Dostoïevski) *Epilepsy & Behavior* 7 (2005): 531. L'appui de Hughes est notable car il est en général sceptique des affirmations concernant l'épilepsie en tant qu'affection répandue parmi les gens célèbres.Voir aussi plus loin son commentaire sur Vincent van Gogh.

9. John R. Hughes, "A Reappraisal of the Possible Seizures ofVincent van Gogh," (Une réévaluation des possibles crises d'épilepsie deVincent van Gogh), *Epilepsy & Behavior 6* (2005): 504–510.Van Gogh buvait beaucoup d'alcool et passait souvent de longues périodes sans manger ; dans ces conditions, il peut avoir été victime d'évanouissements sans lien avec l'épilepsie.

10. Hughes, « Une réévaluation... » : « Benson et Hermann ont montré que la majorité des épileptologues aujourd'hui pensent que seulement 'un sous-groupe de patients atteints d'épilepsie, générale ou du lobe temporal, présente les caractéristiques du syndrome de Geschwind. » Je pense queVincent van Gogh est probablement le meilleur exemple que nous puissions trouver du syndrome de Geschwind. Cependant, le syndrome a été décrit comme faisant partie de l'ELT, et s'il n'y a pas d'ELT marquée, alors le syndrome est orphelin. » Il est également intéressant de noter que les livrets de conseils aux patients épileptiques ne suggèrent pas qu'ils doivent s'attendre à des illusions religieuses.

11. John R. Hughes, "Did All Those Famous People Really Have Epilepsy?" (Toutes ces personnalités ont-elles vraiment souffert d'épilepsie ?) *Epilepsy & Behavior 6* (2005): 115–139. Dans cette étude, Hughes étudie les cas de quarante-trois personnes célèbres dont on affirme qu'elles ont souffert d'épilepsie et il conclut qu'on ne peut l'affirmer d'aucune d'entre elles. Bien qu'il soit difficile de rechercher dans le passé pour diagnostiquer ces personnalités, les symptômes tels que la douleur (non associée à l'épilepsie), la longue durée de la crise (improbable dans l'épilepsie), et l'absence de perte de conscience au cours d'une crise sévère indiquent des troubles non épileptiques.

12. Les déclarations trouvées dans la littérature médicale à propos des patients devraient être prises avec précaution. Par exemple, dans "Alexander of Macedon, the Greatest Warrior of All Times," (Alexandre de Macédoine, le plus grand guerrier de tous les temps), Hughes affirme : « Alexandre ne souffrait pas d'épilepsie et son nom devrait être rayé de la liste des personnes célèbres supposées en avoir été atteintes. » Apparemment, Alexandre avait seulement des crises après avoir pris des « médicaments » – autrement dit, il s'agissait d'une maladie iatrogénique.

13. Saver et Rabin, "Neural Substrates of Religious Experience". Ces personnalités sont particulièrement intéressantes car Paul et Jeanne d'Arc ont tous deux eu une influence culturelle

majeure dans la tradition chrétienne. Thérèse d'Avila et Thérèse de Lisieux étaient toutes deux des mystiques carmélites, tout comme les sujets de nos études décrites au chapitre 9.

14. Le véritable prénom de Paul était Saül, mais en tant que citoyen romain, il a également pris un nom latin (Paul) qui était un équivalent phonétique, comme le voulait la coutume de l'époque (voir Actes 13:9).

15. L'histoire complète est relatée dans Actes 9:1-31. Pour le parcours antérieur de Paul, voir Actes 8:1.

16. *L'encyclopédie catholique* (http://www.catholicmedia.net/fra/cathen/index.htm) suggère plusieurs causes comme le doute, le remords, la peur, l'ophtalmie (brûlure de la cornée), la fatigue, la fièvre, ou un tempérament nerveux.

17. «Et afin que je ne m'enorgueillisse pas à cause de l'extraordinaire des révélations, il m'a été donné une écharde pour la chair, un ange (ou messager) de Satan pour me souffleter, afin que je ne m'enorgueillisse pas. À ce sujet j'ai supplié trois fois le Seigneur, afin qu'elle se retira de moi ; et il m'a dit : 'Ma grâce te suffit car ma puissance s'accomplit dans l'infirmité'« (2 Cor. 12:7–9, niv).

18. Voir 2 Cor. 12:2. La déclaration de Paul d'avoir été « ravi jusqu'au troisième ciel » peut être interprétée à la lumière du mysticisme juif de son époque, selon le philosophe Eliezer Segal. Le troisième ciel était tenu pour être un lieu de repos pour les mystiques accomplis.

19. Hughes, "Did All Those Famous People Really Have Epilepsy?" (Toutes ces personnalités ont-elles vraiment souffert d'épilepsie ?). Une affection potentiellement mortelle appelé *état de mal épileptique* entraîne des crises continuelles, conduisant à la mort si elles ne sont pas traitées. Jeanne n'aurait probablement pu rester dans cet état pendant des heures.

20. Le Dr Bruce Hermann a relevé que des ELT mal contrôlées, présentes chez 20 à 25 % des patients vus dans son centre de soins, entraînent une altération des capacités cognitives avec le temps. À l'époque de Jeanne, aucun traitement efficace n'existait.

21. Un passage du roman de Dostoïevski, *L'Idiot*, est souvent cité : « J'ai vraiment touché Dieu. Il est venu en moi-même ; oui, Dieu existe, j'ai pleuré, et je ne me rappelle rien d'autre ». Mais sans prendre en compte le fait que l'auteur a certainement choisi les mots de son personnage pour l'effet produit plus qu'à des fins de précision médicale.

22. Hughes propose une explication : « Les auras agréables, comme l'extase, sont... très rares car l'essence d'un état de crise avec hautes amplitudes hypersynchrones est habituellement associé à une tonalité affective désagréable. »

23. Bjørn Åsheim Hansen et Eylert Brodtkorb, "Partial Epilepsy with 'Ecstatic' Seizures," (Épilepsie partielle avec «crises extatiques») *Epilepsy & Behavior 4* (2003): 667–673. Cette étude examine onze patients qui ont réellement ressenti des symptômes agréables associés aux crises, dont huit souhaitaient faire l'expérience à nouveau et cinq pouvaient la déclencher à volonté. Bien que les auteurs relèvent que cinq patients ont décrit une expérience «religieuse/spirituelle», il n'apparaît pas clairement qu'ils soient parvenus à cette conclusion à partir des descriptions rapportées.

24. Ils citent Spratling, qui a rapporté une aura religieuse chez 4 % des patients épileptiques en 1904, ce qui n'est pas une proportion importante.

25. Les six cas d'expériences de conversion/reconversion font partie des vingt-six patients « avec religiosité » sur un total de soixante-neuf. Ce que signifie « avec religiosité » n'est toutefois pas clair.

26. T. Lynch, M. Sano, K. S. Marder, et al., "Clinical Characteristics of a Family with Chromosome 17-Linked Disinhibition-Dementia-Parkinsonism-Amyuonophy Complex," *Neurology* 44 (1994): 1875–1884. Même si les chercheurs ont mis le doigt sur un lien valide, la situation est tout de même inhabituelle et ne peut être extrapolée au comportement de la population générale, passé ou présent.

27. V. S. Ramachandran et Sandra Blakeslee, *Le Fantôme intérieur* (Odile Jacob, 2002).

28. Cité dans Ramachandran et Blakeslee, *Le Fantôme intérieur, op. cit.*

29. C'est la classique hypothèse *d'attribution*. Un courant important des neurosciences contemporaines estime que les pensées sont réellement le fruit du fonctionnement aléatoire des neurones, mais nous inventons des raisons et les attribuons à des données sans signification car nous avons évolué en tant que créatures naturellement sélectionnées pour un tel comportement. Cette idée est abordée au chapitre 5.

30. Ramachandran et Blakeslee, *Le Fantôme intérieur*. Plus tard, il a déclaré à la BBC : « Ces patients sont plus enclins à la croyance religieuse. » Le montage laisse entendre que Ramachandran dit que les patients ELT sont en général plus enclins à la croyance religieuse. En fait, il fait probablement allusion au fait qu'il avait demandé aux spécialistes de recruter des patients connus pour être religieux (dans un échantillon de taille inconnue).

31. L'enthousiasme des médias s'est néanmoins poursuivi. Par exemple, les résultats de Ramachandran ont été mis en avant par *BBC News* comme « la toute première preuve clinique révélant que la réponse corporelle aux symboles religieux était véritablement liée aux lobes temporaux du cerveau. »

32. M. Beauregard et V. Paquette, "Neural Correlates of a Mystical Experience in Carmelite Nuns," (Corrélats neuronaux d'une expérience mystique chez des nonnes carmélites) *Neuroscience Letters 405* (2006): 186–190.

33. En effet, on peut opposer que le dilemme présenté dans le roman est, de certaines façons, un récit allégorique de la propre lutte de l'auteur pour écrire un livre difficile. Salzman, un agnostique, a lutté avec son personnage principal, un religieux contemplatif, pendant six ans. Comme Carol Lloyd l'a expliqué dans le magazine en-ligne *Salon* (janvier 2001), «l'autre histoire» du livre concerne «le romancier torturé qui vit l'enfer jusqu'à ce qu'il éprouve une empathie transcendante avec son propre personnage.» Mais l'empathie de Salzman concerne une conception de la vie spirituelle comme une quête irrationnelle. De nouveau, Lloyd analyse : « Il n'était finalement pas si différent de son personnage – sa foi dans l'écriture était en tout point illusoire et irrationnelle (et presque sacrificielle) tout comme la foi brûlante de son personnage pour Dieu. »

34. Le talent à communiquer avec un large public recouvre plusieurs capacités analysables acquises à la fois consciemment et inconsciemment, souvent au cours d'une longue période. Il semble peu plausible que le talent de sœur Jean à écrire des textes au contenu dévotionnel fort aurait simplement disparu si sa tumeur du lobe temporal avait été enlevée sans dommage, car la tumeur ne peut avoir été la source du talent.

Chapitre 4 : L'étrange affaire du casque de Dieu

1. Il s'agit de la transcription brute d'un enregistrement.

2. Bien sûr, la neurothéologie n'a pas besoin d'avoir cette intention ou cet effet, mais si le matérialisme réductionniste est le point de départ, alors le seul objectif de la neurothéologie serait d'accumuler des preuves en faveur du matérialisme.

3. Persinger a également écrit un article dans le magazine *Skeptics* (Sceptiques, déc. 2002) dans lequel, à partir d'expériences sur les rats, il montre que les récits de la résurrection de Jésus peuvent être expliqués par sa théorie de la sensibilité du lobe temporal et l'ingestion de drogues. Le journaliste scientifique Jay Ingram a commenté : « Je dois reconnaître qu'à un certain point je me demandais si l'article était une parodie brillante du besoin du scientifique rationaliste d'expliquer absolument tout, aussi baroque que soit l'explication. » Mais, conclut-il, apparemment non.

4. Dans un article de 2002, Persinger et son collègue F. Healey ont déclaré : « Nous n'avons pas tenté de réfuter ou de confirmer l'existence dans l'absolu des dieux, des esprits ou d'autres phénomènes transitoires qui semblent être des caractéristiques importantes des croyances que les gens ont sur eux-mêmes avant et après la mort... Cependant, nous avons montré que l'expérience de ces phénomènes, souvent attribuée à des sources spirituelles, peut être déclenchée en stimulant le cerveau à l'aide de champs magnétiques faibles complexes. Ces champs contiennent des énergies qui sont bien dans le spectre de celles produites dans le cerveau au cours de ces états spécifiques. Les croyances religieuses – en grande partie renforcées par les expériences personnelles de la sensation de présence –, représentent une variable persistante et prépondérante des massacres à grande échelle de groupes qui se réclament de la croyance en un certain Dieu, par d'autres groupes qui se définissent selon leur croyance en un Dieu différent. » (Experimental Facilitation of the Sensed Presence: Possible Intercalation between the Hemispheres Induced by Complex Magnetic Fields – *Journal of Nervous and Mental Diseases* 190 [2002]: 533–541).

5. L'hypothèse de Persinger sur la «sensation de présence» ne doit pas être confondue avec le travail de J. Allan Cheyne comme exposé par exemple dans "The Ominous Numinous: Sensed Presence and "Other" Hallucinations," (Le numineux de mauvais augure : sensation de présence et « autres » hallucinations) *Journal of Consciousness Studies 8*, n° 5–7 (2001). Dans cet article, Cheyne commente la peur d'être agressé par une entité fantomatique qui est propre au phénomène de paralysie du sommeil (un état intermédiaire entre la veille et le sommeil). Cheyne dit du travail de Persinger : « Même la sensation de présence a été vue comme un analogue dans l'hémisphère droit de la sensation de soi dans l'hémisphère gauche (Persinger, 1993). Les considérations soulevées ici pointent vers un ailleurs plus sinistre et primordial qui nous touche aux racines biologiques les plus profondes de notre être. »

6. Persinger affirme que les dossiers cliniques abondent d'individus diagnostiqués en tant qu'épilepsie partielle complexe avec un foyer dans le système limbique ou le lobe temporal

droit. Le chapitre 3 montre qu'il ne s'agit pas d'une conception appuyée expérimentalement (c'est de la neuromythologie).

7. Persinger lui-même avait d'abord appelé son casque «la pieuvre», mais il a rapidement été rebaptisé «le casque de Dieu» par les médias.

8. Persinger et Healey, « Experimental Facilitation... » . Les chercheurs n'ont pas interrogé les sujets sur la nature de leur sensation de présence. C'est un oubli regrettable car il serait utile de savoir si les sujets croyaient que la sensation de présence était réellement un autre individu qui leur avait été caché jusqu'à ce qu'ils aient les yeux bandés et que la pièce soit assombrie. Un tel résultat pourrait écarter une expérience mystique, telle qu'on la définit habituellement.

9. Les membres de ce deuxième groupe ont-ils rapporté une expérience inhabituelle simplement parce qu'ils ont été sélectionnés dans l'étude ? Si c'est le cas, il s'agit du classique effet placebo (le sujet pense qu'un traitement est donné et ressent les effets anticipés). Nous étudierons l'effet placebo au chapitre 6. Ceci implique que l'étude n'est pas réalisée en double aveugle. Persinger lui-même déclare qu'un effet quantique rend compte de l'expérience de la sensation de présence dans le groupe « champ simulé » : « effectivement, les résultats peuvent être une variante Heisenberg dans laquelle la mesure peut influencer et même s'ajouter au phénomène mesuré.» Comme le montrent les observations de l'équipe de Pehr Granqvist, une interprétation plus probable est l'intervention de l'effet placebo ou de la suggestion.

10. Les journalistes ne faisaient pas partie de l'étude publiée en 2002 ; celle-ci n'a recruté des sujets que parmi les étudiants de l'université Laurentienne.

11. Dans son article pour la revue *Wired*, Hitt a senti comme un défaut. Il défend farouchement Persinger, mais précise : «Sérieusement, qui parmi les croyants pratiquants et les démons extraterrestres laissera quelque tête d'œuf avec un casque de moto trafiqué gâcher leur plaisir ? Il va sans dire que la capacité humaine à rationaliser autour de la théorie de Persinger est bien plus grande que tout ce que les réplications pourront produire.» Hitt suppose que les résultats de Persinger ont été ou seront bientôt reproduits.

12. Le dossier de l'émission de la BBC précisait : «Pour qu'il n'y ait pas de risque de 'suggestion', la seule information donnée aux sujets est qu'ils participent à une expérience. Ni les sujets ni l'expérimentateur qui réalise le test n'ont la moindre idée de l'objectif de l'expérience. De plus, l'expérience est également réalisée avec et sans le champ. Selon le Dr Persinger, cette procédure induira une expérience chez plus de 80 % des sujets.» Persinger a déclaré : « L'encouragement à participer à l'étude était un bonus de 2 % dans la note d'examen final de première année de psychologie. Ces volontaires ont été informés que l'expérience impliquait la relaxation mais ils n'ont pas été informés du genre de phénomène qu'ils pourraient éprouver. »

13. Jerome Burnes, du *Times of London*, explique que Persinger «a conçu et fabriqué la Pièce C002B, connue sous le nom de chambre « du Paradis et de l'Enfer » au milieu des années 1980,

dans laquelle plus de 1000 sujets ont été amenés à ressentir des présences fantomatiques». Ian Cotton note que le laboratoire de Persinger était appelé localement «le Donjon».

14. Article de Bob Homes dans *The New Scientist*. De même, Jerome Burnes rapporte : « Les gens ont vu une grande variété de phénomènes. Ce que les autres ont ressenti dans la pièce C002B dépendait de leurs croyances culturelles ou religieuses. Certains ont vu Jésus, la Vierge Marie, Mahomet, ou l'Esprit du Ciel. D'autres, qui ont un intérêt plus qu'éphémère pour les ovnis, racontent quelque chose qui sonne plus comme une histoire classique d'enlèvement extraterrestre. »

15. Les scientifiques ne sont pas immunisés contre la suggestibilité. Un exemple célèbre est survenu au XVIIe siècle, quand Van Leeuwenhoek (inventeur du microscope), ayant découvert le spermatozoïde en 1678, a proposé en 1683 que la grossesse résulte de la rencontre entre le sperme et un ovule. De nombreux scientifiques pensaient que le sperme ou les ovules devaient déjà contenir de petits bébés (préformation), qui grandissaient dans l'utérus. Par conséquent, certains biologistes (tels que Andry, Dalenpatius et Gautier) s'attendaient à voir de tout petits êtres humains dans les cellules spermatiques observées au microscope.

16. L'outil classique de la prise de décision en science, appelé Rasoir d'Occam (essayer d'abord l'explication la plus simple), semble avoir été ignoré ici. Par exemple, au lieu de dire que Dawkins a une faible sensibilité du lobe temporal (un concept pour lequel il n'existe pas de littérature scientifique significative), on peut proposer qu'il est peu suggestible. De nombreux travaux existent sur la suggestibilité.

17. Dans l'étude publiée en 2002, Persinger et Healey avancent que la formation amygdalo-hippocampique serait un candidat de choix au substrat neuronal de la sensation de présence. Mais sans données de neuroimagerie, ils ne peuvent savoir si les champs magnétiques employés dans leurs expériences ont réellement l'effet souhaité sur l'activité neuroélectrique générée au sein de l'amygdale et de l'hippocampe (qui font partie de la portion mésiale des lobes temporaux).

18. Émission *Horizon*, BBC. Le présentateur occupait le temps en attendant que Richard Dawkins ait une expérience spirituelle avec le casque de Dieu.

19. « Persinger a été cité dans *Time* magazine disant : "Dieu est un artefact du cerveau", alors que Murphy, interviewé pour cet article, a tenu à préciser que son objectif était de mettre en valeur la spiritualité, et non de la remplacer » (Jerome Burnes, *Times of London*).

20. Murphy explique dans l'article "The Structure and Function of Near-Death Experiences: An Algorithmic Reincarnation Hypothesis Based on Natural Selection" (Structure et fonction des expériences de mort imminente : une hypothèse algorithmique de réincarnation basée sur la sélection naturelle) : « Une observation simple et primaire à propos de renaissance est que : *L'information qui permet à l'individu de s'adapter est conservée à la mort, et transmise à d'autres individus qui continuent leur développement prénatal ailleurs.* Dire qu'autre chose que de l'information renaît reviendrait à faire des suppositions là où il n'y a pas d'observations. À moins

que cette information ne soit d'une certaine manière adaptative, il est peu probable qu'un mécanisme évolutif aurait favorisé cette conservation.

21. Todd Murphy. Cet article destiné au grand public est adapté d'une version publiée dans le *Journal of Near-Death Studies 20 no.2* (décembre 2001), 101–118.

22. De nombreux scientifiques appelleraient cette procédure «la cueillette des cerises» – choisir les résultats désirés plutôt que d'analyser la série entière.

23. Evelyn Underhill, *Mysticisme* (Association rosicrucienne, 1999). La nature du mysticisme est étudiée plus en détail au chapitre 7.

24. Les expériences mystiques authentiques sont rares, donc les mots ou les images pour les décrire ne sont pas très usités (Underhill, *Mysticisme*). Bien sûr, certaines expériences peuvent être indescriptibles de toute façon.

25. Underhill, *Mysticisme, op. cit.*

26. Granqvist a expliqué à *Nature* que le niveau des expériences spirituelles était « globalement assez élevé », bien qu'il n'était pas plus élevé que dans les groupes contrôle de Persinger. Cependant, on peut noter que les participants à l'étude de Granqvist étaient des étudiants en théologie, les expériences spirituelles n'auraient donc peut-être pas dû être une surprise.

27. « Malgré une attention soutenue apportée à détecter des différences entre les groupes à un faible niveau d'effet, aucune différence significative entre le groupe expérimental et le groupe contrôle n'a été détectée sur aucune des variables dépendantes » (Pehr Granqvist et al., "Sensed presence and mystical experiences are predicted by suggestibility, not by the application of transcranial weak complex magnetic fields," *Neuroscience Letters* 2004).

28. Granqvist commente : « Des individus hautement suggestibles pourraient ne pas avoir été affectés par l'application des champs magnétiques mais simplement avoir été plus sujets à saisir et répondre aux traitements potentiellement différents entre les groupes. En présupposant même des traitements subtilement différents, cela ne semble pas improbable compte tenu de la nature du trait de suggestibilité lié au caractère vague et au large spectre d'expériences couvert par l'échelle EXIT. » Les échelles d'évaluation de Persinger n'ont pas été vérifiées indépendamment, au contraire de celles de Hood et Tellagen.

29. Même si les étudiants ne savaient pas sur quoi travaillait l'équipe de Persinger, taper simplement « Michael Persinger » dans le champ de recherche de Google fournissait certaines informations clés.

30. « Un problème méthodologique complémentaire avec les études citées est qu'elles utilisent systématiquement une mesure des résultats (l'échelle EXIT), construite de façon inductive et sans fiabilité connue ni validité conceptuelle. De nombreux items de l'échelle sont plutôt vagues («sensations de picotement», «s'être senti bizarre»), et leur relation aux expériences paranormales et mystiques, auxquelles les résultats sont généralisés, reste discutable. Ainsi il est important de savoir si les résultats peuvent être reproduits avec des méthodes d'évaluation dont la fiabilité et la validité sont bien documentées, telles que l'échelle du mysticisme de Hood» (Granqvist et al. «Sensed presence... »).

31. Citée par Roxanne Khamsi, *Nature*. Les préoccupations de Granqvist mentionnées ici sont concentrées sur les étudiants en psychologie qui ont servi de sujets dans les études que Persinger a publiées et soumises à comité de lecture. Manifestement, les journalistes scientifiques qui testent le casque de Dieu dans le but d'en faire un article sont à haut risque de subir l'effet de la suggestibilité.

32. Un spectre de Brocken est l'ombre de quelqu'un projetée sur un banc de brume ou de brouillard, visible lorsque le soleil brille bas sur l'horizon. Le spectre doit son nom à la montagne de Brocken dans le massif du Harz en Allemagne. Dans le contexte, Lewis écrit : « Le spectre de Brocken "semblait à chaque homme comme son premier amour" car c'était une tricheuse. Mais Dieu regardera chaque âme comme son premier amour car elle est son premier amour. Votre place au paradis semblera faite pour vous et vous seul.» (C. S. Lewis, *Le Problème de la souffrance*, Desclée de Brouwer 1975). Bien que Lewis n'était pas lui-même un mystique, il a compris le désir des mystiques de se libérer des effets de la suggestion psychologique afin de comprendre une réalité qui se trouve au cœur de la spiritualité humaine.

33. Roxanne Khamsi, *Nature*.

34. Compte tenu du fait que de nombreuses régions du cerveau sont impliquées dans les ERSM, comme nous le verrons au chapitre 9, l'espoir matérialiste est une erreur dès le départ.

Chapitre 5 : L'esprit et le cerveau sont-ils identiques ?

1. B. Alan Wallace, *The Taboo of Subjectivity: Toward a New Science of Consciousness* (Le tabou de la subjectivité : vers une nouvelle science de la conscience, Oxford: Oxford University Press, 2000). Non traduit.

2. Jean-Pierre Changeux, *L'Homme neuronal* (poche Hachette Littérature, 1998). Dans le même passage, Changeux note que « les axones et les dendrites conservent une remarquable capacité à se régénérer même chez l'adulte », mais il ne semble pas nourrir beaucoup d'espoir quant à une retombée pratique qui se révèlera au cours des décennies suivantes, à mesure que la neuroplasticité est devenue largement reconnue.

3. Bien que les concepts tels que conscience, esprit et soi puissent être distingués, ils se recoupent. Dans ce livre, les distinctions seront faites quand elles éclairent le propos.

4. L'esprit, tel que compris ici, est une pluralité de fonctions mentales reliées entre elles, comme l'attention, la pensée, la raison, la mémoire et les émotions. L'esprit n'est pas une substance (une entité), mais plutôt un ensemble de processus et d'événements mentaux.

5. Amy Butler Greenfield, *L'Extraordinaire Saga du rouge : Le pigment le plus convoité* (Éditions Autrement, 2008).

6. Francis Crick, *L'Hypothèse stupéfiante* (Omnibus, 2005). Il est intéressant que Crick se réfère aux «limitations de la mécanique quantique». En fait, la mécanique quantique limite sérieusement l'applicabilité de la physique classique qui sous-tend la conception de Crick.

7. Cité par B. Alan Wallace, *The Taboo of Subjectivity: Toward a New Science of Consciousness* (Oxford: Oxford University Press, 2000).

8. Daniel C. Dennett, *Breaking the Spell: Religion as a Natural Phenomenon* (Briser le sort : la religion comme phénomène naturel, New York: Viking, 2006). Non traduit.

9. Ainsi qu'il l'a développé lors de son discours de réception du prix Nobel (8 décembre 1981) : « Les événements de l'expérience intérieure, en tant que propriétés émergentes des processus cérébraux, deviennent eux-mêmes des élaborations explicatives causales de leur propre droit, interagissant à leur propre niveau avec leur propres lois et dynamiques. »

10. John Eccles, *Le Mystère humain* (Mardaga, 1995).

11. Cité par Dean Radin, dans *La Conscience invisible* (poche J'ai Lu, 2006).

12. Eccles, *Le Mystère humain, op. cit.*

13. Les considérations spatiales empêchent de prendre en compte la conscience chez l'animal. Il faut cependant préciser que la conscience n'est pas le fait d'être doué de sens – la capacité à sentir. Les animaux dotés d'un cerveau sont en général doués de sens, mais il n'en découle pas que tous les vertébrés, par exemple, éprouvent une forme de conscience qui intègre leurs sensations dans un sens du soi stable à travers le temps.

14. Wallace, *Taboo of Subjectivity, op. cit.*

15. Wallace, *Taboo of Subjectivity* (italiques dans l'original).

16. B. F. Skinner, *Par delà la liberté et la dignité* (Robert Laffont, 2000).

17. Gerald Edelman et Giulio Tononi, *Comment la matière devient conscience* (Odile Jacob, 2008). Edelman prétend que la conscience provient de la communication entre le système thalamo-cortical et le système limbique-tronc cérébral. Mais sa théorie n'explique pas véritablement comment les interactions de l'activité électrique de milliards de neurones (qui sont des éléments matériels non-conscients) trouvés dans ces systèmes produisent la conscience ou une expérience de conscience unifiée. Il est difficile d'imaginer de quelle façon son idée peut être testée expérimentalement.

18. Steven Pinker, *Comment fonctionne l'esprit* (Odile Jacob, 2000).

19. Radin, *La conscience invisible, op. cit.*

20. Pinker, *Comment fonctionne l'esprit, op. cit.*

21. Cité par Edelman et Tononi, *Comment la matière devient conscience, op. cit.*

22. En réponse à la question posée en 2006 par la Fondation Edge, The World Question Center : « Quelle est votre idée dangereuse ? » (cf. chapitre 6), en référence à « L'idée dangereuse de Darwin » (*Darwin est-il dangereux?*, par Daniel Dennett, Odile Jacob 2000). Dans le contexte, il répondait au commentaire de Crick sur le «paquet de neurones», entre autres.

23. Pour un modèle du libre arbitre qui évite ce problème, basé sur la mécanique quantique, voir l'article de J. M. Schwartz, H. Stapp, et M. Beauregard, "Quantum Theory in Neuroscience and Psychology: A Neurophysical Model of Mind/Brain Interaction" (*Philosophical Transactions of the Royal Society B: Biological Sciences 360* [2005]: 1309–1327)

24. Daniel Dennett, *La Diversité des esprits : une approche de la conscience* (Hachette, 1998).

25. George Grant, *Est-ce la fin du Canada ?* (Hurtubise Hmh, 2005).

26. Le centre pour le naturalisme compte Susan Blackmore et Daniel Dennett parmi les membres de son conseil d'administration.

27. En réponse à la question «Quelle est votre idée dangereuse ?» (World Question Center)

28. C. S. Lewis, *L'Abolition de l'homme* (éditions Raphaël, 2005). L'ouvrage de Lewis est une brève mais brillante défense de l'ordre moral objectif, dans lequel il traite de l'impossibilité de valeurs éthiques partagées quand la nature spirituelle de l'homme est niée.

29. Le psychologue Daniel Wegner, dans *The Illusion of Conscious Will* (L'illusion de la volonté consciente, Cambridge, MA: MIT Press, 2002, non traduit) prétend de façon plus subtile que, même si nous n'avons pas de libre arbitre, nous devrions être tenus responsables de nos actions afin de pouvoir être manipulés pour mieux nous comporter. Mais une telle proposition n'apporte aucune justification éthique à nécessité de la manipulation.

30. Cité dans Eccles, *Le Mystère humain, op. cit.*

31. Dans la version anglaise de *Comment la matière devient conscience* (A Universe of Consciousness: How Matter Becomes Imagination), Gerald Edelman et Giulio Tononi utilisent le terme « *spiritualism* » pour se référer à l'intérêt d'Alfred Russel Wallace pour le spiritisme du XIXe siècle, mais le sens qu'ils donnent à ce terme dans le contexte n'est pas clair.

32. Pinker, *Comment fonctionne l'esprit ?, op. cit.*

33. Wallace, *Taboo of Subjectivity*. La physique quantique offre un modèle de la façon dont les états mentaux et le cerveaux pourraient interagir, sans réduire les processus mentaux aux processus neuronaux (Schwartz, Stapp, et Beauregard, "Quantum Theory in Neuroscience and Psychology").

34. Wallace, *Taboo of Subjectivity, op. cit.*

Chapitre 6 : Vers une science non matérialiste de l'esprit

1. John Eccles, *Le Mystère humain* (Mardaga, 1995).

2. Jeffrey M. Schwartz et Sharon Begley, *The Mind and the Brain: Neuroplasticity and the Power of Mental Force* (L'esprit et le cerveau : neuroplasticité et le pouvoir de la force mentale), New York : HarperCollins, Regan Books, 2003. Non traduit.

3. *Ibid.*

4. *Ibid.*

5. Les TOC ne sont pas limités aux êtres humains. On les observe chez les chats domestiques, comme l'a montré la vétérinaire Diane Frank. On ignore si les chats ont des associations mentales liées à leurs rituels de comportements obsessionnels compulsifs, mais ils peuvent réagir de façon assez agressive si on les empêche de les effectuer.

6. Schwartz et Begley, *Mind and the Brain, op. cit.*

7. *Ibid.*

8. Cité par la journaliste Miranda Devine dans *The Sun Herald* (24 avril 2005, Australie). Certaines sources insistent sur le lien entre les doutes concernant le self-control masculin et les sectes islamistes contemporaines. Cependant, de telles croyances ont été répandues en Europe ainsi qu'en Asie ; elles ont duré plus longtemps au Moyen-Orient mais ne sont pas l'invention d'une religion en particulier.

9. M. Beauregard, J. Lévesque, et P. Bourgouin, "Neural Correlates of Conscious Self-regulation of Emotion," *Journal of Neuroscience* 21 (2001): RC165 (1–6).

10. *Ibid.*

11. *Ibid.*

12. Ce ne sont pas les commentaires du Centre pour le Naturalisme sur le thème « Matérialisme et Moralité » qui permettent cette déduction. Ils critiquent en effet à la fois le psychologue Steven Pinker qui s'inquiète des possibles conséquences morales du fait de ne pas croire au libre arbitre, et également l'ancien maire de New York, Ed Koch, pour son souhait de voir les violeurs rapidement présentés devant la justice.

13. Des chiffres plus élevés pour le suicide sont cités dans certains médias car ils expriment le pourcentage de personnes décédées par suicide au cours d'un suivi de plusieurs années de

traitement. Cependant, la plupart des personnes traitées pour dépression ne meurent pas dans les années qui suivent.

14. J. Lévesque et al., "Neural Circuitry Underlying Voluntary Suppression of Sadness," *Biological Psychiatry* 53 (2003): 502–510.

15. Certains se sont demandés pourquoi notre équipe a étudié l'excitation sexuelle chez les hommes et la tristesse chez les femmes. En recrutant des sujets volontaires parmi la population générale pour une étude neuroscientifique, il est relativement plus facile de trouver des hommes qui reconnaissent éprouver une excitation sexuelle et des femmes qui reconnaissent éprouver de la tristesse.

16. Il n'a pas été utilisé de groupe contrôle pour cette étude ni pour l'étude mentionnée précédemment à propos d'excitation sexuelle chez l'homme car les données de personnes qui n'ont vu aucun film n'apporteraient aucune information utile dans le contexte.

17. J. Lévesque et al., "Neural Circuitry Underlying Voluntary Suppression of Sadness."

18. *Ibid.*

19. J. Lévesque et al., "Neural Basis of Emotional Self-Regulation in Childhood," *Neuroscience* 129 (2004): 361–369.

20. Les récits de comportements arachnophobes de femmes britanniques sont issus d'un article du *Daily Telegraph* (février 2000) relatant une session au cours de laquelle les arachnophobes décrivaient leurs peurs et leurs stratégies dans le cadre du programme de désensibilisation.

21. Le folklore est contradictoire quant à la signification des araignées, présentant le pauvre arthropode parfois comme portant bonheur et parfois comme portant malheur. Plus probablement, c'est l'expérience personnelle qui déclenche la phobie, et le folklore est invoqué, quand il l'est, pour conforter une peur déjà existante.

22. V. Paquette et al., "Change the Mind and You Change the Brain: Effects of Cognitive-Behavioral Therapy on the Neural Correlates of Spider Phobia," *Neuroimage* 18.2 (Février 2003): 401–409.

23. Toutes les études citées ont fait l'objet d'un consentement volontaire et éclairé de la part des sujets qui ont été recrutés par annonce, et les protocoles ont été approuvés par le comité d'éthique de l'université.

24. Dean Radin, *La Conscience invisible* (poche J'ai Lu, 2006).

25. Herbert Benson et Marg Stark, *Timeless Medicine: The Power and Biology of Belief* (Médecine éternelle : le pouvoir et la biologie de la croyance), New York: Scribner, 1996. Non traduit.

26. F. Benedetti, L. Colloca, E. Torre, et al. "Placebo-Responsive Parkinson Patients Show Decreased Activity in Single Neurons of Subthalamic Nucleus," *Nature Neuroscience* 7 (2004): 587–588.

27. R. de la Fuente-Fernández et al., "Expectation and Dopamine Release: Mechanism of the Placebo Effect in Parkinson's Disease," *Science* 293 (10 Août, 2001): 1164–1166. Les auteurs écrivent : «Nos observations indiquent que l'effet placebo dans la maladie de Parkinson est lié à une augmentation de la quantité synaptique de dopamine dans le striatum. La production de dopamine liée à l'attente d'un résultat est peut-être un phénomène commun à toute affection sensible à l'effet placebo. Les patients parkinsoniens qui reçoivent un médicament actif dans le contexte d'une étude contrôlée versus placebo bénéficient du médicament actif qui est testé aussi bien que de l'effet placebo.»

28. Tor D. Wager, James K. Rilling, Edward E. Smith, Alex Sokolik, Kenneth L. Casey, Richard J. Davidson, Stephen M. Kosslyn, Robert M. Rose, Jonathan D. Cohen, "Placebo-Induced Changes in fMRI in the Anticipation and Experience of Pain," *Science* 303, no. 5661 (20 février, 2004): 1162–1167. Ils écrivent : «Dans deux études d'IRMf nous avons observé que l'analgésie placebo était liée à une diminution de l'activité cérébrale dans les régions qui traitent la sensibilité à la douleur, dont le thalamus, l'insula et le cortex cingulaire antérieur, et était associée à une augmentation d'activité au cours de l'anticipation de la douleur dans le cortex préfrontal, apportant la preuve que les placebos modifient l'expérience de la douleur.»

29. W. Grant Thompson, *The Placebo Effect and Health: Combining Science and Compassionate Care* (L'effet placebo et la santé : combiner la science et les soins palliatifs), Amherst, MA: Prometheus, 2005. Non traduit.

30. P. Petrovic, T. R. Dietrich, P. Fransson, J. Andersson, K Carlsson, et M. Ingvar, "Placebo in Emotional Processing–Induced Expectations of Anxiety Relief Activate a Generalized Modulatory Network," *Neuron* 46 (2005): 957–969. Selon les résultats de l'étude : «Au plan comportemental, il y a eu une forte réduction de l'évaluation subjective de sentiment désagréable dans les conditions placebo par rapport aux conditions contrôle. Chez ceux qui ont répondu au placebo, l'activité était sensiblement réduite au niveau des aires visuelles extrastriées dans la condition placebo par rapport à la condition non-placebo pour les images déplaisantes. Une corrélation a été observée entre le degré de modification dans l'évaluation du sentiment désagréable due au traitement placebo et la suppression de l'activité placebo-dépendante dans les aires visuelles et le complexe amygdale/para-amygdaloïde. L'activation du cortex orbitofrontal latéral droit (cObfl), du cortex cingulaire antérieur rostral (CCAr) et du cortex préfrontal ventrolatéral (CPFvl) a également été détectée chez les personnes ayant répondu au placebo.» Dans la mesure où un réseau semblable avait déjà été mis en évidence dans l'anal-

gésie placebo, Petrovic et ses collègues (2005) ont conclut que les processus modulatoires du placebo ne sont pas spécifiques à l'analgésie placebo mais font plutôt partie des mécanismes généralement impliqués dans l'autorégulation émotionnelle, incluant des exemples de modulation cognitive de la douleur.

31. Thompson, *The Placebo Effect and Health*, *op. cit.* Certains chercheurs ont avancé que l'effet Hawthorne n'a pas vraiment été observé à l'usine Hawthorne. Mais les praticiens tendent à s'accorder avec Thompson sur le fait que l'effet se produit bien dans les études contrôlées versus placebo, qu'il se soit ou non produit à Hawthorne.

32. Ce sens original de placebo et son association à la tétine des nouveau-nés est un témoignage muet du fait que, de façon générale, la médecine matérialiste n'a pas beaucoup compté sur l'effet placebo. Le terme plus récent de nocebo (je nuirai), apparu pour la première fois en 1961, est plus près de la vérité.

33. Voir Benson et Stark, *Timeless Medicine*, *op. cit.*

34. Par exemple, le dictionnaire sceptique en-ligne (skepdic.com, en anglais) propose une assez longue entrée pour déterminer si l'effet placebo est psychologique ou physique, supposant apparemment qu'il ne peut être les deux à la fois.

35. Alun Anderson, en réponse à la question du World Question Center 2006 : « Quelle est votre idée dangereuse ? »

36. C'est ainsi que Jon-Kar Zubieta l'a formulé lors d'une conférence de la Société pour les Neurosciences sur l'effet placebo à Washington, DC, le 15 novembre 2005 : « Ces résultats peuvent avoir un impact énorme sur la médecine et nous aider à comprendre comment le cerveau se manipule lui-même. »

37. En Afrique et en Asie il est fréquent pour les urbains instruits de garder un pied dans les deux camps en allant consulter aussi bien les praticiens traditionnels que les modernes, expliquant que les traitements traditionnels sont utiles tout en admettant que les doctrines qui les sous-tendent sont obsolètes.

38. Charles Sherrington, *Man on his Nature* (The Gifford Lectures, Edinburgh, 1937–1938. New York: The Macmillan Co.; Cambridge: The University Press, 1941). Non traduit.

39. E. Perreau-Linck, M. Beauregard, P. Gravel, J. P. Soucy, M. Diksic, G. K. Essick, et C. Benkelfat, “Serotonin Metabolism During Self-Induced Sadness and Happiness in Professional Actors». Article présenté au 34e congrès annuel de la Société des Neurosciences, octobre 2004, San Diego, Californie.

40. Voir M. Pelletier et al., "Separate Neural Circuits for Primary Emotions? Brain Activity During Self-Induced Sadness and Happiness in Professional Actors," *NeuroReport 14* (2003): 1111–1116.

41. Voir la discussion sur l'altruisme au chapitre 1er. L'altruisme authentique signifie que l'individu aide les autres sans espoir de récompense, et même à ses risques et périls, car de telles actions sont perçues comme moralement élevées. Ce type de choix ne doit pas être confondu avec les études sur l'altruisme chez les animaux dans lesquelles un individu aide ceux de sa famille génétique, renonçant à un bénéfice immédiat pour profiter d'un autre plus tard. Dans les affaires humaines, ces choix ne sont pas considérés comme de l'altruisme.

42. Pim van Lommel, "About the Continuity of Our Consciousness," in *Brain Death and Disorders of Consciousness*, ed. Calixto Machado and D. Alan Shewmon (New York: Kluwer Academic /Plenum, 2004). En Français, voir *Actes du colloque de Martigues : L'Expérience de Mort Imminente, Premières Rencontres Internationales* – 17 juin 2006 (S17 Production, 2006).

43. Van Lommel : *Actes du colloque de Martigues.*

44. D'autres récits de perceptions vérifiées au cours d'une période d'inconscience ont été rapportés par K. Ring et M. Lawrence dans un article du *Journal of Near-Death Studies* "Further Evidence for Veridical Perception During Near-Death Experiences" (1993). Par exemple, une infirmière de l'hôpital Hartford explique qu'une patiente lui a raconté une EMI au cours de laquelle elle a vu une chaussure rouge sur le toit de l'hôpital pendant la phase hors-du-corps, qu'un employé est allé chercher. Kenneth Ring décrit trois cas semblables, impliquant des chaussures, des lacets et une blouse jaune, et raconte l'histoire d'un travailleur social de Seattle qui a également récupéré une chaussure sur un rebord de fenêtre, qui avait été vue par une personne au cours d'une EMI.

45. Thomas Kuhn, *La Structure des révolutions scientifiques* (Flammarion, 1999).

46. Une enquête de l'institut Gallup aux États-Unis au début des années 1980 a révélé que les EMI sont rapportées par environ 4 % de la population générale.

47. L'utilisation du terme « prospective » ne signifie pas qu'il savait que des individus en particulier allaient avoir des crises cardiaques, mais qu'il souhaitait interroger un groupe de patients dans un futur proche, avec des souvenirs encore frais.

48. Le philosophe Sam Harris doute de ce point, expliquant : « Je sais que mon âme parle anglais parce que c'est la langue qui me vient quand je parle ou j'écris.» (*The End of Faith: Religion, Terror, and the Future of Reason* [New York: Norton, 2004], La fin de la foi : religion, terrorisme et le futur de la raison. Non traduit). La capacité à produire un langage est universelle parmi les humains ; l'anglais est un exemple limité et local de cette tendance. L'âme d'Harris pourrait peut-être puiser à une source plus vaste.

49. Kenneth Ring et Sharon Cooper, *Near Death and Out of Body Experiences in the Blind* (Palo Alto, CA: William James Center, 1999). Ring et Cooper ont interrogé 31 personnes aveugles ou mal-voyantes qui ont eu une EMI et une EHC, et ont constaté que la plupart d'entre elles rapportaient des expériences «visuelles», dont certaines détaillées. Des études de cas sont présentées et analysées en profondeur pour évaluer ces déclarations, y compris à l'aide de confirmations par des observateurs tiers dans certains cas. Ring et Cooper soutiennent qu'une forme de vision sans support des sens physiques, qu'ils appellent «*mindsight* – vue de l'esprit», semble s'être produite au cours de ces expériences. Kenneth Ring est professeur émérite de psychologie à l'université du Connecticut, co-fondateur et ex président de l'Association Internationale pour les États Proches de la Mort – International Association for Near-Death Studies (IANDS).

50. Il existe une controverse dans la littérature médicale sur le fait que les aveugles voient au cours de leurs rêves. Une difficulté manifeste est que seul le rêveur fait l'expérience du rêve. Un rêveur aveugle peut « voir » son chien-guide bien-aimé, et un rêveur voyant peut « voir » le même chien. Mais aucun des deux rêveurs ne voit le vrai chien. L'avantage que le voyant peut éventuellement avoir par rapport à l'aveugle dans les rêves doit être délimité avec précaution.

51. Mise au point par le chercheur Bruce Greyson, l'échelle mesure l'intensité d'une expérience sur la base de réponses graduées à seize questions, pour un score maximum de 32. Un score d'au moins 7 permet en général de qualifier une EMI.

52. Michael Sabom, *Light and Death: One Doctor's Fascinating Account of Near-Death Experiences* (Grand Rapids, MI: Zondervan, 1998). Non traduit.

53. Le mélange religieux du groupe était de 70 % de protestants, 14 % de catholiques, 6 % de juifs, 4 % d'autres religions, et 5 % sans affiliation religieuse. Une personne (non témoin d'EMI) était athée. Il ne s'agit pas d'un mélange statistique inhabituel dans le Sud des États-Unis, où les catholiques sont un groupe démographique réduit et l'athéisme déclaré est rare.

54. Sabom, *Light and Death, op.cit.*

55. Sabom, *Light and Death, op. cit.* Voir aussi Bruce Greyson et Nancy Bush, "Distressing Near-Death Experiences," *Psychiatry*, 55.1 (février 1992): 95–110. Les expériences angoissantes comprenaient la perte de contrôle, la sensation de néant, et des cauchemars devenus réalité.

56. Sabom note : «Les psychiatres ont étudié cet effet sur les personnes ayant fait une tentative de suicide et postulé qu'au cours d'une EMI on ressent « un sens d'unité cosmique » qui amène à se désintéresser "des buts matériels et commencer à voir ses pertes et échecs individuels comme sans importance depuis une perspective transpersonnelle" » (*Light and Death*), prévenant ainsi les tentatives ultérieures de suicide.

57. Van Lommel, *Actes du colloque de Martigues.*

58. Le questionnaire a été développé par Kenneth Ring pour évaluer l'effet d'une EMI sur le système de valeurs des témoins.

59. Sabom, *Light and Death, op.cit.*

60. En réponse à la question du World Question Center 2006 : « Quelle est votre idée dangereuse ? »

61. O. Blanke, S. Ortigue, T. Landis, et M. Seeck, "Stimulating Illusory Own-Body Perceptions: The Part of the Brain That Can Induce Out-of-Body Experiences Has Been Located," *Nature* 419 (2002): 269–270.

62. Van Lommel, cf. *Actes du colloque de Martigues.*

63. Susan Blackmore, *La théorie des mèmes : Pourquoi nous nous imitons les uns les autres* (Max Milo Éditions, 2005).

64. Van Lommel, "About the Continuity of Our Consciousness".

65. Sabom, *Light and Death, op. cit.*

66. Van Lommel, "About the Continuity of Our Consciousness".

67. Hofstadter et Dennett citent Turing dans un livre intitulé *Mind's I*, et commencent par rassurer leurs lecteurs sur le fait que la situation n'est pas aussi sombre que le pense Turing ; la majorité des physiciens et des psychologues doutent de l'existence de la perception extrasensorielle sous quelque forme que ce soit.

68. Radin, *La Conscience invisible, op. cit.*

69. Cité dans Radin, *La Conscience invisible.* L'information précédente concernant l'étude du psi par la science «officielle» est également extraite de Radin.

70. Radin, *La Conscience invisible, op. cit.*

71. *Ibid.*

72. *Ibid.*

73. *Ibid.*

74. Jirí Wackermann et al., "Correlations Between Brain Electrical Activities of Two Spatially Separated Human Subjects," *Neuroscience Letters* 336 (2003): 60–64.

75. Cité dans Radin, *La Conscience invisible*, op.cit.

76. Le 27 avril 1900, Lord Kelvin a donné une conférence à la Royal Institution of Great Britain : « Nineteenth-Century Clouds over the Dynamical Theory of Heat and Light », au cours de laquelle il annoncé ces deux nuages.

77. Radin, *La Conscience invisible, op. cit.*

78. Radin, *La Conscience invisible.* Toute la discussion (chapitre 16) est éclairante.

79. Le behaviorisme a postulé qu'un stimulus donné engendrait une réponse donnée, et qu'aucun état mental intervenant dans le processus ne devrait être traité comme significatif. Chez les êtres humains, cette conception est clairement inadéquate. La douleur, par exemple, n'est pas seulement le comportement observé d'un sujet qui souffre, mais elle inclut la conscience du sujet de cette douleur qui, comme nous l'avons vu, peut être grandement influencée par l'effet placebo ou nocebo.

80. Harald Wallach et Stefan Schmidt, "Repairing Plato's Life Boat with Ockham's Razor : The Important Function of Research in Anomalies for Consciousness Studies," (Réparer le canot de sauvetage de Platon avec le rasoir d'Occam : la fonction importante de la recherche sur les anomalies pour les études sur la conscience, *Journal of Consciousness Studies* 12, no. 2 (2005): 52–70.

81. Radin, *La Conscience invisible, op. cit.*

82. Pourquoi est-il appelé le canot de sauvetage de Platon ? L'école platonique d'astronomie considérait qu'une théorie scientifique doit rendre compte de toutes les données («sauver les apparences») ; ainsi, une simplicité qui ignore des contre-exemples persistants ne pourra suffire à long terme. Il y a une limite à l'utilité des rasoirs.

83. Wallach et Schmidt n'auraient peut-être pas pensé à sauver cet effet (appelé parfois l'effet poltergeist) s'il n'y avait eu le cas curieux du physicien théoricien Wolfgang von Pauli (1900-1958), qui a prédit l'existence du neutrino, mais perturbait semble-t-il les expériences quand il se trouvait dans le laboratoire. Radin cite le témoignage de George Gamow à propos de « l'effet Pauli » localement désastreux : « Les appareils tombaient, se cassaient, volaient en éclat ou brûlaient simplement quand il marchait dans le laboratoire » (Radin, *La Conscience invisible*). Le prudent Otto Stern (1888-1969) en avait apparemment interdit à Pauli de venir dans son laboratoire. Wallach et Schmidt notent : « Lui-même prenait son soi-disant 'effet Pauli' très au sérieux (Pietschmann, 1995; Enz, 1995). Pauli sentait que ces effets macro-PK étaient probablement dus à ses conflits psychologiques intérieurs. Par la réalisation de ses problèmes de

personnalité et leur résolution, Pauli a développé une forte conviction que la physique ne serait complète que si elle prenait en considération la conscience comme partie de la réalité (Meier, 1992; von Meyenn, 1996; Pauli, 1954). Il a par conséquent établi la nécessité de rendre compte des aspects mentaux dans une théorie physique (Pauli, 1952). Il nous semble par conséquent qu'au moins la possibilité occasionnelle de macro-PK devrait également trouver une place à bord du canot de sauvetage de Platon. »

84. Les membres des organisations scientifiques d'élite, comme l'Académie nationale des sciences (États-Unis), peuvent toutefois avoir des opinions très différentes du grand public interrogé par les instituts de sondage.

85. Selon l'institut Gallup, les croyances incluent la perception extrasensorielle (PES), les maisons hantées, les fantômes, la télépathie, la clairvoyance, l'astrologie, la communication avec les morts, les sorcières, la réincarnation et le channeling – c'est-à-dire un mélange risqué d'hypothèses sur la réalité.

86. J. M. Schwartz, H. Stapp, et M. Beauregard, "Quantum Theory in Neuroscience and Psychology: A Neurophysical Model of Mind/Brain Interaction," *Philosophical Transactions of the Royal Society B: Biological Sciences* 360 (2005): 1309–1327.

87. Voir le chapitre 1er pour les controverses qui ont impliquées l'astronome Guillermo Gonzalez et le taxonomiste Richard Sternberg en 2005.

Chapitre 7 : Qui vit des expériences mystiques et qu'est-ce qui les provoque ?

1. William James, *Les Formes multiples de l'expérience religieuse* (Exergue, 2001).

2. *Ibid.*

3. Evelyn Underhill, *Mysticisme* (Association rosicrucienne, 1999).

4. Richard Conn Henry est professeur au département de physique et d'astronomie à l'université Johns Hopkins.

5. W.T. Stace, *The Teachings of the Mystics* (Les enseignements des mystiques, New York: Macmillan, 1960). Non traduit. Stace a dit plus précisément : « On appelle parfois 'mystique' quelque chose de brumeux, d'embrumé, de vague ou négligé. Il est absurde d'associer 'mysticisme' avec 'brumeux' (misty) à cause de la proximité des termes. Et il n'y a rien de brumeux, d'embrumé, de vague ou de négligé à propos du mysticisme. »

6. Stace, *Teachings of the Mystics*. L'encyclopédie philosophique en ligne Stanford donne la définition suivante : « Une expérience (décrite comme) unitive, au-delà ou en deçà des perceptions sensorielles, amenant la connaissance de réalités ou d'états de choses qui sont d'une nature non accessible à l'aide des perceptions sensorielles, des modalités somato-sensorielles ou de l'introspection classique. » (Jerome Gellman).

7. Dean Radin, *La Conscience invisible* (Poche J'ai Lu, 2006).

8. A. Smith et C. Tart, "Cosmic Consciousness Experience and Psychedelic Experiences: A First Person Comparison," *Journal of Consciousness Studies*, 5, no. 1 (1998): 97–107. En se référant à la *Conscience cosmique*, Smith suit l'interprétation du psychiatre canadien R. M. Bucke (La Conscience cosmique, association rosicrucienne, 1991. Première édition en 1901).

9. Underhill, *Mysticisme, op. cit.*

10. William James, *Les Formes multiples de l'expérience religieuse, op. cit.*

11. James reste conscient du matérialisme, mais maintient toutefois sa position. Il écrit : « Le courant de pensée dans les cercles académiques va contre moi, et je me sens comme un homme qui doit rapidement s'appuyer contre une porte ouverte s'il ne veut pas la trouver fermée et verrouillée. En dépit de son caractère choquant pour les idées intellectuelles régnantes, je pense qu'une prise en considération sincère des étapes du surnaturalisme et une discussion complète de toutes ses interconnexions métaphysiques montreront qu'il s'agit d'une hypothèse permettant de répondre au plus grand nombre de critères. » Pour un homme de son époque, qui ignorait comment la bataille allait tourner, c'était là une position courageuse.

12. Les mystiques «occidentaux» sont influencés par les traditions chrétienne, juive, islamique soufi (et certainement d'autres), ainsi que par le platonisme et le néo-platonisme. En général, elles supposent l'existence d'un créateur divin ou d'une puissance établissant les lois de l'univers.

13. Les lecteurs se rappelleront que c'est un problème semblable à celui posé par les travaux de Persinger (chapitre 4). Persinger avait développé un ensemble d'outils de mesure qui ne correspondaient pas à ceux utilisés en général.

14. James, *Les Formes multiples de l'expérience religieuse*. Il ne s'agit que de brefs extraits d'une discussion bien plus riche et très utile.

15. L'affirmation de James concernant le caractère transitoire a été contestée. Certains mystiques ont vécu des états mystiques qui ont duré plusieurs jours.

16. Stace, *Teachings of the Mystics*. Il écrit : «Non seulement dans le christianisme et l'hindouisme mais partout ailleurs on trouve que l'essence de cette expérience est qu'il s'agit d'une unité indifférenciée, bien que chaque culture et chaque religion interprète cette unité indifférenciée selon les termes de ses propres credo et dogmes.

17. *Emile Durkheim on Morality and Society*, ed. Robert N. Bellah, *Heritage of Sociology Series* (Chicago: University of Chicago Press, 1973). Non traduit.

18. Cette conception ne rend pas compte des observations, comme l'a montré Rodney Stark dans un article pour la *Chronicle Review* de juin 2003. Il n'y a pas de relation fiable entre la performance d'un rituel et les aspects spirituels ou moraux d'une tradition religieuse.

19. On peut avancer que ces proclamations religieuses visent la stabilité sociale en restaurant un meilleur ordre social, mais les responsables religieux contemporains sont assez peu d'accord avec ce point de vue.

20. Peter Berger, *Le Réenchantement du monde* (Bayard, 2001).

21. Peter Berger, *Le Réenchantement du monde*. Berger décrit un intellectuel laïque typique d'Europe de l'Ouest visitant le club universitaire de l'université du Texas : « Il peut penser qu'il est rentré à la maison. Mais imaginez-le ensuite essayant de conduire dans les bouchons du dimanche matin dans Austin, ou – que le ciel lui vienne en aide – allumant son autoradio ! Ce qui se passe est alors une bonne secousse de ce que les anthropologues appellent un choc culturel. »

22. S. Arzy et al., "Why Revelations Have Occurred on Mountains? Linking Mystical Experiences and Cognitive Neuroscience," *Medical Hypotheses* 65 (2005): 841–845.

23. James, *Les Formes multiples de l'expérience religieuse.* James obtint ce récit d'un recueil fait par un professeur Flournoy, et le traduit du français.

24. Rudolf Otto, *Le Sacré* (Payot, 1995). Otto ne désapprouve pas toutes les controverses religieuses, mais plutôt celles qui reposent sur des choix de mots pour relater des expériences qui, bien qu'authentiques, défient toute description précise.

25. 1 Cor. 2:9. Paul reconnaissait un penchant mystique (voir chapitre 3).

26. Pour une discussion plus approfondie de la description par négation, voir Otto, *Le Sacré*, ou *James, Les Formes multiples de l'expérience religieuse.*

27. James, *Les Formes multiples de l'expérience religieuse, op. cit.*

28. Gellman, "Mysticism" (*Encyclopédie* Stanford)

29. Jean de la Croix, «En Una Noche Escura». Cité dans Evelyn Underhill, *Mysticisme.*

30. Certains écrits bouddhistes sonnent comme des écrits occidentaux familiers, comme le sermon du feu. Cet exemple est celui du moine Bodhidharma, qui a amené le bouddhisme d'Inde en Chine en 540 av. J.-C. : « Quand les illusions sont absentes, l'esprit est la terre des bouddhas. Quand les illusions sont présentes, l'esprit est l'enfer...Vous allez d'un enfer à l'autre. »

31. Stace, *Teachings of the Mystics.* Gellman (*Encyclopédie* Stanford), est d'accord avec ce point de vue : «Il faut prendre garde à ne pas confondre l'expérience mystique avec 'l'expérience religieuse'. Cette dernière désigne toute expérience dont le contenu ou la signification renvoie à un contexte religieux, ou qui a une connotation 'religieuse'. Ce qui inclurait de nombreuses expériences mystiques mais aussi les visions et auditions religieuses, les expériences zen et différents sentiments religieux comme la profonde révérence religieuse ou la sublimité.» («Mysticism»).

32. Certains prétendent que les enfants et les adultes peu instruits sont plus susceptibles de faire l'expérience de ces visions « véridiques ». Si c'est le cas, elles pourraient être liées à une faculté moins prononcée pour l'abstraction.

33. Cité dans Underhill, *Mysticisme.*

34. Gellman liste : « hypersuggestivité, grande privation, grande frustration sexuelle, peur intense de la mort, régression infantile, inadaptation profonde, maladie mentale, de même que des états non pathologiques, dont l'influence disproportionnée d'un 'programme' religieux. »

35. Underhill, *Mysticisme, op. cit.*

36. Gerald Edelman et Giulio Tononi, *Comment la matière devient conscience* (Odile Jacob, 2000).

37. Alister Hardy, "Natural History Old and New," (Histoire naturelle ancienne et nouvelle), discours d'investiture, université d'Aberdeen, 1942.

38. Alister Hardy, *The Spiritual Nature of Man* (La nature spirituelle de l'homme, Oxford: Clarendon, 1979). Non traduit.

39. Hardy, *The Spiritual Nature of Man*. Certaines de ces expériences peuvent avoir inclus une conscience mystique.

40. Par exemple, Hardy raisonne sur Dieu en tant que parent aimant et estime que les humains ressemblent à de jeunes chimpanzés qui cherchent l'amour parental. Un des problèmes de sa thèse est que l'accent mis sur Dieu en tant que parent personnel et aimant (Père ou Mère), par opposition à un Père impersonnel de toutes choses, ou une Terre-Mère, n'était pas répandu dans l'Antiquité connue. Les enseignements de Jésus, qui appelait Dieu abba («Papa), ont été très controversés quand ils furent introduits autour de l'an 30.

41. Subhuti était l'un des dix principaux disciples de Gautama.

42. Il est parfois difficile de démêler les expériences mystiques des pratiques magico-religieuses dans les cultures anciennes, mais elles sont distinguables. Une très bonne introduction à la pensée magique est le livre de George Frazer, *Le Rameau d'or* (1890). Les personnages technologiquement primitifs de Frazer désirent immédiatement des bénéfices matériels pour eux et des maléfices matériels pour leurs ennemis. Leur pensée magique n'a pas de lien avec la position classique des mystiques : « Voici, qu'il me tue, j'espérerai en lui ; seulement, je défendrai mes voies devant lui » (Job 13:15) ou « je suis tombé comme mort à ses pieds » (Rév. 1:17), entièrement détachée de l'intérêt matériel et cherchant seulement à connaître la réalité ultime, quel qu'en soit le coût.

43. Aldous Huxley, *La Philosophie éternelle* (poche Seuil 1977).

44. Gellman («Mysticism») note que William Wainwright a proposé quatre modes d'expériences mystiques extraverties et deux introverties : *expériences mystiques extraverties* : « un sens de l'unité de la nature, de la nature en tant que présence vivante, le sens que tout ce qui se révèle dans la nature existe dans un présent éternel, et l'expérience bouddhiste non-construite » ; expériences mystiques introverties : « pure conscience vide, et expérience théiste marquée par l'attention consciente à un objet en 'amour mutuel'. » Il ajoute que R. C. Zaehner (1961) a classé la conscience mystique en trois types, un sens de l'union avec toute la nature, un sens de l'union avec l'univers qui transcende l'espace et le temps, et un sens de l'union avec une présence divine.

45. Gellman note qu'il a été reproché à Stace de «simplifier et déformer les récits mystiques», citant le résumé qu'a fait Moore (1973) de tels exemple : « Par exemple, Pike critique la position de Stace car dans le christianisme mystique l'union avec Dieu est divisée en phases indiscernables, ce qui n'a pas de base en théologie chrétienne. Ces phases, par conséquent, reflètent probablement l'expérience et non l'interprétation forcée. »

46. Edward O. Wilson, *Sociobiologie* (Le Rocher, 1989).

47. Underhill, *Mysticisme, op. cit.*

48. James, *Les Formes multiples de l'expérience religieuse, op. cit.*

49. Le processus par lequel les philosophes arrivent à ce point est méticuleusement décrit par le philosophe australien David Stove dans *Darwinian Fairytales* (Contes de fées darwiniens), Aldershot, UK: Avebury, 1994). Non traduit.

50. En effet, la psychologie évolutionniste a popularisé le temps conditionnel passé, le «aurait eu» des conjectures préhistoriques, comme dans : « Les hommes du pléistocène *auraient eu* intérêt à tuer les premiers enfants de leur compagne afin de... » L'Histoire pour laquelle nous disposons de preuves est seulement écrite au passé.

51. Le ministère français de la Culture propose une visite virtuelle sur : http://www.culture.gouv.fr/culture/arcnat/lascaux/fr

52. Edward O. Wilson, *L'Unicité du savoir : de la biologie à l'art, une même connaissance* (Robert Laffont, 2000).

53. David Sloan Wilson, *Darwin's Cathedral: Evolution, Religion, and the Nature of Society* (La cathédrale de Darwin : évolution, religion et la nature de la société), Chicago: University of Chicago Press, 2002. Non traduit.

54. Wilson, *Darwin's Cathedral.* En fait, de nombreux historiens confusément athées ont été attirés par la vie de Jésus, mais en principe ils y gagnent plus de lumières qu'ils n'en apportent.

55. Thomas Kuhn, *La Structure des révolutions scientifiques* (poche Flammarion 1999).

56. Pascal Boyer, *Et l'homme créa les dieux : Comment expliquer la religion* (Robert Laffont, 2001).

57. Ce point est soulevé par W. G. Runciman, dans un article du journal britannique *The Guardian* (février 2002).

58. Keith E. Stanovich, *The Robot's Rebellion: Finding Meaning in the Age of Darwin* (La révolte des robots : trouver du sens à l'âge de Darwin, Chicago: University of Chicago Press, 2004). Non traduit.

59. Voir chapitre 5.

60. Stove, *Darwinian Fairytales*. Feu David Stove, un agnostique qui acceptait l'évolution et n'essayait absolument pas de promouvoir une religion, propose une critique minutieuse de la théorie du gène égoïste, du point de vue de la nature humaine telle qu'elle est connue historiquement. (Note : l'accroissement considérable de la population ces dernières décennies provient surtout de l'augmentation des espérances de vie, et non de l'augmentation des naissances.)

61. Richard Dawkins, *Le Gène égoïste* (poche Odile Jacob, 2003).

62. Susan Blackmore, article en anglais "The Power of Memes," *Scientific American 283*, no. 4 (Octobre 2000): 52–61.

63. Dawkins s'est notamment référé aux religions comme des «virus de l'esprit».

64. Alister McGrath (*Dawkin's God*, non traduit) a noté que dans *Le Gène égoïste*, Dawkins définit les mèmes de façon à en faire l'équivalent non pas des gènes, mais des phénotypes, les plans corporels effectifs qui sont produits par les gènes. Cependant, Dawkins a changé sa description des mèmes entre *Le Gène égoïste* (1976) et le moins connu *The Extended Phenotype* (Le phénotype étendu, 1982, non traduit). Mais le débat public retient le modèle du gène égoïste ou le modèle du virus, ou alors ne distingue pas clairement l'un de l'autre.

65. Dawkins, *Le Gène égoïste, op. cit.*

66. Susan Blackmore, *La Théorie des mèmes : Pourquoi nous nous imitons les uns les autres* (Max Milo Éditions, 2005).

67. Un test utile est de lire n'importe quel texte qui parle des « mèmes » et d'y substituer le mot « idées ». Puis de noter s'il en résulte une perte d'information.

68. Jirí Wackermann et al., "Correlations Between Brain Electrical Activities of Two Spatially Separated Human Subjects," *Neuroscience Letters 336* (2003): 60–64.

69. Richard Brodie, *Virus of the Mind: The New Science of the Meme* (Virus de l'esprit : la nouvelle science des mèmes, Seattle: Integral Press, 1996). Non traduit.

70. Howard Bloom, *Le Principe de Lucifer* (Le Jardin des livres, 1997).

71. Dans un livre intitulé *Alas, Poor Darwin: Arguments Against Evolutionary Psychology* (Hélas, pauvre Darwin : arguments contre la psychologie évolutionniste, London: Random House, Vintage, 2001 – non traduit), Hilary Rose note que les abuseurs sont le plus souvent non pas

les «beaux-parents» en tant que tels, mais les compagnons (ou compagnes) qui n'ont jamais désiré ou accepté la responsabilité d'aucun enfant, ni les leurs, ni d'autres ; un fait plus souvent relevé par les journalistes du sensationnel que par les psychologues évolutionnistes. Elle écrit : « Il est embarrassant d'avoir à louer les comptes-rendus des journalistes sur des histoires de relations familiales et sexuelles comme étant plus précis que ceux des psychologues. » Elle observe également que dans les sociétés racistes, les pères naturels ignorent leurs enfants génétiques de la «race inférieure», ce qui ne confirme donc pas la conception disant qu'il existe un programme génétique ou neuronal pour reconnaître et privilégier ses propres enfants.

72. Stove défend cet argument dans *Darwinian Fairytales.*

73. Le texte original allemand, *Das Heilige*, a été publié en 1917 ; la traduction anglaise par John W. Harvey, *The Idea of the Holy*, est de 1923 et la version française de 1929.

74. L'Ours Esprit (ou Kermode) est une variété d'ours brun que l'on trouve dans l'ouest du Canada et qui a en fait un pelage blanc, de sorte qu'il est visible de loin. Il a bien sûr été l'objet de traditions et de légende de même que d'efforts de conservation passionnés.

75. Otto pensait que le numineux doit avoir pris son origine dans les pratiques magico-religieuses, mais qu'il s'en est peu à peu détaché à mesure que la quête d'une conscience grandissante du numineux devenait une fin en soi. Son point de vue est cohérent avec le fait que les chamans traditionnels ont typiquement pratiqué et le mysticisme et la magie, mais les religions développées les ont ensuite séparés (et ont souvent interdit la magie).

76. Une source excellente et objective sur la bénédiction de l'aéroport de Toronto est l'ouvrage de James Beverley, *La Bénédiction de Toronto* (Vida, 1996).

Chapitre 8 : Les expériences religieuses, spirituelles ou mystiques changent-elles la vie ?

1. L'interview de Daniel Dennett par Deborah Solomon pour le *New York Times* (22 janvier 2006) entre sans nul doute dans cette catégorie. On y découvre certaines perles de Dennett telles que : « Les Églises font grand cas du credo, mais en fait elles ne s'y intéressent guère. Beaucoup d'ecclésiastiques se moquent de ce que vous croyez tant que vous dites et faites ce qu'il faut, et que vous donnez beaucoup d'argent à la quête. » Loin de demander à Dennett d'argumenter une telle affirmation, Solomon répond simplement : « Je suppose que vous n'allez pas à l'église. » Des articles du même acabit sont parus dans *Scientific American* et le *Guardian.*

2. David P. Barash, critique (pour *Human Nature Review*) de *Théorie évolutionniste de la liberté*, par Daniel Dennett (Odile Jacob, 2004).

3. Herbert Benson et Marg Stark, *Timeless Medicine: The Power and Biology of Belief* (Médecine éternelle : le pouvoir et la biologie de la croyance), New York: Scribner, 1996. Non traduit.

4. L'aptitude darwinienne signifie laisser des descendants fertiles. Les communautés religieuses y parviennent en général, mais aussi des communautés organisées et pacifiques comme les kibboutz non religieux – et, comme nous l'avons vu, les ERSM sont rarement recherchées pour cet objectif.

5. Benson et Stark, *Timeless Medicine, op. cit.*

6. Voir par exemple le mouvement d'opposition au discours du Dalaï Lama lors d'un congrès de neurosciences, discutée au début du chapitre 9.

7. La relation entre le stress psychologique et la pression sanguine élevée (hypertension) est toujours incertaine. Ce qui n'est plus controversé est l'idée que le stress pourrait, en principe, être un facteur.

8. L. Hawkley et J. Cacioppo, "Loneliness Is a Unique Predictor of Age-Related Differences in Systolic Blood Pressure," *Psychology and Aging* 21.1 (Mars 2006): 152–64. L'étude a été en partie financée par la Fondation Templeton.

9. Article de Shankar Vedantam dans le *Washington Post* (23 mars 2006). Un panel national a noté que, malgré le haut niveau de soins offert dans une étude de grande envergure, les médicaments Celexa, Wellbutrin, Zoloft et Effexor n'ont aidé que la moitié des patients. Ils « fonctionnent de façons très différentes et pourtant ils ont la même efficacité quand il s'agit de traiter la dépression. Ceci suggère que les mécanismes cérébraux sous-jacents de la dépression sont bien plus complexes que de simples notions de déséquilibre chimique. »

10. Jeff Levin et Harold G. Koenig, eds., *Faith, Medicine, and Science: A Festschrift in Honor of Dr. David B. Larson* (Foi, médicine et science : une anthologie en honneur du Dr David B. Larson, New York: Haworth, 2005). Non traduit.

11. H. M. Helm et al., "Does Private Religious Activity Prolong Survival: A Six-Year Follow-Up Study of 3,851 Older Adults," *Journals of Gerontology, Series A, Biological and Medical Sciences 55* (2000): M400–405. Cet avantage des ERSM ne peut résulter de l'évolution par sélection naturelle (évolution darwinienne), comme les psychologues évolutionnistes seraient tentés de le prétendre, car le groupe d'âge représenté est trop âgé pour la reproduction pour que cela apporte un facteur sélectif. Si l'avantage est lié à l'évolution, il indique des facteurs non darwiniens qui n'ont pas été correctement pris en compte jusqu'ici.

12. G. McCord, Valerie J. Gilchrist, Steven D. Grossman, Bridget D. King, Kenelm F. McCormick, Allison M. Oprandi et al., "Discussing Spirituality with Patients: A Rational and Ethical Approach," *Annals of Family Medicine 2* (2004): 256–361.

13. Farr A. Curlin, John D. Lantos, Chad J. Roach, Sarah A. Sellergren, Marshall H. Chin, "Religious Characteristics of U.S. Physicians," *Journal of General Intern Medicine 20* (2005): 629–634.

14. Amy L. Ai, Christopher Peterson, Willard L. Rodgers, et Terrence N. Tice, "Faith Factors and Internal Health Locus of Control in Patients Prior to Open-heart Surgery," *Journal of Health Psychology* 10.5 (2005): 669–676. L'étude met en garde contre le fait d'utiliser la question du point de contrôle interne vs. externe, comme équivalent de bons vs. mauvais styles de survie ; le sujet peut reconnaître précisément le degré de contrôle qu'il exerce sur les événements entourant une opération chirurgicale importante.

15. M. Krucoff, S. Crater, et L. Kerry, "From Efficacy to Safety Concerns: A Step Forward or a Step Back for Clinical Research and Intercessory Prayer? The Study of Therapeutic Effects of Intercessory Prayer," *American Heart Journal* 151.4 (Avril 2006): 763.

16. H. Benson et al., "Study of the Therapeutic Effects of Intercessory Prayer (STEP) in Cardiac Bypass Patients: A Multicenter Randomized Trial of Uncertainty and Certainty of Receiving Intercessory Prayer," *American Heart Journal* 151.4 (Avril 2006): 934–942.

17. William S. Harris et al., "A Randomized, Controlled Trial of the Effects of Remote, Intercessory Prayer on Outcomes in Patients Admitted to the Coronary Care Unit," *Archives of Internal Medicine 159* (1999): 2273–2278. La conclusion a été : « La prière d'intercession à distance a été associée à des scores inférieurs en termes de recours à l'unité de soins coronaires. Ce résultat suggère que la prière peut être un complément efficace aux soins classiques. »

18. D. A. Matthews, S. M. Marlowe, and F. S. MacNutt, "Effects of Intercessory Prayer on Patients with Rheumatoid Arthritis," *Southern Medical Journal* 93.12 (Décembre 2000): 1177–1786. «Les patients objets de prière d'intercession en leur présence ont montré une amélio-

ration significative au cours de la première année. Aucun effet additionnel de la prière d'intercession complémentaire, à distance, n'a été observé. Conclusions: la prière d'intercession "en présence" peut être un complément utile aux soins standard pour certains patients atteints de polyarthrite rhumatoïde. La prière complémentaire, à distance, n'apporte pas de bénéfice additionnels. »

19. Benson et al., « STEP in Cardiac Bypass Patients ». « Dans les deux groupes qui ne savaient pas s'ils recevaient des prières, des complications sont survenues chez 52 % (315/604) des patients qui recevaient des prières contre 51 % (304/597) de ceux qui n'en recevaient pas. Des complications sont survenues chez 59 % (352/601) des patients certains de recevoir des prières, contre 52 % (315/604) de ceux qui ne savaient pas s'ils en recevaient. Les événements graves et la mortalité à 30 jours ont été les mêmes dans les 3 groupes. »

20. C'est la principale difficulté. La plupart des patients recrutés dans une étude supposent qu'ils sont dans le groupe testé et non dans le groupe contrôle, même si les chances sont de 50 % ou moins. Ce facteur aide à renforcer l'effet placebo.

21. Alister Hardy, *The Spiritual Nature of Man* (La Nature spirituelle de l'homme, Oxford : Clarendon, 1979). Non traduit. Cette témoin d'ERSM semble avoir critiqué son flot de pensées ordinaire à partir d'une conscience qui l'inclut mais ne lui est manifestement pas identique.

22. Edward O. Wilson, *Sociobiologie* (Le Rocher, 1989).

23. Pat Wingert et Martha Brant, *Newsweek*, août 2005. Ils poursuivent en notant : « Les chercheurs ont fait écouter à des nouveau-nés des enregistrements d'autres bébés en train de pleurer. Comme prévu, cela a suffi à faire couler les larmes. Mais quand ils leur ont passé des enregistrements de leurs propres pleurs, ils se sont rarement mis à pleurer. » Ils citent Martin Hoffman, professeur de psychologie à l'université de New York : «Une forme rudimentaire d'empathie est en place, dès la naissance. L'intensité de l'émotion tend à s'atténuer avec le temps. Les bébés âgés de plus de 6 mois ne pleurent plus mais grimacent à l'inconfort des autres. De 13 à 15 mois, les bébés ont tendance à vouloir prendre les choses en main. Ils essaieront de réconforter un autre bébé qui pleure. Ce que je trouve le plus charmant est lorsque, même si les deux mères sont présentes, ils cherchent à impliquer leur propre mère pour aider. »

24. Ruth Gledhill, *Times*, 27 septembre 2005.

25. Bien sûr, une telle expérience est comprise en termes chrétiens, ce qui veut dire accepter la moralité du Nouveau Testament en tant que guide de vie et insister sur l'importance du sacrifice du Christ sur la croix. Les catholiques charismatiques ont des points de vue semblables.

26. La mystique chrétienne Catherine de Gênes (1447–1510) était administratrice et trésorière du grand hôpital de Gênes.

27. Evelyn Underhill, *Mysticisme* (Association Rosicrucienne, 1999).

28. D'après une lettre de Thomas Merton à Jim Forest datée du 21 février 1966. Voir *La Terreur ou la Paix*, Thomas Merton et James Forest (Lethielleux, 2006).

29. Ces résultats sont en contraste flagrant avec les résultats des sondages d'opinion. Si les mêmes questions ne sont pas posées, une comparaison directe avec la population générale n'est pas possible mais, par exemple, les sondages montrent régulièrement que plus de 90 % d'Américains déclarent croire en Dieu d'une manière ou d'une autre, et 59 % affirment prier chaque jour, selon l'Enquête Sociale Générale de 2004 (Association des archives religieuses).

Chapitre 9 : Les études des carmélites : une nouvelle direction ?

1. La pétition «Contre la conférence du Dalaï Lama au congrès SfN 2005», adressée au Dr Carol Barnes, présidente de la Société pour les neurosciences, a été ouverte à la signature du 8 août au 10 août 2005 sur un site internet dédié. Bien qu'elle ait réuni 1007 signatures, certains signataires ont utilisé l'espace de commentaire pour exprimer des vues contradictoires. Le nombre de protestataires ne s'élève donc pas tout à fait à 1007.

2. Éditorial non-signé dans *Nature* 436 (18 août 2005). Les protestataires n'étaient probablement pas satisfaits de la solution proposée par *Nature* car, parmi d'autres plaintes, ils protestaient contre le fait qu'ils doivent assister à la conférence jusqu'au bout puis écrire leurs questions ou commentaires sur des fiches qui seraient amenées jusqu'à la scène. Ils ont décrit cette pratique comme une « restriction du libre débat ».

3. Antoine Lutz et al., "Long-term Meditators Self-Induce High-Amplitude Gamma Synchrony During Mental Practice," *Proceedings of the National Academy of Sciences USA 101*, no. 46 (16 novembre, 2004): 16369–16373.

4. Il peut également y avoir eu intrication avec la politique. Britt Peterson, de *Science and Theology News*, cite John Ackerley, président de la Campagne Internationale pour le Tibet, qui a aidé à l'organisation de la visite du Dalaï Lama, disant que la pétition était potentiellement un « examen de passage » pour les scientifiques qui dépendent de Pékin à la fois pour les financements et la protection.

5. Dalaï Lama, préface à l'édition anglaise de Joe Fisher, *La Réincarnation : il faut s'informer* (Un Monde différent, 2008).

6. *Catéchisme de l'Église catholique*, abrégé (Cerf, 2005). «Cet abrégé souhaité par le Congrès catéchistique international de 2002 a été soumis au jugement des cardinaux et des présidents des Conférences épiscopales qui l'ont accueilli favorablement.» Benoît XVI.

7. Andrew Newberg, Eugene D'Aquili, et Vince Rause, *Pourquoi Dieu ne disparaîtra pas* (Sully, 2003).

8. A. Newberg et al., "The Measurement of Regional Cerebral Blood Flow During the Complex Cognitive Task of Meditation: A Preliminary SPECT Study," *Psychiatry Research: Neuroimaging 106* (2001): 113–122.

9. A. Newberg et al., "Cerebral Blood Flow During Meditative Prayer: Preliminary Findings and Methodological Issues," *Perceptual and Motor Skills* 97 (2003): 625–630.

10. Newberg précise : « Gene et moi avons commencé, comme tous les scientifiques, par l'hypothèse fondamentale que tout ce qui est vraiment réel est matériel. Nous avons considéré le cerveau comme une machine biologique composée de matière et créée par l'évolution pour percevoir et interagir avec le monde physique. Après des années de recherche, cependant, notre compréhension de plusieurs structures cérébrales importantes et la façon dont l'information est transmise le long de chemins neuronaux nous a conduit à faire l'hypothèse que le cerveau possède un mécanisme neurologique pour l'autotranscendance.» (*Pourquoi Dieu ne disparaîtra pas*).

11. Evelyn Underhill, *Mysticisme* (Association Rosicrucienne, 1999).

12. Les expériences mystiques qui surviennent entre l'âge de 20 et 40 ans ont souvent produit des résultats sociaux significatifs, comme la fondation de grands ordres religieux ou de nouvelles religions. Ceci a conduit certains à proposer une explication matérialiste à ces expériences en tant qu'accidents biochimiques chez le jeune adulte. Mais l'éventail des âges des expériences mystiques *historiquement significatives* reflète probablement avant tout la relative liberté d'un jeune adulte vigoureux d'agir d'une façon qui influence les autres. Les enfants et les seniors qui ont de telles expériences peuvent être incapables d'agir à partir de celles-ci de façons qui toucheraient toute la société. Ainsi, la distribution des expériences est probablement plus large que leur impact social.

13. W. T. Stace, *The Teachings of the Mystics* (Les enseignements des mystiques, New York: Macmillan, 1960). Non traduit.

14. Dean Hamer, parmi d'autres, a popularisé une définition de l'autotranscendance basée sur le travail du psychiatre Robert Cloninger. Hamer identifie «trois composants de la spiritualité distincts mais liés : l'oubli de soi, l'identification transpersonnelle, et le mysticisme». Cette définition est incomplète. Parmi les composants majeurs qui ne sont pas évoqués : la compassion, l'amour inconditionnel, et les transformations positives à long terme dans l'attitude et le comportement.

15. Nous voulions en particulier identifier les zones cérébrales qui sont actives au cours des expériences spirituelles. Plusieurs faisceaux de preuves ont montré que les enthéogènes – les drogues psychédéliques utilisées dans un contexte spirituel (par ex. LSD-25, mescaline, psilocybine) – peuvent amener d'authentiques états de conscience unitaire (Grof, 1998). En effet, les expériences psychédéliques coïncident souvent avec les différentes dimensions qui caractérisent les expériences religieuses numineuses et mystiques (dépersonnalisation, euphorie, conscience d'une intelligence ou présence supérieure ; Strassman, 1995). Ainsi, la mescaline a été utilisée pour encourager l'expérience religieuse au sein de l'église des Indiens d'Amérique, et la psilocybine a été impliquée dans des expériences mystiques pendant des offices protestants (Doblin, 1991). De plus, dans une série de 206 séances d'ingestion contrôlée d'hallucinogènes (principalement LSD-25 et mescaline), 58 % des sujets ont rapporté avoir rencon-

tré des figures religieuses (Masters et Houston, 1990). Les conceptions actuelles en psychopharmacologie attribuent les propriétés psychédéliques des enthéogènes à l'activité sérotoninergique agoniste, en particulier sur les récepteurs 5-HT1a, 5-HT1c et 5-HT2. Ces récepteurs sérotoninergiques sont largement distribués dans les ganglions de la base, le néocortex et les structures temporolimbiques (Strassman, 1995; Joyce et al., 1993). Il est intéressant de noter que la drogue MDMA (3,4-méthylenedioxymétamphétamine, ou Ecstasy), qui est souvent associée à « l'amour inconditionnel » et un état d'empathie prononcée pour soi et les autres au sens le plus large – un état d'empathie dans lequel le sentiment est que le soi, l'autre et le monde sont fondamentalement « bons » (Eisner, 1989) – agit principalement en augmentant de façon temporaire la concentration synaptique du neurotransmetteur sérotonine (5-HT) dans le cerveau. Considérées ensemble, ces observations suggèrent fortement que, d'une perspective neurochimique, la 5-HT peut être grandement impliquée dans les ERSM.

Le livre de Stanislav Grof, *Le Jeu cosmique* (Le Rocher, 1998) développe ces questions, ainsi que les articles scientifiques suivants : R. Doblin, "Pahnke's 'Good Friday Experiment': A Long-term Follow-up and Methodological Critique," *Journal of Transpersonal Psychology* 23 (1991): 1–28 ; B. Eisner, Ecstasy: The MDMA Story (Berkeley, CA: Ronin, 1989) ; R. A. Glennon, "Do Classical Hallucinogens Act as 5-Ht2 Agonists or Antagonists?" *Neuropsychopharmacology* 3 (1990): 509–517 ; J. N. Joyce, A. Share, N. Lexow, et al., "Serotonin Uptake Sites and Serotonin Receptors Are Altered in the Limbic System of Schizophrenics," *Neuropsychopharmacology* 8 (1993): 315–336 ; R. E. L. Masters and J. Houston, *The Varieties of Psychedelic Experience* (New York: Holt, Rinehart, and Winston, 1966) ; and R. J. Strassman, "Hallucinogenic Drugs in Psychiatric Research and Treatment," *Journal of Nervous and Mental Disorders* 183 (1995): 127–138.

16. Au cours des premières années suivant sa fondation en 1983, le centre a réalisé très peu d'études sur les humains. Il s'est principalement agi de tester les systèmes visuels des animaux tels que le chat, le rat et le raton laveur (le raton laveur est particulièrement intéressant car un tiers des cellules de son cortex sont associées à ses pattes avant très sensibles et semblables à des mains). Actuellement, le centre réalise également des recherches sur les humains, par exemple sur la façon dont la plasticité cérébrale permet aux aveugles d'utiliser autrement les zones cérébrales normalement utilisées pour la vue. Le CERNEC accueille actuellement le travail de plus de trente chercheurs, dont je fais partie, à travers des financements du Conseil canadien pour les sciences naturelles et la recherche appliquée (Natural Sciences and Engineering Research Council of Canada, NSERC), l'Institut de la recherche médicale (Canadian Health Research Institutes, CIHR), le Fonds de recherche en santé du Québec (FRSQ), et des donateurs privés.

17. D'après une lettre de mars 1578 à Maria de San José Salazar, la prieure de Séville. Cela dit, Thérèse a écrit sa propre autobiographie spirituelle, sous la direction d'un confesseur.

18. Par exemple, avec le financement reçu de l'Institut Metanexus et de la Fondation John Templeton, nous devions conduire une troisième étude, une étude TEP (tomographie par émission de positons) sur les nonnes, dans ce cas au Centre d'imagerie cérébrale de l'Institut

neurologique de Montréal (MNI, fondé par Wilder Penfield dans les années 1920). L'objectif de cette étude était de mesurer la capacité de synthèse de sérotonine (5-HT) au cours des trois mêmes conditions (conditions témoin, contrôle et mystique). Le projet a été bloqué par le comité de travail TEP. On nous a fait comprendre que certains membres du comité ont réagi violemment à notre requête. Ils estimaient que les états mystiques ne pouvaient pas être étudiés scientifiquement (et ils ne souhaitaient pas que le MNI soit associé à ce qu'ils considèrent comme de la pseudoscience). Nous avons finalement utilisé l'argent pour un autre projet dans lequel nous avons étudié l'activité cérébrale (à l'aide de l'IRMf et de la EEGq) chez les témoins d'expérience de mort imminente (EMI) qui ont été spirituellement transformés par leur EMI.

19. Ce patron d'ondes cérébrales lentes (ondes thêta) n'est pas propre à la tradition chrétienne ; il a été mis en évidence chez des yogis hindous et des moines bouddhistes, et il semble donc être une caractéristique du mysticisme en général.

20. M. Pelletier et al., "Separate Neural Circuits for Primary Emotions? Brain Activity During Self-Induced Sadness and Happiness in Professional Actors," *Neuroreport* 14.8 (11 Juin 2003): 1111–1116.

21. Nous avions aussi voulu utiliser la TEP (tomographie par émission de positons) pour mesurer les niveaux du régulateur d'humeur qu'est la sérotonine, mais n'avons pas pu accéder à l'équipement nécessaire.

22. La semaine précédant l'expérience, nous avons demandé aux quinze nonnes participantes de pratiquer la remise en mémoire et le revécu de leur expérience mystique la plus significative et de leur état d'union avec un autre être humain le plus intense jamais ressenti dans leur vie au sein de l'ordre carmélite.

23. Pour une discussion du rôle de ces régions cérébrale dans l'émotion, voir M. Beauregard, P. Lévesque, et V. Paquette, "Neural Basis of Conscious and Voluntary Self-Regulation of Emotion," in *Consciousness, Emotional Self-Regulation and the Brain*, ed. M. Beauregard (Amsterdam: John Benjamins, 2004), p. 163–194.

24. M. Beauregard and V. Paquette, "Neural Correlates of a Mystical Experience in Carmelite Nuns," *Neuroscience Letters* 405 (2006) : 186–190.

25. 1 Rois 18:19. Les anciens Israélites avaient commencé à abandonner la religion monothéiste en faveur d'un populaire culte de la fertilité introduit par les nouveaux législateurs. Elie demandait une confrontation avec les prêtres du culte.

26. Sauf indication contraire, les informations sur l'ordre des carmélites sont extraites de Peter-Thomas Rohrbach, *Journey to Carith: The Story of the Carmelite Order* (Garden City, NY: Doubleday, 1966). Non traduit. Le Magnificat, seule longue citation de Marie dans Luc 2, illustre la stance prophétique.

27. Voir 1 Rois 18:17-40. Pour le parcours d'Élie, voir 1 Rois 17-19 ; 2 Rois 1-2.

28. Les indications «second» ou «tiers» reflète l'ordre chronologique de fondation, et non l'importance.

29. À l'origine, le scapulaire était seulement un vêtement qu'un moine ou une nonne portait pour protéger l'habit (tenue officielle d'un ordre religieux) de la poussière, mais le vêtement a acquis une signification religieuse en lui-même pour les Carmélites. Une version plus petite et modifiée existe pour les laïcs qui s'engagent à respecter certaines traditions spirituelles.

30. Dava Sobel, *La Fille de Galilée* (Odile Jacob, 2001). Sobel explique ceci car les filles étaient nées hors des liens du mariage, elles avaient peu de chances de faire une bonne union.

31. Thérèse d'Avila, *Le Château de l'âme, ou Le livre des demeures* (Seuil, 1997).

32. Le groupe réformé était appelé Carmes « déchaux ». Le terme signifie littéralement «déchaussés». Cependant, les nonnes et les moines ne marchaient pas réellement pieds nus ; les nonnes de Thérèse portaient de simples sandales et évitaient de façon générale les excès.

33. Jean de la Croix, *Le Cantique spirituel* (Seuil, 1998).

34. L'emprisonnement de Jean a été décrit comme une prise d'otage. Il n'avait commis aucune offense, et ses ravisseurs n'avaient aucune raison claire de l'emprisonner. Il fut l'une des nombreuses victimes du conflit entre le pape et Philippe II à propos de la juridiction des questions religieuses en Espagne.

35. Francis Poulenc, *Dialogues des carmélites* (Actes Sud, 2006).

36. Basé sur une pièce de Georges Bernanos d'après une nouvelle de Gertrude von Le Fort, il a été joué pour la première fois à la Scala de Milan en 1957.

37. L'antisémitisme d'Hitler était raciste, et non religieux. Il faisait un usage plutôt réduit du christianisme et n'avait aucun penchant à protéger les juifs convertis.

38. Catherine de Sienne, *Le Dialogue* (Le Cerf, 1999).

Chapitre 10 : Dieu a-t-il créé le cerveau ou le cerveau crée-t-il Dieu ?

1. Albert Einstein, *Comment je vois le monde* (Flammarion, 1999).

2. D. Lukoff, F. Lu, et R. Turner, "Toward a More Culturally Sensitive DSM-IV: Psychoreligious and Psychospiritual Problems," *J Nerv Ment Dis.* 180 no. 11 (1992 Nov): 673–682.

3. Sigmund Freud, *Malaise dans la civilisation* (PUF, 1971).

4. M. Morse and P. Perry, *Aux frontières de la mort* (Christian de Bartillat, 1994). Pim van Lommel et al., "Near-Death Experience in Survivors of Cardiac Arrest: A Prospective Study in the Netherlands," *Lancet* 358 (2001): 2039–45; S. Parnia and P. Fenwick, "Near-Death Experiences in Cardiac Arrest: Visions of a Dying Brain or Visions of a New Science of Consciousness," *Resuscitation* 52 (2002): 5–11.

5. Le mysticisme conduit souvent à un niveau d'empathie inhabituel avec les animaux. Underhill note qu'on a dit de François qu'il avait persuadé les villageois de Gubbio de nourrir un loup solitaire qui ravageait leurs troupeaux. En dépit des avertissements, il parla gentiment mais fermement au loup, qui se soumit à lui. Le loup vécut ensuite dans une hutte abandonnée sur les hauteurs du village comme un animal à moitié sauvage, nourri par les villageois jusqu'à sa mort naturelle quelques années plus tard. Cette histoire est souvent rejetée comme une légende, mais il est intéressant de prendre en compte que le loup est un animal de meute qui se soumettra à une personnalité plus forte entreprenant de lui fournir nourriture et protection, en échange d'une obéissance aveugle. Voir Evelyn Underhill, *Mysticisme* (Association rosicrucienne, 1999).

6. Henri Bergson, discours à la *Society for Psychical Research.*

7. Aldous Huxley, *Les Portes de la perception* (poche 10/18, 2005).

8. Richard Conn Henry, "The Mental Universe," *Nature* 436, no. 29 (7 juillet 2005).

9. Cité dans Dean Radin, *La Conscience invisible* (poche J'ai Lu, 2006).

10. Cette forme globale de conscience, qui comporte la réalisation que toutes les espèces sont interconnectées, est centrée sur la planète. Elle transcende l'égoïsme, le nationalisme, les intolérances culturelles et religieuses, et le manque de respect pour l'environnement.

Achevé d'imprimer en juillet 2008
sur les presses de la Nouvelle Imprimerie Laballery
58500 Clamecy
Dépôt légal : juillet 2008
Numéro d'impression : 807013

Imprimé en France

La Nouvelle Imprimerie Laballery est titulaire du label Imprim'Vert®